Bernd Dollinger · Henning Schmidt-Semisch (Hrsg.)

Sozialwissenschaftliche Suchtforschung

Bernd Dollinger
Henning Schmidt-Semisch (Hrsg.)

Sozialwissenschaftliche Suchtforschung

VS VERLAG FÜR SOZIALWISSENSCHAFTEN

Bibliografische Information Der Deutschen Nationalbibliothek
Die Deutsche Nationalbibliothek verzeichnet diese Publikation in der Deutschen Nationalbibliografie; detaillierte bibliografische Daten sind im Internet über <http://dnb.d-nb.de> abrufbar.

1. Auflage Juni 2007

Lektorat: Stefanie Laux

Der VS Verlag für Sozialwissenschaften ist ein Unternehmen von Springer Science+Business Media.
www.vs-verlag.de

Umschlaggestaltung: KünkelLopka Medienentwicklung, Heidelberg
Druck und buchbinderische Verarbeitung: Krips b.v., Meppel

Printed in the Netherlands

ISBN 978-3-531-15337-7

Inhalt

III. Drogenhilfe und Drogenpolitik

Reflexive Suchtforschung: Perspektiven der sozialwissenschaftlichen Thematisierung von Drogenkonsum

Bernd Dollinger & Henning Schmidt-Semisch

> „Die Menschheit hat während fast ihrer gesamten Geschichte in einer ‚Welt ohne Sucht' gelebt – in einem Zustand und einer Selbstwahrnehmung, die sich erst im Zeitalter der Aufklärung und Industrialisierung radikal änderten und zur ‚Entdeckung', wenn nicht sogar (...) zur ‚Erfindung' der Sucht führten."
> (Sebastian Scheerer 1995, 9)

1. Einführung

Spätestens seit der zweiten Hälfte des 20. Jahrhunderts gilt die „Sucht" als eines der großen, international bedeutsamen sozialen Probleme moderner Gesellschaften. Kaum eine Diagnose ist in der Gegenwartsgesellschaft so verbreitet, und es gibt kaum eine menschliche Verhaltensweise, die nicht durch das Suffix „Sucht" in ein problematisches Verhalten verwandelt werden könnte oder bereits verwandelt worden ist: Das Spektrum reicht dabei von den klassischen Alkohol- und Drogensüchten über die jüngeren Phänomene der (substanz-ungebundenen) Fernseh-, Sex- oder Spielsucht bis hin zu der gegenwärtig hoch aktuellen Fettsucht (Adipositas) – „süchtig", so könne man daraus schließen, ist heute fast jeder und jede. Dabei sind es genau diese Inflation und diese Selbstverständlichkeit der Benutzung des Sucht-Begriffes, die dazu geführt haben, dass Sucht und Suchtdiagnosen aus der Alltagssprache und aus der Alltagstheorie kaum mehr wegzudenken sind.

Zugleich aber hat sich das Suchtkonzept auch in der Wissenschaft in einer Art und Weise verfestigt, die Hanan Frenk und Reuven Dar (2000, 1) wohl zu Recht dahingehend pointieren, dass „to the majority of the scientific Community (...) addiction is no longer a theory which can be legitimately questioned"[1]. Dieser Aspekt der Nicht-Hinterfragbarkeit wiederum ist unseres Erachtens vor allem

---

[1] Es sei angemerkt, dass Frenk und Dar ihre Aussage zwar auf die Nikotinsucht beschränken; wir halten sie allerdings auch in ihrer (von uns) verallgemeinerten Version für zutreffend.

deshalb erstaunlich, weil weder die „Sucht“ noch der hier synonym gebrauchte Terminus der „Drogenabhängigkeit“ Phänomene bzw. Begriffe sind, für die allgemeinverbindliche Definitionen vorlägen. Vielmehr konstatiert etwa Ambros Untenhagen (2000, 5) in seinem (gemeinsam mit Zieglgänsberger herausgegebenen) Handbuch zur Suchtmedizin: „Was heute als Abhängigkeit bezeichnet wird, ist nichts Einheitliches“: Zum ersten orientierten sich die einzelnen Diagnosesysteme (etwa DSM-IV oder ICD-10) an sehr unterschiedlichen diagnostischen Kriterien, und zum zweiten lägen diese Kriterien überdies in ganz unterschiedlichen Bereichen: „Sie manifestieren sich körperlich, psychisch, im Verhalten oder in sozialen Auswirkungen. Keines der Kriterien trifft immer zu, und einzelne Kriterien kommen bei bestimmten Substanzen nicht oder nur selten vor (...). Andererseits gibt es Zustandsbilder, für welche einzelne Kriterien zutreffen, ohne dass deshalb von Abhängigkeit gesprochen wird.“ Insoweit könne auch nicht von einem Abhängigkeitssyndrom gesprochen werden; zutreffender sei es vielmehr, von einem „Spektrum von Abhängigkeitssyndromen“ zu sprechen.

Süchte bzw. Abhängigkeiten, so kann man aus den Ausführungen von Uchtenhagen schließen, sind also höchst variable Phänomene, die sich einer einheitlichen Definition zu entziehen scheinen bzw. zumindest bislang entzogen haben. Wir wollen nun aber an dieser Stelle nicht eine spitzfindige Diskussion über Definitionen beginnen, sondern zunächst lediglich andeuten, dass es die eine Definition von Sucht oder Abhängigkeit nicht gibt. Vielmehr existieren eine ganze Reihe unterschiedlicher Definitionen und Definitionsversuche, die wiederum alle mit entsprechender Kritik bedacht werden (können). Insofern ist die Benutzung der Begriffe Sucht und Abhängigkeit stets ein höchst voraussetzungsvolles Unterfangen, weil jede dieser Begrifflichkeiten und Definitionen mit kulturellen Bedeutungen und Vorentscheidungen aufgeladen ist, die – und damit nähern wir uns langsam dem Gegenstand des vorliegenden Bandes – von einer sozialwissenschaftlichen Forschungspraxis nicht unhinterfragt übernommen werden können. Im Gegenteil: Sucht ist im Kontext sozialwissenschaftlicher Betrachtungen u.E. immer als ein Produkt interpersoneller Kommunikation und soziokultureller Entwicklungen sowie nicht zuletzt als Resultat von Machtkonstellationen zu konzeptualisieren – und zwar sowohl auf der Ebene der allgemeinen Definitionen und Diskurse wie auch mit Blick auf die konkrete Diagnose und die subjektive Interpretation der eigenen Befindlichkeit.

Diese Kultur- und Gesellschaftsabhängigkeit (der Rede von) der „Sucht“ nicht in Rechnung zu stellen, würde bedeuten, sich ein tieferes Verständnis von Sucht mehr oder weniger willentlich zu verbauen. Denn wer Sucht unhinterfragt als physiologische oder pharmakologische Tatsache konzipiert, übt eine Form von Zensur aus, indem er – in seiner sozialen und sprachlichen Darstellung – diesozialen und sprachlichen Grundlagen des Phänomens ausblendet (vgl. hierzu Butler

1998, 181). In diesem Sinne geht es im vorliegenden Band darum, Sucht auf dieser Basis zu vergegenwärtigen und die jeweiligen Suchtkonzepte und -konstruktionen in Alltag und Wissenschaft thematisierungs- und befragungsfähig zu halten.[2] Nur auf diese Weise ist es möglich, ein angemessenes Verständnis von Drogenkonsumverhalten in seinen heterogenen Spielarten und damit eine gleichermaßen kritische wie reflexive Haltung im Hinblick auf Suchtforschung zu realisieren.

In diesem einführenden Beitrag wollen wir in einem ersten Schritt exemplarisch das gegenwärtig dominante medizinisch-psychiatrisch-naturwissenschaftliche Suchtkonzept mit einer sozialwissenschaftlichen Perspektive konfrontieren. Es hat zwei Gründe, dass wir unsere Kritik schwerpunktmäßig auf dieses Konzept beziehen: Zum ersten handelt es sich dabei um ein durch international verbreitete nosologische Manuale gestütztes Interpretationsmuster, dessen diagnostische und therapeutische Zuständigkeit und Gültigkeit praktisch nicht in Zweifel gezogen wird. Zum zweiten scheint es aufgrund seiner naturwissenschaftlichen Diktion mit einer gleichsam „natürlichen Objektivität“ ausgestattet zu sein, die für eine sozialwissenschaftliche Befragung eine besondere Herausforderung darstellt. Im nächsten Schritt werden wir sodann ausleuchten, welche Chancen sich mit einer reflexiven Forschungshaltung verbinden, um abschließend die Beiträge des Bandes kurz vorzustellen und zu verdeutlichen, welche Bedeutung ihnen im Kontext sozialwissenschaftlicher Suchtforschung zukommt.

2. Sucht im Kontext einer naturwissenschaftlich-medizinischen Rationalität

Die naturwissenschaftlich-medizinische Art des Denkens versucht stets, Sucht durch eine Rekonstruktion biologischer Prozesse oder pharmakologischer Substanzeffekte zu erschließen, d.h. Sucht wird in aller Regel entweder als biologisch-somatisches oder aber als substanzbedingtes Phänomen konzipiert. Beide Thematisierungen setzten dabei ein vom Einzelnen willentlich nicht regulierbares Konsumgeschehen voraus, d.h. die jeweilige Person hat nicht mehr unter Kontrolle, wie sie agiert. Etwas (die „Droge“ oder die „Sucht“) drängt – gleichsam aus sich selbst heraus – dazu, unternommen zu werden, während das handelnde Subjekt als seine Handlungsimpulse steuernder Akteur zurücktritt: Nicht mehr das Subjekt agiert, es scheint vielmehr von einer Substanz oder Tätigkeit mit ‚hohem Suchtpotential' agiert zu werden, und es ist nahe liegend, dass Mediziner einen solchen Zustand als Krankheit verstehen und bezeichnen.

[2] Sprache wird dabei verstanden als Organisations- und Konstruktionsprinzip sozialer Zugehörigkeiten, als Konstituens von Situationen und Kommunikationsmöglichkeiten sowie als Appellation von ‚Ursachen' für Normverletzungen (vgl. Gregory/Holloway 2005, 38).

Diese pathologisierende Deutung ist international sehr verbreitet, und insbesondere im deutschen Sprachraum prägt sie die Suchtdiskurse. Erkennbar ist dies z.B. daran, dass die unterschiedlichen Erscheinungsformen von und Umgangsweisen mit sozial auffälligem Drogenkonsum seit einigen Jahren mehr und mehr unter dem Rubrum der „Suchtmedizin“ (Tretter 2000; Uchtenhagen/Zieglgänsberger 2000; Zerdick 2000) oder neuerdings der „evidenzbasierten Suchtmedizin“ (Schmidt et al. 2006) behandelt werden. Die entsprechenden Klärungsbemühungen um den Gehalt des Begriffes „Sucht“ und die adäquaten Bearbeitungsformen beinhalten dabei immer auch die Frage, welche Disziplinen und Professionen beanspruchen können, legitimerweise in die Diskurse einzutreten und ihre Handlungs- und Wissensoptionen einzubringen. Sucht als Krankheit zu betrachten, bedeutet in diesem Kontext, vorrangig Ärzte zu den primären und verantwortlichen Suchtbearbeitern zu erklären.

Ein exponiertes Beispiel für diese Interpretationsrichtung geben McLellan, Lewis, O'Brian und Kleber, die im Jahr 2000 im „Journal of the American Medical Association“ einen Artikel publizierten, in dem sie Sucht als „chronic medical illness“ erörtern. Sie beanspruchen, zentrale Argumente dafür zusammen zu stellen, Sucht nicht als ein soziales Problem zu verstehen, sondern als eine chronische, vorrangig von medizinischen Experten zu behandelnde Krankheit. Trotz eigenen Vorbehalten gegenüber Analogieschlüssen vergleichen sie ihre Befunde mit den Krankheiten Diabetes Mellitus Typ 2, Hypertonie und Asthma, die sie als medizinisch relevante Pathologien voraussetzen. Im Folgenden werden wir die vier zentralen, von McLellan et al. (2000, 1690ff) vorgebrachten Argumente für eine prominente medizinisch-psychiatrische Zuständigkeit kurz skizzieren, um sie im Anschluss jeweils einer kritischen Betrachtung zu unterziehen.

a) Objektivität nosologischer Klassifikationen der Sucht

In einem ersten Schritt stellen McLellan et al. (2000, 1690) fest, dass Drogenabhängigkeit anhand entsprechender Manuale (etwa des „Diagnostic and Statistical Manual of Mental Disorders“, DSM) objektiv diagnostizierbar sei. Dieses und andere Instrumente könnten im Sinne von „standardized diagnostic checklists“ die psychische Störung[3] Sucht reliabel und valide feststellen.

[3] Anders als ätiologische Annahmen, die Drogenabhängigkeit als Anzeichen einer psychischen Krankheit verstehen, gehen nosologische Systeme wie das DSM oder ICD von einer diagnostisch zu rekonstruierenden, funktionell begrenzten psychischen Unzulänglichkeit aus (vgl. Jungblut 2004, 165f).

Betrachten wir zunächst die Behauptung, Drogenabhängigkeit sei objektiv anhand nosologischer Klassifikationen zu diagnostizieren. In der Tat scheinen Manuale, wie etwa das oben genannte DSM oder die „International Classification of Diseases" (ICD), Drogenabhängigkeit oder -missbrauch in objektiver Weise zu bestimmen, da eine Reihe von Indikatoren angegeben werden, die entsprechende Rückschlüsse erlauben. Besieht man diese Indikatoren allerdings genauer, dann stellen sich durchaus Zweifel ein[4]: So besagt beispielsweise einer der Indikatoren des DSM-IV-TR für Substanzmissbrauch, der Konsum erfolge „trotz ständiger oder wiederholter sozialer oder zwischenmenschlicher Probleme, die durch die Auswirkungen der psychotropen Substanz verursacht oder verstärkt werden" (Saß et al. 2003, 239). Ein anderer Indikator des DSM-IV-TR für Substanzabhängigkeit gibt als relevantes Kriterium vor, dass „viel Zeit für Aktivitäten (aufgewendet wird; d. Verf.), um die Substanz zu beschaffen (z.B. Besuch verschiedener Ärzte oder Fahrt langer Strecken), sie zu sich zu nehmen (z.B. Kettenrauchen) oder sich von ihrer Wirkung zu erholen" (ebd., 237).

Diese beiden, hier exemplarisch heraus gegriffenen Indikatoren ermöglichen u.E. keine objektive Bestimmung von Abhängigkeit, sondern durch sie werden Zurechnungen unternommen, die aufgrund der Bewertung von Konsumkontexten ein mehr oder weniger hohes Maß an Wahrscheinlichkeit transportieren, dass eine Person ‚wirklich' abhängig sei. Gemessen wird nicht Abhängigkeit an sich, sondern die Rahmung von Konsumhandlungen, d.h. es wird die Frage zu beantworten gesucht, unter welchen Umständen und unter welchen Voraussetzungen der jeweilige Konsum stattfindet. Von diesen Umständen des Konsums wird sodann auf den inneren Zustand des Konsumenten geschlossen, der an sich einer Beobachtung und einer deskriptiven Registrierung durch diese Indikatoren verschlossen bleibt. Dabei sind die wichtigsten Kriterien, um von einem Konsumkontext auf Abhängigkeit zu schließen, Probleme des Konsumenten, die in somatischer, psychischer und/oder sozialer Hinsicht auftreten. Dies könnte konsequenterweise zur Folge haben, dass z.B. ein Drogenkonsument aus dem „bürgerlichen Milieu" (Kemmesies 2004), der seinen Substanzbedarf aus eigenen Mitteln gewährleistet und ausreichend Kompetenzen besitzt, um den Konsum nicht in der Arbeitsstelle oder anderweitig auffällig werden zu lassen, eine systematisch geringere Wahrscheinlichkeit besitzt, als problematischer Konsument aufzufallen, als jemand, der per se durch als problematisch geltende Lebensumstände gekennzeichnet ist. Die Begriffe „Drogenmissbrauch" und „Drogenabhängigkeit" implizieren Zuschreibungen, die an Konsumkontexten ausgerichtet sind und die ihrerseits Hinweise darauf geben, es liege ein bestimmtes Störungsmuster vor. Gergen (1996, 107) spricht bei derartigen Diagnosen von „hy-

---

[4] Vgl. ausführlicher Dollinger 2002, 280ff; Schmidt-Semisch 1997; Soellner 2000, 53ff.

pothetical processes, mechanisms, or purposes lying behind or served by a set of behaviors. (…) I don't as a therapist observe dysfunctional behavior. I observe behavior which I label as dysfunctional given a set of values I hold about what is functional".[5]

In diesem Sinne sind Diagnosen psychischer Auffälligkeiten – und somit eben auch „Sucht" und „Abhängigkeit" – „sozial definierte Begriffe und damit raum-zeitlich zu relativierende Konstruktionen" (Westmeyer 1999, 519; s.a. Kunz 2004, 126ff; Schmidt-Semisch 1997a, 47ff). Auch wenn nosologische Systeme wie das DSM oder ICD in den letzten Jahrzehnten internationale Konsensbildungsprozesse anregten, kann dies nicht über die Tatsache hinwegtäuschen, dass damit in erster Linie ein Wertekonsens gesetzt wird, der darüber Auskunft gibt, welche Verhaltens- und Erlebensweisen aufgrund ihres kontextualisierten Auftretens als unerwünscht definiert sind. Im Zusammenhang mit einer in den vergangenen Jahrzehnten zu beobachtenden „Inflation der Süchte" (Schmidt-Semisch 1997a) bewirkt dies, dass eine wachsende Zahl an Verhaltensweisen und damit von Personen aus dem Kreis der „Normalität" exkludiert wird (vgl. Akers 1991) – hier allerdings von wertneutralen, objektiven Diagnosen zu sprechen, wäre wohl vermessen.[6]

b) Genetische Veranlagung

Wie im Falle der drei von McLellan et al. (2000, 1690) angeführten „analogen" Krankheiten, so sei auch bei der Sucht ein Mindestmaß an genetischer Verursachung und Vererbung wissenschaftlich nachgewiesen. Es bedürfe weiterer Studien, gleichwohl sei eine „significant genetic contribution" (ebd.) zum Risiko einer Suchtgenese zu konstatieren. Zwar sei anzuerkennen, dass Sucht – was die Konsuminitiation und -aufrechterhaltung betreffe – auch aus einem in persönlicher Verantwortung stehenden Verhalten resultiere. Dies widerspreche aber nicht einer pathologisierenden Deutung, da dies auch für andere Krankheiten gelte und eine Interaktion mit einer spezifischen genetischen Prädisposition anzunehmen sei.

---

[5] Ein orthographischer Fehler im Originalzitat wurde korrigiert.

[6] Es sei an dieser Stelle noch darauf hingewiesen, dass im Verlauf der vergangenen Jahrzehnte ganz allgemein eine wachsende Zahl an diskreditierenden Terminologien zu vermelden ist. So weist Gergen (1996, 102f) auf die noch relativ geringe Zahl an Diagnoseoptionen hin, die das erste DSM im Jahre 1952 mit der Definition von etwa 50 bis 60 psychogenen Störungen aufwies; schon das 1987 publizierte DSM-III-R führte zu mehr als einer Verdreifachung, da etwa, je nach Definition, 180 bis 200 Störungen enthalten waren, und der Trend setzte sich fort.

McLellan et al. behandeln diesen Aspekt der genetischen Veranlagung nur kurz, so dass es an dieser Stelle genügen soll, die Aussagekraft entsprechender Befunde allgemein zu hinterfragen. Hierbei ist zunächst festzustellen, dass die von den Autoren erwähnten Zwillingsstudien zu einer Unterschätzung sozialer Einflüsse tendieren, da angesichts der Grenzen der Beeinflussbarkeit des Forschungsdesigns mitunter versäumt wird, Personen mit ähnlichen bzw. identischen genetischen Dispositionen in ihrer biographischen Entwicklung in maximal kontrastierenden Umwelten zu begleiten. Gerade hieraus wären aber entsprechende Rückschlüsse auf das Auswirkungspotential biologisch-genetischer Anlagen in einer Population zu ziehen (vgl. Krapp/Weidenmann 2001, 108f). Für die Rekonstruktion der Etablierung einer spezifischen Eigenschaft oder einer sozialen Auffälligkeit (wie Drogenabhängigkeit) wären komplexe Interaktionsmuster genetischer Dispositionen untereinander, mit Umweltfaktoren und in Abhängigkeit von Zeitverläufen in Rechnung zu stellen. Montada (1998, 50) spricht im Rekurs auf Dollase von „Koaktionen" im Sinne sehr unterschiedlicher Arten des Zusammenwirkens von Anlage und Umwelt, denn letztere kann „fördernd, behindernd, kompensierend auf den anlagegeprägten Menschen einwirken". So ist festzuhalten: „Der Erblichkeitskoeffizient als solcher sagt über die Möglichkeiten der Umweltwirkungen nichts aus, solange er nicht in Bezug gesetzt wird zum Ausmaß und zur Häufigkeit gegebener Umweltdifferenzen und realisierter Umweltveränderungen der untersuchten Population" (ebd., 47). Neuere Studien, welche die Rolle einer genetischen Veranlagung von Drogenkonsum zu erschließen suchen, gehen deshalb in longitudinalen Forschungsdesigns der Entwicklung einer Interaktion von genetischen und Umweltfaktoren nach und rekonstruieren dabei ein hohes Maß an Heterogenität der betrachteten Verlaufsstrukturen (vgl. Zucker 2006).

Insgesamt ist allerdings zu sagen, dass es angesichts der Komplexität des mittlerweile erreichten Wissensstandes ausgeschlossen scheint, schlicht von einer ‚genetischen Verursachung' von Drogenabhängigkeit zu sprechen. Selbst wenn genetische Tendenzen zu Drogenabhängigkeit bestehen sollten, wären sie im Einzelfall ohne relevante Umweltfaktoren sowie ohne die eigenverantwortliche Beteiligung des Einzelnen nicht aussagekräftig, weshalb sie nicht kausal zu interpretieren sind. Ausführungen wie die, „published heritability estimates include 0.34 for males dependent on heroin" (McLellan et al. 2000, 1690), kommunizieren eine statistische (Schein-)Objektivität, deren Aussagekraft aus sozialwissenschaftlicher Sicht zu hinterfragen ist.

c) Pathophysiologie

Auch wenn, so argumentieren McLellan et al. (2000, 1691) in einem dritten Schritt, die verantwortliche Beteiligung des Betreffenden keineswegs ausgeschlossen sei, so ergebe sich im Zeitverlauf gleichwohl eine Einschränkung der rationalen Handlungssteuerung, da der Organismus einer krankhaften Funktionsveränderung unterliege („Pathophysiology“). Die im Einzelnen komplexen Nachweise entsprechender Befunde thematisieren u.a. eine durch chronische Substanzeffekte bewirkte Veränderung des Endorphin- oder Dopaminhaushalts, die mit physiologisch basierten Verstärkungs- bzw. Lernwirkungen assoziiert sei. Die Applikation einer Substanz wird dabei als mit emotionalen und motivationalen Reaktionen verbunden gesehen, die im limbischen System fundiert seien. Drogenkonsum erfolgt demnach aufgrund einer physiologischen Substanzbindung und einer körpereigenen ‚Konditionierung', so dass er nicht mehr willentlicher Kontrolle unterliege.

McLellan et al. (ebd., 1691) beziehen sich hinsichtlich dieser pathophysiologischen Aspekte vor allem auf Tierversuche, aus deren Ergebnissen sie auf menschliches Verhalten schließen. Ohne hier en détail alle problematischen Aspekte von Tierversuchen angehen zu können (vgl. hierzu etwa Frenk/Dar 2000, 45ff), sei die Problematik des Rückschlusses auf den Menschen genannt. Ein bekanntes Beispiel geben die so genannten „Rat Park“-Versuche unter der Leitung von Bruce K. Alexander (im Überblick vgl. Alexander et al. 1988). Man konfrontierte Laborratten mit Konsummöglichkeiten einer morphinhaltigen und einer neutralen Flüssigkeit und unterschied dabei zwei Umweltvariablen: Einerseits isolierte man eine Ratte von anderen Ratten, während man andererseits eine Ratte in einer Umgebung leben ließ, die ihrer natürlichen, gleichsam ‚sozialen' Lebensgewohnheit entsprach. Die Versuche zeigten, dass Ratten, denen die Möglichkeit gegeben wurde, zwischen einer morphinhaltigen und einer nichtmorphinhaltigen Lösung zu wählen, regelmäßig und in hohem Ausmaß die erstere bevorzugten – dies allerdings nur unter Beachtung von zwei wichtigen Voraussetzungen: Erstens galt dies nur, wenn die Ratten entweder zuvor längere Zeit ausschließlich eine morphinhaltige Lösung zu trinken bekommen hatten oder wenn sie durch eine Süßung der Morphinlösung zu deren Konsum besonders motiviert worden waren. Hatten die Tiere die Wahl zwischen einer morphinhaltigen und einer gleich schmeckenden nicht-morphinhaltigen Flüssigkeit, so tranken sie die letztere „almost exclusively“ (ebd., 65). Zweitens wurde die Morphinlösung lediglich bevorzugt, wenn eine Ratte zuvor von anderen Ratten isoliert worden war und in diesem Sinne, wie Alexander et al. (ebd., 66) dies bezeichnen, durch die „solitary confinement“ der Käfighaltung einem „extraordinary psychic distress“ ausgesetzt war. Ratten, die in einer für ihre Art charakteristischen Umwelt leben, zeigen demnach kein nennenswertes Interesse an einer morphinhaltigen Flüssigkeit.

Wurde damit bereits die Relevanz der verbreiteten Tierversuchspraxis hinterfragt, so wurde dies bei einem Replikationsversuch der Studie weiter bestärkt. Man hatte zunächst mit Ratten der Art „Wistar" experimentiert; Ratten der Art „new colony Wistar" konsumierten allerdings weder in einer ‚sozialen' noch in einer ‚isolierten' Umgebung die morphinhaltige Lösung (ebd., 67). Mit einer weiteren Rattenart („Sprague-Dawley") wiederum konnten die ursprünglichen Unterschiede bestätigt werden. Dem Fazit, das die Forscher vor diesem Hintergrund ziehen, wird man letztlich zustimmen müssen:

> „At this point, it seems that the genetic-immunological-behavioural complexities of morphine consumption in rats are remote from the factors that affect human addiction and that environmental influences must be investigated in our own species, with its own unique complexities. (…) In a more general sense, the Rat Park research showed us the limits of animal research in psychopathology. There probably is a strain of rats or a species of monkeys that will provide support for any hypothesis under the right experimental conditions. It is important for social scientists not to be dazzled by the high technology of the laboratory, but to treat such research with the same intense scepticism that is due to any pronouncement that affects human welfare" (ebd.).

Tierversuche können demnach nicht verwendet werden, um menschliches Verhalten zu erklären. Auch eine andere pathophysiologische Argumentationsstrategie ist zu hinterfragen. Mitunter werden bei Menschen nach längerfristiger Applikation psychoaktiver Substanzen rekonstruierbare physiologisch-zerebrale Veränderungen kausal als Ursachen einer Sucht interpretiert. Die entsprechenden, an Drogenkonsum beteiligten körperlichen Reaktionen sind zwar bedeutsam, es ist aber unzureichend, mit ihnen ein kompulsives, unkontrollierbares menschliches Verhalten erklären zu wollen. Es kann sich bei den betreffenden Veränderungen schlicht um eine Begleiterscheinung, nicht eine Ursache, von Konsum handeln. Und dabei ist zu bedenken: Wenn Menschen sich als abhängig erleben, so ist dies in ganz erheblichem Maße durch ihre subjektiven Erwartungen und ihr soziales Umfeld, in dem entsprechende Erfahrungsoptionen kommuniziert werden, bestimmt (vgl. Davies 1992; Klein 2002; Körkel 2000; Peele 2000). Die mit der großen Bedeutung kognitiver Variablen assoziierte Relativität physiologischer Faktoren wird z.B. auch durch das Phänomen der Selbstheilung belegt, d.h. durch die prinzipielle Möglichkeit, kompulsiven Konsum auch ohne fremde Hilfe und selbst in fortgeschrittenen Stadien einer Karriere zu beenden (vgl. Klingemann/Sobell 2006; Klingemann et al. 2001). Zudem ist seit längerem nachgewiesen, dass es für viele vermeintlich süchtige Personen möglich ist, Kontrolle über ihr Konsumverhalten zu erlernen bzw. auszuüben und ihren Konsum so auf ein „nicht-süchtiges" Maß zu reduzieren (vgl. Kemmesies 2004; Kolte/Schmidt-Semisch 2006; Zinberg 1984) – und das selbst dann, wenn sie angesichts der kulturell dominierenden Bedeutung der Suchtsemantik von ihrer Abhängigkeit selbst überzeugt sind (vgl. das Fallbeispiel des Rauchers „Gerald" in Kolte 2006, 142ff). Die oben zitierte Behauptung von McLellan et al., die individuelle Verantwortlichkeit bei Drogenabhängigkeit entspreche der bei anderen Krankheiten, ist vor dem Hintergrund dieser Erkenntnisse nicht haltbar.[7] Vielmehr ist davon auszugehen, dass fortgesetzter und selbst kompulsiver Konsum psychoaktiver Substanzen weniger mit biologisch-physiologischen Prozessen oder pharmakologischen Substanzeigenschaften[8] zu tun hat, sondern vielmehr mit sozialen Bedingungen sowie gesellschaftlichen und kulturellen Rah-

---

[7] Angesichts der faktisch hohen individuellen Beeinflussbarkeit des eigenen Gebrauchsverhaltens lassen sich zudem grundsätzliche Zweifel daran formulieren, Drogenabhängigkeit als Krankheit zu definieren: Würde es beispielsweise – um den von McLellan et al. vorgeschlagenen, nicht unproblematischen Analogieschluss aufzunehmen – Sinn machen, Hypertonie oder Asthma als Krankheiten zu bezeichnen, wenn die erkrankte Person die Möglichkeit hätte, sie durch eigenen Entschluss zu beenden? Aller Wahrscheinlichkeit nach wäre dies nicht der Fall. Würde eine Person tatsächlich ihr Asthma nicht beenden, obwohl sie dies willentlich sofort könnte, so müsste man die Nicht-Entschließung und nicht den Zustand als solchen als Außergewöhnlichkeit wahrnehmen. Bei Drogenabhängigkeit wird allerdings unterstellt, der Zustand als solcher sei pathologisch, obwohl empirisch nachgewiesen ist, dass Abhängigkeiten spontan und auch ohne therapeutische Hilfe aufgehoben werden können. Der Zustand als solcher wird pathologisiert, während die Tatsache der regelhaften Konsumbeendigung oft unberücksichtigt bleibt. Vor diesem Hintergrund wäre es erkenntnisreicher zu fragen, weshalb nur einige ‚Abhängige' dies nicht realisieren können, anstatt die Pathologisierung dauerhaften Drogenkonsums zu generalisieren.

[8] Hiermit ist jene (durchaus verbreitete) Vorstellung angesprochen, Drogen verfügten über ein mehr oder weniger großes „*Suchtpotential*", eine Sichtweise, die im Übrigen wohl auch hinter der häufig vorgenommenen Einteilung in „*harte*" und „*weiche*" Drogen steht. Meist werden die entsprechenden Substanzen dann pauschal als „Suchtmittel" kategorisiert. Allerdings zeigt ein bereits flüchtiger zweiter Blick, dass eine solch undifferenzierte Kategorie unseriös ist. Am einfachsten erschließt sich dieser Sachverhalt, wenn man die weit verbreitete Droge Alkohol betrachtet: Fast alle erwachsenen Bürger und Bürgerinnen trinken mehr oder weniger häufig alkoholische Getränke, aber nur ein kleiner Prozentsatz dieser Bürger wird als alkoholabhängig bezeichnet. Das bedeutet zugleich, dass Alkohol für die meisten Menschen kein Suchtmittel ist bzw. umgekehrt, dass der Alkohol nur von wenigen als Suchtmittel gebraucht wird. Vor diesem Hintergrund macht es also keinen Sinn, Alkohol grundsätzlich als Suchtmittel einzustufen, sondern vielmehr ist es immer der jeweilige Konsument, der seine Zweckbestimmung bzw. sein Konsummuster an die Substanz heranträgt (vgl. Schmidt-Semisch/Nolte 2000). Und wie die jüngeren Forschungen zum kontrollierten Drogengebrauch gezeigt haben (vgl. für einen allgemeinen Überblick Kolte/Schmidt-Semisch 2006 sowie Schippers/Cramer 2002; zu Kokain etwa Kemmesies 2004, zu Heroin Weber/Schneider 1992, Harding 1984, Zinberg 1979; zu Tabak Kolte 2006, Hess et al. 2004 sowie Drinkmann 2002), gilt diese Aussage auch für alle anderen psychoaktiven Substanzen.

mungen des Konsums in Verbindung zu bringen ist (vgl. Reinarman et al. 1994; Schmidt 1996; Waldorf 1983).

d) Behandlung und Therapie

Das vierte Argument für eine medizinisch-psychiatrische Zuständigkeit, dass McLellan et al. (2000) thematisieren, ist die Behandelbarkeit süchtiger Personen durch die medizinische Profession und deren Interventionsinstrumentarien. Es müsse, so die Autoren (ebd., 1692), von einem „natural course of addiction“ ausgegangen werden (also einem gleichsam natürlichen Verlauf der Sucht), der durch Ärzte wirkungsvoll unterbrochen werden könne. Angeführt wird von den Autoren etwa die vergleichsweise hohe Belastung mit HI-Viren bei Drogenabhängigen. Therapeutische Programme seien in der Lage, Neuinfektionen zu unterbinden, da nicht-behandelte Gruppen eine deutlich höhere Belastung aufwiesen als behandelte. Auch andere gesundheitliche Folgeprobleme und nicht zuletzt die finanziellen Kosten, die einer Gesellschaft durch die Folgen süchtigen Verhaltens entstehen, könnten durch ärztliche Interventionen nennenswert reduziert werden. Zudem gebe es wirksame Medikamente gegen Drogenabhängigkeit, etwa bei Alkohol- oder Opiatabhängigkeit (nicht dagegen bei Kokain- oder Amphetaminsucht). Die Therapieresultate entsprächen in etwa denen bei (anderen) chronischen Krankheiten, so dass festzuhalten sei, die Behandlung von Drogenabhängigkeit „should be taught as part of medical school and residency curricula and routinely incorporated into clinical practice“ (ebd., 1694).

Hier wird die fehlende Stichhaltigkeit der Argumentation schnell deutlich: Zunächst ist festzustellen, dass Drogenkonsum und -abhängigkeit nichts mit HIV-Belastungsquoten zu tun haben, sondern dass diese Verbindung nahezu ausschließlich durch die Kriminalisierung und die gesellschaftlichen Rahmenbedingungen des Konsums bedingt ist. Unterstellt man gleichwohl eine Assoziation, wie dies McLellan et al. unternehmen, so ist für eine Kritik das folgende Gedankenmodell hilfreich: Es wäre theoretisch denkbar, HIV-Neuinfektionen bei Drogenkonsumenten durch deren isolatorische Inhaftierung in Gefängnissen und ihre totale Überwachung vollständig zu unterbinden. In diesem Fall wären zudem Rückfälle des Drogengebrauchs ausgeschlossen. Aber wäre damit bewiesen, dass Drogenabhängigkeit Kriminalität ist, nur weil man effektiv durch das Strafrecht gegen die Abhängigkeit und ihre Folgen vorgehen könnte? Man muss dies zurückweisen, da anhand einer Interventionsmöglichkeit nicht über die Qualität einer zugrunde liegenden Problematik – und auch nicht über mögliche andere, eventuell effektivere Hilfsmöglichkeiten – zu entscheiden ist. Menschliche Verhaltensweisen können auf vielerlei Weise beeinflusst werden, ohne dass aus dem gesellschaftlichen Konsens, ein Verhalten auf eine spezifische Art zu bearbeiten, geschlossen werden könnte, dies sei eine objektiv richtige Handlungsweise. Falls Mediziner oder Psychiater/Psychologen in der Lage sind, Drogengebrauchsmuster zu verändern, so bedeutet dies nicht, das betreffende Verhalten sei eine Krankheit.[9]

Wir haben bisher vor allem jene häufig gehörten Argumente kritisch beleuchtet, die für eine pauschale Bezeichnung von Sucht als (chronische) Krankheit ins Feld geführt werden und die in ihrer vermeintlichen medizinisch-naturwissenschaftlichen Objektivität das Konzept der Sucht unhinterfragbar machen. Wir haben aufgezeigt, dass diese Objektivität mit einigen Fragezeichen versehen werden muss. Gleichwohl ist damit noch nicht entschieden, ob es zum Beispiel aus therapeutischen Gründen und im wohlverstandenen Interesse der Betroffenen sinnvoll sein könnte, auf das Konzept der Sucht zurückzugreifen. So fragt z.B. Gergen (1996), ob eine pathologisierende Diagnostik für die Diagnostizierten nicht auch von Vorteil sein kann, da sie von der Verantwortung für ihr Tun entlastet werden. Zudem erhalten sie mit der Diagnose eine subjektiv eventuell erleichternde und interpersonell plausible Erklärung für verschiedene Problemlagen und können Unterstützung und Zuwendung in Anspruch nehmen. Und in der Tat können die genannten Aspekte durchaus als Vorteile einer Benutzung des tradierten Suchtkonzeptes bewertet werden, die hier auch gar nicht bestritten werden sollen.

Zugleich aber muss man sich trotz dieser positiven auch der negativen Effekte bewusst sein, denn schließlich handelt es sich bei den Diagnosen um Fixierungen und Kategorisierungen von Lebenssituationen und -verläufen, die für sich genommen überaus komplex und vielschichtig sind. Das Label „Sucht" (oder auch „Drogenabhängigkeit") bietet hier zwar eine (scheinbar) objektive Diagnose, sie klassifiziert aber zugleich immer auch störendes oder sozial auffälliges Verhalten – und setzt die Bezeichneten damit zugleich besonderen Nachteilen aus. Viel problematischer ist noch die mit der Diagnose (in der Regel) transportierte Vorstellung eines „natural course of addiction" (McLellan 2000, 1692), die der oben verdeutlichten Komplexität und Heterogenität von Konsumverläufen und -biographien widerspricht. Denn auf diese Weise wird den Diagnostizierten vermittelt, es gebe eine mehr oder weniger eindeutig bestimmbare Ursache, die sodann zu einem erwartbaren Ablaufschema geführt habe; und das infrage ste-

---

[9] Man stelle sich hypothetisch vor, Ärzte würden in noch höherem Maße als bislang als medizinisches Arbeitsfeld die Beratung in Ernährungsfragen entdecken und sich entsprechend betätigen. Aufgrund ihres vergleichsweise hohen Berufsprestiges und der ihnen attestierten Kompetenz in Gesundheitsfragen würden sie voraussichtlich erfolgreich Einfluss auf die Ernährung vieler Menschen üben. Würde damit ungesunde Ernährung zu einer Krankheit?

hende Verhalten wird, so formulieren es etwa Brunner und Franke (1997, 7f), als „eine resignativ akzeptierte, lebenslange Abhängigkeit“ wahrgenommen, die alle „Zeichen eines aktiven Handelns“ überlagert. Damit verweisen sie auf die Gefahr, durch die Unterstellung einer unkontrollierbaren Pathologie die Dimension sinnhaften, sozial situierten Handelns auszublenden (vgl. ähnlich Herriger 2002, 66f). Indem den Konsumierenden verdeutlicht wird, sie hätten sich selbst nicht unter Kontrolle und seien nicht rational handlungsfähig, können zum einen Selbstanklagen hervorgerufen werden (da die Konsumenten durch die Suchtsemantik aus dem Kreis der ‚Normalen' exkludiert werden), zum anderen besteht die Gefahr, dass eine sich selbst erfüllende Prophezeiung mit all ihren negativen Implikationen für das Selbstverständnis des Betroffenen generiert wird (vgl. Kolte 2006). D.h. die Annahme, Verwender psychoaktiver Substanzen stünden in der permanenten Gefahr, ihre Selbstkontrolle zu verlieren, macht es unter geeigneten Umständen wahrscheinlich, dass ein Konsument diesen Erwartungen entspricht – genau, wie es ihm die medizinische Verhaltensdefinition offeriert. Dies würde dann eher der Medizin als dem Betreffenden nützen, da er seiner Selbstkontrollfähigkeiten beraubt wird[10] und ihm unter Umständen besser geholfen wäre, würde man seine Selbsthilfepotentiale und sein Potential zu selbstverantwortlichem Handeln bestärken.

Sucht im medizinischen Sinne als Krankheit zu identifizieren, geht folglich zwar mit vom Einzelnen gegebenenfalls als positiv wahrgenommenen „Krankheitsgewinnen“ einher, allerdings stehen dem beträchtliche Kosten – insbesondere mit Blick auf den sozialen Status sowie die Genesung des Betroffenen – gegenüber (vgl. Quensel 2004, 102ff). Reflexiver Suchtforschung hat es dementsprechend darum zu gehen, solche und ähnliche Widersprüche und Ambivalenzen des Suchtkonzeptes im Blick zu behalten und immer wieder zu thematisieren.

3. Reflexive Suchtforschung

Im vorangegangenen Abschnitt haben wir eine Kritik einzelner Argumente und Begriffe des medizinisch-naturwissenschaftlichen Suchtkonzeptes unternommen. Thematisierungswürdig ist für eine reflexive Suchtforschung aber nicht nur dieses Suchtkonzept; zu reflektieren sind auch zahlreiche andere Aspekte, die den Umgang mit Drogenkonsum und -abhängigkeit historisch bestimmt haben und/oder gegenwärtig rahmen, insofern sie maßgeblichen Einfluss darauf haben,

---

[10] Kolte/Schmidt-Semisch (2003) sprechen in diesem Kontext auch von einem „therapeutisch induzierten Fatalismus“.

wer welches Verhalten warum als Sucht bezeichnet, was das dann genau bedeutet und wie man von unterschiedlichen Seiten darauf reagiert.

Ein entscheidender Aspekt ist zum Beispiel, welche politischen Rahmenbedingungen den Konsum psychoaktiver Substanzen prägen. Idealtypisch betrachtet kennt die Geschichte der Drogenpolitik vier Betrachtungsweisen von Drogenkonsum. Er „kann verstanden werden als:

a) kulturell reguliertes bzw. zu regulierendes Phänomen, das allgemein akzeptiert und in bestimmten Situationen sogar erwünscht ist (Kultivierung),
b) unerwünschtes Verhalten, das aber gleichwohl in der Verantwortung des Individuums steht (Akzeptanz),
c) Krankheit, die behandelt werden kann oder muss (Pathologisierung), oder
d) Verbrechen, das es mit Freiheits- (Gefängnis) oder Geldstrafen zu ahnden gilt (Kriminalisierung)" (Hess et al. 2004, 7).

Es gibt wohl kein Land der Erde, das eine Drogenpolitik praktiziert, die konsequent ausschließlich einer dieser Umgangsweisen folgt. D.h. in der Regel sind die nationalen Drogenpolitiken höchst heterogen und handhaben unterschiedliche Substanzen verschieden: Auch in Deutschland findet man die Situation vor, dass zum Beispiel Heroin oder Cannabis vollständig verboten sind, während Alkohol, Tabak oder auch Kaffee alltäglich gekauft, verkauft und konsumiert werden dürfen. Seit einigen Jahren kann man allerdings mindestens zwei bemerkenswerte Entwicklungen bei dieser Grenzziehung beobachten: Erstens wird der Umgang mit illegalen Drogen zwar formell immer noch als Straftat gesehen, der Konsum aber immer öfter von einem kriminellen in ein krankhaftes Verhalten umgedeutet (pathologisiert), wenn er nicht ohnehin schon eher als unerwünschtes, aber gleichwohl akzeptiertes Verhalten betrachtet wird – eine Entwicklung, die insbesondere im Bereich des Cannabis unübersehbar geworden ist. Zweitens findet eine entgegengesetzte Entwicklung im Bereich des Tabaks statt: „War das Rauchen bis in die Nachkriegsjahrzehnte hinein zwar ein gelegentlich umstrittenes, aber gleichwohl doch kultiviertes und bis zu einem bestimmten Grad erwünschtes Verhalten, so entwickelte es sich aufgrund der Problematisierung seiner Gesundheitsschädlichkeit seit den 60er Jahren zunehmend zu einem unerwünschten Drogenkonsum, den man aber immer noch akzeptierte und in die Verantwortung des Einzelnen stellte. Seit Ende der 80er Jahre wird diese Gesundheitsschädlichkeit durch eine weitergehende Problematisierung ergänzt. Tabak oder besser: das darin enthaltene Nikotin sei, so die nun explizit pathologisierende Thematisierung, ein Suchtmittel – die Rauchenden müssten als Suchtkranke gesehen und behandelt werden. Diese Argumentation scheint so plausibel zu sein, dass seit Ende des 20. und zu Beginn des 21. Jahrhunderts die ersten Stimmen laut werden, den Tabak zu verbieten" (Hess et al. 2004, 7f).

Diese jüngeren Entwicklungen in der deutschen Drogenpolitik zeigen, dass Bewertungen von Drogenkonsum sehr stark zwischen einzelnen Substanzen unterscheiden, dass sich aber zugleich die Einschätzung ein und derselben Drogen verändern kann. Entscheidend ist daran, dass die jeweiligen Bewertungen von Drogenkonsum stets mit bestimmten politischen und staatlichen Maßnahmen und Reaktionen assoziiert und verknüpft sind, d.h. die Wahrnehmung des jeweiligen Konsums hat maßgebliche Konsequenzen für dessen Rahmenbedingungen. Die so produzierte Konstellation wiederum wirkt auf die kulturellen und gesellschaftlichen Vorstellungen und damit auch auf professionelles Handeln im Drogen- und Suchtbereich zurück. Auf diese Weise wird ein diskursives und praktisches Feld konstituiert, dessen Geschichte und Grundlagen den Handelnden selbst meist verschlossen bleiben. Dies soll nun nicht heißen, die Genese und Verbreitung einzelner Drogen-, Konsum- und Suchtbilder sei zufällig oder erfolge unbewusst. Ganz im Gegenteil waren[11] und sind Bewertungen und Bilder von Drogenkonsum und Sucht Gegenstand fortwährender sozialer und kultureller Kämpfe und Auseinandersetzungen. Diese sind für die Einrichtung von Maßnahmen des Drogenhilfesystems letztlich, wie Klingemann und Bergmark (2006, 1234) feststellen, weit relevanter als wissenschaftliche Erkenntnisse: „Lobbying efforts and social movements influence the nature of the social response to health and addiction problems far more than does scientific evidence".

Dabei ist zu ergänzen, dass auch die „scientific evidence", d.h. das wissenschaftliche Denken, von kulturellen Typisierungen durchzogen ist, wie aus wissenssoziologisch-problemtheoretischer bzw. wissenschaftssoziologischer Sicht betont wird (vgl. Blumer 1975; Edelman 1988; Fleck 1980). Suchttheoretische Deutungen folgen Moden und kulturell mehr oder weniger plausiblen Haltungen gegenüber Drogenkonsum. Ein aufschlussreiches Beispiel hierfür geben Humphreys und Rappaport (1993). Sie rekonstruieren in den USA zu Beginn der 1980er Jahre und mit der Ära Reagan/Bush eine Abkehr von der Deutung, es handle sich bei problematischem Drogenkonsum um ein vorrangig sozial zu erklärendes Problem. Zu Lasten dieser Interpretation wurde sukzessive die These bestärkt, er resultiere vor allem aus einem individuellen Defizit moralischer und/oder kompetenzbezogener Art. Diese Deutung sei den Interessen der politisch konservativen Akteure dienlich gewesen, da die Verantwortung für die Problemgenese dem

[11] Vgl. zur Kulturgeschichte und damit zu den kulturellen, sozialen und politischen Auseinandersetzungen über unterschiedliche psychoaktive Substanzen z.B.: Scheerer 1982; Legnaro 1982; Austin 1982; Levine 1982; Schivelbusch 1988; Selling 1989; Schmidt-Semisch 1994; Kappeler 1991; Hengartner/Merki 1999; Hess et al. 2004; Hoffmann 2005; Korte 2007.

Einzelnen und nicht der Regierung angelastet wurde. Zudem sei, legitimiert durch den „war on drugs“, eine punitive Innen- wie eine risikoreiche Außenpolitik plausibilisiert und eine expansive, ethnisch diskriminierende Kontrolle ‚unliebsamer’ Personengruppen ermöglicht worden (ebd., 897). Von diesen politischen Strategien wurden nicht nur die öffentliche Meinung und die mediale Berichterstattung nachhaltig beeinflusst (vgl. Beckett 1997), sondern auch wissenschaftliches Denken und Forschen. In den Worten von Humphreys und Rappaport (1993, 897): „As every American researcher knows, where goes the public eye, grant money and publications are soon to follow“. Am Beispiel der Drogenabhängigkeit bedeutet dies:

> „By accepting the claim that substance abuse results from internal defects in character or constitution, researchers are doing what they often unwittingly do – perpetuating the status quo by being uncritical about the problems that are handed to them by powerful others (…)“ (ebd.).

Wir zweifeln nicht an der Faktizität dieses Kreislaufs, gehen allerdings auch nicht davon aus, dass eine politischen Interessen und kulturellen Meinungsbildern nachfolgende Forschungspraxis einen Automatismus darstellt – auch nicht im Suchtbereich. Eine normativ ‚unschuldige’ Wissenschaft bleibt zwar ein Ideal, aber im Kontext der Suchtforschung ist es angezeigt, unbewussten Verzerrungsmechanismen und Interessenspolitiken nachzugehen und sie durch die Bewusstmachung von Erkenntnismöglichkeiten und -voraussetzungen zu problematisieren.

An diesem Punkt ist unser Verständnis von „Reflexivität“ zu verorten. Um es zu verdeutlichen, ist zunächst der Begriff „Reflexivität“ einzugrenzen. Eine erste Annäherung scheint zu offenbaren, dass der Terminus im wissenschaftlichen Kontext überflüssig sein könnte, denn wissenschaftliches Arbeiten ist per se reflexiv, insofern die wissenschaftlich generierten und kommunizierten Wissensformen expliziert werden und ihre Genese unter kontrollierten, interpersonell nachvollziehbaren Bedingungen erfolgt. Aus dieser Perspektive ist „Reflexivität“ nur ein „vages Etikett“ (Wacquant 1996, 63), das relativ häufig und sehr unterschiedlich eingesetzt wird. Insofern sich wissenschaftliches Wissen von Alltagswissen und dessen ‚Routiniertheit’ (vgl. Berger/Luckmann 1969, 21ff) unterscheidet, wäre jegliches wissenschaftliche Wissen als „reflexiv“ zu bezeichnen, da es sich seiner Grundlagen stets neu versichern muss und dadurch dauerhaft auf sich selbst zurückbezogen wird. In dieser Weise von ‚reflexiver Suchtforschung’ zu sprechen, brächte keinen Erkenntniszugewinn (vgl. hierzu Lynch 2004).

Ein aus unserer Sicht gehaltvollerer Reflexivitätsbegriff ist an der Frage zu orientieren, wie (wissenschaftliches) Wissen hervorgebracht wird und welchen Einschränkungen und Produktivitätsbedingungen es in diesem Prozess unterliegt. Im Mittelpunkt steht demnach Reflexivität als Bewusstmachung impliziter Konstitutionsbedingungen von Wissen. Nur einer solchen Reflexivität, die immer auch auf die Kontingenz der vorgefundenen (Sucht-)Begriffe, Modelle und Konzepte verweist, kann es gelingen, den Möglichkeitshorizont des (Sucht-)Diskurses zu erweitern und immer wieder nach alternativen Deutungen Ausschau zu halten. Dies dient nicht einer Selbstschau, die sich der eigenen Forschungskompetenz versichert, sondern der Aufarbeitung der Bedingungen von Wissensmöglichkeiten in der, wie Bourdieu (1993, 366) es formuliert, „Begegnung mit der rauen Wirklichkeit des ‚Feldes'". Als „Feld" sind hierbei die konflikthaft aufgebauten Beziehungsmuster zu verstehen, die einerseits aus dem Interesse an einer Erforschung von Drogenkonsum und Sucht sowie andererseits aus dem Kampf um die Anerkennung unterschiedlicher Interpretationsperspektiven von Drogenkonsumverhalten hervorgehen.

Es ist uns wichtig, darauf hinzuweisen, dass mit unserem Reflexivitätsbegriff nicht intendiert ist, einzelne Forscher einer ideologischen Haltung zu verdächtigen. Ganz im Gegenteil geht es um die grundsätzlichen Bedingungen der Wissensproduktion und von daher um eine kollektive Anstrengung der Bewusstmachung meist impliziter Vorentscheidungen und Wissensperspektiven (vgl. Bourdieu 1993). Dabei kann es um ganz unterschiedliche Fragen gehen: Warum und aufgrund welcher historischer Bedingungen wird z.B. der Konsum von Lysergsäurediethylamid untersucht und nicht der von Kaffee oder Wasser? Wie, wann und warum hat man begonnen, in Bezug auf Drogenkonsum von „Sucht" zu sprechen? Weshalb wird gerade das Rauchen seit Ende der 80er Jahre verstärkt als „Sucht" identifiziert, während diese Deutung über Jahrhunderte hinweg keine nennenswerte Rolle spielte? Wie werden die Begrifflichkeiten des ‚Missbrauchs' und der ‚Abhängigkeit' eingesetzt , um eine Grenze zwischen ‚Normalität' und ‚Anormalität' zu ziehen? Was bedeutet es, wenn – im Alltag oder in der Forschungspraxis – Modellvorstellungen kommuniziert werden, die Drogenkonsum als unmoralisches, sozialpathologisches, kriminelles, risikobehaftetes oder individualpathologisches Phänomen diskutieren?

Mit der letzten ist eine weitere, vielleicht die wichtigste Frage reflexiver Suchtforschung formuliert: Welche Folgen hat Suchtforschung für die als „süchtig" bezeichneten Subjekte? Denn schließlich ist Sucht ein objektiv gültiges kulturelles Deutungsprinzip, das bestimmten Menschen mit unterschiedlicher Wahrscheinlichkeit angeboten wird, um ihre Handlungen (und die anderer Menschen) auf eine spezifische Art und Weise zu verstehen. Dabei wird mit „Sucht" ein individuelles (Fehl-)Verhalten ‚erklärt', das personal ‚vereigenschaftet' wird:

Soziale Kontexte und Bedeutungsattributionen werden durch die Inanspruchnahme der Suchtsemantik gleichsam inkorporiert und zu Subjektqualitäten; soziale Strukturen und Semantiken schreiben sich dem Einzelnen ein und konstituieren ihn (unter seiner aktiven Beteiligung) als „Süchtigen" – und damit als Subjekt einer spezifischen Qualität. Eine reflexive Suchtforschung beteiligt sich daran, diesen scheinbar ‚natürlichen' Vorgang in seiner Kontingenz aufzudecken und alternative Deutungs- und Handlungsformen aufzuzeigen.

Hinzuweisen ist an dieser Stelle noch darauf, dass mit dieser Reflexivität nicht den Äußerungen von Betroffenen widersprochen werden soll. Zugleich aber ist es u.E. von großem Interesse zu fragen, wie und warum es möglich ist, dass ein Raucher formuliert: „man weiß einfach, dass man süchtig ist. (...) Automatisch sagt man sich, ‚Okay, ich rauche selber, also bin ich auch süchtig'. Das ist eine logische Geschichte" (zit.n. Kolte 2006, 199). Interessant ist hier die Frage, auf welche Weise und unter welchen Bedingungen sich welche Suchtkonzepte gleichsam in Subjekte einschreiben und sich so letztlich selbst bestätigen.

In diesem Sinne sind Suchtsemantiken Elemente individueller Selbstverständnisse und sozialer Beziehungen, die alles andere als ‚natürlich' und in sich ‚logisch' sind. Sucht und andere psycho-diagnostische Klassifikationen und Defizitfiguren werden öffentlich kommuniziert, sie sind verfügbar und werden angewandt, um sich und andere zu verstehen (vgl. Gergen 1996, 103). Suchtforschung, in dem von uns gemeinten Sinne, hat dies kritisch aufzuarbeiten und auf der Basis wissenschaftlicher Erkenntnisse Kontingenzen aufzuzeigen. Sie folgt dabei nicht einer spezifischen disziplinären Ausrichtung, denn entscheidend ist nicht in erster Linie die jeweilige wissenschaftliche Disziplin als Fachrichtung, sondern die reflexive Disziplin der Selbstkritik und der Offenheit in dem Wissen um die Voraussetzungshaftigkeit des eigenen Tuns und Denkens.

4. Zu den Beiträgen

Mit dem Artikel von *Marlene Stein-Hilbers* drucken wir einen Beitrag nach, der bereits im Jahr 1985 dafür plädierte, den dramatisierenden Blick auf die Sucht auf die Forschende bzw. den Forschenden zurückzuwenden. Nur aus dieser Perspektive, so Stein-Hilbers, sei ein angemessenes Verständnis von Sucht und ihren unterschiedlichen Aspekten und Bedingungen sowohl in gesellschaftlicher als auch individueller Hinsicht möglich: „Dies schließt selbstverständlich auch die genaue und differenzierte Analyse sozioökonomischer Faktoren, psychischer Dispositionen und besonderer Belastungsmomente in der bisherigen Lebensgeschichte von Konsumenten/innen ein. Die Analyse von Drogenabhängigkeit muss so facettenreich und nuanciert erfolgen, wie sie sich in der Realität darstellt."

Im folgenden Beitrag zeichnet *Frank Nolte* Sucht als eine „Idee" nach, deren Wurzeln in der abendländischen Gesellschaft zu verorten sind. Hätten die Menschen des Mittelalters noch häufig bis zur Bewusstlosigkeit getrunken, so sei es im Kontext der Durchsetzung der protestantischen Ethik zu einer Ernüchterung gekommen, in deren Folge nicht nur Getränke wie Tee und Kaffee in den Vordergrund gerückt seien. Gleichzeitig sei der Alkohol zunehmend als Gefahr der neuen abendländischen Ideale gesehen und sein Konsum als sündig bewertet worden. Im Zuge der im 19. und 20. Jahrhundert voranschreitenden Medizinalisierung habe sich diese ursprünglich religiöse Konstruktion zur „Krankheit Alkoholismus" entwickelt, die schließlich als „Modellsucht" für alle folgenden Süchte gedient habe. Das Substrat dieser Entwicklung bilde dabei, damals wie heute, die Angst vor Irrationalität und mangelnder Affektkontrolle.

Peter Degkwitz setzt sich grundlegend mit der Frage auseinander, wie Sucht rekonstruiert und konzipiert werden kann. Dabei wendet er sich gegen ein rein naturwissenschaftliches Modell und fordert dazu auf, sie als soziale Erscheinung ernst zu nehmen. Er lehnt gleichzeitig eine pathologisierende Verengung wie eine radikal konstruktivistische Haltung ab, die Abhängigkeitsproblematiken negiert. Als ein Anknüpfungspunkt der Rekonzeptualisierung wird von Drogenkonsum als sozialer Praxis ausgegangen. Drogenabhängigkeit ist aus Sicht der betreffenden Person als habitualisierte, individuell sinnhafte Form psychosozialer Lebensführung zu verstehen, die auf gesellschaftliche Strukturen rückverweist. Interventionen haben deshalb auch an den Strukturbedingungen süchtigen Verhaltens anzusetzen, um eine schrittweise Erhöhung von Kontrolloptionen und eine Erweiterung starr gewordener Dispositionen zu ermöglichen.

Andrea Blätter zeigt auf, dass eine pharmakologische Perspektive auf Drogen und ihre Wirkungen nicht ausreicht, sondern dass zugleich immer auch nach den psychischen und soziokulturellen Determinanten der Wirkung von psychoaktiven Substanzen gefragt werden muss. Unter Verweis auf soziologische, ethnologische und psychologische Arbeiten vertritt sie die These, dass diese Determinanten einen je kulturspezifischen Möglichkeitshorizont konturieren, der dem Subjekt das Erlernen bestimmter Konsummuster erleichtert oder erschwert. Gleiches gelte für die Wirkungsweise psychoaktiver Substanzen: Auch Substanzwirkungen würden im soziokulturellen Rahmen (also im Kontext allgemeiner Werteinstellungen gegenüber Nüchternheit und Ekstase, Rausch, Visionen und Verzückung etc.) vermittelt und ließen den Konsumenten nur wenig Spielraum. Wie groß der Spielraum sein könnte, wird erst durch eine kulturvergleichende Perspektive deutlich.

Craig Reinarman setzt sich in seinem hier wieder abgedruckten Beitrag mit dem Aufkommen und der sozialen Akzeptanz von Drogenpaniken auseinander. Er verweist darauf, dass sie nicht in erster Linie durch „tatsächliche" Konsumprobleme und -häufigkeiten begründet sind. Im Gegenzug führt er verschiedene Einflussfaktoren aus, die anhand der historischen Abfolge unterschiedlicher Drogenpaniken am Beispiel der USA rekonstruiert werden. Diesbezüglich dominieren Aspekte wie politische Interessen, ökonomische Konstellationen, massenmediale Dramatisierungen oder moralisches Unternehmertum. Auch Aspekte wie interethnische Konflikte und soziale Ausgrenzungen müssen aus Ausgangsbedingungen drogenpolitischen Handelns ernst genommen werden.

Michael Schetsche fragt in einer wissenssoziologischen Perspektive nach der Entstehung der Sucht. Im Kontext einer Soziologie sozialer Probleme fragt er danach, wie Süchte als soziale Probleme öffentlich „Karriere machen" und schließlich zur sozial anerkannten Realität werden. Vor allem interessiert ihn dabei, dass (und wie) die neue „Realität" schließlich so wirkmächtig wird, dass sie auch von den betroffenen Individuen selbst bejaht wird. Schetsche kommt zu dem durchaus provokanten Ergebnis, dass dem Subjekt erst durch die gesellschaftliche, mediale etc. Thematisierung klar gemacht werde, dass es ein „Opfer" ist. Und nicht nur das: Ihm wird auch beigebracht, wie es an seinem Status zu leiden hat.

Karl-Heinz Reuband analysiert auf der Basis empirischer Erhebungen die Frage, ob die strafrechtliche Inkriminierung von Cannabiskonsum die generalpräventiven Effekte mit sich bringt, die von ihr erwartet werden. Treten diese intendierten Wirkungen auf, so müssten die Strafrechtspraxis, die Einstellungen in der Bevölkerung zu Cannabisverwendung und die tatsächliche Konsumpraxis in systematischem Zusammenhang stehen. Etwa eine Abschreckungswirkung durch vergleichsweise rigiden strafrechtlichen Umgang müsste von einer relativ negativen Cannabis-bezogenen Einstellung sowie von geringen Gebrauchsquoten begleitet sein. Die differenzierte Analyse zeigt jedoch, dass „kein eindeutiger Zusammenhang zwischen der Strafverfolgungspraxis auf der einen Seite und dem Verhalten und Einstellungen auf der anderen Seite festgestellt werden" kann.

Was kann qualitative Drogenforschung im Hinblick auf Fragen z.B. zum soziokulturellen Rahmen von Drogenverwendung liefern? Diese Frage stellt sich *Henrik Jungaberle*. Er gibt zunächst eine kurze Einführung in grundsätzliche Aspekte qualitativer Forschung, um sodann an zwei Beispielen aus dem Forschungszusammenhang des RISA-Projektes („Ritualdynamik und Salutogenese beim Gebrauch und Missbrauch psychoaktiver Substanzen") zu verdeutlichen, welche wichtigen Einsichten qualitative Drogenforschung erbringen kann: Zum einen referiert er Ergebnisse zur Typisierung jugendlicher Drogenkonsumenten, die wichtige Hinweise für suchtpräventive Interventionen liefern könnten. Zum anderen berichtet er über Ergebnisse einer Befragung zur „Selbststeuerung unter dem akuten Einfluss psychoaktiver Substanzen“, die auch die These von Blätter (s.o.) noch einmal unterstreichen.

Harald Klingemann stellt aktuelle Befunde zu Selbstheilungsprozessen von Drogenkonsumenten vor. Die Basis hierzu bietet eine Übersicht über den diesbezüglichen Forschungsstand aus der Sicht unterschiedlicher disziplinärer und theoretischer Orientierungen. Konkretisiert werden die Erkenntnisse durch eine längsschnittliche Erhebung, in der Möglichkeiten untersucht werden, dauerhaft ohne professionelle Hilfe aus der Sucht auszusteigen. Es zeigt sich, dass eine selbstinitiierte Konsumbeendigung kein transitorisches Phänomen ist, sondern als realistische Option aufzunehmen ist. Eine Folgerung hieraus ist das Postulat, professionelle und informelle Hilfesysteme enger aufeinander zu beziehen, als dies bisher der Fall ist.

Gundula Barsch geht es in ihrem Beitrag um die Verschränkung von Gender-Schemata mit der sozialen Lage von Konsumenten. Nach allgemeinen Überlegungen zum Drogenkonsum als sozial geprägtes Verhalten richtet sie ihr Augenmerk darauf, wann, wie und für wen sich soziale Ungleichheit in Bezug auf die mehr oder weniger gelingende Integration des Drogenkonsums in den Alltag auswirkt. Ihr Beispiel-Feld „Drogenkonsum und beruflicher Erfolg“ führt sie zu zwei geschlechtsspezifischen Gruppierungen: Zum einen den „trinkenden Verlierer-Männern“, die sich mit exzessivem Alkohol ihrer (bedrohten) Männlichkeit versicherten; zum anderen den „trinkenden Power-Frauen“, die mit ihrem hohen Alkoholkonsum ihren beruflichen Erfolg, ihre Gruppenzugehörigkeit sowie ihre (relative) Autonomie demonstrieren. Analysen dieser Art, so Barsch, könnten einer zielgruppenspezifischen Prävention gute Anhaltspunkte liefern.

Auch *Irmgard Vogt* widmet sich dem Gender-Diskurs in Suchthilfe und Suchtforschung und zeigt dabei zunächst auf, wie starr und wie mächtig die alten Gender-Schemata in diesen Bereichen verankert sind. So interessiere sich die deutsche Suchtforschung nach wie vor z.B. für pillenschluckende Frauen oder aber für Männer mit hohem Alkoholkonsum: „Die Männer als Kämpfer, die Pillen schlucken und Dopingmittel injizieren, interessieren nicht.“ Zwar habe eine solche, mit Vorurteilen belastete Suchtforschung auch Vorteile, da sie die Verständigung erleichtere; vor allem aber weise sie Nachteile auf, weil sie den Subjekten in keiner Weise gerecht werde. Vogt plädiert daher für eine Aufgabe dieser Gender-Schemata bzw. dafür, „zum Beispiel bei Mädchen und Frauen nach ‚typisch männlichen Verhaltensweisen’ und bei Jungen und Männern nach ‚typisch weiblichen Verhaltensweisen’ im Umgang mit psychoaktiven Substanzen und mit der Gesundheit“ zu suchen.

Annika Hoffmann widmet sich mit ihrem Beitrag der so genannten Kokainwelle der 20er Jahre des 20. Jahrhunderts – einem Phänomen also, das nicht nur in der „schönen", sondern auch in der wissenschaftlichen Literatur regelhaft und unhinterfragt vorausgesetzt wird und überdies als Grund für die Einführung immer restriktiverer Betäubungsmittelgesetze ab 1920 und die Verschärfung der Rechtsprechung bis zum Verbot der Erhaltungstherapie gilt. Die Autorin kann im Rahmen ihrer historischen Betrachtung allerdings zeigen, dass es sich im Grunde genau andersherum verhält, denn die Problematisierung des Konsums und der Versuch seiner Eindämmung, so Hoffmann, habe erst zu seiner erhöhten Sichtbarkeit geführt, die der eigentliche Verbreitung des Konsums nicht entsprochen habe. In diesem Sinne sei die „Drogenwelle" als Folge der Gesetzgebung, mithin als Folge der gesellschaftlichen Problematisierung, zu interpretieren – und nicht als ihr Grund.

Hans Joachim Jungblut stellt Grundlagen drogenrechtlicher Bestimmungen zur Diskussion. Er verweist auf internationale Regelungen und fragt auf dieser Basis nach der Legitimation deutscher Gesetzesnormen, wie sie insbesondere im Betäubungsmittelgesetz (BtMG) kristallisiert sind. Es wird argumentiert, dass entscheidende Legitimationsmuster des BtMG zu hinterfragen sind. Deshalb müssten Spielräume, welche trotz international prohibitiver Rahmenvorgaben bestehen, zum Ausbau schadensreduzierender, partizipativer Rechtsgrundsätze genutzt werden.

Über „Prävention als pädagogischer Impuls und als Dauerstress für Erziehende und Zu-Erziehende" schreibt *Manfred Kappeler*. Diese Dynamik im Generationenverhältnis zwischen erziehenden Erwachsenen und ‚heranwachsenden' Jugendlichen während der Pubertät/Adoleszenz sei vor allem dadurch geprägt, dass zwar jeder, auch die PädagogInnen, risikobereite Jugendliche möge, zugleich aber Angst davor habe, was sie sich trauten, gerade auch im Hinblick auf Drogenkonsum. Kappeler kritisiert in diesem Kontext „das polarisierende Denken der Sozialpädagogik", das jugendlichen Drogenkonsum stets nur als zu vermeidendes Risikoverhalten konzipiere und behandle. Er wirbt für eine „Erziehung zur (Drogen-) Mündigkeit", die ihrerseits eingebunden sein müsse in eine umfassende „emanzipative Pädagogik".

Aldo Legnaro stellt drei Suchtregime vor. Ein Regime wird dabei grundsätzlich verstanden als „das Konglomerat aus Wertvorstellungen, Orientierungen und – mehr oder weniger verbindlichen – Handlungsanleitungen, die zusammen eine nicht notwendig geschlossene, aber doch abgrenzbare Gestalt einer privaten und öffentlichen Drogenpolitik ergeben". Das erste Regime („Zukunft ist die Vergangenheit") setzt auf umfassende Kontrolle, ohne aber noch moralisierend zu verfahren. Es geht um Ordnung und flexibel organisierte Funktionalität, nicht um Disziplinierung. Das zweite Regime („Balance of (Bio) Power") realisiere

Kontrolle hingegen vorrangig als Selbstgestaltung und Selbstoptimierung. Drogen können hier als Elemente der Darstellung von Individualität verwendet werden – allerdings nur, wenn grundlegende Funktionsimperative gewährleistet sind. Das dritte Regime („Die Droge bin ich selbst") beinhaltet eine extremisierte Form von Selbstentfaltung. Am Beispiel des Marathon-Laufens wird verdeutlicht, dass die massenhafte Demonstration der Fähigkeit, bis an die Grenzen zu gehen, ereignishaften Charakter besitzen kann. Ein Verhalten, das sich, so Legnaro, „geradezu suchthaft verselbständigen kann".

Bernd Dollinger und Henning Schmidt-Semisch nehmen abschließend zentrale Aspekte der professionellen Drogenhilfe in den Blick. Dabei geht es zunächst um eine kurze allgemeine Charakterisierung von Professionalität, um im Anschluss daran zu skizzieren, wie sich Professionalität und Professionalisierung in der Drogenhilfe gegenwärtig entwickeln. In letzter Zeit sei neben einer Diversifizierung von Interventionen und Zielkonzeptionen insbesondere eine Ökonomisierung der Sucht- und Drogehilfe zu beobachten. Die Autoren plädieren für eine „reflexive Professionalität", die u.a. Antworten darauf zu geben habe, wie Restriktionen der Bedarfserfüllung zustande kommen und abgemildert werden können sowie unter welchen gesellschaftlichen, politischen und individuellen Rahmenbedingungen Drogenkonsum stattfindet. In diesem Sinne zeichne sich reflexive Professionalität nicht durch Distanz gegenüber der Klientel ab, sondern durch ein behutsames Einlassen auf den einzelnen Menschen und seine Probleme. Dies sei allerdings nur dann möglich, wenn professionelles Handeln in seiner Perspektivität erschlossen und mit den vom Einzelnen gezeigten Problemdeutungsstrukturen bewusst in Beziehung gesetzt werde.

Wir denken und hoffen, dass mit diesen Beiträgen die Spannbreite und der Ertragreichtum einer sozialwissenschaftlichen Annäherung an Drogenkonsum und Sucht verdeutlicht werden können. Abschließend wollen wir den Personen danken, die uns bei der Fertigstellung des Bandes sehr geholfen haben. Wir danken insbesondere Katinka Achcenich, Lisa Lischke-Eisinger und Astrid Mittmann für ihre wertvolle Unterstützung.

Literatur

Akers, R.L., 1991: Addiction: The Troublesome Concept. In: Journal of Drug Issues. 21. Jg. S. 777-793.

Alexander, B.K./Hadaway, P./Coambs, R., 1988: Rat Park Chronicle. In: J.C. Blackwell/P.G. Erickson (Hg.): Illicit Drugs in Canada. Scarborough. S. 63-68.

Austin, G., 1982: Die europäische Drogenkrise des 16. und 17. Jahrhunderts. In: G. Völger/K.v. Welck (Hg.): Rausch und Realität. Drogen im Kulturvergleich. Bd. 1. Reinbek. S.115-132.

Beckett, K., 1997: Making Crime Pay. New York/Oxford.

Berger, P.L./Luckmann, T., 1969: Die gesellschaftliche Konstruktion der Wirklichkeit. Frankfurt a.M.

Blumer, H., 1975: Soziale Probleme als kollektives Verhalten. In: K.O. Hondrich: Menschliche Bedürfnisse und soziale Steuerung. Reinbek b. Hamburg. S. 102-113.

Bourdieu, P., 1993: Narzisstische Reflexivität und wissenschaftliche Reflexivität. In: E. Berg/M. Fuchs (Hg.): Kultur, soziale Praxis, Text. Die Krise der ethnographischen Repräsentation. Frankfurt a.M. S. 365-374.

Brunner, E./Franke, A., 1997: Ess-Störungen. Eine Information für Ärztinnen und Ärzte. Hamm.

Butler, J., 1998: Haß spricht. Berlin.

Davies, J.B., 1992: The Myth of Addiction. An Application of the Psychological Theory of Attribution to Illicit Drug Use. Reading.

Dollinger, B., 2002: Drogen im sozialen Kontext. Zur gegenwärtigen Konstruktion abweichenden Verhaltens. Augsburg.

Dollinger, B./Schneider, W. (Hg.), 2005: Sucht als Prozess. Berlin.

Drinkmann, A., 2002: Kontrolliertes Rauchen: Standortbestimmung und Perspektiven. In: Suchttherapie, 2. Jg., S.81-86.

Edelman, M., 1988: Die Erzeugung und Verwendung sozialer Probleme. In: Journal für Sozialforschung. 28. Jg. S. 175-192.

Fleck, L., 1980: Entstehung und Entwicklung einer wissenschaftlichen Tatsache. Frankfurt a.M. (orig. 1935).

Frenk, H. /Dar, R., 2000: A Critique of Nicotine Addiction. Boston u.a.

Gergen, K.J., 1996: Is Diagnosis a Disaster? A Constructionist Trialogue. In: F.W. Kaslow (Hg.): Handbook of Relational Diagnoses and Dysfunctional Family Patterns. New York u.a. S. 102-118.

Gregory, M./Holloway, M., 2005: Language and the Shaping of Social Work. In: British Journal of Social Work. 35. Jg. S. 37-53.

Harding, W.M. 1984: Controlled Opiate Use: Fact or Artifact? In: Advances in Alcohol and Substance Abuse, 1-2. Jg. S. 105-118.

Hengartner, T./Merki, C. (Hg.), 2001: Genussmittel. Eine Kulturgeschichte. Frankfurt.

Herriger, N., 2002: Empowerment in der Sozialen Arbeit. Stuttgart u.a. 2. Aufl.

Hess, H./Kolte, B./Schmidt-Semisch, H. 2004: Kontrolliertes Rauchen. Tabakkonsum zwischen Verbot und Vergnügen, Freiburg i.B.

Hoffmann, A. 2005: Drogenrepublik Weimar? Betäubungsmittelgesetz – Konsum und Kontrolle in Bremen – Medizinische Daten. Münster.

Humphreys, K./Rappaport, J., 1993: From the Community Mental Health Movement to the War on Drugs. A Study in the Definition of Social Problems. In: American Psychologist. 48. Jg. S. 892-901.

Jungblut, H.J., 2004: Drogenhilfe. Eine Einführung. Weinheim/München.

Kappeler, M., 1991: Drogen und Kolonialismus. Zur Ideologiegeschichte des Drogenkonsums. Frankfurt a.M.

Kemmesies, U.E., 2004: Zwischen Rausch und Realität. Drogenkonsum im bürgerlichen Milieu. Wiesbaden.

Klein, R., 2002: Berauschte Sehnsucht. Zur ambulanten systemischen Therapie süchtigen Trinkens. Heidelberg.

Klingemann, H./Sobell, L./Barker, J./Blomquist, J./Cloud, W./Ellinstad, T./Finfgeld, D./Granfield, R./Hodgings, D./Hunt, G./Junker, C./Moggi, F./Peele, S./Smart, R./Sobell, M./Tucker, J., 2001: Promoting Self-change from Problem Substance Use. Practical Implications for Policy, Prevention and Treatment. Dordrecht u.a.

Klingemann, H./Bergmark, A., 2006: The legitimacy of addiction treatment in a world of smart people. In: Addiction. 101. Bd. S. 1230-1237.

Klingemann, H./Sobell, L.C. (Hg.), 2006: Selbstheilung von der Sucht. Wiesbaden.

Kolte, B., 2006: Rauchen zwischen Sucht und Genuss. Wiesbaden.

Kolte, B./Schmidt-Semisch, H. 2003: Vom Tabakgenuss zur Nikotinsucht – und zurück. Ein Plädoyer wider den therapeutisch induzierten Fatalismus. In: A. Legnaro/A. Schmieder (Hg.): Rauchzeichen. Zum modernen Tabakkonsum. Jahrbuch Suchtforschung. Bd. 3. Münster u.a. S. 5-24.

Kolte, B./Schmidt-Semisch, H., 2006: Kontrollierter Drogenkonsum: Ein prekäres Paradigma? In: A. Legnaro/A. Schmieder (Hg.): Kontrollierter Drogenkonsum - Drogenkonsum als Lebenskontrolle. Jahrbuch Suchtforschung. Bd. 5. Münster u.a. S. 7-24.

Körkel, J., 2000: Risikoarmer/-kontrollierter Alkoholkonsum. In: H. Stöver/J.-H. Heudtlass (Hg.): Risiko mindern beim Drogengebrauch. Frankfurt a.M. S. 148-178.

Korte, S., 2006: Rauschkonstruktionen – Eine qualitative Interviewstudie zur Konstuktion von Drogenwirklichkeit, Diss. Bremen.

Krapp, A./Weidenmann, B., 2001: Pädagogische Psychologie. Weinheim. 4. Aufl.

Kunz, K.-L., 2004: Kriminologie. Bern u.a. 4. Aufl.

Legnaro, A., 1982: Ansätze zu einer Soziologie des Rausches - zur Sozialgeschichte von Rausch und Ekstase in Europa. In: G. Völger/K.v. Welck (Hg.): Rausch und Realität. Drogen im Kulturvergleich. Bd. 1. Reinbek. S.93-114.

Levine, H., 1982: Mäßigkeitsbewegung und Prohibition in den USA. In: G. Völger/K.v. Welck (Hg.): Rausch und Realität. Drogen im Kulturvergleich. Bd. 1. Reinbek. S. 241-251.

Lynch, M., 2004: Gegen Reflexivität als akademischer Tugend und Quelle privilegierten Wissens. In: Zeitschrift für qualitative Bildungs-, Beratungs- und Sozialforschung. 4. Jg. S. 273-309.

McLellan, T./Lewis, D.C./O'Brien, C.P./Kleber, H.D., 2000: Drug Dependence, a Chronic Medical Illness. In: Journal of the American Medical Association. 284. Bd. S. 1689-1695.

Montada, L., 1998: Fragen, Konzepte, Perspektiven. In: R. Oerter/L. Montada (Hg.): Entwicklungspsychologie. Weinheim. S. 1-83. 4. Aufl.

Peele, S., 2000: What Addiction is and is not. The Impact of Mistaken Notions of Addiction. In: Addiction Research. 8. Jg. S. 599-607. Hier: http://www.peele.net/lib/mistakennotions.html (Mai 2001)

Quensel, S., 2004: Das Elend der Suchtprävention. Wiesbaden.

Reinarman, C./Murphy, S./Waldorf, D., 1994: Pharmacology is not destiny: The contingent character of Cocaine abuse and addiction. In: Addiction Research. 2. Jg. S. 21-36.

Saß, H./Wittchen, H.-U./Zaudig, M./Houben, I., 2003: Diagnostisches und Statistisches Manual Psychischer Störungen – Textrevision. DSM-IV-TR. American Psychiatric Association (Hg.). Dt. Übersetzung. Göttingen u.a.

Scheerer, S., 1982: Die Genese der Betäubungsmittelgesetze in der Bundesrepublik Deutschland und in den Niederlanden. Göttingen.

Scheerer, S., 1995: Sucht. Reinbek.

Schippers, G.M./Cramer, E., 2002: Kontrollierter Gebrauch von Heroin und Kokain. In: Suchttherapie. Jg.3. S. 71-80.

Schivelbusch, W., 1988: Das Paradies, der Geschmack und die Vernunft. Eine Geschichte der Genussmittel. Frankfurt a.M.

Schmidt, L./Gaspar, M./Falkai, P./Gaebel, W. (Hg.), 2006: Evidenzbasierte Suchtmedizin. Behandlungsleitlinien Substanzbezogene Störungen. Köln.

Schmidt, T., 1996: Ich habe es ohne Therapie geschafft! Aussteiger aus der Drogenszene berichten. Hamburg.

Schmidt-Semisch, H., 1994: Die prekäre Grenze der Legalität. DrogenKulturGenuss, München.

Schmidt-Semisch, H., 1997: Designer-Droge Ecstasy? Notizen zu Begriff und Geschichte eines Problems. In: J. Neumeyer/H. Schmidt-Semisch (Hg.): Ecstasy – Design für die Seele? Freiburg i.Br. S. 21-37.

Schmidt-Semisch, H., 1997a: Geschichte, Wirrwarr und inflationäre Verwendung des Suchtbegriffs. In: H. Bossong/J. Gölz/H. Stöver: Leitfaden Drogentherapie. Frankfurt a.M./New York 1997. S.34-55.

Schmidt-Semisch, H./Note, F., 2000: Drogen. Hamburg.

Selling, P., 1989: Die Karriere des Drogenproblems in den USA. Pfaffenweiler.

Sieber, M., 1993: Drogenkonsum: Einstieg und Konsequenzen. Ergebnisse von Längsschnittuntersuchungen und deren Bedeutung für die Prävention. Bern u.a.

Soellner, R., 2000: Abhängig von Haschisch? Bern u.a.

Tretter, F., 2000: Suchtmedizin. Der suchtkranke Patient in Klinik und Praxis. Stuttgart/New York.

Uchtenhagen, A., 2000: Störungen durch psychotrope Substanzen: ein Überblick. In: Uchtenhagen, A./Zieglgänsberger, W. (Hg.): Suchtmedizin. Konzepte, Strategien und therapeutisches Management. München/Jena, S. 3-7.

Uchtenhagen, A./Zieglgänsberger, W. (Hg.), 2000: Suchtmedizin. Konzepte, Strategien und therapeutisches Management. München/Jena.

Wacquant, L.J.D., 1996: Auf dem Weg zu einer Sozialpraxeologie. In: P. Bourdieu/L.J.D. Wacquant: Reflexive Anthropologie. Frankfurt a.M. S. 17-93.

Waldorf, D., 1983: Natural Recovery from Opiate Addiction. In: Journal of Drug Issues. 13. Jg. S. 237-280.

Weber, G./Schneider, W., 1992: Herauswachsen aus der Sucht illegaler Drogen. Selbstheilung, kontrollierter Gebrauch und therapiegestützter Ausstieg. Münster.

Westmeyer, H., 1999: Konstruktivismus und Psychologie. In: Zeitschrift für Erziehungswissenschaft. 2. Jg. S. 507-525.

Wustmann, C., 2005: Die Blickrichtung der neueren Resilienzforschung. In: Zeitschrift für Pädagogik. 51. Jg. S. 192-206.
Zerdick, J. (Hg.), 2000: Suchtmedizin – aktuell. 8. Suchtmedizinischer Kongress der DGDS. Berlin.
Zinberg, N.E., 1979: Nonaddictive Opiate Use. In: R.L. DuPont u.a. (Hg.): Handbook on Drug Abuse. Washington.
Zinberg, N.E., 1984: Drug, Set and Setting. The Basis for Controlled Intoxicant Use. New Haven and London.
Zinberg, N.E./Harding, W.M./Stelmack, S.M./Marblestone, R.A., 1978: Patterns of Heroin Use. In: Annals of the New York Academy of Sciences. Bd. 311. S. 10-24.
Zucker, R.A., 2006: The Developmental Behavior Genetics of Drug Involvement: Overview and Comments. In: Behavior Genetics. 36. Jg. S. 616-625.

Selbstreflexive Ansätze in der Drogenforschung

Marlene Stein-Hilbers[1]

Zum Problem der Entwicklung drogenabhängigen Verhaltens ist in den letzten Jahren eine unübersehbare Flut von Literatur veröffentlicht worden. Konsum und Abhängigkeit von illegalen Drogen, Alkohol und Medikamenten wurden unter verschiedensten Aspekten analysiert. Eine Fragestellung blieb stets vorherrschend: Warum werden Menschen drogenabhängig, welche Faktoren in ihnen, ihrer Lebensgeschichte oder ihrer sozialen Umgebung, welche Formen des politischen Umgangs mit ihnen (Drogenkontrolle) bewirken die Ausbildung drogenabhängigen bzw. süchtigen Verhaltens? Stillschweigend und/oder ausgesprochen wurden Drogenabhängige in empirischen Untersuchungen und theoretischen Analysen als abweichend, auffällig, defizitär u.ä. betrachtet, in jedem Fall als andersartig, nicht den Normalitätskriterien entsprechend. Nachvollziehbar wird dies vor allem durch die Konzentration auf manifest Abhängige mit ihrem Zwang zur ständig neuen Drogenbeschaffung, den damit verbundenen Aktivitäten und Lebensformen und dem Einsetzen spezifischer (medizinischer, strafrechtlicher u.ä.) Kontrollmaßnahmen. Im Rückschluss wurden die bei Abhängigen zu beobachtenden Auffälligkeiten und Defekte häufig auch für den Beginn und die Verursachung des Drogenkonsums verantwortlich gemacht – die Literatur zum Problem der Drogenabhängigkeit ist geprägt von der Suche nach ihnen. Im Wesentlichen scheint den meisten Untersuchungen die Annahme einer strukturellen Verschiedenheit ‚normalen' und drogenkonsumierenden (bzw. drogenabhängigen) Verhaltens zu unterliegen. Drogenabhängiges Verhalten wird ausgegrenzt aus jenem Spektrum von Verhaltensweisen, das als üblich und allgemein verbreitet gilt. Forschungslogisch impliziert diese Art von Grundsatzüberzeugung spezifische methodische Zugangsweisen, wie noch zu zeigen ist.

Ich möchte demgegenüber die These der strukturellen Verschiedenheit ‚normalen' und drogenkonsumierenden/-abhängigen Verhaltens in Frage stellen. Ich vermute vielmehr, dass der Konsum chemischer Substanzen als Medium persönlicher Glücks- und Befriedigungssuche sich nahtlos einpasst in ein Spekt-

[1] Der Text erschien zuerst in „Psychologie und Gesellschaftskritik", 9. Jg., 1985. Wiederabdruck mit freundlicher Genehmigung des Psychosozial-Verlages.

rum ‚technischer' Alltagshandlungen mit gleicher Zielsetzung. Spezifische Reize und Substanzen werden eingesetzt, um (schnell) bestimmte Gefühlszustände zu erzeugen oder auch zur Abwehr immer wiederkehrender alltäglicher Empfindungen von Leere, Sinnverlust, Angst o.ä. Süßigkeiten, Alkohol, Fernsehen, Essen, Medikamente u.a.m. werden (auch) in diesem Sinne benutzt. Viele Menschen greifen mit dieser Zielsetzung auf immer wieder dieselben Tätigkeiten oder Substanzen zurück, und es ist durchaus nicht unüblich, dies in nahezu zwanghafter Weise zu tun. Abhängigkeitserzeugende Strukturen und Mechanismen sind Bestandteil des Alltagslebens und führen auch zu Dispositionen, die im allgemeinen manifest Abhängigen zugeschrieben werden: dem Zwang zur sofortigen und kurzfristigen Befriedigung von Bedürfnissen, der Einengung von Wahrnehmungs- und Erlebnisvielfalten, der Verhinderung persönlicher Aktivität und Kreativität und der alltäglichen Lenkung des Lebens mit chemischen Mitteln (Soltau 1984, 13). Eine solche Betrachtungsweise der Entstehung drogenabhängigen Verhaltens hat ebenfalls Auswirkungen auf Untersuchungsansätze und Methoden der Drogenforschung. Nicht mehr die ausschließliche Suche nach zugrunde liegenden Störungen, Abweichungen und Defekten der Konsumenten/innen bestimmt dann die zugeordneten empirischen Untersuchungen, sondern die detaillierte Analyse von Alltagsprozessen und Verarbeitungsweisen, die auch den Forschenden selber aus ihrer eigenen Lebenswelt vertraut sind.

1. Theoretische Annahmen und Untersuchungsansätze der Drogenforschung

Die in der Drogenforschung bisher überwiegend verwendeten Untersuchungsansätze und Methoden entsprechen im Wesentlichen dem „Defekt-Modell" der Entstehung süchtigen Verhaltens. Sie konzentrieren sich auf Person und soziales Umfeld von Abhängigen und versuchen, die verursachenden Bedingungen und Strukturen herauszuarbeiten – in Abgrenzung von ‚normalen' Strukturen. In der Anfangszeit und speziell in einigen Disziplinen wie Psychologie und Psychiatrie wurden überwiegend Einstellungen, Meinungen, Persönlichkeitsmerkmale bereits Abhängiger erfasst. Dies geschah vor allem in der Absicht, Unterschiede zu Nicht-Konsumenten herauszufinden, individuelle Defizite, die (ähnlich einem Stoffwechseldefekt in der Medizin) die Entwicklung von Drogenabhängigkeit erklären sollten. Die Komplexität lebensgeschichtlicher und sozialhistorischer Entwicklungen wurde reduziert auf einige spezielle (Persönlichkeits-)Konstrukte.

Im Wesentlichen folgten auch sozialisationszentrierte Ansätze dem „Defekt-Modell" der Entstehung drogenabhängigen Verhaltens und konzentrierten sich auf besonders belastende Kindheitserfahrungen, familiäre und andere Umweltbedingungen. Die im Zusammenhang mit diesem Modell der Genese von Drogenabhängigkeit verwendeten Methoden entsprechen deren theoretischen Annahmen: Ganz überwiegend zielen sie ab auf die Ermittlung harter = quantifizierbarer Daten. Verbunden damit war die Hoffnung, prognostische Erkenntnisse über Entstehung und Bekämpfung des unerwünschten Drogenkonsums zu gewinnen. Die Ergebnisse der sozialisationszentrierten Ansätze in der Drogenforschung blieben insgesamt unbefriedigend. Wie andere retrospektiv durchgeführte Studien an „abweichenden" Personengruppen überhaupt wiesen sie zwar oft die Häufung sozial unerwünschter Faktoren in Kindheit und sozialer Umgebung nach. Eine signifikante Beziehung zwischen spezifischen Sozialisationsbedingungen und späterem Drogenkonsum ließ sich aber niemals ermitteln, erst recht keine Differenzierung nach Art der Abhängigkeit (illegale Drogen, Alkohol, Medikamente). Die Befunde waren in sich vielfach widersprüchlich; selbst für spezielle Gruppen von Abhängigen (z.B. Alkoholiker) konnten keine theoretischen Annahmen widerspruchsfrei entwickelt werden (Antons 1978). „Sozialisationstheoretisch orientierte empirische Untersuchungen der Genese von Drogenabhängigkeit betrachten die von ihnen erhobenen und für einflussreich gehaltenen Variablen zu häufig als quasi statische Einflussgrößen (z.B. Variablen wie 'broken home', Unterschichtzugehörigkeit, Erziehungsstil, Medikamentenabusus der Eltern etc.), deren kumulative Addierung ab einem gewissen Punkt mehr oder weniger sicher zu Drogenkonsum und Abhängigkeit führt. Die 'sozial prägenden' Faktoren werden aufgezählt, addiert und zum Endergebnis der Drogenabhängigkeit in Beziehung gesetzt" (Schmerl 1984, 79).

Auswirkungen dieser Art von Forschung – und deren publizistische Ausschlachtung – auf Konsumenten (Abhängige) müssen durchaus angenommen werden. Foucault (1976) hat darauf hingewiesen, dass moderne Sozialwissenschaften kulturelle Selbstverständlichkeiten produzieren, d.h. Wissenstatbestände schaffen, die die lebensweltlichen Erfahrungen von Akteuren so verändern können, dass sie sich nicht mehr für ihre ureigensten Belange verantwortlich fühlen. „In dem Maße, in dem der Diskurs des alltäglichen Lebens (…) nach und nach durch Aussagensysteme unterlaufen wird, die sich auf gesetzmäßig verlaufende Lernprozesse, Triebschicksale und Interaktionsverläufe beziehen, lernen die Akteure, sich zu sich selbst ebenso zu verhalten wie zu durch nomologisches Wissen kontrollierbaren Objekten; also zu Entitäten, welche für die Folgen der von ihnen verursachten Ereignisse nicht einzutreten haben" (Brumlik 1984, 44f). ‚Kolonialisierung der Lebenswelten' ist das Stichwort, unter dem diese Debatte geführt wird (Habermas 1981).

Vielfach überwunden scheint das „Defekt-Modell" der Genese abhängigen Verhaltens in sozialpsychologischen und interaktionistischen Studien, die Drogenkonsum als erlerntes Sozialverhalten betrachten, dessen Erwerb dem Erlernen anderer sozialer Verhaltensweisen vergleichbar ist (vgl. Schmerl 1984, 110 ff. m.w.N.). Sie unterscheiden scharf zwischen dem Einstieg in den (illegalen oder legalen) Drogenkonsum, den Verlaufsstadien einer Drogenkarriere und den Eigengesetzlichkeiten einer bereits ausgeprägten Abhängigkeit von psychoaktiven Substanzen. Beginnender Drogenkonsum und die möglicherweise erfolgende sukzessive Ausbildung einer Drogenabhängigkeit werden als dynamisches Entwicklungsmodell begriffen, in dem soziale Kontakte und subkulturelle Bedeutungsmuster, Initiationen und soziale Lern- und Verstärkungsmuster im Zusammenhang mit den Reaktionen sozialer Kontrollinstanzen zentrale Bedeutung gewinnen. Verhaltensdispositionen und sozioökonomischen Faktoren der Konsumenten/innen kommt (ebenso wie der Zugänglichkeit und Kontrolle spezifischer Drogen) eher eine intermittierende Funktion in diesen Prozessen zu. Die ‚Defizite' der potentiellen Konsumenten/innen werden dadurch als Verursachungsfaktoren weniger bedeutsam: „... anfänglicher Heroingebrauch ist nicht derart umwölkt von komplexen Motivationen, wie viele Leute uns glauben machen wollen. Er ist vielleicht nicht unähnlich dem anfänglichen Gebrauch anderer legaler und illegaler Drogen auch – Alkohol, Tabak, Marihuana –, die alle in Umgebungen auftauchen, wo es einen gewissen Druck in Richtung Gebrauch gibt" (Waldorf 1973, 34, zit.n. Schmerl 1984, 128). Die in diesen empirischen Untersuchungen vielfach verwendeten biographischen Interviews und Langzeitstudien vermitteln einen weitaus dichteren Zugang zur Lebenswelt Abhängiger, zu Dynamik und Dialektik von sozioökonomischen Faktoren, Gruppenzugehörigkeit und Freundschaftsbeziehungen, Verfügbarkeit von Drogen und symbolischer Bedeutung des Konsums spezifischer Drogen.

2. Ritualisierte Formen der Gefühlslenkung und Konfliktbewältigung im Alltagsleben

Aus den (bisher in geringer Zahl vorhandenen) prozess- und interaktionsorientierten Studien ergeben sich Hinweise darauf, dass es eher die „normalen" Gewohnheiten und Lebensumstände sind, die den Einstieg in den Drogenkonsum und den Verlauf von Drogenkarrieren bestimmen. Auf dem Hintergrund dieser Aussage soll im Folgenden versucht werden, die Ausbildung abhängigen Verhaltens im Alltagsleben zu beschreiben und strukturelle Ähnlichkeiten mit der Ausbildung drogenabhängigen Verhaltens herauszuarbeiten.

Ausgangspunkt dafür ist die ritualisierte Lenkung von Gefühlen und Konfliktbewältigung, die das Leben vieler Menschen bestimmt. Für die meisten Individuen scheint es Tätigkeiten und/oder Substanzen unterschiedlichster Art zu geben, die von ihnen eingesetzt werden, um a) spezifische Stimmungen/Gefühlslagen zu erzeugen und/oder b) emotionale Spannungen zu überdecken, zu verdrängen oder auch aufzulösen. Beide Motivlagen sind nur theoretisch voneinander zu trennen, auf der Handlungsebene vermischen sie sich. Oftmals ist nicht mehr subjektiv nachzuvollziehen, ob eine Tätigkeit in sich (intrinsisch) motiviert ist oder ausgeübt wird, um unangenehmen Gefühlslagen zu entgehen. Welcher Art diese Tätigkeiten/Substanzen sind, ist individuell verschieden und abhängig von lebensgeschichtlichen Erfahrungen, subkulturellen Gewohnheiten und nicht zuletzt dem Geschlecht. Nahezu jede Tätigkeit und jede Substanz kann in dieser Weise eingesetzt werden: Essen, Alkohol, Einkaufen, Putzen, Schlafen, Musikhören usw. Jede dieser Tätigkeiten, jede benutzte Substanz und jedes eingesetzte Medium kann wegen des damit verbundenen Vergnügens benutzt werden, ebenso aber auch zur Verdrängung unangenehmer Empfindungen. Die vielfachen Bedeutungen von Tätigkeiten und Substanzen werden vom frühen Kindesalter an überdauernd kommunikativ vermittelt.

Süßigkeiten sind für fast alle Kinder attraktiv und von hohem Wert. Bereits bei Kindern wird aber auch der Mechanismus des Überdeckens emotionaler Spannungen durch chemische Substanzen gründlich eingeübt. Vor allem Trauer und Aggressionen werden durch Süßigkeiten neutralisiert und abreagiert. Süßigkeiten werden als Mittel der Bestechung und der Vertuschung sozialer Konflikte eingesetzt. Beobachtbar ist, dass auch nahezu alle Erwachsenen in ritualisierter Form auf spezifische Tätigkeiten/Medien zurückgreifen, um unangenehme Spannungszustände abzuwehren. Zum Teil kann dies zwanghafte Formen annehmen: beim suchtartigen Verzehr von Süßigkeiten/sonstigen Nahrungsmitteln, der Flucht in massiven Fernsehkonsum, Arbeit, Sport, Automatenspiel usw. Die Bewältigung problematischer Situationen wird verengt auf einen einzelnen Wirkstoff oder eine einzelne Tätigkeit. Der Konsum psychoaktiver Stoffe aller Art passt sich in dieses Spektrum ein.

Dies gilt insbesondere für die frei zugängliche und sozial akzeptierte Droge Alkohol: Sie wird sowohl wegen des damit verbundenen Vergnügens und ihrer spezifischen Wirkungen konsumiert als auch zur Überdeckung emotionaler Spannungen und zur Lenkung des Gefühlslebens überhaupt eingesetzt. In jedem Fall ist Alkohol allgegenwärtig und bietet sich als rituelles Mittel der individuellen Spannungsreduktion und Vermeidung von Unlustgefühlen ebenso an wie andere Tätigkeiten oder chemische Substanzen. Weil diese Arten des Gebrauchs von Alkohol so „normal" und weit verbreitet sind, verwundert auch nicht, dass die häufigst untersuchte „Alkoholikerpersönlichkeit" als U r s a c h e des späteren Alkoholismus nie gefunden werden konnte – im Gegensatz zu besonders häufig zu beobachtenden Dispositionen, die sich im Verlauf einer Alkoholikerkarriere selbst ausbilden (vgl. Antons 1978, m.w.N.). Es ist (auch) das „normale" Trinken, das Alkoholismus mit verursacht (Antons/Schulz 1976, 1977).

Der (gewohnheitsmäßige) Konsum von Medikamenten verkörpert in besonders auffälliger Weise die ritualisierte ‚technische' Art der Alltagsbewältigung durch chemische Substanzen. Die Verantwortung für das eigene Wohlbefinden und den eigenen Körper wird an die Wirkung von Drogen geknüpft (und an medizinisches Expertentum delegiert). Gewohnheitsmäßiger Medikamentenkonsum hat neben der funktionellen auch symbolische Bedeutung. Er setzt in der Regel eine Krankheits-Definition voraus, die selber bereits als spezifische Art von Konfliktbewältigung betrachtet werden kann (Stein-Hilbers 1984, m.w.N.). Frauen scheinen aufgrund ihrer sozialen Situation und der ihnen antrainierten Bewusstseins- und Handlungsstrukturen stärker als Männer auf diese Art der Alltagsbewältigung zurückzugreifen. Der Rückzug in die Krankheit und der Gebrauch von Medikamenten treten insbesondere dann zutage, wenn aktive Veränderungen von Lebensbedingungen und die dafür notwendige „Lebendigkeit" (inklusive der Erfahrungen von Schmerz, Wut und Trauer) aussichtslos und unmöglich erscheinen. Insofern sind sie auch als ritualisierte Verdeckung sozialer Konflikte zu interpretieren.

Illegaler Drogenkonsum kann in sehr unterschiedlichen Formen und sozialen Gruppen auftauchen (z.B. bei sog. „klassischen Morphinisten", jugendlichen Heroinabhängigen, Kokaingebrauch in Künstler- und Intellektuellenkreisen usw.). Der Einstieg in diese Art des Drogenkonsums kann unterschiedlich motiviert sein und ist durchaus nicht in jedem Fall als Ausgleich von persönlichen Defiziten zu verstehen. Vielmehr werden Drogen auch wegen des damit verbundenen besonderen Anreizes und Vergnügens probiert, zumindest bei jugendlichen Konsumenten besonders oft in Gruppensituationen mit spezifischen sozialen Beeinflussungsfaktoren. Den institutionalisierten Formen der Glückssuche (Liebe, Konsum) werden eigene Formen der Suche nach Glücksempfindungen, Rausch und Ekstase gegenübergestellt.

Damit verbunden sind auch Drogenkonsumenten/innen nicht immer Opfer ihrer Lebensumstände und sozialen Situationen; vielmehr sind sie auch selber aktiv und entscheidend in der Wahl ihrer Lebensformen und Gestaltung ihrer Alltagsabläufe. In der Erforschung des illegalen Konsums psychoaktiver Drogen wird diese Aussage dadurch erhärtet, dass es durchaus nicht die isolierten, gestörten und sonstwie auffälligen Jugendlichen sind, die diese Drogen zuerst probierten, sondern ganz im Gegenteil die sozial integrierten und aktiven (Berger u.a. 1980, Kandel 1978). Dennoch bleibt bemerkenswert, dass es isolierte chemische Substanzen sind, an die die Hoffnung auf Erfahrungsreichtum und Glücksempfindung geknüpft wird. Mit den bereits genannten Formen der nicht auf Drogenkonsum basierenden ritualisierten Lenkung von Gefühlen und Überdeckung/Vermeidung unangenehmer Spannungszustände hat der Konsum chemischer psychoaktiver Substanzen (Alkohol, Medikamente, andere Drogen) die Einengung von Wahrnehmungs- und Erlebnisvielfalten gemeinsam. Die Substanzen unterbinden vielfach die Verarbeitung erlebter Zustände, Empfindungen und Befindlichkeiten und wirken gefühlsdämpfend. Ihre Benutzer/innen vertrauen auf die durch sie vermittelte Hilfe bei der Bewältigung wie auch immer gearteter Alltagssituationen. Sie unterliegen nicht mehr dem Zwang, Spannungssituationen entweder aufzuhalten oder aktiv an der Beseitigung ihrer Ursachen zu arbeiten. Zu der dadurch erzeugten Abhängigkeit von Außenreizen tritt das Suchtpotential spezifischer Substanzen hinzu: in besonderem Maße bei Opiaten und einigen Medikamenten, aber auch bei Alkohol und Tabakprodukten.

3. Selbstreflexive Methoden in der Drogenforschung

Wenn man die These akzeptiert, dass die ritualisierte Lenkung von Gefühlszuständen durch spezifische Substanzen (oder Tätigkeiten) das Alltagsleben vieler Menschen prägt und auch zu Formen von Abhängigkeit führt, die drogenabhängigem Verhalten höchst ähnlich sind, impliziert dies andere methodische Zugangsweisen zum Problem der Entstehung drogenabhängigen Verhaltens. Nicht mehr die Suche nach besonders belastenden Kindheitserfahrungen und sonstigen Defiziten bereits Abhängiger steht dann im Vordergrund, sondern die genauere Analyse von Alltagsprozessen und Verarbeitungsformen, die die Entstehung abhängigen Verhaltens überhaupt begünstigen. Damit verbunden kann der Einstieg in den Drogenkonsum nicht mehr nur als etwas völlig Fremdes und Andersartiges wahrgenommen werden, das mit eigenen Alltagserfahrungen von Forschenden wenig oder gar nichts zu tun hat. Drogenkonsum aller Art und die Entwicklung von Abhängigkeiten sind vielmehr sowohl persönlich als auch aus der engsten sozialen Umgebung vertraute Phänomene.

In stärkerem Maße erforderlich werden dann Zugangsweisen zum Problem der Drogenabhängigkeit, die die Beforschten nicht in die Rolle passiv-distanzierter Datenträger verweisen, von denen Forscher/innen ihre Informationen abrufen können. Forschungsmethoden sollten vielmehr an Prinzipien der Offenheit und Kommunikation zwischen Subjekten und Objekten der Forschung orientiert sein (Hoffmann-Riem 1980).

Eingeschlossen darin sind auch Zugangsweisen und Reflexionsformen zum Problem der Entwicklung abhängigen Verhaltens, die in bisherigen Untersuchungsansätzen weitgehend fehlen und die hier als selbstreflexive Ansätze bezeichnet werden sollen.

Regina Becker-Schmidt (1984) hat – für die Frauenforschung – diese Art methodischer Zugangsweisen benannt:

(1) Die Analyse der Selbstbetroffenheit

„Das Phänomen gemeinsamer Betroffenheit eröffnet die Chance, dass Wissenschaftlerinnen sich ein Stück weit in die Realität anderer ..., denen die Forschung gilt, hineinversetzen können" (Becker-Schmidt 1984). Forschende und Beforschte können sich als Bestandteile eines umfassenden sozialen und politischen Zusammenhangs begreifen, in dem Drogenkonsum, die Lenkung/Kanalisierung sinnlicher Erfahrungen (auch durch chemische Substanzen!) und die Entwicklung von Abhängigkeiten aller Art selbstverständlich sind – gleichwohl differenzierbar nach sozioökonomischen Kriterien.

Damit stellt sich die Frage danach, welche Formen der Glückssuche oder zumindest der Befriedigung alltäglicher Wünsche und Bedürfnisse welchen sozialen Gruppen überhaupt zur Verfügung stehen, welche Formen von Ekstase/Rausch gestattet oder verboten sind und in welcher Form soziale Konflikte befriedet werden. Dies schließt die Analyse der symbolischen und politischen Bedeutung des Konsums spezifischer Drogen ein (Bode 1984), ebenso die Frage danach, welche Formen der Angstabwehr und welche Widerstände mit bestimmten theoretischen Modellen der Genese abhängigen Verhaltens (und ihnen folgenden drogenpolitischen Vorstellungen) verbunden sind. In diesem Sinne ist ‚Selbstbetroffenheit' vor allem als politische Kategorie zu begreifen.

(2) Introspektion

Mit dieser Kategorie ist die Reflexion auf die eigene Biographie, die eigene soziale Situation und die Erforschung eigener Formen von Gefühlslenkung und Abhängigkeit angesprochen. „Introspektion ist nicht nur eine Brücke zu ähnlichen Konfliktlagen, sondern auch eine Verständigungshilfe in der Einschätzung psychischer Verarbeitungsweisen solcher Konfliktlagen" (Becker-Schmidt 1984). Sie erleichtert die Durchschaubarkeit eigener und fremder Denk- und Verhaltensmuster, aber auch die Analyse eigener Verdrängungswünsche, Berührungsängste und Irritationen. Selbstreflexion in diesem Sinne bedeutet ebenso Aufklärung über soziale Zwänge, denen – möglicherweise – Forscher/in und Beforschte gleichermaßen ausgesetzt sind.
Meine (M. St.-H.) Introspektion würde – komprimiert und verkürzt – folgenden Grundzügen folgen:

Mir ist Drogenkonsum nicht fremd: Ich war (bin) süchtige Raucherin, finde, da ich unter häufiger Schlaflosigkeit leide, die entspannende und einschläfernde Wirkung von Beruhigungsmitteln äußerst angenehm (und verbiete sie mir aus eben diesem Grunde!), trinke seit Jahren nahezu jeden Tag Wein, würde gerne einmal Kokain ausprobieren (habe aber auch Angst – daraus resultiert meine Bewunderung für in dieser Hinsicht weniger ängstliche Leute). Ritualisierte Formen der Gefühlslenkung und Überdeckung von Konflikten sind mir vertraut. Der tägliche abendliche Wein (auch als Vehikel sozialer und kommunikativer Situationen) gehört dazu ebenso wie das „Mich-Zumachen" mit Fernsehen, Romanen, Aktivitäten, wenn es mir nicht besonders gut geht. Von vielen mir bekannten Frauen und aus themenspezifischen Arbeitsgruppen weiß ich, dass Essen in engem Zusammenhang mit ihrer psychischen Verfassung steht: Je nach psychischer Befindlichkeit werden sie dicker oder dünner; dies kann sich bis zu Formen von Fress-/Magersucht steigern.

Am dichtesten nachvollziehbar ist für mich die Ausbildung einer Medikamentenabhängigkeit. In meiner manchmal auch angespannten Lebens- und Arbeitssituation (als Frau mit vielfältigen Aktivitäten, Kind und Beruf) übt das Sich-Fallen-Lassen-Können in eine Krankheit und der damit verbundene Anspruch auf Schonung durchaus eine gewisse Faszination aus.

Meine persönliche Theorie der Entwicklung (drogen-)abhängigen Verhaltens beinhaltet, dass starker und unkontrollierter Konsum von Drogen eng verbunden ist mit Empfindungen von Leere, undefinierbaren Stimmungen, diffusen Störungen des Wohlbefindens – eben dem Verlust an Lebendigkeit. Drogen (oder andere Substanzen/Tätigkeiten) werden dann benutzt, um Akzente (in unterschiedlicher Richtung) zu setzen: dämpfend, berauschend, anregend, leistungssteigernd.

(3) Empathie

Empathie kennzeichnet das Bemühen, sich in die Realität anderer hineinzusetzen, Ausschnitte aus einer fremden Realität wahrzunehmen und zu begreifen. Sie ist Medium der Einfühlung auch in komplexe, widersprüchliche und ambivalente Orientierungen und Bewusstseinsstrukturen, die sich nicht immer auf einen in der gängigen Wissenschaftspraxis geforderten objektivierbaren Nenner reduzieren lassen (Berger 1980). Auf der Basis einer Teilidentifizierung gilt es, eine kritische und dialektische Distanz zu den untersuchten Personen zu entwickeln (Mies 1984, 12). Forschungspraktisch schließt diese Kategorie methodische Qualifikationen etwa der Gesprächsführung und des Verstehens ein, die umso ausgeprägter sein können, je differenzierter die vorherige Beschäftigung mit eigenen Formen zudeckenden und abhängigen Verhaltens erfolgt.

Die Bedeutung selbstreflexiver Ansätze in der Drogenforschung ist somit auf verschiedenen Ebenen zu veranschlagen:

- im Rahmen der Hypothesenbildung für empirische Untersuchungen – in dieser Weise wurde Selbstreflexion in der traditionellen Sozialforschung schon immer favorisiert;
- als Hilfe für eine differenzierte theoretische Strukturierung des Untersuchungsfeldes unter Einschluss subjektiver und politischer Determinanten der Ausbildung (drogen-)abhängigen Verhaltens;
- als Hilfe zum Abbau von Wahrnehmungsbarrieren im Umgang mit sozial Befremdlichem (Becker-Schmidt 1984);
- im Sinne der Anregung eines auch für Forscher/innen produktiven Lernprozesses.

Eine differenzierte und realitätsgerechte Wahrnehmung ‚fremden' Verhaltens – hier die Ausbildung drogenabhängigen Verhaltens – ist m.E. ohne den nuancierten Rekurs auf eigene und aus der eigenen Umgebung vertraute Formen der Entwicklung abhängigen Verhaltens sowie die damit in Verbindung stehenden Sozialstrukturen schwer vorstellbar. ‚Trockenes' Fachwissen alleine kann diesen Erkenntnisschritt nicht ersetzen, ohne ihm die Lebendigkeit und auch Realitätsnähe zu nehmen.

Diese Aussage gilt aber auch in umgekehrter Richtung. „Alle drei Reflexionsformen – Analyse der Selbstbetroffenheit, Empathie und kritische Introspektion reichen nicht aus, andere Frauen (bzw. Drogenkonsumenten/innen – M. St.-H.) im Forschungsprozess als Andere, als mögliche Fremde zu erreichen das gründliche Studium unvertrauter Wirklichkeit muss dann aber erst beginnen" (Becker-Schmidt 1984). Dies schließt selbstverständlich auch die genaue und differenzierte Analyse sozioökonomischer Faktoren, psychischer Dispositionen und besonderer Belastungsmomente in der bisherigen Lebensgeschichte von Konsumenten/innen ein. Die Analyse von Drogenabhängigkeit muss so facettenreich und nuanciert erfolgen, wie sie sich in der Realität darstellt.

Literatur

Antons, K. (1978): Persönlichkeitsmerkmale des Süchtigen – Ursachen oder Folgen? In: Keup, W. (Hg.): Sucht als Symptom. Stuttgart, 38-42.

Antons, K./Schulz, W. (1976 u. 1977): Normales Trinken und Suchtentwicklung. Göttingen.

Becker-Schmidt, R. (1984): Probleme einer feministischen Theorie und Empirie in den Sozialwissenschaften. In: Zentraleinrichtung zur Förderung von Frauen-Studien und Frauenforschung an der FU Berlin: Methoden der Frauenforschung. Symposium an der FU Berlin, 30.11. – 2.12.1983. Frankfurt, 224-238.

Berger, H. (1980): Untersuchungsmethode und soziale Wirklichkeit. Frankfurt.

Berger, H./Reuband, K-H./Widlitzek, U. (1980): Wege in die Heroinabhängigkeit. Zur Entwicklung abweichender Karrieren. München.

Bode, E. (1984): Soziale Un-Gleichstellung und Sucht – ein gesellschaftspolitischer Exkurs. In: Merfert-Diete, C./Soltau, R. (Hg.): Frauen und Sucht. Reinbek, 225-239.

Brumlik, M. (1984): Verstehen oder Kolonialisieren. Überlegungen zu einem aktuellen Thema. In: Müller, S./Otto, H.-U. (Hg.): Verstehen oder Kolonialisieren? Grundprobleme sozialpädagogischen Handelns und Forschens. Bielefeld, 31-62.

Foucault, M. (1976): Überwachen und Strafen. Frankfurt.

Gipser, D./Stein-Hilbers, M. (1984): Wenn Frauen aus der Rolle fallen. Alltägliches Leiden und abweichendes Verhalten von Frauen. Weinheim.

Habermas, J. (1981): Theorie des kommunikativen Handelns. Frankfurt.

Hoffmann-Riem, Ch. (1980): Die Sozialforschung einer interpretativen Soziologie – Der Datengewinn. Kölner Zeitschrift für Soziologie und Sozialpsychologie, 32, 339-372.

Kandel, D. (1978): Longitudinal Research on Drug Use: Empirical Findings and Methodological Issues. Washington.

Merfert-Diete, Ch./Soltau, R. (Hg.) (1984): Frauen und Sucht. Die alltägliche Verstrickung in Abhängigkeit. Reinbek.

Mies, M. (1984): Methodische Postulate zur Frauenforschung – dargestellt am Beispiel der Gewalt gegen Frauen. In: Beiträge zur feministischen Theorie und Praxis: Frauenforschung oder feministische Forschung? Heft 11, 7-25.

Schmerl, Ch. (1984): Drogenabhängigkeit. Kritische Analyse psychologischer und soziologischer Erklärungsansätze. Opladen.

Soltau, R. (1984): Die frauenspezifische Abhängigkeit von Suchtmitteln. In: Merfert-Diete, C./Soltau, R. (Hg.): Frauen und Sucht. Reinbek, 12-26.

Stein-Hilbers, M. (1980): Was passiert mit Fixern? Strategien der Drogenpolitik, Kriminologisches Journal 2, 7-34.

Stein-Hilbers, M. (1984): Drogen im weiblichen Lebenszusammenhang. In: Merfert-Diete, C./Soltau, R. (Hg.): Frauen und Sucht. Reinbek, 40-49.

„Sucht“ – zur Geschichte einer Idee

Frank Nolte

In seiner Vorbemerkung zu den „Gesammelten Werken zur Religionssoziologie“ weist Max Weber darauf hin, dass einige kulturelle Phänomene der modernen Gesellschaft aus Architektur, Musik, Wissenschaft und Wirtschaft in ihrer Daseinsform im Abendland einzigartig seien. Die Art und Weise, in der sie sich in der abendländischen Gesellschaft – und eben nur hier – derart entwickelt haben, so Weber, hängt mit bestimmten Prozessen zusammen, die er unter dem Begriff der Rationalisierung zusammenfasst (vgl. Weber 1991, S. 9 f.).

Auch die „Sucht“ ist ein Kind der Moderne – und die Art der Genese dieses Phänomens ließe sie durchaus würdig erscheinen, als weiteres Beispiel in Webers Vorbemerkung zu erscheinen. Da dem nicht so ist, möchte ich zumindest den Versuch wagen, sie nachträglich dafür zu empfehlen.

Sucht als „Idee“

Ähnlich einer Kathedrale oder einer Symphonie ist auch „Sucht“ etwas Konstruiertes – und genauso real wie eine Symphonie oder Kathedrale ist auch „Sucht“ real. Entscheidend ist, dass diese Realitäten nur da existieren, wo Menschen sie herstellen. Dies leuchtet uns ein bei der Symphonie und auch bei der Kathedrale – aber es breitet sich Unbehagen aus, wenn auch „Sucht“ als etwas vom Menschen Geschaffenes dargestellt wird. Ein Grund dafür mag sein, dass dem Begriff der „Konstruktion“ oder auch der „Idee“ etwas Beliebiges anhaftet, als wäre „Sucht“ ohne weiteres anders definierbar oder die Idee einfach „wegzudenken“. Doch wie es Gründe für die Entwicklung von Baustilen (bei der Kathedrale) oder Musikformen (bei der Symphonie) gibt, so gibt es auch Gründe für die Entwicklung der „Sucht“ in unserer Gesellschaft. Es gilt also nicht nur die Genese der Idee „Sucht“ (als Idealtypus) nachzuzeichnen sowie die Geschichte der gesellschaftlichen „Konstruktion“ der Wirklichkeit auf der Grundlage dieses Wissens (z.B. in ihren institutionalisierten Formen), sondern auch Gründe für das So-Sein dieser Idee und der Konstruktionen zu liefern.

Dafür ist es ratsam, die Unterscheidung von subjektivem und intersubjektivem Wissen, die Berger und Luckmann in ihrer „Theorie der Wissenssoziologie" anbieten, aufzugreifen (vgl. Berger, Luckmann 1991). Denn ein fundamentaler Unterschied zwischen der subjektiven Weltsicht eines Einzelnen nebst deren subjektiven Ideen und den Ideen, die Menschen miteinander teilen, ist der Vorgang der „Institutionalisierung". Die findet statt, sobald „habitualisierte Handlungen von Typen von Handelnden reziprok typisiert werden" (vgl. Berger, Luckmann 1991, S. 58). D.h. wenn Handlungen nicht mehr als die Handlungen bestimmter Einzelner gesehen werden, sondern zu einem Typus werden, der im Wissensbestand aller existiert und wahrgenommen werden kann und der – zumindest prinzipiell – bei allen vorkommen kann.

„Sucht" ist eine solcherart institutionalisierte Handlung in unserer Gesellschaft: Die phänomenologisch wahrnehmbare wiederholte Aufnahme der Substanz x oder y wird mit einer entsprechenden Idee gekoppelt (z.B. „krankhaftes Verhalten" = „Sucht"). Diese Konstruktion ist nun für alle Gesellschaftsmitglieder zugänglich: für „Jedermann", der das „Suchtproblem" aus der Zeitung kennt oder – noch besser – „vom Freund eines Freundes", für Experten, die sich diesem Konstrukt entsprechend ihrer Profession annehmen können (Polizei, Therapeuten, Richter, Sozialarbeiter etc.) und natürlich für diejenigen, die diese Handlungen ausführen – „die Süchtigen" – und die als „Typen von Handelnden" ihrerseits an ihre „Sucht" glauben und somit zur Reziprozität beitragen.

Warum nun ausgerechnet *diese* Idee für diese Handlung? Die Antwort darauf führt uns zurück zu Max Webers Beschreibung der „protestantischen Ethik" und der Konstituierung der Moderne. Der Protestantismus entwickelte eine neue Idee vom Idealzustand des Menschen: Die Arbeit (siehe Luthers Berufskonzeption) rückt in den Mittelpunkt des alltäglichen Lebens, der Genuss wird zum „Müßiggang". Calvin ist es, der mit der Aussage „der Körper ist nichts, der Geist ist alles" dies als Losung für dieses Menschbild ausgibt. Alles, was den Geist stärkt, ist positiv anzusehen, alles was den Geist schwächt oder sogar den Körper stärkt, eindeutig negativ. Welche Auswirkungen dies auf die Bewertung des Konsums von psychoaktiven Substanzen seit dem 16. Jahrhundert hatte, soll gleich näher betrachtet werden. Vorab noch ein paar Sätze zum ausgehenden Mittelalter und dessen Haltung zu Drogen und Rausch.

Die zentrale Droge des abendländischen Mittelalters war der Alkohol. Hasso Spode fasst in seiner umfangreichen Kultur- und Sozialgeschichte des Alkohols zusammen: „Wer immer es ermöglichen konnte, gebrauchte [...] alkoholische Getränke im Alltag als Bestandteil der Nahrung, und kaum weniger verbreitet war ihre Verwendung am Festtag als exzessiv gebrauchtes Rauschmittel" (Spode 1993, S. 46 f., vgl. auch Schivelbusch 1990, S. 32).

Das Mischen des Weines mit Wasser, wie es z.T. die griechische Antike als Demonstration der Mäßigkeit kannte („vinum aqua temperat“) wurde im Mittelalter häufig zum Zeichen der Armut. Eine Mäßigung des Konsums war in der Regel nicht notwendig. Im Gegenteil: In der weltlichen Dichtung der „Carmina Burana“ heißt es an einer Stelle: „Mein Begehr und Willen ist: in der Kneipe sterben“ (zit. nach Durant 1985, S. 200). Auch andere Autoren zeigen auf, dass die Menschen der mittelalterlichen Gesellschaft einen relativ problemlosen Umgang mit dem Alkohol und dessen rauschhaften Folgen hatten (vgl. z.B. Legnaro 1982, Schivelbusch 1990, Spode 1993). Da der Alkoholkonsum – verglichen mit heute – weniger Regeln unterworfen wurde, kam es häufiger zu einer unkontrollierten, stark auf unmittelbare Bedürfnisbefriedigung abzielenden Konsumform, die nicht selten mit dem Verlust der Selbstkontrolle und des Bewusstseins endete. Schivelbusch betont, dass es neben der Nahrungsfunktion des Alkohols vor allem die Ritualfunktion gewesen sei, die in der mittelalterlichen Gesellschaft von Bedeutung war (vgl. Schivelbusch 1990, S. 38). Interessant ist seine Aussage, dass – einmal begonnen – „das Trinken gewöhnlich in der Bewusstlosigkeit der Teilnehmer [endete]. Jedes vorherige Abbrechen würde entweder als Beleidigung der Trinkgenossen ausgelegt oder als Schwächebekenntnis dessen, der ‚kneift'“ (ebenda). Es zeigt, in welchem Maße sich der mittelalterliche Mensch auf seinen Körper berief, wie sehr körperliche Schwäche als unangenehm empfunden wurde und wie sehr körperliche Stärke als positive Eigenschaft gewertet wurde. Es ist hier noch nichts zu spüren von Calvins Forderung, den Körper durch den Geist zu bezwingen.

Der Drogenforscher Aldo Legnaro kommt sogar zu dem Schluss, dass die gemeinsame Betrunkenheit bei mittelalterlichen Festen „sakralen Charakter“ gehabt habe (vgl. Legnaro 1982, S. 157). Zur Verdeutlichung beschreibt er die Vorgänge bei den 'glutton masses', den Schlemmeressen im mittelalterlichen England, die einen tiefen Einblick in die Mentalität des Mittelalters gewähren: „Des Morgens versammelt sich die Gemeinde in der Kirche, bringt Essen und Trinken mit, hört die Messe an und feiert im Anschluss ein Fest, das offensichtlich in der völligen Betrunkenheit aller Beteiligten (auch der Priester) endet. Zwischen den Angehörigen verschiedener Gemeinden gibt es dabei regelrechte Wettbewerbe, wer zu Ehren der heiligen Jungfrau am meisten Fleisch vertilgen und am meisten Alkohol trinken kann“ (Legnaro 1982, S. 157).

Die große Ernüchterung – Alkohol in der frühen Neuzeit

Kritische Stimmen zum Alkoholkonsum, vor allem zum rauschhaften Konsum, hat es zu nahezu allen Zeiten der europäischen Geschichte gegeben. Was sich jedoch in Folge der Reformation in den protestantischen Gebieten abspielte, hatte eine derart große Breite, dass man zurecht von einer „Mäßigkeitsbewegung" sprechen kann. Schivelbusch betont in diesem Zusammenhang, dass diese Kritik nicht als Zunahme des Konsums gewertet werden könne, da dieser im Mittelalter bereits derart „gesättigt" gewesen sei, dass eine Steigerung kaum mehr möglich war. Verändert habe sich vielmehr die Einstellung gegenüber dem Rausch und letztlich gegenüber dem Alkohol: Es gab zunehmend weniger Toleranz gegenüber dem Verlust der Selbstkontrolle (vgl. Schivelbusch 1990, S. 40f., vgl. auch Spode 1993, S. 63). Die protestantischen Prediger wetterten in ihren Reden und Schriften permanent gegen das „grewliche Laster der Trunckenheit" und gaben ihren Gemeinden deutlich zu verstehen, dass derjenige, der „säuft", keinesfalls ein guter Christ sein kann: „Als Trinker gehört man also nicht zum christlichen Volke, nimmt nicht teil an der 'normalen' Realitätskonstruktion. Man verwirkt infolgedessen seine beiden Leben, sein jenseitiges und sein diesseitiges. Der Ausschluss ist total ..." (Wassenberg 1994, S. 2).

Es kann an dieser Epoche so gut wie an kaum einer anderen gezeigt werden, dass die kulturellen Wirklichkeiten der Drogen dadurch konstruiert werden, dass bestimmte Ideen intersubjektiv geglaubt werden und dann zu Institutionalisierungen führen. Je nach Konfessionszugehörigkeit war exzessiver Alkoholkonsum einmal eine Sünde, die man durch die Beichte vergeben bekam (katholische Alkoholwirklichkeit) oder aber ein Hinweis auf einen schwachen Glauben und die Tatsache, dass Gott nicht in dem betreffenden Individuum wirkt (protestantische Alkoholwirklichkeit). Große gesellschaftliche Figurationen glaubten entweder an die eine oder an die andere Variante. Beide „Ideen" sind innerhalb der jeweiligen gesellschaftlichen Figuration „wahr" und werden zur Grundlage einer Lebenspraxis. Für unsere Zusammenhänge wiederum ist die protestantische Alkoholwirklichkeit von Bedeutung, weil sie sich schließlich – abgelöst von der Religion – als dominante Konstruktion im Abendland durchsetzte. Das, was wir zu einem nicht geringen Teil dem Protestantismus verdanken, ist die Idee des „Alkoholismus" und des „Alkoholikers".

In der Folge dieser protestantisch-religiösen Verteufelung des übermäßigen Alkoholtrinkens beschäftigten sich seit dem 17. Jahrhundert immer mehr konfessionell geprägte Mediziner mit dieser Sünde. Diese Mediziner fügten diesem neugeschaffenen „Alkoholproblem" eine weitere Komponente hinzu: Zwar war es zunächst in erster Linie weiterhin eine Sünde und letztlich Indiz für ein nichtgottgefälliges Leben, doch gelangte man nun zu der Erkenntnis, dass es zugleich auch eine Strafe Gottes sei, der diese in Form einer Krankheit den betreffenden Menschen zukommen ließ. Die Mediziner dieser Zeit sahen im ständigen Alkoholkonsum als eine „Krankheit des Willens": War das übermäßige, rauschhafte Trinken in der katholisch-mittelalterlichen Wirklichkeit eine freie Entscheidung zur Sünde und zu möglicherweise entstehenden Krankheiten, so sah die protestantische Wirklichkeit den „Säufer“ als willenlos-kranken Sünder an (vgl. u.a. Spode 1986).

Immer wieder scheint die Polarität von gutem Geist und bösem Körper durch, wie sie auch Wilhelm Schnabel, ein protestantischer Prediger, 1646 zum Ausdruck bringt:

> „Wenn Du Deinen Leib zärtlich auffzeuchst/ in Müssiggang/ Essen/ Trincken/ Schlaffen/ so wird er durch solcher Hülfsvermittlung gar leicht die Obhandt erhalten/ den Geist übermeistern und unter sich kriegen. Aber wenn du dagegen deiner Seele zu hülfe kommst mit Nüchternheit/ Mäßigkeit/ und stetiger übung der wahren Gottseligkeit/ mit Wachen/ Fasten/ Beten/ so hastu an dem Siege nicht zu zweiffeln/ deine liebe Seele wird das Feld erhalten und behalten“ (Schnabel 1646, S. 50 f.).

Die Calvinisten sahen die alkoholischen Getränke als Substanzen an, die eindeutig den Körper stärkten und den Geist schwächten. Es galt nun Theorien zu entwickeln, die diese Idee untermauerten: „Die Schädlichkeit der Biere rühret her von der fermentation oder Gährung, wodurch das beste davon flieget und die beste Krafft wegrauchet/ dannhero solche leichtlich sauer werden [...] hierzu kompt auch noch daß solche wegen ihre Klebrigkeit und Schleimigkeit die zarthen Adern verstopfen/ und das Bluth und Säffte dermassen dicke und träge machen/ daß die so nothwendige circulation aller Orthen nicht geschehen kann/ wodurch dan ein Mensch zu seinen Geschäfften und Verrichtungen untüchtig und unbequem gemachet wird; so daß alle Biere generaliter [...] billig sollten gemieden werden“ (Gehema 1686, S. 63 f.).

Man ahnt hier bereits, dass auch den Medizinern der Nachreformationszeit „Gesundheit“ kein Selbstzweck war, sondern notwendige Voraussetzung, um Gott mit Arbeit zu ehren. Und es war naheliegend, dass die calvinistische Medizin begeistert all die Mittel anpries, denen man zuschrieb, dass sie den Geist stärken würden und somit den Menschen in die Lage versetzen, rational zu handeln und zu arbeiten. Berühmte Ärzte wie die Niederländer Cornelius Bontekoe und Stephan Blancaart ließen daher keine Gelegenheit aus, die wunderbaren Wirkungen der „neuen Drogen“ Kaffee und Tee zu preisen (vgl. Wassenberg 1991). Wolfgang Schivelbusch beschreibt in seiner Geschichte der Genußmittel diesen „Substitutionsprozess“ im 16./17. Jahrhundert ganz aus der Perspektive Webers: „Der bürgerliche Mensch des 17. Jahrhunderts unterscheidet sich sowohl in seiner geistigen wie in seiner körperlichen Haltung von den Menschen der vorangegangenen Jahrhunderte. Der mittelalterliche Mensch arbeitet körperlich und meist unter freiem Himmel. Der Bürger ist zunehmend Kopfarbeiter, sein Arbeitsplatz ist das Kontor, seine Körperhaltung das Sitzen. Das Ideal, das ihm vorschwebt, ist gleichförmig und regelmäßig zu funktionieren wie eine Uhr. [...] Es liegt auf der Hand, dass diese neue Arbeits- und Lebensweise den gesamten Organismus betrifft. Der Kaffee wirkt dabei als eine historisch bedeutsame Droge. Er infiltriert den Körper und vollzieht chemisch-pharmakologisch, was Rationalismus und protestantische Ethik ideologisch-geistig bewirken. Im Kaffee verschafft sich das rationalistische Prinzip Eingang in die Physiologie des Menschen und gestaltet sie seinen Erfordernissen entsprechend um. Das Resultat ist ein Körper, der den neuen Anforderungen gemäß funktioniert, ein rationalistischer und ein bürgerlich-fortschrittlicher Körper“ (Schivelbusch 1990, S. 50 f.).

Stehen Kaffee und Tee für den Rationalismus und für die protestantische Arbeitsethik, so werden die alkoholischen Getränke als permanente Gefahr für die neuen Ideale angesehen. Diesen Gefahren gilt es mit entsprechenden „Hilfskonstruktionen“ – z.B. der Idee vom Alkoholkonsum als Krankheit – zu begegnen.

Es ist sicher nicht allzu gewagt – und wird zudem auch von anderen Autoren bestätigt (so z.B. Scheerer 1995, S. 9 ff.; Spode 1986, Szasz 1980, S. 19 ff., Wassenberg 1994) –, wenn man in dieser protestantischen Wirklichkeitskonstruktion die Wurzeln unseres heutigen Suchtmodells erblickt. Die weitere Ausarbeitung dieser Idee, der „Krankheit Alkoholismus“, wurde dann vor allem im Zuge der Medizinalisierung im 19. und 20. Jahrhundert vorangetrieben – einer Entwicklung, die parallel zur Säkularisierung verlief. War das Alkoholproblem ursprünglich eine religiöse Konstruktion, so gelangte sie nun allmählich in den Kompetenzbereich der Wissenschaftler. Die Genese der Konstruktion „exzessiver Alkoholkonsum als Problem“ verlief von der Phase der „Problementdeckung“ in der Reformationszeit (bedingt durch eine neue Idee vom richtigen Leben) über die Systematisierung und Institutionalisierung der Idee im Zuge der Säkularisierung bzw. Verwissenschaftlichung des Abendlandes ab dem späten 18. Jahrhundert, vor allem aber im 19. und 20. Jahrhundert, bis hin zum – vorläufigen – Endpunkt des „Alkoholismus“, einer phänomenologisch wahrnehmbaren (=„existierenden“) Krankheit mit vielen Facetten. Populär geworden ist Jellineks Typologie des Alkoholismus, in der es u.a. heißt: „Der Gamma-Alkoholismus weist eine ausgeprägte Neigung zur Progression auf, er führt zu körperlichen, psychischen und sozioökonomischen Schäden. [...] Beim Delta-Alkoholismus spielen soziokulturelle und sozioökonomische Faktoren im Bedingungsgefüge eine Hauptrolle...“ (zit. nach Marzahn/Wassenberg 1988/89, S. 51). Dass bei Jellinek Begriffe wie „sozioökonomische Faktoren“, „Kontrollverlust“, „sozioökonomische Schäden“ etc. vorkommen, sollte nicht verwundern, wenn man den historischen Kontext dieser „Krankheit“ betrachtet: Die Begriffe „Alkoholismus“ und „Alkoholiker“ – als Begriffe der Medizin – lösen „Saufferey“ und den

„Trincker" früherer Zeiten ab. Aus einem medizinisch–religiösen Diskurs wird ein medizinisch-wissenschaftlicher, wesentliche Inhalte behalten jedoch – in säkularisierter Form – ihre Gültigkeit. Der Trinker der Reformationszeit wurde zum Sünder, weil er nicht gottgefällig lebte; der Trinker der kapitalistischen Industriegesellschaft wird als krank definiert, weil er nicht der Norm dieser Gesellschaft entspricht: Produktivität, Funktionalität und Erfolg sind sowohl im Calvinismus als auch im Kapitalismus Schlüsselbegriffe.

Max Weber legt in seiner „protestantischen Ethik" dar, dass aus der calvinistischen Ethik eine neue Lebenspraxis entsteht, die dann wiederum einen fruchtbaren Boden für kapitalistisches Handeln bildet. Der für die weitere Genese der Sucht relevante Aspekt ist also die Konstituierung einer Lebenspraxis, in der „Sucht" (hier noch: „Alkoholismus") bereits institutionalisiert ist oder anders ausgedrückt: die Schaffung einer gesellschaftlichen Wirklichkeit, in der es so etwas wie „Sucht" nicht nur als Idee, sondern nun auch als gelebte Praxis gibt.

Modellsucht Alkoholismus

Die Idee der „Krankheit Alkoholismus" mit all ihren Aspekten (progressiver Verlauf der Krankheit, Kontrollverlust über das Trinkverhalten, Abstinenz als therapeutisches Endziel sowie „Rückfall" trockener Alkoholiker bei der Zufuhr geringster Mengen Alkohol – die verbreitete Weinbrandbohnen–Geschichte – etc.) ist in unserer Kultur eine tief verwurzelte und kaum zu erschütternde Wirklichkeit. Auf der wissenschaftlichen Diskursebene besteht lediglich eine gewisse Uneinigkeit darüber, welche Ursachen diese Krankheit hat. Je nach Profession sieht man Alkoholismus in der pharmakologischen Beschaffenheit der Droge bzw. deren Auswirkungen im menschlichen Organismus begründet, oder man vermutet die Gründe eher in der Psyche des Kranken, oder man macht die schlechte soziale Lage bzw. das Umfeld dafür verantwortlich, oder man gibt sich besonders fortschrittlich und nimmt an, dass Alkoholismus „multifaktoriell" begründet sei. Nur die wenigsten jedoch zweifeln an der Idee „Alkoholismus" selbst. Denn natürlich ist die Alkoholproblematik in unserer Gesellschaft weithin sichtbar, ist der Alkoholiker u.U. jemand aus dem eigenen Bekanntenkreis, also realistisch, und das Phänomen zum Greifen nahe. Somit ist es in gewisser Hinsicht natürlich nicht falsch, wenn gesagt wird: Es gibt „Alkoholismus" und „Alkoholiker". Aber es sind eben gesellschaftlich hergestellte Phänomene, existent in unserer abendländischen Kultur, historisch entstanden mit dem Anbruch der Moderne. Alkoholismus ist ein kulturell geschaffenes Rollenspiel, das Wirklichkeit wird, weil alle es für wirklich halten – der Experte, die Bevölkerung und auch der „Kranke". Die ebenfalls zur Idee des Alkoholismus gehörende Vorstellung, dass exzessiver Alkoholkonsum tieferliegende Probleme ausdrücke, jemand also trinkt, weil er Probleme mit sich und seiner Umwelt habe, wird zur „Selbsterfüllenden Prophezeiung“ wenn sie in unserer Kultur popularisiert wird und so – quasi als Handlungsanweisung – Menschen mit Problemen als institutionalisiertes Wissen an die Hand gegeben wird: Sie handeln dann genau in dem Rahmen, der von der Gesellschaft angeboten wird. Legnaro hat diese Zusammenhänge einmal so formuliert:

> „Wenn ich es pointiere, dann stellt Sucht nicht einen physiologischen Prozess dar, sondern ein soziales Produkt, oder anders gesagt: in einer Gesellschaft, die keinen Sucht-Begriff entwickelt hat, wird es auch keine physiologischen Prozesse geben, die sich zur Sucht verselbständigen. Sucht wäre damit nicht die physiologische Notwendigkeit zur Einnahme eines bestimmten Stoffes, sondern eine soziale Erfindung. [...] Wer daran glaubt, dass nur völlige Abstinenz den Konsumzyklus auf Dauer beendet, für den wird dies objektiv tatsächlich so sein. Ich argumentiere damit also nicht gegen die Suchttheorie, wie sie etwa von den Anonymen Alkoholikern vertreten wird: die erste Cognac–Bohne ist dann der unabdingbare Rückfall, wenn die eigene Theorie dies vorhersagt. Es entwickelt sich dann eine 'self-fulfilling-prophecy', eine Vorhersage, die sich deshalb erfüllt, weil die Beteiligten sie für wahr halten“ (Legnaro 1991, S. 25).

Szasz (1976) hat gezeigt, wie im Zeitraum zwischen der frühen Neuzeit und dem 19. Jahrhundert aus der „Hexe“ der „Irre“ wurde, ein historischer Prozess, bei dem elementare Inhalte der ursprünglichen Idee beibehalten wurden und sich nur die Namen der institutionalisierten Ideen und die darin involvierten Professionen veränderten. Ähnlich verhält es sich mit dem Alkoholismus: Nach den ersten beiden „Phasen“ (Idee der „Alkoholproblematik“ nach der Reformation und die säkularisierte, wissenschaftlich-medizinisch untermauerte Idee von der „Krankheit Alkoholismus“ seit der Aufklärung) folgt eine dritte, in der die Idee der „Krankheit Alkoholismus“ zu einer allgemeinen „Sucht“-Idee wird: „Tatsächlich wurde die Idee, dass Drogen inhärent Sucht erzeugen, zuerst für Alkohol entwickelt und dann auf andere Substanzen übertragen“ (Levine 1982, S. 213). Das, was wir heute als „Sucht“ oder – aktueller – als „Drogenabhängigkeit“ bezeichnen, basiert weitestgehend auf der für Alkohol entwickelten „Alkoholismus“-Idee. Es ist vor allem die Leistung des 20. Jahrhunderts gewesen, die Idee der „Sucht“ auf alle möglichen Substanzen oder auch Handlungsweisen (Spielsucht, Sexsucht etc.) auszuweiten.

Eine „Krankheit“ für alle?

Im Prinzip ist Sucht eine „Krankheit“, die jedes Gesellschaftsmitglied befallen kann. Gleichwohl kann man beobachten, dass die Wahrnehmung von Handlungen (Konsum von bestimmten Substanzen) und anschließende Deklarierung als „Sucht“ nicht in allen gesellschaftlichen Schichten und Gruppierungen gleichermaßen betrieben wird. Nicht selten kommt auch hier der von Weber postulierte „moderne okzidentale Rationalismus“ zum Ausdruck, wenn es gilt, das Urteil „süchtig“ oder „nicht süchtig“ zu fällen.

So gab es im 19. Jahrhundert seitens der Unternehmer unterschiedliche Konzepte für den Umgang mit Alkohol bei ihren Arbeitern. Ein Konzept sah vor, dass ein Teil des Lohns in Schnaps ausgezahlt wurde. Man erhoffte sich, dass dadurch die Arbeiter ein wenig von ihren schlechten Arbeitsbedingungen und ihrer allgemeinen schlechten Lage abgelenkt würden. Ein wenig Rausch kann also durchaus rational eingesetzt werden. Als man allerdings seitens der Unternehmer die Produktivität sinken sah und hochwertige Maschinen durch betrunkene Arbeiter beschädigt wurden, nahm man von diesem Konzept Abschied und es setzte sich – heute fast überall Gemeingut – ein Verbot von Alkohol am Arbeitsplatz durch. Wer dann im Rahmen dieses Konzeptes Alkohol während der Arbeit trinkt, ist dem „Suchtverdacht“ ausgesetzt, denn: wäre er nicht „süchtig“, würde er mit dem Konsum bis zum Feierabend warten wie „alle anderen“ (als Ausdruck „normalen“ Verhaltens). Demgegenüber sind der Champagner oder auch Hochprozentiges in den Büros der Chefetagen weniger „problematisch“ und frei vom „Suchturteil“. Sekt zum Empfang von Geschäftsfreunden im Büro oder auch der Cognac nach dem Vertragsabschluss sind gesellschaftliche Normalität, bewegen sich in anderen gesellschaftlichen Bewertungszusammenhängen. Das Beispiel zeigt, dass die Entscheidung, ob ein Verhalten gesellschaftlich akzeptiert ist, letztlich auch von der Frage abhängt, wer welche Machtpotentiale hat. Oder aus anderer Perspektive: Was als „Sucht“ angesehen wird, hängt nicht nur davon ab, was in welchen Abständen und in welchen Mengen konsumiert oder praktiziert wird, sondern auch: von wem.

> „Was die Hetze gegen die Drogensucht betrifft, so kann man drei miteinander verflochtene Mechanismen zur Fabrikation und Entdeckung ‚suchtgefährdeter' Personen unterscheiden. Der erste ist die Klassifizierung bestimmter Stoffe als ‚gefährliche Rauschgifte', die weder gefährlich noch Rauschgifte sind, aber sich spezieller Beliebtheit bei Gruppen erfreuen, deren Angehörige besonders geeignet für soziale und psychiatrische Stigmatisierung erscheinen“ (Szasz 1980, S. 11).

Zu der Idee von der „Sucht" gesellt sich also zumeist auch die Idee von den „Süchtigen" – und deren Klassifizierung als solche ist nicht nur abhängig vom Konsum der betreffenden Substanz, sondern auch von ihrer Position innerhalb der Gesellschaft. Bestimmte Substanzen machen es leichter als andere, weil sie überwiegend oder offensichtlicher innerhalb bestimmter – mit weniger Macht ausgestatteter – gesellschaftlicher Gruppen konsumiert werden: z.B. der billige Branntwein und das Proletariat im 19. Jahrhundert oder Cannabis und LSD in den Jugendkulturen der späten 60er Jahre. Derartige Zuordnungen beruhen meist auf einer selektiven gesellschaftlichen Wahrnehmung, denn die zur Idee „Sucht" gehörenden Substanzen werden auch von Individuen konsumiert, die eher dem „Mainstream" der Gesellschaft oder auch der machtvollen Oberschicht angehören. Diese Form der Selektion in der Wahrnehmung ist aber notwendig, um die Idee der „Sucht" als „Krankheit" aufrecht zu erhalten. Man braucht dafür den Idealtypus des Süchtigen: einen abgemagerten, heruntergekommenen Junkie zum Beispiel oder den Hartz–IV–Empfänger, der ständig nach billigem Fusel riecht – zu ihnen passt die Idee der „Sucht" perfekt. Demgegenüber schaffen der tägliche Weinliebhaber oder die nicht-auffälligen Kokainkonsumenten nur Irritationen. Berger und Luckmann weisen allerdings darauf hin, dass es bei bestehenden Institutionen die Neigung gibt, Sachverhalte, die diese Institutionen legitimieren, stärker zu gewichten. Anders ausgedrückt: Wenn wir glauben, dass die Ampel gerade bei uns immer auf rot springt, werden wir jede Rotphase als Legitimation dieser Idee begeistert wahrnehmen – und jedes grün allenfalls als Ausnahme. So bleibt es bei der Feststellung, die Szasz bereits vor über 25 Jahren getroffen hat: „Der Begriff ‚Sucht', so wie er heute von Laien und Fachleuten benützt wird, bezeichnet nicht eine Krankheit, sondern eine verachtete Form der Verhaltensabweichung" (Szasz 1980, S. 10). Daran hat sich seit der Konstituierung dieser Idee in der Zeit nach der Reformation nichts geändert.

Im Laufe des 20. Jahrhunderts wurde die Idee der „Sucht" zu einem Kind mit vielen Namen und Gesichtern – aber es blieb immer ein krankes Kind. Die Inflation der Süchte, die man beobachten konnte, führte zu einer Ausweitung der Idee in Bezug auf die Substanzen oder Handlungen, die „süchtig" machen können. Scheerer schlug daraufhin vor, „Sucht" als „extreme Verhaltensform" zu begreifen, um dadurch die Verbindung zur Krankheit zu lösen. Aber dies würde die Konstruktion „Sucht" deutlich verändern, denn in der grundlegenden Definition von bestimmten Verhaltensweisen – die gesellschaftlich unerwünscht sind – als „krank" liegt der Kern der Idee. Daran änderte auch der hilflos wirkende Versuch der Weltgesundheitsorganisation (WHO) nichts, auf den Suchtbegriff zu verzichten und fortan von „Abhängigkeit" zu sprechen – die Idee der „Sucht" blieb davon unberührt. Auch die zahllosen Theorien über das Entstehen der Sucht erweitern nur den Rahmen, in dem über „Sucht" nachgedacht werden

kann, bislang jedoch gibt es kaum Überlegungen die Idee selbst in Frage zu stellen, um somit den Weg für die Konstituierung neuer Ideen frei zu machen.
Die wenigen Veränderungen der gesellschaftlich institutionalisierten Idee „Sucht" verweisen darauf, dass sich auch an den Gründen wenig geändert hat, die zu ihrer Herstellung führten: Noch immer ist die abendländische Gesellschaft geprägt von einer Angst vor der Irrationalität und der mangelnden Affektkontrolle – und noch immer wird eine andere Idee, die der rationalen Selbstbestimmung des Individuums, als Ideal angesehen.

Literatur

Berger, P.L./Luckmann, T. (1991): Die gesellschaftliche Konstruktion der Wirklichkeit. Eine Theorie der Wissenssoziologie. Frankfurt a.M.

Durant, W. (1985): Kulturgeschichte der Menschheit, Bd. 7. Das hohe Mittelalter und die Frührenaissance. Köln.

Gehema, J.A. (1686): Edler Thee-Tranck/ Ein Bewehrtes Mittel zum Gesunden langen Leben/ und Herrlicher Wassertrunck. Bremen.

Legnaro, A. (1982): Alkoholkonsum und Verhaltenskontrolle. Bedeutungswandel zwischen Mittelalter und Neuzeit in Europa. In: Völger/v. Welck (Hg.): Rausch und Realität. Drogen im Kulturvergleich, Bd .1. Reinbek, S. 153–176.

Legnaro, A. (1991): Rausch und Sucht als Kulturphänomene. In: MAGS (Hg.): Prävention zwischen Genuß und Sucht. Düsseldorf, S. 21–27.

Levine, H.G. (1982): Die Entdeckung der Sucht. Wandel der Vorstellungen über Trunkenheit in Nordamerika. In: Völger/v.Welck (Hg.): Rausch und Realität. Drogen im Kulturvergleich, Bd. 1. Reinbek, S. 212–224.

Marzahn, C./Wassenberg, K. (1988/89): Von „Sauff–Teuffeln" und dem „Sitz der Seligkeit". Zur Kulturgeschichte der Alkoholica. Lesebüchlein zum Seminar. Universität Bremen.

Nolte, F. (1994): Die protestantische Ethik und der nüchterne Mensch. Alkohol und Mäßigkeit in Bremen. In: Marzahn (Hg.): Genuss und Mäßigkeit. Wein-Schlürfer, Coffee-Schwelger, Toback-Schmaucher in der Geschichte Bremens. Bremen, S. 64–81.

Scheerer, S. (1995): Sucht. Reinbek.

Schivelbusch, W. (1990): Das Paradies, der Geschmack und die Vernunft. Eine Geschichte der Genußmittel. Frankfurt a.M.

Schnabel, W. (1646): Kampff der Kinder Gottes. Bremen.

Spode, H. (1993): Die Macht der Trunkenheit. Kultur- und Sozialgeschichte des Alkohols in Deutschland. Opladen.

Szasz, T.S. (1976): Die Fabrikation des Wahnsinns. Frankfurt a.M.

Szasz, T.S. (1980): Das Ritual der Drogen. Frankfurt a.M.

Wassenberg, K. (1991): Tee in Ostfriesland. Vom religiösen Wundertrank zum profanen Volksgetränk. Leer.

Wassenberg, K. (1994): Die historischen Wurzeln des Deutungsmusters Suchtkrankheit. In: FDR–Berichte, Sonderheft Drogenforschung, S. 2–4.

Weber, M. (1991): Die protestantische Ethik I. Eine Aufsatzsammlung. Hrsg. von Johannes Winckelmann. Gütersloh.

Plädoyer für ein psychosoziales Verständnis von Sucht

Peter Degkwitz

1. Die Grenzen des Krankheitsverständnisses

Der Ausgangspunkt der Diskussion um ein psychosoziales Verständnis ist eine Bilanz der Suchtforschung: Die gesellschaftliche Umgehensweise mit Problemen in Verbindung mit dem Konsum psychoaktiver Substanzen ist in weiten Bereichen unbefriedigend und teilweise kontraproduktiv (Zinberg 1984). Das Behandlungssystem erreicht nur wenige Betroffene (die Ausnahme ist die Substitutionsbehandlung bei Opiatabhängigkeit) und bei den Erreichten sind die Effekte unbefriedigend (Wienberg/Driessen 2001).

Dieser Beitrag plädiert dafür, dass die Sozialwissenschaften – über die Abhandlung der soziokulturellen Bedingungen des Konsums verschiedener Drogen hinaus – ihr Verständnis der individuellen Suchtstörung direkt in Konkurrenz mit medizinischen – neurobiologischen, pharmakologischen, genetischen – Modellen präzisieren. Wenn sie diesen Kernbereich der Medizin und verwandten Disziplinen überlassen, weichen sie der Konkurrenz um das Verständnis von Sucht und ihrer gesellschaftlichen und individuellen Behandlung aus.

Heute steuert das „Krankheitsmodell" mit einer relativ breiten, letztlich aber meist „biodeterministischen" Genesevorstellung sowohl die gesellschaftliche Umgehensweise als auch die individuelle Diagnose und Behandlung. Dadurch wurden zwar die Süchte aus der moralischen und kriminellen Ecke geholt und Interventionen ermöglicht (unter anderen die Substitutionsbehandlung), dennoch leitet es die Interventionen „suboptimal". Präzisierte psychosoziale Vorstellungen sollten sich der Konkurrenz auch mit Blick auf die Behandlung stellen.

Über die Behandlung hinaus steuern die medizinisch dominierten Fachrichtungen allerdings auch die vorherrschenden wissenschaftlichen Suchrichtungen mit dem Anspruch, die Grundlagen effektiverer Therapien zu klären. Diese Steuerung verengt die Forschung seit den 80er Jahren hauptsächlich auf Genetik, Neurobiologie und Pharmakologie. Hier wurden wichtige Erkenntnisse etwa zur neurobiologischen Repräsentation psychischer Prozesse gesammelt, die möglicherweise zukünftige pharmakologische Interventionen verbessern. Aber die grundlegenden Hypothesen haben sich nicht bestätigt und damit sollten diese

Forschungsrichtungen aus dem Zentrum der Suchtforschung an den „angemessenen“ Platz in einem interdisziplinären humanwissenschaftlichen Ansatz rücken (aber das zeichnet sich natürlich gar nicht ab).

Ein psychosoziales Modell der Suchtstörung, das sich in Konkurrenz zum Krankheitsmodell begibt, muss falsifizierbar (empirisch widerlegbar und damit präzisierbar) sein und darf sich nicht durch seine Allgemeinheit immunisieren. Dafür bedarf es möglichst weniger, „operationalisierbarer“ Bestandteile und Untersuchungsbereiche, die sich hinsichtlich ihrer Relevanz um die Rekonstruktion des Phänomens gruppieren.

Das psychosoziale Modell ist ausgehend von beobachtbaren „süchtigen Verhaltensmustern“ konstruiert (das beinhaltet widerlegbare Grundannahmen[1]). Den Untersuchungsgegenstand „süchtiges Verhalten“ gibt es nur als „Ablauf“ – nicht „gegenständlich“. Deswegen wird dieses Verhalten ausgehend vom „Verhaltensfluss“, der „Lebenspraxis“ oder den „Lebensvollzügen“ des Akteurs (das bezeichnet im Kern dasselbe) und daher bis zu einem gewissen Grad „aus seiner Sicht“ (aus seiner „Stellungnahme“) analysiert. Aus dieser Perspektive werden die aktuellen, biographischen, körperlichen und sozialen „Bedingungen“ des Verhaltens rekonstruiert – wobei sich aus dieser Perspektive noch die genetische Disposition oder Vergiftung als entscheidende Variablen erweisen könnten. Insofern immunisiert sich diese Herangehensweise nicht gegen biodeterministische Hypothesen – aber würden sie sich bestätigen, wäre der Ansatz überflüssig.

Die Rekonstruktion „aus der Praxis“ ermöglicht „Reflexivität“ im Sinne der Abklärung der zentralen „Bedingungen“ mit den entsprechenden „Begriffen“. Eine solche Reflexivität ist generell ein Ausgangspunkt für Änderung – ob selbst initiiert (Klingemann/Sobell 2006) oder in Verbindung mit Interventionen von der medizinischen Behandlung, über die Psychotherapie bis zur Sozialarbeit.

2. Sucht als „übermäßige Bindung an bestimmte Erfahrungen“

Begonnen wird zunächst mit Beschreibung, Definitionen und bestimmten Bedingungen und Zusammenhangsannahmen ausgehend von der praktischen Erfahrung. Im Kern orientieren sich diese Definitionen an Peele (Peele 1985), der die kritische Bestandsaufnahme der wissenschaftlichen Ergebnisse der Suchtforschung folgendermaßen zusammenfasst.

---

[1] Ein psychosoziales Modell geht zunächst von der Hypothese aus, dass es sich bei der Sucht um ein von Krankheiten wie Grippe oder Parkinson grundsätzlich unterschiedenes Störungsphänomen handelt: Es ist in seinem Wesen keine Infektion, keine chemische Vergiftung, kein genetischer Defekt und keine Hirnerkrankung.

a) Sucht, als beobachtbares Verhaltensmuster oder als Verhaltenssequenz, ist die *übermäßige Bindung an bestimmte Erfahrungen.* Im Folgenden wird die „übermäßige Bindung" nur in Zusammenhang mit dem Konsum psychotroper Substanzen behandelt. Aber unter diese Definition fallen auch nicht stoffgebundene Abhängigkeiten – wie das Glücksspiel oder Essstörungen.

b) Menschen werden *abhängig* (bis hin zur Störung) von bestimmten *Erfahrungen.* Entscheidend für die *Abhängigkeit* ist die „übersteigerte persönliche Bindung" an die Drogenerfahrung als Bewältigungs-Mechanismus oder Weg der Lebensführung.

Was ist hier mit „Erfahrung" präzise gemeint? Für den Akteur ist die Vorstellung seiner „übersteigerten" Suche nach Wiederholung einer „bestimmten Erfahrung" real und plausibel; aber für die Wissenschaft scheint die Operationalisierung schwierig. Psychologisch werden die gesuchten positiven *Erfahrungen* als „Wahrnehmungen im Sinne bestimmter Ziele" bzw. „motivationaler Schemata" verstanden (vgl. Grawe 1998, 186ff, 337ff). Auf dieser Ebene können sie erfragt und berichtet werden. Dank der Hirnforschung hat die „positive Erfahrung" mittlerweile beobachtbare neurobiologische Korrelate (Aktivitätsmuster in bestimmten Hirnbereichen – etwa im sogenannten „Belohnungssystem").

Wegen der Verständnisschwierigkeiten über „Erfahrungen" sucht die Wissenschaft die „wirklichen" Grundlagen der positiven Erfahrung – als die Absonderung bestimmter Sekrete (z.B. bei der Sättigung), die Ausschüttung von Serotonin oder die Aktivierung von Kreisläufen. Diese Suche nach den physiologischen Korrelaten der „positiven Erfahrungen" ist hilfreich, solange die Realität der einheitlichen und primären Erfahrung nicht bezweifelt wird, die sich aber nur selten herzeigen lässt.[2] „Übermäßige" oder „übersteigerte" Bindung an die Erfahrungen in Verbindung mit dem Konsum wird im Alltagsbewusstsein (und die Wissenschaft kann dem folgen) im Verhältnis zu positiven Erfahrungen in anderen Lebensbereichen gelebt. Darüber, über den exzessiven Konsum als Bewältigungsstil, wird eine kulturelle Konstruktion (Abhängigkeit) gespannt (Levine 1982; Reinarman 2005).

---

[2] Jede Alltagssituation verdeutlicht das Problem für die Wissenschaft: Wenn der Blick einer Frau, der die ersehnte Anerkennung und Einverständnis (Motivation) signalisiert, die positive Erfahrung ist, für die ein Mann seit Wochen oder Monaten „gearbeitet" hat und die sein Leben ändert (neurophysiologisch messbar!), dann komme ich dem Geheimnis dieses realen Phänomens weder durch die präzisere Kenntnis der Hirnchemie noch der natürlichen Anlagen und Triebe, sondern nur über die Aufarbeitung der Sozialgeschichte von Beziehungsmustern und entsprechenden Dispositionen der beteiligten Akteure auf die Schliche. Es ist ein Problem in den Verhaltenswissenschaften, dass die Realität der „positiven Erfahrungen" meist nur in der Analogie zur Logik der Nahrungsaufnahme oder der sexuellen Erfüllung gedacht wird.

c) Die *„Abhängigkeitserfahrung“* ist der Gesamteffekt, der sich durch die Verwicklung in die Konsumaktivitäten einstellt; dieser Effekt entstammt pharmakologischen und physiologischen Quellen und bekommt seine letztendliche Form durch die individuelle Konstruktion dieser Erfahrungen, die vor dem Hintergrund gegebener soziokultureller Muster erlernt wird. Die „Abhängigkeit“ besteht nicht vom Alkohol (von der Substanz), sondern von den in Verbindung mit dem Konsum gemachten Erfahrungen, die erneut, regelmäßig oder exzessiv gesucht werden. Die gesuchte „positive Erfahrung“ ist dabei einheitlich. Die drei prinzipiellen Komponenten – die physiologische Wirkung (d.h. der Eingriff in die Hirnchemie, akute und teilweise dauerhafte Aktivierung oder Dämpfung bestimmter Areale oder Kreisläufe), das Erleben sowie die personale Deutung bzw. Konstruktion dieses „Raums“ vor dem Hintergrund soziokultureller Muster – gehören zusammen.

Anders formuliert: Der „Effekt“ ist eine personale Konstruktion, ein Erleben – Entspannung, Erleichterung, Aktivierung, Dämpfung, Kreativität usw. – auf „Grundlage“ der physiologischen Wirkungen und der soziokulturellen Muster, die von den primären Gruppen gegeben sind und vor deren Hintergrund bestimmte Konsummuster und -erfahrungen gelernt werden (vgl. Becker 1963). Beide Bereiche bzw. Faktoren „prägen“, aber determinieren nicht die „persönlichen Effekte“.

Die Zerlegung des Gesamteffekts in Komponenten ist analytisch und praktisch wichtig, weil die Konfiguration der Momente für verschiedene Drogen und für den Akteur in verschiedenen Phasen des Konsums differiert und weil die „Zerlegung“ dieser „Komponenten“ des gesuchten Effektes ein wichtiges Moment der Selbstreflexivität sein kann (Was macht die jeweilige Droge physiologisch? Welche Rolle spielt die pharmakologische Entzugskomponente? Was bedeutet mir die Konsumerfahrung im Verhältnis zu anderen Lebens- und Erfahrungsbereichen? Welche Muster habe ich automatisiert?).

d) Abhängigkeit ist demnach die Konsequenz eines psychosozialen „Lernprozesses“ bzw. einer Erfahrungsgeschichte. Vom Akteur werden Erfahrungen positiv besetzt, die kurzfristig unmittelbare und dringende persönliche Bedürfnisse erfüllen, während sie auf längere Sicht die bestehenden Bewältigungskapazitäten und die Fähigkeit, stabile Quellen der Bestätigung in der gesamten Lebensführung zu finden, untergraben. Es geht demnach um einen Lernprozess, der bei der Sucht wie bei allen komplexen sozialen Verhaltensmustern, die sich auf Grundlage der Involviertheit in differenzierte Lebensbereiche biographisch aufbauen (die Bedingungen werden unten behandelt), die entscheidende Grundlage bildet. Dies ist die alternative Genesevorstellung zur Konsummenge, der zunehmenden substanzinduzierten, chemischen Vergiftung, der erworbenen Hirnerkrankung oder der genetischen Disposition.

e) Im Prozess der zunehmenden, exzessiven Bindung an die Drogenerfahrung wird die Person „unwillig" oder „unfähig" (wobei diese Aspekte zunächst für den Akteur kaum zu trennen sind), auf die Drogenerfahrungen zu verzichten, d.h. sie wird abhängig. In ihrem Extrem ist Abhängigkeit eine dysfunktionale Bindung an Erfahrungen, die akut und offenkundig schädlich für die Person sind, die aber für sie in ihrer Lage unerlässlich bzw. nicht verzichtbar sind. Hierbei sind „kontrolliert" versus „unkontrolliert" Pole auf einem Kontinuum. Die Frage der „Kontrolle" ist weder zweckrational (Verhaltensweisen erfolgen nicht bzw. nur in Ausnahmefällen in Abwägung ihrer kurz- und langfristigen Risiko-Nutzen-Bilanz) noch als explizite Verfolgung von Regeln (unter dem Eindruck von Sanktionen) zu verstehen.

f) Insbesondere, wenn der Konsum der Person „entgleitet" oder „überwältigend" wird, fungiert die Verstrickung in den Konsum als andere Seite der Verengung der Lebensführung; andere Ziele/Interessen verlieren an Bedeutung, Beziehungen werden vernachlässigt, andere Bewältigungsformen werden unwichtiger. Ohne diese andere Seite handelt es sich um intensiven Konsum, der nicht als „süchtig" verstanden wird.

Die Rede von einer „Störung" erfordert beide Seiten: die überwältigende, eingeschränkt kontrollierbare Bindung an die Erfahrungen in Verbindung mit dem Konsum von (psychotropen) Substanzen unter Verengung anderer Bereiche der Lebensführung. Die „andere Seite" bzw. die Folgen sind die in der Abklärung der Abhängigkeit als Symptome (eingeschränkte Kontrollfähigkeit, Vernachlässigung anderer Interessen, Aufrechterhaltung des Konsums trotz körperlicher, psychischer und sozialer Folgen etc.) abgefragten *Erfahrungen* der Person. All diese „Indikatoren" der Abhängigkeit (nach ICD 10) werden letztlich über die Person mitgeteilt (dies sind im Wesentlichen berichtete Erfahrungen, nicht „objektive" Indikatoren).

g) Bei der Abhängigkeit geht es um positive Erfahrungen und Belohnungen, wie sie von der Person gesehen werden und wie sie eine bestimmte Lebenspraxis bereithält. Zudem geht es um *die übersteigerte persönliche Bedeutung dieser Belohnungen und um den Bedeutungsverlust anderer positiver Erfahrungen*. Die Stärke der Motive für die Drogenerfahrung und die Bevorzugung der Erfahrungen des Drogenkonsums gegenüber Alternativen hängen von *sozialen, situativen* sowie *personalen* Faktoren ab.

Diese Elemente/Faktoren variieren in der Biographie/Lebenspraxis, während die Person aufwächst, die Umgebungen/Felder wechselt, sich Fähigkeiten und Bewältigungsmuster differenzieren, sich neue Horizonte/Lebensbereiche für Befriedigung und Erfolg/Belohnung eröffnen oder schließen; all das wird gestützt oder gefährdet durch Formung der Identität und neuer Ziele/Erwartungen. Ob die Person zu einer für sie angenehmen Erfahrung (immer wieder) zurückkehrt, die einen zunehmend negativen Einfluss auf ihre anderen Lebensbereiche ausübt, entscheidet sich an den Zielen, Orientierungen und Motivationen der Person vor einem gegebenen „Lebenshintergrund".

3. „Klassische" Modellvorstellungen

Untersuchungsgegenstand sind – wie benannt – Verhaltenssequenzen. Das verfestigte „süchtige" Verhaltensmuster ist als ein zentrales Moment der (Lebens-) Praxis, des sich „vollziehenden und ablaufenden Lebensprozesses" Ausgangspunkt der Modellbildung. „Verhaltenssequenzen" oder „Funktionieren" als Untersuchungsgegenstand behandeln nicht Individuen als Personen, sondern Individuen als Akteure in ihren Beziehungen/Relationen zu (Um-)Feldern.

Für einen wissenschaftlichen Ansatz ist „süchtiges Funktionieren" dabei ausgehend von den gleichen Prinzipien wie alle anderen – normalen, gestörten, abweichenden – Handlungen oder Praktiken zu erklären. Die konsumbezogenen (Teil-)Handlungen werden als eingebettet in eine umfassende Lebenspraxis betrachtet. Gefragt wird nach dem „Erzeugungsprinzip" von unterschiedlichen Praxen im sozialen Raum (z.B. wie kommen sich wiederholende, Drogen bezogene Handlungen zustande, welche Bedingungen erklären die „Bindungen an bestimmte Erfahrungen" bzw. was sind die entscheidenden „Bedingungen" dieser Sequenzen?). Das beinhaltet auch die Identifizierung der „entscheidenden", kritischen Variablen – insbesondere unter dem Gesichtspunkt von Änderungen. Wo kann eingegriffen werden (durch den Akteur selbst, durch andere oder das Behandlungssystem), um die „Verhaltenssequenz" oder „Funktionsweise" zu ändern? Ein Kriterium der „Angemessenheit" des Modells ist, dass es ein im Sinne der Förderung von Autonomie und Handlungsfähigkeit der Akteure humanes Eingreifen mit möglichst geringem Aufwand ermöglicht.

Im Folgenden werden zwei einflussreiche Modellskizzen aus entgegengesetzten Perspektiven zu Bedingungen süchtiger Verhaltensmuster vorgestellt, die wesentliche (oben beschriebene) Elemente in ein Modell integrieren.

3.1 Zur Bedeutung des sozialen Settings – ein sozialwissenschaftlicher Ansatz

Das Interesse Zinbergs (1984) bei der Formulierung seines klassischen Modells „Drug, Set and Setting" ist die Frage, warum und wie die einen Konsumenten die Kontrolle verlieren und warum andere die Kontrolle sichern und erhalten können. Dabei besteht sein Hauptinteresse beim Verständnis kontrollierter Konsummuster in der Abgrenzung zu den in den 70er Jahren dominierenden Vorstellungen der pharmakologisch induzierten Abhängigkeit, also der Unmöglichkeit kontrollierter Konsumformen insbesondere von Opiaten sowie der „unvermeidlichen" Progredienz und Chronifizierung.

Zinbergs Ansatz besteht darin, dass er unter den drei zentralen „Bedingungs"-Faktoren („Drug, Set & Setting") die zentrale Bedeutung des „sozialen Settings" für die Aufrechterhaltung und Änderung von Verhalten herausarbeitet. Dabei präsentiert er zwei zusammenhängende Annahmen: Die erste ist, dass für das Verständnis der Herausbildung des Drogengebrauchs, aber auch der Drogenwirkung das Zusammenwirken von drei Determinanten zu berücksichtigen ist:

- „drug": die pharmakologische Wirkung von Drogen,
- „set": die Einstellungen der Person zum Konsum, inklusive der Persönlichkeitsstruktur,
- „setting": der Einfluss des physischen und sozialen Umfeldes, in dem der Konsum stattfindet.

Die zweite – mit der ersten verbundene – Annahme ist, dass das soziale Setting entscheidend dafür ist, den Konsum durch die Entwicklung von Sanktionen und Ritualen unter Kontrolle zu bringen. Dabei hängt das jeweils beobachtbare „Gebrauchsmuster" ab:

- von Bedeutungen und Regeln des Gebrauchs, die in den Konsumfeldern, welche die beteiligten Gruppen konstituieren, „implementiert" sind. Sie sind meist „informell" und entscheiden darüber, ob, wann und wieviel von einer Droge genommen wird;
- sowie von Verhaltensmustern, die Zinberg „soziale Rituale" nennt; dabei geht es um die „stilisierten", „vorgeschriebenen" Muster des Konsums und der „angemessenen" Konsumerfahrungen, die die Konsumenten habitualisieren.

Anders formuliert: Für Zinberg sind beobachtbare Gebrauchsmuster und -formen Ergebnis der Wechselwirkung von in bestimmten Gruppen implementierten Regeln (wann nimmt „man" was und wieviel für welche „Zwecke"?) und den habitualisierten Verhaltensmustern (den subjektiven Zielen, Erwartungen, Erfahrungen).
Die (kontrollierenden) Rituale und sozialen Sanktionen wirken vor allem in vier Bereichen:

- Sanktionen definieren mäßigen und verdammen kompulsiven Konsum, z.B. ritualisierte Beschränkungen der Frequenz: nicht morgens oder nicht jeden Tag,
- Sanktionen begrenzen das örtliche und soziale Setting für „sicheren" Gebrauch und prägen Rituale, z.B. kein Fahren nach Gebrauch,
- Sanktionen identifizieren unerwünschte Wirkungen und führen zu entsprechenden Vorsichtsmaßnahmen, z.B. bei „entsprechenden" Dosierungsvorschriften,
- Sanktionen und Rituale begrenzen den Konsum so, dass Beziehungen und Verpflichtungen nicht gefährdet werden.

Insgesamt gibt Zinberg dem Setting, d.h. den (variierenden) soziokulturellen Rahmenbedingungen des Konsums, einen besonderen Platz.[3] Er baut die Erkenntnisse zum sozialen Setting in einen sozialisations- bzw. entwicklungstheoretischen Ansatz ein und leitet daraus Konsequenzen für politische und gesellschaftliche Rahmenbedingungen des Konsums sowie für die Behandlung von Abhängigkeit ab. Dabei ist für ihn ein zentraler Aspekt das isolierende und demoralisierende soziale Setting, das – gleichgültig, ob es dem Konsum vorangeht oder sich erst als Folge der Karriere verfestigt – stärker beachtet und in Interventionskonzepte einbezogen werden soll.

3.2 Das Versagen der Kontrolle – ein neurowissenschaftliches Modell

Die Neurowissenschaften und die experimentelle Psychologie fassen die Erkenntnisse zum neurobiologischen und genetischen Beitrag zur Änderung von Denken, Fühlen und Motivation zusammen, die aus dieser Sicht zum abhängigen

[3] Seinen Ausgangspunkt bilden dabei die Erfahrungen der in Vietnam abhängig Opiate konsumierenden und dieses Verhalten in der Regel nach der Rückkehr ablegenden Soldaten – was allen damals und bis heute gängigen Vorstellungen über Opiatabhängigkeit widerspricht.

Verhalten beitragen. Volkow et al. (2003) repräsentieren den Forschungsstand der Neurowissenschaft der Sucht, wie er auf der Ebene der NIDA[4] systematisch gefördert und gebündelt wird. Dieses Modell benennt vier zentrale neuronale Netzwerke, die alle durch Substanzen beeinflusst werden, als zentral für Missbrauch und Abhängigkeit. Dies sind die jeweils bestimmten Hirnregionen zuzuordnenden Kreisläufe der Belohung („Was bekomme ich?"), von Motivation und Antrieb („Was will, was brauche ich?"), von Gedächtnis und Lernen (die gelernten Assoziationen – „Was weiß ich?") und der Kontrolle (Einscheidungen über Handlung).

All diese Kreisläufe sind verbunden bzw. werden beeinflusst durch neurochemische Stoffe. Aktivitätsmuster in diesen vier verbundenen Kreisläufen sind in diesem Verständnis für Verhalten entscheidend. Die entscheidende Differenz zwischen dem normalen und dem abhängigen Gehirn liegt nach diesem Modell in der Fehlfunktion des Kontrollbereichs, in dem hiernach die „Entscheidung" unterbleibt, auf die Substanz zu verzichten.

Abhängigkeit ist somit die gesteigerte Aktivierung des Dopamin-regulierten Belohnungs-, Motivations- und Wissens-/Gedächtnis-Kreislaufs, die den Kontroll-Kreislauf „überwindet" und somit zu kompulsivem Konsum führt.

Die „Entscheidung" für die Drogeneinnahme hängt in diesem Verständnis an den erwarteten positiven Gefühlen durch die Drogeneinnahme (Belohnungen), die durch vorangegangenes Wissen und Erinnerungen ebenso beeinflusst werden wie durch Bedürfnisse und Motive. Die Entscheidung für oder gegen die Drogeneinnahme fällt danach im präfrontalen Cortex. Abhängigkeit kann sich dann entwickeln, wenn die entsprechenden (hauptsächlich dopaminergen) Kreisläufe eine stärkere oder längere Aktivierung des Belohnungssystems herbeiführen als nicht mit Drogen verbundene Stimuli. Genau das kann die hemmenden Mechanismen (Kontrolle) des präfrontalen Kortex ausschalten.

Als von besonderer Bedeutung für die Sucht werden die neurowissenschaftlichen Kenntnisse der Belohnung angesehen, weil sie als Schlüssel in der Abhängigkeitsfrage gedeutet werden. Wie Menschen auf „Belohnungen" reagieren, ist nicht nur für Abhängigkeit zentral, sondern auch für Zwangsstörungen, Depressionen oder Essstörungen.

Dieses durch die Hirnforschung und die Experimentalpsychologie mit den entsprechenden Untersuchungsmethoden untermauerte Modell zeigt, in welcher Art und Weise Schemata bzw. Muster und deren Dynamiken physiologisch, als neuronale Aktivitätsmuster repräsentiert und über welche neurochemischen Pro-

---

[4] Die NIDA ist das „National Institute on Drug Abuse". Hier sind von staatlicher Seite aus die US-amerikanischen Sucht-Forschungsaktivitäten gebündelt. Nora D. Volkow ist seit einigen Jahren die Direktorin der NIDA und damit Herrin über vermutlich 90% der weltweiten Fördermittel für Suchtforschung.

zesse sie vermittelt werden und welche psychotropen Substanzen wie in neurobiologische Prozesse eingreifen.

Die Fortschritte in der Neurobiologie können Behandlungsoptionen eröffnen, weil die identifizierten Prozesse/Dynamiken pharmakologisch beeinflussbar sind (bestimmte Kreisläufe können aktiviert oder gedämpft werden) – das kann begleitend Selbststeuerung oder Behandlung erleichtern.

3.3 Probleme der Modellbildung

Bezug nehmend auf diese beiden Skizzen folgen einige Anmerkungen zu zentralen Problemen der Modellbildung.

a) Findet sich die Dynamik süchtigen Verhaltens im Gehirn?

Die neurowissenschaftliche Konstruktion eines Suchtmodells – wenn sie auf Grundlage der aktuell bestehenden methodischen Möglichkeiten Aktivierungsprozesse, Kopplungen verschiedener Hirnregionen und die Grundlagen der Übertragungsprozesse analysiert – behandelt die psychosozialen Fragen in ihrer neurologischen „Verpackung": neuronale Muster und Prozesse, die mit Reizen, deren Verarbeitung im Kopf und ausgelösten Aktivitäten einhergehen, werden mit psychischen Begriffen belegt (Motivation, Belohnung, Kontrolle, Gelerntes). Die Dynamik und Wechselwirkung zwischen Motivation, Erfahrungen, erlernten Mustern und Anforderungen der Umwelt, wie sie der Akteur sieht, werden in den Kopf verlegt. Im Gehirn treffen die neuronalen Korrelate (bzw. Kreisläufe bei Volkow) psychosozialer Erfahrung aufeinander. Die neurobiologische Störung der Austauschprozesse „bedingt" das süchtige Verhaltensmuster (Aktivierung bestimmter Kreisläufe, welche die Kontrolle des neofrontalen Kortex behindern). Für die Vermutung, dass die gestörten neurobiologischen Mechanismen die Grundlage der „Verhaltensstörung" sind, gibt es keine Evidenz – und für diese Modellannahme auch keine Notwendigkeit.

„Warum" löst bei dem ehemaligen Alkoholiker die lärmende Kneipenrunde auf dem Heimweg und das Bild des schäumenden Biers ein Verlangen aus, das ihn dazu „bringt", (erneut) nicht nach Hause vor den Fernseher, sondern in die Kneipe zu gehen und dort nicht nach drei Bieren Schluss zu machen, sondern (wieder) zu versacken? Warum brauche ich, um zu erklären, warum das Craving erneut stärker war, die Annahme, dass das durch Änderungen in der Protein Expression im präfrontalen Kortex (Kalivas/Volkow 2005) „bedingt" ist? Die beschriebene Aktivierung der Trinkchoreographie hat nichts von einer „Hirnkrankheit", sondern ist eher ein empirischer Nachweis, dass das betroffene Gehirn im Sinne der Orientierungsbildung korrekt arbeitet (auch wenn das Resultat aus Sicht des Behandlers ebenso wie der Orientierung des Betroffenen „falsch" ist). Diese „falsche" Handlung ist keine Absonderung gestörter neuronaler Aktivität; diese Vorstellung ist absurd. Sicher geht in die Bestellung der nächsten (den aktuellen Absturz einleitenden) Runde die Aktivierung „neuronaler Verknüpfungen" ein. Das wird die Hirnforschung zeigen können – aber das Wesen dieser hirnphysiologischen Konstellation des Akteurs ist seine „geronnene" soziale Erfahrungsgeschichte; sie ist der „Hintergrund" der „Fehlentscheidung" und nicht die gestörte Hirnchemie.

Allerdings: Auch wenn die neurobiologischen Korrelate der Aktivierung der „falschen" Wahrnehmungs- und Handlungsmuster nicht die „Gründe" sind, sind die Ergebnisse zu Abläufen zwischen den Bereichen von höchster Relevanz (weil sie „unterstützende" pharmakologische Strategien zur Aktivierung oder Dämpfung bestimmter Kreisläufe ermöglichen).

Die Ansätze leisten zwar keine „Grundlegung" des Verständnisses „süchtiger Verhaltensmuster", aber für Grundkomponenten psychischer Aktivität werden neurobiologische Korrelate gefunden.[5] Wobei die benannten Kreisläufe (z.B. der Motivation) bislang sehr grob charakterisiert sind – viel gröber als in der Psychologie, in der verschiedene motivationale Komplexe berücksichtigt werden.

Das Grundproblem ist, dass die Genese dieser Kreisläufe – am Beispiel der Motivation – biologisch nicht zu verstehen ist. In der Entwicklung werden biologische und genetische Anlagen in der individuellen Erfahrungsgeschichte zu komplexen motivationalen Systemen ausgebaut, d.h. Form und Inhalt dieser (teilweise) neurobiologisch messbaren und beobachtbaren Motivationskreisläufe sind psychosozial. Das Geheimnis dieser Kreisläufe ist insgesamt „kulturhistorisch" und liegt auf der individuellen Ebene in der psychosozialen Erfahrungsgeschichte. Die Dynamik (Aktivierung/Deaktivierung) kommt von „außen" – aus der Lebenspraxis (nicht oder nur in Einzelbereichen aus hirn-physiologischen Zuständen, etwa dem Mangel/Überschuss an Serotonin).

b) Das Verfolgen von Regeln und Ritualen

Aufgrund seines Interesses – wie ist kontrollierter Konsum von im allgemeinen Verständnis unkontrollierbaren Drogen zu verstehen – steht bei Zinbergs Ansatz

---

[5] Diese neurowissenschaftlichen Erkenntnisse sind eigentlich eine sensationelle Bestätigung des psychosozialen Ansatzes, denn sie belegen die Realität wichtiger Komponenten des psychologischen Modells der mentalen Organisation. Motivation oder erlernte Fühl- und Denkmuster, die als „Kräfte" der Organismus angenommen werden mussten (mit der „kognitiven Wende" in der Psychologie), um „Verhaltensmuster" jenseits des Behaviorismus zu erklären, werden in ihrer Realität nachgewiesen.

das „allgemeine Gesetz“ der „Entsprechung“ im Vordergrund. In einem bestimmten kulturellen Kontext (oder sozialen Setting) bilden sich Konsummuster, die dem Sinn und den sozialen Bedeutungen des Konsums „entsprechen“. Empirisch ist vielfach bestätigt: Die Muster brechen in der Regel aus dem sozialen Setting, in dem sie sich konstituieren, nicht aus und sind daher meist „kontrollierte Konsummuster“, bzw. sie sind in bestimmten Settings auch exzessiv, ohne deswegen „abhängig“ zu sein.

In diesem Rahmen gehalten werden die Muster in Zinbergs Verständnis durch die „Verfolgung von Regeln“ und durch „soziale Rituale“, die über meist informell wirkende Sanktionen etabliert werden. Hier bleiben die Mechanismen unklar, und Zinberg begünstigt eine „intellektualistische“ Interpretation der Bedingungen kontrollierten Konsums. Danach würden diejenigen, die abhängig konsumieren, dies tun, „weil“ sie sich „entscheiden“, die Rituale nicht zu übernehmen oder „weil“ bei ihnen die sozialen Sanktionen nicht wirken.

Die individuellen Wahrnehmungs-, Denk- und Handlungsmuster gehen (biographisch) aus der Teilhabe an Aktivitäten (der „Praxis“) in den sozialen Feldern hervor – wobei sie kein „Spiegel“, sondern aktive Schöpfungen des Akteurs unter vorgefundenen Bedingungen sind. Wie stellt sich dabei „Entsprechung“ und Verfolgung der passenden Rituale ein? Die (Spiel-)Regeln des Feldes (etwa der Cannabis-konsumierenden Peergroup) werden verfolgt, weil sie die (personale) Zielerreichung (Sinn und Bedeutung der Konsumakte) „optimieren“. Deshalb etablieren sie sich als informelle Regeln, „unbewusst“ als entsprechende habitualisierte Muster der Akteure. Ebenso sind die Sanktionen implizit. Sie wirken über die sich nicht einstellende „positive Erfahrung“ – etwa als Entlastung oder Anerkennung – für den Akteur und nicht darüber, dass der Akteur ihnen bewusst folgt.

c) Struktur und Dynamik der mentalen Organisation

Worin liegen die Schwierigkeiten bei den genannten und bekannten Aspekten in der Formulierung eines wissenschaftlichen Modells der Sucht? (Die Frage wird hier für Sucht gestellt – sie erstreckt sich vermutlich auf die meisten psychischen Störungen, die aktuell im Sinne eines medizinischen Krankheitsmodells und damit hauptsächlich in ihren neurobiologischen und genetischen Aspekten untersucht werden.)

Die Versuche, das Verständnis psychosozialer Prozesse dadurch „zu vertiefen“, dass sie neurobiologisch fundiert werden, geht in die falsche Richtung. Dafür steht Grawe, dessen letzte Arbeit zur Grundlegung einer allgemeinen Psychotherapie den Titel „Neuropsychotherapie“ trägt (Grawe 2004). Er kann herausarbeiten, welche Bedeutung das hirnphysiologische Korrelat einer andauernden Depression (die Reduktion der Aktivität/Aktivierbarkeit bestimmter Hirnareale) für die Behandlung haben kann (Begründung für ein schrittweises Verfahren bei der Reorganisation des psychischen Funktionierens sowie der Kombination psychosozialer und pharmakologischer Interventionen).

Die Schwierigkeit des Modells der „mentalen Organisation" oder des „psychischen Systems" besteht in der Beziehung zu „sozialen Systemen" auf der einen und „(neuro-)biologischen Systemen" auf der anderen Seite. In Verbindung mit der Dynamik der Neurowissenschaften hat offenbar die Annahme wissenschaftliche Konjunktur, dass je näher an den Neurowissenschaften entlang argumentiert wird und die Modellbildung erfolgt, desto exakter der Ansatz im naturwissenschaftlichen Sinne wird und man desto näher an Basisprozesse kommt. Aber dieser Ansatz ist wissenschaftlich nicht fruchtbar. Dass heute die Realität psychischer Strukturen (soweit diese mit den aktuellen Methoden erfasst werden können) neurophysiologisch belegt ist, ist eine wichtige Bestätigung psychologischer Verständnisweisen.

Aber auf die Existenz bestimmter psychischer Strukturen wird weiterhin ausgehend von ihrer Wirkung in der Praxis und in der sozialen Realität sowie aus Auskünften der Akteure geschlossen. Vermutlich wird sich für die zentralen psychischen Strukturen und Prozesse ein neurobiologisches Korrelat zeigen lassen – aber ihr Inhalt und ihre Dynamik haben keine neurobiologische, sondern eine soziale (kulturhistorische) Grundlage.

4. Ausgangspunkte eines psychosozialen Verständnisses

4.1 Strukturbedingungen von Verhaltensmustern

Menschen handeln unter vorgefundenen sozialen Strukturen/Bedingungen, die sie in der Regel nicht – oder nur in Teilaspekten – wählen, sondern in die sie gestellt sind. Sie agieren auf der Grundlage von habitualisierten Dispositionen (Wahrnehmungs-, Denk-, Fühl- und Handlungsmustern), die auf diese Strukturen „abgestimmt" sind[6]. Ontogenetisch baut der Akteur von Geburt an in den Lebensbereichen seine Dispositionen, die „Wahrnehmungs-, Denk-, Fühl- und Handlungsmuster" unter vorgefundenen soziokulturellen Bedingungen auf. Die Frage der aufeinander aufbauenden inneren Differenzierung dieser Muster bzw. Schemata, die – der Differenzierung der Lebensbereiche und der Notwendigkeit

[6] Diese Selbstverständlichkeit kann nicht häufig genug betont werden: Der („reife") Akteur wählt bestimmte Aspekte seiner Umwelt aktiv, hauptsächlich aber wird er in verschiedene Felder geworfen (Primärbeziehung, Familie, Schule etc.), in denen er in den entsprechenden Praktiken die „adäquate" psychische Struktur bildet.

der inneren Integration folgend – aktiv aufgebaut werden, ist Thema der Entwicklungspsychologie (Oerter/Montada 1987), der Sozialisationstheorie (Hurrelmann 1986; Silbereisen et al. 1986) oder auch der allgemeinen Psychotherapie (Grawe 1998).

Die in diesen Wissensbereichen gewonnenen und weiter zu differenzierenden Erkenntnisse über habitualisierten Dispositionen, deren Struktur und Dynamik, Probleme oder Krisen/Störungen als „psychosoziale" Phänomene in ihrer Wechselwirkung mit verschiedenen Lebensbereichen sind die eigentliche Grundlagenforschung für die Herausbildung von Störungen.

Alle Handlungen/Verhaltensmuster sind in den Relationen zwischen dem „Körper/den körperlichen Dispositionen der Akteure" und der „Struktur der Situation" angelegt. Die „Lebenspraxis" ist durch die „Verschränkung" bzw. ständige Wechselwirkung der „Dispositionen des Akteurs" und die „Gegebenheiten von Feldern" bedingt – und daher Ausgangspunkt der Modellbildung.

Das widerspricht noch nicht dem neurowissenschaftlich orientierten Suchtforscher und seinem Modell für das trinkende Versuchstier: Trifft die neurophysiologische Struktur – hier die Disposition des Tiers mit einer spezifischen Erfahrungsgeschichte – auf das entsprechende „Feld" unter restriktiven Bedingungen, so folgt das (abhängige) Trinkmuster.[7] Hier liegt nicht die entscheidende Differenz. Die eigentliche Debatte mit der Medizin, der Psychiatrie oder der Neurobiologie ist nicht die „Existenz" dieser „Dispositionen" (die in bestimmten Situationen/Feldern relativ „automatisch" oder „vorbewusst" aktiviert werden), sondern deren Genese: Sind die Dispositionen unter bestimmten Umweltbedingungen leicht modifizierte biologische Anlagen/Instinkte, wie sind sie wesentlich geprägt (genetisch, hirnorganisch, soziokulturell) und was „bewegt" sie (Stoffwechseländerungen, die Hirnchemie oder situative „Reize"/Anforderungen aus der Lebenswelt)?

Das Geheimnis der „Dispositionen", verstanden als relativ stabile Aspekte der psychischen Orientierung, die unter bestimmten Voraussetzungen das „süchtige Verhaltensmuster" hervorbringen, ist soziokulturell. Sie sind soziale Realitäten und auch primär als solche zu verstehen – daran ändert sich nichts, wenn sie jetzt als körperliche Korrelate/Prozesse beobachtbar sind. Die (zu belegende) Hypothese ist, dass die biochemischen, neurobiologischen, pharmakologischen, genetischen Variablen für die Erklärung der Dispositionen nachrangig bzw. für das Modell „sekundär" sind.

[7] In den Tiermodellen zur Suchtforschung ist klar, dass die eingeschränkten restriktiven Haltungsbedingungen eine notwendige Bedingung des süchtigen Musters sind; vgl. die Bilanz bei Peele (1985).

4.2 Die „innere“ und die „äußere“ Seite sozialer Realität

Die menschliche Praxis, die dem Heranwachsenden wie dem erwachsenen Akteur notwendige, zunächst vom Willen unabhängige „Aktivitätsmatrizen“ (Handlungsabläufe) „aufzwingt“[8], z.B. in den Primärbeziehungen, in der Familie, in der Schule oder durch Peers, ist der Ausgangspunkt der „geistigen“ Organisation der Wirklichkeit. (Zumindest teilweise sind die genannten Wissenschaften so aufgebaut: z.B. „Development as action in context“, vgl. Silbereisen 1986; Schematheoretischer Ansatz, vgl. Piaget/Inhelder 1991.)

Die Akteure sind im Ergebnis ihrer Entwicklung als sozialisierte Organismen bzw. Körper mit einem Ensemble von Dispositionen, einer generativ-kreativen Verstehensfähigkeit ausgestattet. „Habitusformen“ – so bezeichnet Bourdieu die erworbenen stabilen Dispositionen – sind bestimmte Typen von Wahrnehmungs-, Denk- und Handlungsmustern, die sich auf Grundlage der Eingliederung der individuellen Tätigkeit in die gesellschaftliche Welt im Sozialisationsprozess formen. Habitus ist eine virtuelle, tief in den Körper eingegangene „sedimentierte Situation“, die darauf wartet, aktiviert zu werden.

Die wesentlichen Strukturbedingungen der individuellen Lebenspraxis sind immer das fortlaufende „Aufeinandertreffen“, der Zusammenhang von objektiven[9] und einverleibten (mentalen) Strukturen. Dies sind die zwei zusammen gehörenden Existenzweisen des Sozialen – „Leib und Ding gewordene Geschichte” (Bourdieu). Für ein psychosoziales Modell ist hier vor allem entscheidend: Die inneren Schemata und Realitäten liegen nicht „außerhalb“ des „psychosozialen“ Verständnisses, sondern sie bilden die zweite Seite der sozialen Realität. Innere Schemata sind nicht angeboren, sondern gesellschaftlich und damit historisch bedingt – was nicht als „determiniert“ misszuverstehen ist – und beruhen auf individuellen und kollektiven Erfahrungen.

In diesem Verständnis ist das Verhältnis zwischen sozialem Akteur und der Sozialwelt nicht die zwischen Subjekt und Objekt, sondern sie wird als „wech-

---

[8] Der Akteur wird in Praxen geworfen, in denen er sich orientieren muss, lange bevor er seine begrenzten Wahlmöglichkeiten ausübt, deren Konsequenzen ihm nur teilweise deutlich sind. Das widerspricht dem Selbstbewusstsein der individualisierten Akteure. Die Überwindung dieses „eingeborenen“ Alltagsverständnisses ist für die Wissenschaft ebenso wichtig wie für den um seine Autonomie ringenden Akteur.

[9] Auf die „objektiven“ Strukturen wird hier nicht weiter eingegangen. Als „Umwelt“ werden sie verkürzt verstanden. Der Feldbegriff Bourdieus in Anlehnung an Lewin (1963) ist geeigneter. Mit der Theorie der Felder werden die relative Eigenständigkeit sozialer Tatsachen und der Zwang, den diese den Handelnden auferlegen, betont. Soziale Felder – wie die Familie, Peergroup, Schule, Arbeitsplatz, Wissenschaft, Politik, Kirche – sind objektive „Kraftfelder“ mit bestimmten Anforderungen und Wirkungen auf die Akteure, die nach bestimmten Regeln strukturiert sind, oder anders gesagt, in denen nach bestimmten Regeln agiert wird bzw. werden muss, wenn der Akteur Ziele erreichen will.

selseitiger Besitz“ (ontologische Komplizität) zwischen „Habitus“ – als sozial konstituiertem Wahrnehmungs- und Bewertungsprinzip – und der ihn „prägenden“ Welt (Felder, Struktur) verstanden. „Der Leib ist Teil der Sozialwelt – die Sozialwelt Teil des Leibes“ (Bourdieu/Wacquant 1996, 41).

Es sind diese zwei Seiten, aus denen die soziale Wirklichkeit besteht, der Habitus wie die Struktur (Felder) und ihrer beider Überschneidungen als Geschichte. Habitus und Feld sind relational. Sie funktionieren nur in Verbindung miteinander. „Auslöser“ von Verhalten ist weder der Habitus noch das Feld, sondern immer ihr Zusammentreffen.

4.3 „Passung“ und die Automatisierung von Dispositionen

Menschen handeln in diesen Relationen aktiv auf Grundlage der in ihre Disposition/ihren Habitus eingegangenen „Abgestimmtheit“ auf diese Verhältnisse. Ein Verständnis der Grundlagen dieser traumwandlerischen, quasi körperlichen Abgestimmtheit auf die sozialen Verhältnisse ist zentral für die Erörterung der Nichtpassung (Auseinanderdriften, Krisen etc.).

Die in der Regel sichere, quasi „instinktive“, habitualisierte Abgestimmtheit auf die sozialen Verhältnisse bedeutet: Die Situation wird „zutreffend“ gedeutet, die „angemessen“ Motive werden aktiviert und es wird „richtig“ gehandelt – ohne dass dies reflektiert wird; dieser „implizite“ Modus des psychischen Funktionierens ist die Regel. Diese „prinzipielle“, grundsätzliche Abgestimmtheit oder „Entsprechung“ der mentalen Organisation auf die jeweiligen sozialhistorischen Verhältnisse, wie sie sich dem Akteur in seiner Lebensgeschichte präsentierten, hat den Hintergrund, dass die psychische Orientierung dazu „dient“, das „Funktionieren“ im Lebensprozess zu gewährleisten. Dies ermöglicht die Teilhabe an der jeweils historisch vorgefundenen Form menschlicher Lebensgewinnung. Diese Funktion trennt die psychische Orientierung des menschlichen Naturwesens vermutlich nicht von der anderer höherer Säugetiere. Der „kleine Unterschied“ ist, dass sich diese Welt dem Heranwachsenden als historisch gewachsener, hochkomplexer sozialer Organismus präsentiert – mit Beziehungen, Lebensbereichen, Sinnordnungen etc., die auch noch symbolisch vermittelt sind. Darauf bezogen baut er sein psychisches System, seine „angemessenen“, „automatisierten“ Dispositionen bzw. seinen Habitus auf.

Diese Dispositionen haben im Wesentlichen[10] eine Sozialgeschichte – aber wirken weitgehend wie „Instinkte". Das ist die Grundlage der Plausibilität neurobiologischer Ansätze ebenso wie der Tiermodelle in der Suchtforschung.

4.4 Das Verhältnis der (Struktur-)Bedingungen zu genetischen und neurobiologischen „Grundlagen"

Mentale Strukturen und Prozesse haben eine genetische Grundlage und auf der neurobiologischen Ebene Korrelate. Deswegen ist eine offene Frage, wieweit ihr soziokultureller Inhalt und die Dynamik davon geprägt sind. Offenbar hatte Piaget (Piaget/Inhelder 1991; Cole 2003) unrecht, der nur wenige „angeborene Auslösemechanismen" als Ausgangspunkte der psychischen Organisation annahm. Das zeigen die Forschungen zur Entwicklungspsychologie der letzten Jahrzehnte (Cole 2003). Vermutlich gehören bestimmte Strukturen – elementare Wahrnehmungsformen, bis hin zu elementaren kognitiven Strukturen – zur natürlichen, genetisch geprägten Ausstattung des menschlichen Tiers. Und vermutlich bestehen in dieser Ausstattung genetische Variationen, die in den grundlegenden affektiven Austausch des Heranwachsenden mit der gesellschaftlichen Umgebung eingehen – aber deren „Schicksal" in der biographisch aufgebauten psychischen Orientierung ist bislang unklar. Ihr „Durchschlagen" auf hoch differenzierte, komplexe soziale Verhaltensmuster wie etwa die Sucht ist dabei eher unwahrscheinlich – Belege hierzu wurden zumindest bislang nicht beigebracht. Selbst die Bedeutung einer so offenbaren genetischen Variation wie der Fähigkeit zur Alkoholverstoffwechslung auf Konsummuster und die Herausbildung von Abhängigkeit ist offen. Gleiches dürfte für mögliche genetische Variationen elementarer Reaktionsmuster (wie etwa Aufmerksamkeit, Neugier, Aktivierung, Stressverarbeitung) gelten.

Die biologische Grundlage der Umweltbeziehung des Menschen – so Berger und Luckmann – ist durch „Weltoffenheit" charakterisiert. „Seine Beziehung zur jeweiligen Umgebung wird überall äußerst unzureichend durch seine biologische Konstitution reguliert." (...) Menschliche Natur gibt es nur in Form anthropologischer Konstanten – zum Beispiel Weltoffenheit und Bildung des Instinkt-

---

[10] Das Verhältnis von gebahnten oder biologisch angelegten Fühl- und Denkmustern und kulturhistorisch vorliegenden Schemata für den individuellen Habitus ist in vielen Bereichen eine zu untersuchende empirische Frage in den Entwicklungswissenschaften. Die Frage, wie die vermutlich vorhandenen Variationen in den Aufbau der individuellen mentalen Organisation eingehen, ist weitgehend offen. Es ist begründet davon auszugehen: Die individuelle Konfiguration ist soziokulturell und nicht genetisch geprägt und die genetischen Variationen der Grundausstattung sind von untergeordneter Bedeutung (vgl. Cole 2003).

apparates. Die anthropologischen Konstanten machen die sozio-kulturellen Schöpfungen möglich und beschränken sie zugleich“ (Berger/Luckmann 1966, 50f). Da der Körper die biologische Eigenschaft hat, der Welt gegenüber offen, also ihr ausgesetzt und somit durch die materiellen und kulturellen Lebensbedingungen formbar zu sein, in die er von Anfang an gestellt ist, unterliegt er einem Sozialisationsprozess, aus dem die Individuation selbst erst hervorgeht. Dabei bildet sich „die Singularität des ‚Ich‘ ... in den gesellschaftlichen Beziehungen und durch sie heraus“ (Bourdieu 2001, 172).

4.5 Die besondere Bedeutung biologischer Prozesse für süchtige Verhaltensmuster

Psychotrope Substanzen greifen in neurobiologische Prozesse ein. Drogen verändern über die Beeinflussung neurochemischer Prozesse psychische Zustände – unter anderem deswegen werden sie genommen. Psychotrope Substanzen stimulieren Hirnstrukturen direkt, „unter Umgehung physiologischer Kontrollmechanismen, denen sensorische afferente Reize natürlicherweise unterworfen sind.“ (Rommelspacher 1998, 2). Mit dem unmittelbaren Eingriff in neurochemische Mechanismen wird Raum für Erleben/Erfahrungen „erweitert“. „Drogen greifen an der Ausschüttung der Überträgerstoffe, an ihrem Abbau und durch Bindung an den Rezeptoren an und beeinflussen so die Informationsübertragung an diesen Schaltstellen des Gehirns – sie beschleunigen oder verlangsamen diese Prozesse, was als Stimulation oder Beruhigung erlebt wird“ (Tretter 1998, 163). In dieser Weise gehen sie in die gesuchten Erfahrungen (siehe oben) ein.

Darüber hinaus führt Drogenkonsum zu Änderungen bzw. Einschränkung des somatischen Funktionsniveaus. So sind das „Entzugssyndrom“ bei exzessivem Alkoholkonsum oder die durch den beständigen Konsum verschiedener psychotroper Substanzen bedingten Folgeschäden (wie Neuropathie oder Atemwegserkrankungen) körperliche Aspekte des Drogenkonsums.

Psychotrope Substanzen aktivieren oder dämpfen Schemata (Wahrnehmungs-, Denk- und Handlungsschemata) oder modifizieren Schemata unter dem beständigen Einfluss von Konsum. Aber sie „schaffen“ keine (neuen) Repräsentationen im Zentralnervensystem, und die Störung biochemischer Systeme bedeutet keine „Sucht“. Die eingeschränkten Funktionen existieren vor der „Sucht“ und es gibt Sucht ohne die biochemischen Einschränkungen.

Bei Sucht sind vor dem genannten Hintergrund biologische Prozesse anders zu berücksichtigen als bei sonstigen menschlichen Praktiken, weil in Verbindung mit dem Konsum die physiologischen Zustände nicht im wesentlichen konstant zu setzen sind, sondern in Praktiken und Erfahrungen „eingreifen". Das zeigt sich im Rausch, wie beim Kater oder beim Entzugssyndrom.

Die körperlichen Aspekte – etwa Entzug, Vergiftungen oder auch bestimmte hirnphysiologische Änderungen – muss der Akteur kennen, weil dies seine Auseinandersetzung mit „ablaufenden" Schemata (möglicherweise auch physiologischen Automatismen) bei Selbstmanagement und Kontrolle erleichtert bzw. erst realistische Konzepte ermöglicht. Die Kenntnis dieser physiologischen Abläufe ermöglicht selektiv wirkende Pharmaka (Management des Entzugs bis zur Linderung des Cravings – wobei die medikamentöse Behandlung beim letzteren aufgrund seiner Komplexität noch am Anfang steht).

4.6 Die psychosoziale Analyse süchtiger Verhaltensmuster

Bei einem psychosozialen Verständnis des süchtigen Verhaltensmusters einzelner Personen geht es (wie bei anderen Modellen) über die Definitionen (siehe oben) hinaus um die Herausarbeitung von Gründen für das Phänomen, die Ausgangspunkte von Änderung sein können. Wenn der „Grund" der individuellen Störung, einer „übermäßigen Bindung an Erfahrungen in Verbindung mit dem Substanzkonsum", nicht eine chemische Vergiftung, ein Infekt oder Hirnschaden ist, dann geht es um die Rekonstruktion der „Strukturbedingungen" des Verhaltensmusters dieser Person.

Ein psychosozialer Ansatz[11] verfolgt eine wissenschaftliche Rekonstruktion aus der Perspektive der Praxis, des ablaufenden Handlungsflusses (aus Sicht des in einem Feld/Lebensbereich, in einer bestimmten Situation „Stellung" nehmenden Akteurs). Bezogen auf die „süchtigen Praktiken" wäre das (als eine Variante in der Behandlung) die Rekonstruktion aus der Perspektive des um seine Wirksamkeit und Handlungsfähigkeit ringenden Akteurs. Es geht um eine Rekonstruktion der Bedingungen („Gründe") seiner süchtigen Praxis. Das ist die zentrale Begründung für ein „auf die Praxis" bezogenes Herangehen:

Die Vorgehensweise soll den „praktischen Sinn"[12], die „praktische Logik" des süchtigen Verhaltens (warum erfolgt „laufend", gleichsam „automatisiert" diese Art der Stellungnahme?) für die Betroffenen (eher) begreifbar machen. Dieses „eingeschliffene" Muster (die spezifische Art von Wahrnehmung, Fühlen,

---

[11] Die allgemeine Vorgehensweise folgt hier Bourdieu, der ein solches Vorgehen in seinem Verständnis von „Sozioanalyse" als „ praxeologisch" bezeichnet.

[12] In Anlehnung an Bourdieu wird der „praktische Sinn" des Verhaltens (hier der süchtigen Muster) vom „objektiven Sinn" (den der wissenschaftliche Beobachter aus Zusammenhängen/Korrelationen abstrahieren kann) ebenso wie vom „subjektiven Sinn" (den der Akteur mitteilt) unterschieden. Zu diesen Aspekten ausführlicher vgl. Degkwitz (2005).

Denken und Handeln, die immer wieder gesucht wird bzw. sich immer wieder „ereignet“), dessen soziale Strukturbedingungen (biographisch, pharmakologisch, soziokulturell) und seine konkrete Entwicklungsgeschichte sollen für die betroffene Person selbst reflektierbar (und darüber eher beeinfluss- bzw. kontrollierbar) werden[13].

Bei der Analyse des praktischen Verhältnisses zur Welt – weniger komplex ist es leider nicht zu haben – setzt sowohl die „Selbstverständigung“ desjenigen, der den Konsum kontrollieren will, über dem, was „abläuft“, an, als auch die „Abklärung“ des Behandlers oder Helfenden. Das gilt für die Analyse jeder Verhaltensweise; besonders wichtig ist dies aber bei Verhaltensweisen, deren Genese geklärt werden soll, um ihr Zustandekommen mit dem Betroffenen zu rekonstruieren und darüber mit und für ihn erweiterte Handlungsoptionen zu gewinnen. Ein entsprechendes Grundverständnis ist im Prinzip für die „Diagnose“ jeder psychosozialen Entwicklungskrise sowie jeder psychosomatischen oder psychiatrischen Störung erforderlich.

Intervention im umfassenden Sinne – von Seiten des Akteurs, seines unmittelbaren oder weiteren Umfelds, der Ordnungskräfte und der verschiedenen Bereiche des Behandlungssystems – kann an jedem Strukturelement des „ablaufenden Verhaltensmusters“ (Felder, Habitus, Praxissinn, Ressourcen, biochemische/körperliche Prozesse) ansetzen, um die Rahmenbedingungen der Lebenspraxis so zu ändern, dass sich die (Selbst-)Kontrollfähigkeiten und die entsprechende Handlungsfähigkeit reorganisiert oder erhöht.

Die für die Abklärung/Analyse der „Strukturbedingungen“ des „Sinns“ der „übermäßigen Bindung“, der „Verschiebung“ in den Prioritäten erforderlichen „Werkzeuge“ sind für die Selbstanalyse, in Beziehungen, in der Behandlung identisch. Es geht um die Abklärung der „Reaktionsbereitschaften“, der „Dispositionen“ – um Wahrnehmungs-, Denk-, Fühl-, und Handlungsmuster in den zentralen Feldern/Lebensbereichen, darunter spezielle Situationen, von Traumatisierungen bis zu besonderen Lebensereignissen. Die Abklärung fängt akut und situativ an und ist gegebenenfalls biographisch zu erweitern.

Die prinzipiellen Werkzeuge für die Bestandsaufnahme der Dispositionen/des Habitus sind in der „Entwicklungspsychologie“ und der „Allgemeinen Psychotherapie“ und für die Sozioanalyse in kommunikationstheoretischen sowie systemischen Ansätzen vorhanden. Dabei behindert die Wissenschaftstradition getrennter Disziplinen zur Untersuchung der inneren und äußeren Seite der sozialen Realität (Psychologie, Psychiatrie, Soziologie, Kulturgeschichte,

---

[13] Verschiedene (psycho- und sozio-)therapeutische Ansätze stellen sich genau diesem Anspruch: Sie bieten dem Betroffenen begriffliche „Werkzeuge“, mit deren Hilfe in der Interaktion/therapeutischen Beziehung Bedingungen und Sinn des Verhaltens geklärt werden oder mit denen alternative Muster herausgearbeitet, erprobt und bilanziert werden.

Sprachgeschichte) die aufeinander bezogene Analyse von bestehenden Dispositionen und Feldern.

Welche Bereiche werden mit dem Akteur konkret abgeklärt unter dem Gesichtspunkt der Gründe „süchtiger Verhaltensmuster" und der Wege zur Änderung? Ausgehend von der eingangs vorgenommenen Definition von Sucht (von der Seite des Akteurs) als „übermäßige Bindung an Erfahrungen in Verbindung mit psychotropen Substanzen" sind folgende Gründe zu prüfen, wobei von einem Kontinuum zwischen Kontrolle und Kontrollverlust auszugehen ist:

- Geschichte der positiven Erfahrungen mit Drogen-bezogenen Bewältigungsvarianten,
- andauernde Isolation von Belohnungen/Erfolgen/positiven Erfahrungen in bedeutenden Lebensbereichen/Feldern,
- akute oder andauernde Entwicklungsprobleme und Krisen in einem wichtigen Lebensbereich,
- unzureichende, verzögerte Entwicklung differenzierter Bewältigungsformen,
- personale und soziale Ressourcen bezogen auf Ziele/Werte/Erwartungen.

Die zentralen Strukturbedingungen der übermäßigen Bindung werden zunächst in einem oder einer besonderen Kombination/Konstellation dieser Bereiche vermutet und führen zu Abklärungen und möglichen psychosozialen Interventionen in den folgenden Bereichen:

- Zentrale Lebensbereiche: Eingebundenheit/Teilhabe, Ziele/Werte, Motivation, Erfolge/positive Erfahrungen, Arbeit an realistischen Zielen, Schaffung/Förderung positiver eigener Erfahrungen,
- Motivation: Aktivierung und Stärkung von (Änderungs-)Motivation zur Konsumreduktion oder Abstinenz,
- Verstärkung, Belohnung: (periodische) Abklärung von Kosten und Nutzen des fortgesetzten Konsums,
- personale Ressourcen: Stärken und Schwächen identifizieren, Ressourcen aktivieren, (Bewältigungs-)Kompetenzen, Fähigkeiten stärken/trainieren,
- Unterstützung: Hilfe von Bezugspersonen, Teilhabe fördern,
- Identität: Selbstwirksamkeit, Verantwortlichkeit fördern.

Wenn ein psychosoziales Suchtverständnis und ein entsprechendes Vorgehen präzisiert wird, werden nicht ewige Wahrheiten, sondern dann wird ein konkret-historisches Konzept präsentiert, das dem Selbstbewusstsein einer gegebenen Gesellschaft bzw. bestimmter kultureller Milieus und ihrer Süchtigen angemessener ist, d.h. es muss, da es sich um eine Störung psychosozialer Art handelt, an ihren Vorstellungen anknüpfen; sonst kann es keine neuen Realitäten gegen die ablaufenden Dispositionen schaffen. Personen mit Abhängigkeitsstörung und ihr Umfeld müssen sich dafür in den Kategorien bzw. Konzepten reflektieren können und wollen. Das ist kein Plädoyer dafür, beliebige Konzepte oder „Erzählungen" (vorgestern religiöse wie „Besessenheit", gestern psychoanalytische wie „Ersatzobjekt", heute neurobiologische wie „Hirnkrankheit", morgen kognitive wie „Grundannahmen" etc.) über das Suchtphänomen zu stülpen. Die tatsächliche Wirksamkeit beruht darauf, dass sie Kraft entfalten, wenn sie als persönliches Verständnis und Ausgangspunkt der Verhaltensänderung angenommen werden. Das funktioniert für bestimmte Gruppen.

Eine angemessene Konzeption des Suchtverständnisses zu formulieren heißt, dass diese von den sozialen Realitäten ausgeht und Linderung bzw. Überwindung der Störung im Sinne von Autonomie und Handlungsfähigkeit ermöglicht.

Literatur

Becker, H. S. (1963): Outsiders. London.

Berger, P.L./Luckmann, T., 1966: Die gesellschaftliche Konstruktion der Wirklichkeit. Eine Theorie der Wissenssoziologie. Frankfurt a.M.

Bourdieu, P. (2001): Meditationen. Zur Kritik der scholastischen Vernunft. Frankfurt/M.

Bourdieu, P./Wacquant, L. (1996): Reflexive Anthropologie. Frankfurt/M.

Cole, M. (2003): Cultural psychology: a once and future discipline. Harvard.

Degkwitz, P. (2005): Sucht in einer praxeologischen Sicht - Überlegungen zum Potential des soziologischen Ansatzes Bourdieus. In: B. Dollinger/W. Schneider (Hg.): Sucht als Prozess. Berlin, 63-88.

Grawe, K. (1998): Psychologische Therapie. Göttingen.

Grawe, K. (2004): Neuropsychotherapie. Göttingen.

Hurrelmann, K. (1986): Einführung in die Sozialisationstheorie. Weinheim u. Basel.

Kalivas, P. W./Volkow, N. D. (2005): The Neural Basis of Addiction: A Pathology of Motivation and Choice. In: Am J Psychiatry 162, 1403-1413.

Klingemann, H./Sobell, L. C. (Hg.; 2006): Selbstheilung von der Sucht. Wiesbaden.

Levine, H. G. (1982): Die Entdeckung der Sucht - Wandel der Vorstellungen über Trunkenheit in Nordamerika. In: G. Völger/K. v. Welck (Hg.): Rausch und Realität. Reinbek bei Hamburg. Band 1, 212-240.

Lewin, K. (1963): Feldtheorie in den Sozialwissenschaften. Bern.

Oerter, R./Montada, L. (1987): Entwicklungspsychologie. München u.Weinheim.
Peele, S. (1985): The meaning of addiction. San Francisco.
Piaget, J./Inhelder, B. (1991): Die Psychologie des Kindes. München.
Reinarman, C. (2005): Sucht als Errungenschaft: die diskursive Konstruktion gelebter Erfahrung. In: B. Dollinger/W. Schneider (Hg.): Sucht als Prozess. Berlin, 23-42.
Rommelspacher, H. (1998): Biologische Modelle. In: J. Gölz (Hg.): Moderne Suchtmedizin. Stuttgart u. New York: B 2.1-1-9.
Silbereisen, R. K. et al. (1986): Development as Action in Context. Problem Behavior and Normal Youth Development. Berlin u.a.
Tretter, F. (1998): Ökologie der Sucht. Das Beziehungsgefüge Mensch-Umwelt-Droge. Göttingen u.a.
Volkow, N. D. et al. (2003): The Addicted Human Brain: Insights from Imaging Studies. In: J Clin Invest 111, 1444-1451.
Wienberg, G./Driessen, M. (Hg.; 2001): Auf dem Weg zur vergessenen Mehrheit. Innovative Konzepte für die Versorgung von Menschen mit Alkoholproblemen. Bonn.
Zinberg, N. E. (1984): Drug, set, and setting: the basis for controlled intoxicant use. New Haven.

Soziokulturelle Determinanten der Drogenwirkung

Andrea Blätter

Die Wirkungen von Drogen entstehen nicht allein durch die spezielle Pharmakologie der eingenommen Substanzen, sondern durch verschiedene weitere Faktoren und Umstände des jeweiligen Konsums (s. Abb.). Ganz offensichtlich ist dabei zunächst, dass Dosierungen, Anwendungsarten (zum Beispiel Rauchen, Trinken, Injizieren) und Kombinationen verschiedener psychoaktiver Substanzen die entstehende Wirkung ebenso bestimmen wie biologische Faktoren, das heißt Geschlecht, Körpergröße, Konstitution und Gewicht, aber auch Ernährungszustand, Stoffwechsel und genetische Ausstattung. Nicht ganz so offensichtlich ist dagegen, dass auch kulturelle, soziale und psychologische Faktoren erheblich an der Substanzwirkung beteiligt sind. Gleichwohl konnte in den letzten Jahrzehnten eine Vielzahl von ethnologischen, soziologischen und psychologischen Untersuchungen deutlich machen, dass gerade diese Faktoren von besonderer Bedeutung sind, nicht zuletzt deshalb, weil jeder Rausch im soziokulturellen Rahmen erlernt und maßgeblich durch ihn geprägt wird (vgl. Völger/von Welck 1982; Goodman et al. 1995; Becker 1973; Blätter 1990; DuToit 1977; Marlatt 1978). Der vorliegende Beitrag widmet sich schwerpunktmäßig genau diesem soziokulturellen Faktorenkomplex, der, wie wir sehen werden, auch die pharmakologischen und psychologischen Faktoren beeinflusst und eine zentrale, aber wissenschaftlich oft vernachlässigte Rolle bei der Substanzwirkung innehat.

1. Set und setting

Zum Verständnis der psychologischen und soziokulturellen Determinanten von Substanzwirkungen sind set und setting die zentralen Schlüsselbegriffe. Beide stehen in wechselseitiger Abhängigkeit und haben fließende Übergänge. Mit dem Begriff ‚set' werden dabei die psychologischen und somatischen Faktoren, welche die Substanzwirkung beeinflussen, zusammenfassend bezeichnet. Dazu gehört die Persönlichkeit des Konsumenten mit ihren Facetten und auch die persönliche Identität: Wer möchte ich sein? Welche Menschen bewundere ich? Welchen sozialen Gruppen fühle ich mich zugehörig? Welche Position nehme ich in der Gruppe ein? In diesem Kontext beeinflussen individuelle Überzeugungen, Wissensinhalte und Glaubensmuster (über moralische Akzeptanz, gesundheitliche Risiken, mögliche Anwendungsgebiete einzelner Substanzen), aber auch grundlegende persönliche Werte und Einstellungen die subjektiv wahrgenommene Substanzwirkung. Auf das set beziehen sich insbesondere psychologische Theorien des Drogenmissbrauchs, die zum Beispiel exzessiven oder missbräuchlichen Drogenkonsum auf defizitäre Persönlichkeitsstrukturen, beispielsweise Suchtpersönlichkeiten, zurückführen, die im Rausch etwa Kompensation und Erleichterung von übergroßen inneren Spannungen suchen (Wurmser 1998; Krausz/Lambert 2000).

Abb.: Determinanten der Substanzwirkung

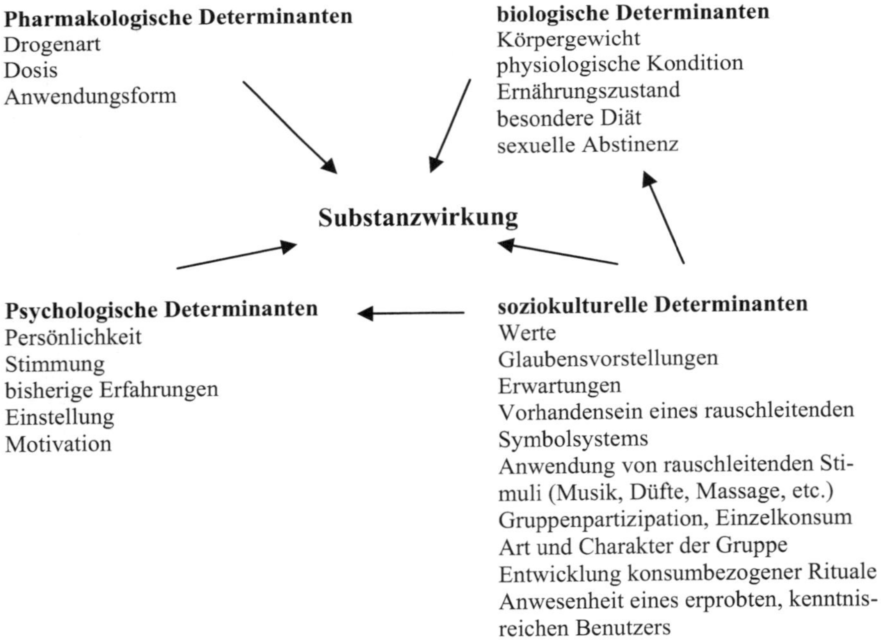

Im Grunde aber wird das set wesentlich mitgeprägt vom setting, welches das Umfeld und den Kontext des Drogenkonsums sowohl auf situationsspezifischer als auch auf soziokultureller Ebene bezeichnet. Hier sind kulturelle Identitäten, aber zum Beispiel auch Geschlechts-, Altersklassen-, Schicht- und Bezugsgruppenzugehörigkeiten als sozial-interaktive Faktoren von erheblicher Bedeutung, denn in verschiedenen kulturellen und sozialen Gruppierungen unterscheiden sich Drogenwahl, Konsummuster und -motive erheblich (Berger Hoins 2000; Waddell/Everett 1984; Neumeyer/Schmidt-Semisch 1997; Rubin 1975). Drogenkonsum ist ein wichtiges Symbol für Gruppenzugehörigkeit und persönliche Identität. In den Bezugsgruppen findet auch die wesentliche Sozialisation zur Droge statt. Hier werden Handlungsempfehlungen weitergegeben und Einstellungen vermittelt, welche die Verwendung verschiedener Drogen betreffen. Auch die gruppenspezifischen, identitätsstiftenden Anwendungsarten, Dosierungen und Kombinationen werden hier erlernt. Fast immer gibt es zudem spezielle Rituale, die den Umgang mit gewissen Substanzen vereinheitlichen, und die gruppenspezifischen Erklärungsmuster liefern Interpretationen für individuelle Rauscherlebnisse. Meist stehen „Spezialisten" zur Verfügung, die kulturell relevantes Wissen über einzelne Substanzen weitergeben und die Kontrolle des Rausches bei Neulingen überwachen. Kulturspezifische Symbole spielen auf den Drogenkonsum oder seine Folgen an, zum Teil werden spezielle Stimuli (Musik, Essen, Düfte, Gebete) benutzt, um auf den Verlauf von Rauschzuständen Einfluss zu nehmen. In diesem Kontext kann Drogenkonsum gelegentlich auch als Aufnahmeritual in bestimmte Kreise oder als Markierung spezifischer Situationen gesellschaftlich vorgegeben sein.

Gleichzeitig gehören aber auch kulturelle und politische Faktoren zum setting. Diese bestimmen zum Beispiel, welche Substanzen kulturell integriert sind oder abgelehnt werden, welche besonderen Konsummuster und Nutzungstraditionen ausgebildet wurden und welche Werte, Motivationen und Interpretationen mit dem Rausch verbunden werden. Idealtypisch lassen sich hierbei vier Arten des gesellschaftlichen Umganges mit Drogenkonsum unterscheiden. Erstens kann Drogenkonsum gesellschaftlich kultiviert werden, so dass er eine traditionell verwurzelte Selbstverständlichkeit für seriöse Gemeindemitglieder darstellt – das gilt für den Schoppen Wein eines braven Hessen ebenso wie für den Koka-Bissen der südamerikanischen Andenbewohner oder die halluzinogenen Zubereitungen der Indios des Amazonasbeckens (Dobkin de Rios 1984; Goodman 1995; Völger/von Welck 1982). Zweitens kann es vorkommen, dass bestimmte Substanzen oder Konsummuster zwar akzeptiert werden, sie aber (noch) nicht zum Repertoire des gesellschaftlich erwünschten Verhaltens gehören, sondern eher zu den tolerierten Lastern. Drittens können bestimmte Substanzen gesellschaftlich geächtet und illegalisiert werden, so dass ihr Konsum, ihre Herstellung und ihre Vermarktung mit Geld- und Freiheits-, zum Teil sogar mit der Todesstrafe geahndet werden. Eine vierte Art des Umganges kann schließlich in der Pathologisierung des Drogenkonsums gesehen werden, in deren Kontext die Konsumenten dann als Kranke attribuiert werden, die behandelt werden können oder müssen (Hess et al. 2004:7).

Wie deutlich wird, kann die kulturelle und politische Rahmung des Drogenkonsums sehr unterschiedlich aussehen und sich auch relativ schnell verändern (wie gegenwärtig am Beispiel des Rauchens gut beobachtbar; vgl. Hess et al. 2004). Das heißt, das setting und damit zugleich auch das set sind kontinuierlich gesellschaftlichen, sozialen und individuellen Wandlungsprozessen unterworfen. Dieser Wandel ist auch mit Veränderungen des Rauschempfindens während einer Konsumlaufbahn und bei verschiedenen Generationen von Konsumenten gekoppelt. In den modernen Industrienationen der westlichen Welt stehen heute überdies verschiedene Wertsysteme und Konsummuster gleichwertig nebeneinander, was dazu führt, dass sich die Einstellungen und Handlungsweisen in Bezug auf bestimmte Drogen in unterschiedlichen sozialen Gruppierungen sehr verschieden darstellen (McDonald 1994; Ruggiero 1995; Mahan 1996).

Abschließend sei darauf hingewiesen, dass außerdem neue Präparate (zum Beispiel Crack, Ecstasy, Ayahuasca, Guarana, Alcopops) sowie die verbesserte Zugänglichkeit zu verschiedenen Drogen ständig zur Entwicklung neuer Konsummuster und Konsumideologien geführt haben und weiterhin führen (Cousto 1995; Adelaars et al. 2006; Decorte 2000). Interessenten steht eine ständig wachsende Vielfalt legaler und illegaler Substanzen zur Verfügung, und ein unübersichtlicher Markt hat Konsumenten hervorgebracht, die in aller Regel polytoxikoman sind.

2. Erlernte Konsummuster

Auf das setting beziehen sich viele lernpsychologische und soziologische Erklärungsansätze, welche die verschiedenen legalen und illegalen Konsumformen auf soziales Lernen zurückführen (Lettieri et al. 1980; Reuband 1994; Becker 1973; Zinberg 1984). Der soziale Erwerb von Kenntnissen über den Umgang mit gesellschaftlich integrierten Drogen beginnt bereits in der frühen Kindheit. Am Beispiel des Alkohols lässt sich das gut nachvollziehen. Kinder beobachten ihre Eltern und andere Erwachsene beim Trinken, erfahren durch das Fernsehen, über Filme und Zeitschriften von akzeptablen und unakzeptablen Konsummustern, dürfen vielleicht sogar bei feierlichen oder religiösen Anlässen einen Schluck aus dem Glas ihrer Eltern probieren. Als Heranwachsende haben sie bereits gewisse Einstellungen und Kenntnisse über den Umgang mit Alkohol internalisiert. Wenn sie selbst anfangen, Alkohol zu trinken, werden sie vielleicht, wie es bei Adoleszenten üblich ist, ihre Grenzen ausloten und exzessiv trinken, bis Übelkeit und Erbrechen einsetzt. Trotzdem besteht wenig Gefahr, dass sie in diesem Muster verharren. Sie finden in ihrem Umfeld zahlreiche Rollenvorbilder für erwachsene, kontrollierte Konsumformen und haben wenig Schwierigkeiten, Freunde zu finden, die ihre Vorliebe für (bestimmte Formen von) Alkoholkonsum und das Interesse an kontrollierten, kultivierten Umgangsformen teilen (Decorte 2000; Zinberg 1984).

Bevor sich eine Person also entschließt, eine Droge zu probieren, Gelegenheits- oder sogar Gewohnheitskonsument zu werden, ist das schrittweise Aneignen von bestimmten Einstellungen und Techniken notwendig. Der Genuss einer Tasse schwarzen Kaffees, einer Zigarette, eines Glases Bier oder eines herben Weißweines muss dabei genauso erlernt werden wie der eines Joints, einer Prise Kokain, einer Ecstasy-Pille oder eines „Schusses" Heroin. Die Sozialisierung zur Droge geschieht zum Teil über Massenmedien, die in Werbespots, Spielfilmen, Literatur und Musik Warnungen, Informationen, Eindrücke und Assoziationen vermitteln. Die wichtigsten Vermittler von Drogenwissen und Drogenerfahrung sind aber Gleichaltrige sowie Bezugsgruppen aus dem unmittelbaren sozialen Umfeld (Becker 1973). Ein Neuling lernt hier durch andere Konsumenten besondere Verhaltensweisen und Umgangsformen mit ausgewählten Drogen. Er übernimmt Handlungsrichtlinien und Einschränkungen im Umgang mit der Substanz und bekommt Unterstützung bei der Interpretation und Kontrolle seiner, zunächst meist sehr diffusen, Rauschwahrnehmungen. Die jeweilige Wertorientierung, Moralität und Motivation der Bezugsgruppe bestimmt zu großen Teilen das Drogenverhalten. Dabei beeinflussen die Konsummotive (etwa Entspannung und Vergnügen, Status und Leistung oder Risiko und Abenteuer) zugleich auch die Konsummuster und das Rauscherleben, was bei ein und derselben Substanz zu völlig unterschiedlichen Rauscherfahrungen führen kann.

Die große Bedeutung von set und setting für die Drogenwirkung zeigt sich heute freilich besonders deutlich bei den illegalen Drogen.[1] Die Prozesse, durch die Einstellungen, Werte und Kontrollmechanismen in bezug auf psychoaktive Substanzen von Person zu Person, von einer sozialen Gruppierung zur anderen und von einer Generation zur nächsten vermittelt werden, variieren deutlich mit dem jeweiligen legalen beziehungsweise illegalen Status der verschiedenen Substanzen. Im Unterschied zu legalen Drogen (mit gesellschaftlich akzeptierten und etablierten Umgangsformen) sind für illegale Drogen die Möglichkeiten, Kenntnisse über einen kontrollierten Umgang zu erlernen, begrenzt. Diese sind kulturell nicht bekannt: Weder in der Familie noch in der Schule oder den Massenmedien werden Rollenmodelle für einen akzeptablen, kultivierten Umgang mit diesen Substanzen vermittelt. Im Gegenteil, Informationen zu diesen Substanzen verweisen in aller Regel ausschließlich auf deren Gefährlichkeit, Suchterzeugung

---

[1] Die Relativität der Illegalität zeigt sich im interkulturellen und historischen Vergleich besonders deutlich für Tabak (Corti 1930; Schivelbusch 1983; Hess et al. 2004), Alkohol (Stolleis 1982; Levine 1982; Waddell/Everett 1984), Hanf (Rubin 1975; Behr 1982; Grotenhermen 2001) und Opium (Seefelder 1987; Schmitz 1982).

und Unkontrollierbarkeit. Konsumenten illegaler Drogen werden dabei im gleichen Atemzug als kranke oder kriminelle Abweichler stigmatisiert und ein kontrollierter Gebrauch als unmöglich dargestellt (Zinberg 1984; Decorte 2000). Es ist so gesehen kein Wunder, dass die hauptsächliche Informationsquelle für den Umgang mit illegalen Drogen in der Regel gleichaltrige Drogenbenutzer sind. Dabei ist der häufig vermutete Gruppendruck unter Jugendlichen zum Konsum verbotener Drogen von geringerer Bedeutung, vielmehr suchen sich Adoleszente häufig gezielt Gruppen aus, in denen Drogenkonsum möglich ist und deren Zugehörigkeit sie suchen (Decorte 2000). Da bei illegalen Drogen der Zugang auf verbotene Quellen begrenzt ist, müssen sich potentielle Konsumenten Gruppen anschließen, denen solche Quellen zugänglich sind. Je mehr aber eine soziale Gruppe von den konventionellen Normen, Werten und Verhaltensweisen einer Gesellschaft abweicht und entsprechend ausgesondert und unter Druck gesetzt wird, desto mehr wird das stereotypisierte abweichende Verhalten betont, verstärkt und stilisiert. Es kommt zur Ausbildung von (drogenfokussierten) Subkulturen, die extrem misstrauisch und ablehnend gegenüber der „Mainstream"-Kultur reagieren (Grund 1993: 26; Goffman 1975; Becker 1973).

Die Konsumenten illegaler Substanzen schaffen auf diese Weise typische settings des Konsums, bei denen u.a. Geheimhaltung, Angst und Entdeckungsgefahr den Rausch mitbestimmen. Diese Angst mag bei manchem Neuling zu mehr waghalsigem Exhibitionismus, Paranoia, zu größerer Risikobereitschaft oder antisozialen Empfindungen führen, als es in einem legalen setting der Fall gewesen wäre; schließlich lernen Neulinge in diesen subkulturellen Bezugsgruppen auch Rationalisierungen und Rechtfertigungen für den verbotenen Drogenkonsum, denn ohne einen Wandel der konventionellen moralischen Vorstellungen über „Rauschgiftsucht" wird er sich selbst keinen verbotenen Drogenkonsum gestatten: „Gewisse moralisch getönte Vorstellungen über die Natur des Drogengebrauchs und des Drogenbenutzers beeinflussen ... den Drogenbenutzer selbst. Wenn er nicht in der Lage ist, diese Vorstellungen wegzuerklären oder nicht zu beachten, wird es überhaupt nicht zum Gebrauch kommen; und das Maß des Gebrauchs scheint in Beziehung zu stehen zu dem Maß, in dem die besagten Vorstellungen an Einfluss verlieren und durch Rationalisierungen und Rechtfertigungen ersetzt werden, die zum jeweiligen Zeitpunkt unter Benutzern kursieren" (Becker 1973: 70).

Konsumenten illegaler Drogen ersetzen die konventionelle Sicht der „Spießer" durch die „emanzipierte Sicht der Eingeweihten" – nicht nur in Bezug auf Drogen. Durch den Konsum können sich Randgruppen mit eigenen Wert- und Moralvorstellungen entwickeln. Illegale Drogen werden zum Symbol für abweichende Gesinnungen. In Subkulturen lernen Drogenbenutzer, wie sie ihre illegale Aktivität mit einem Minimum an Schwierigkeiten weiterführen können. Das betrifft zum einen die Moralität und den Nachschub, zum anderen auch die Geheimhaltung. Bei Gleichgesinnten lernen Neulinge, die Drogenwirkungen in Gesellschaft von Nicht-Benutzern so zu kontrollieren, dass ihre Berauschung von Nicht-Benutzern nicht bemerkt wird. Nur so können sie vom Gelegenheitskonsum zum Gewohnheitskonsum übergehen und trotzdem ihr Geheimnis bewahren.

Verbote verhindern aber nicht nur den offenen Austausch zwischen Benutzern und Nichtbenutzern und stehen so einer Verbreitung von kontrollierten Gebrauchsformen entgegen (Decorte 2000: 53), sondern sie behindern auch den wissenschaftlichen Austausch, indem sie z.B. die Forschungsmöglichkeiten mit den betreffenden Substanzen und ihren Benutzern erheblich einschränken. Das pharmakologische, psychologische, soziologische und epidemiologische Wissen über illegale Drogen und ihre Konsumenten bleibt begrenzt. Beispielsweise gibt es nur sehr grobe Schätzungen über die Verbreitung des Konsums von Cannabis, Psilocybe, Opium oder Kokain in Deutschland oder der EU (Bühringer et al. 2000: 129ff)[2]. Das Wissen über „illegale" Konsummuster beschränkt sich entsprechend v.a. auf marginale Gruppen mit besonders sichtbaren Konsumformen, während der ebenso „illegale" Drogenkonsum gesellschaftlich integrierter Personen häufig unbekannt bleibt (vgl. Kemmesies 2004). Qualitative Studien zeigen indes, dass es sozial verträgliche Gebrauchsformen gibt, mit denen Konsumenten lange Zeit ihren illegalen Drogenkonsum kontrollieren können, so wie es beispielsweise Millionen von Benutzern mit der legalen, aber gefährlichen und suchterzeugenden Droge Alkohol können, ohne jemals eine Abhängigkeit zu entwickeln (Decorte 2000; Zinberg 1984). Sie haben gruppeninterne Konsumgewohnheiten entwickelt, die eine längerfristige kontrollierte Anwendung ermöglichen (Zinberg 1984; Decorte 2000).

Zusammenfassend ist festzuhalten, dass das setting für das Erlernen bestimmter Drogenkonsummuster von erheblicher Bedeutung ist. Im folgenden Abschnitt werde ich darauf eingehen, dass dies nicht nur für die konkreten Muster des Gebrauchs, sondern in vergleichbarer Weise auch für Drogenwirkungen selber gilt, die durch sie betreffende gesellschaftliche Zuschreibungen präformiert werden.

---

[2] Unter dem Gesichtspunkt der wirtschaftlichen und politischen Funktionen ist die Illegalität von Drogenkonsum besonders brisant, weil die wirtschaftlichen und politischen Verbindungen nicht offengelegt werden können und müssen, so dass unerwünschte Schattenwirtschaften und Verbindungen zu anderen illegalen Wirtschaftszweigen (vor allem Waffenhandel) üblich sind (McCoy 2003; Amend 1984; Zaith 2002; Walker 1991; Friman 1996; Eddy et al. 1988).

3. Wirkungszuschreibungen

Historisch gewachsene, kulturspezifische Einstellungen und Wissensinhalte über die Wirkungsweise psychoaktiver Substanzen und die Natur ihrer Benutzer werden im soziokulturellen Rahmen vermittelt. Dabei werden unterschiedliche Aspekte des Wirkungsspektrums und differenzierte Nutzungsmuster und Kontrollstrategien hervorgehoben und andere ignoriert oder bagatellisiert. Kulturspezifische Erwartungen an bestimmte Drogen lassen den Konsumenten nur wenig Spielraum, alternative Konsummuster aufzunehmen oder andere Erfahrungen zu machen als jene, die ihm kulturell vorgegeben werden. Allgemeine Werteinstellungen gegenüber Nüchternheit und Ekstase, Rausch, Visionen und Verzückung beeinflussen Erwartungen, Konsummotivationen und Schuldgefühle deutlich mit. Interkulturell unterschiedliche Vorstellungen und Wirkungszuschreibungen leiten die individuellen Interpretationen des Rauscherlebens und führen zu vereinheitlichten Erfahrungen der Substanzwirkungen. Es entstehen feste Wirkungszuschreibungen. Derartige Zuschreibungen betreffen verschiedene Wirkungsebenen von Drogen. Es gibt Zuschreibungen über Suchtgefahren, über die Moralität, über akute und langfristige Wirkungen auf die Gesundheit, auf das Bewusstsein oder die Persönlichkeit von Drogenkonsumenten, über direkte und indirekte Konsequenzen des Konsums und über die möglichen und akzeptablen Funktionen, zu denen eine Droge verwendet werden darf oder sollte. Die Relativität solcher Zuschreibungen wird nicht nur im historischen Wandel und durch interkulturelle Vergleiche, sondern auch bei psychologischen Tests sichtbar.

Ein besonders anschauliches Beispiel für den Einfluss von Wirkungszuschreibungen auf die Wahrnehmung von Wirkungen lieferte bereits 1978 eine Untersuchung des amerikanischen Psychologen G.A. Marlatt, die den Placebo-Effekt zum Gegenstand hatte. Für ihn hatte sich eine größere Gruppe Studenten bereit erklärt, in einer sozialen Umgebung Alkohol zu trinken und anschließend einen Fragebogen auszufüllen. Alle wussten, dass nur die Hälfte der Teilnehmer ihren Wodka-Tonic mit Alkohol bekommen würde. Der Hälfte derjenigen, die tatsächlich Alkohol bekamen, wurde gesagt, sie erhielten keinen Alkohol und der Hälfte derjenigen, die keinen Alkohol erhielten, wurde vermittelt, dass sie Alkohol bekommen würden. Nach einigen Drinks zeigten sich die zuschreibungsbedingten Wirkungsunterschiede: Studenten, die lediglich dachten, sie hätten Alkohol bekommen, benahmen sich ebenso frei, ungehemmt und fröhlich und zeigten ebenso großen Verlust an motorischer Kontrolle wie diejenigen, die tatsächlich Alkohol erhalten hatten und darüber informiert waren. Alle Versuchspersonen, denen gesagt worden war, sie hätten ein alkoholfreies Getränk erhalten, berichteten, sie verspürten keine Wirkung. Die Hälfte von ihnen hatte jedoch tatsächlich Wodka-Tonic getrunken (Marlatt 1978).

Ein anderes Beispiel für die Relativität von Wirkungszuschreibungen sind die Forschungen des Psychiaters Norman Zinberg über Heroinkonsumenten in den USA[3]. Zinberg widerlegte zwei der wichtigsten Wirkungszuschreibungen über Heroin, nämlich erstens die Euphorie für Jedermann und zweitens die Unwiderstehlichkeit der Substanz, die notgedrungen zur Abhängigkeit führen müsse. Er stellte fest, dass es Probierer gibt, die Heroinwirkungen nicht als angenehm empfinden, sondern denen speiübel wurde. Außerdem berichtete er von Konsumenten, denen es über Jahre gelungen war, ihren Heroinkonsum so zu kontrollieren, dass sie nicht abhängig wurden (Zinberg 1982; Harding 1982: 1217ff).

Aber nicht nur neue Substanzen ohne lange Nutzungstradition sind Fehleinschätzungen und unzutreffenden Wirkungszuschreibungen unterworfen, sondern auch altbekannte Drogen, wie das Beispiel Cannabis deutlich zeigt: Die aus Hanf gewonnene Droge wurde in Europa bereits seit Jahrhunderten als Arzneimittel benutzt, bevor sie in der Mitte des 20. Jahrhunderts in Verruf geriet. Während sich die Konsummuster von wirtschaftlichen und medizinischen zu hedonistischen Formen wandelten, verlagerte sich die öffentliche Aufmerksamkeit bezüglich der Wirkungszuschreibungen auf gesundheitsschädigende und sozial desintegrierende Wirkungen. Massenmedien verbreiteten Informationen über die Gefährlichkeit und Unkontrollierbarkeit des Rausches, über gesundheitliche Schädigungen und Suchtgefahren, welche später als irrelevant revidiert wurden und heute wieder eine teilweise Renaissance erleben (vgl. Hambrecht/Hafner 1996; Soellner 2000; Tossmann 1987; Behr 1982; Grotenhermen 2001).

Veränderungen in den jeweiligen Wirkungszuschreibungen werden dabei zum Teil von Menschen initiiert, die sich im Rahmen spezifischer settings über herkömmliche Vorstellungen möglicher Wirkungen hinwegsetzen und den Anwendungsbereich verändern. Meistens sind aber politische und wirtschaftliche Interessen ausschlaggebend für eine veränderte Einstellung gegenüber den jeweiligen Drogen im soziokulturellen Umfeld (Scheerer 1982; Behr 1982; Legnaro 1982; Völger/von Welck 1982).

4. Konditionierung

In enger Abhängigkeit von set und setting sowie kulturspezifischen Wirkungszuschreibungen haben auch Prozesse der Konditionierung einen wichtigen Anteil

[3] Wirkungszuschreibungen über Heroin, einer 1874 aus Morphium synthetisierten Droge, haben sich seit seiner Entwicklung deutlich verändert. Diacetyl-Morphin (Heroin) war zunächst als Hustenmittel und Mittel gegen Opiatsucht propagiert worden, ehe sein extremes Suchtpotential festgestellt wurde (Schmitz 1982).

an der Wirkungsweise von psychoaktiven Substanzen. Der aus der Psychologie stammende Konditionierungsbegriff bezeichnet eine Form des unbewussten Lernens, bei der Organismen neue Assoziationen zwischen verschiedenen Stimuli herstellen. Die verschiedenen Konditionierungen, die für Drogenkonsum typisch sind, entstehen unter dem Einfluss des settings: Innerhalb eines Bezugsrahmens wird Drogenkonsum zur Markierung bestimmter Situationen benutzt (zum Beispiel Feierabend, Wochenende, außergewöhnliche Feierlichkeit, nach dem Essen), bis sich der Benutzer an die Zusammengehörigkeit von Drogenkonsum und bestimmten Situationen gewöhnt. Auch ohne eine körperliche Abhängigkeit kommt es so zu einer Habitualisierung des Konsums. Diese klassische Konditionierung wird ergänzt durch eine operante Selbstkonditionierung, wenn der Drogenkonsument die Wirkung als angenehm empfindet und als belohnende Verstärkung seiner Handlungsweise auffasst. Die verstärkte Konsumhandlung wird dann perpetuiert und generalisiert, d. h. von dem assoziierten setting auf andere kompatible Kontexte übertragen. Die empfundene Rauschwirkung verändert sich im Laufe dieses Konditionierungsprozesses erheblich, nicht nur durch die substanzgebundene Toleranzentwicklung, sondern auch durch die Routinisierung des Rausches (Uchtenhagen 2000; Zimbado 1992; Amelang/Zielinsky 2002).

Wie tief der konditionierende Einfluss des settings auf somatischer Ebene wirken kann, macht ein Tierversuch des Psychologen S. Siegel deutlich, bei dem Ratten durch klassische Konditionierung lernten, in einem setting A Injektionen mit Heroin zu erwarten, in einem anderen setting B aber Injektionen mit Kochsalzlösung. Im Rahmen der ersten Trainingsphase entwickelten alle Tiere Herointoleranz. Am Testtag bekamen die Tiere dann eine deutlich größere Heroindosis, und zwar die Hälfte der Tiere dort, wo sie Heroin erwarteten (setting A), die andere Hälfte in setting B, wo sie gelernt hatten, Kochsalzlösung zu erwarten. Mehr als doppelt so viele Versuchstiere starben, wenn Heroin entgegen der setting-Erwartung verabreicht wurde (82% zu 31%) (Siegel 1979). Dieser Tierversuch zeigt, wie stark die an ein setting gebundene Erwartung des Konsumenten die Rauschwirkung beeinflusst. Bei Menschen[4] finden sich viele vergleichbare, auf Erfahrung begründete Erwartungen, die vorhersagen, in welchen settings welche Art von Drogenkonsum erfolgen und wie die Wirkung aussehen wird. Durch diese Konditionierungen der Wirkungserwartung allein können die tatsächlichen Rauschwirkungen allerdings nicht zuverlässig festgelegt werden, weil

[4] Auch wenn Analogien zwischen Menschen und Tieren immer problematisch sind, zeigt dieses Beispiel doch besonders drastisch, dass erlernte Erwartungshaltungen auch ohne Beteiligung höherer Bewusstseinsprozesse und bei nicht-halluzinogenen Substanzen die Wirkung maßgeblich beeinflussen.

ergänzende Einflüsse aus set und setting ebenfalls auf die Substanzwirkung Einfluss nehmen.)

Von der Konditionierung der Wirkung analytisch zu trennen sind die Konditionierungen des Verhaltens und der Funktionen. Bei der Konditionierung des Verhaltens wird die Verbindung des Drogenkonsums mit einem oder mehreren settings so verfestigt, dass in diesen settings immer Drogenkonsum angestrebt wird. Dieser Prozess zeigt sich häufig bei der sogenannten psychischen Abhängigkeit, bei der ohne körperliche Sucht unkontrollierbare Bedürfnisse nach einer Substanz entstanden sind (Tossmann 1987; Zimbardo 1992). Das Beispiel des Tabakrauchens verdeutlicht diesen Zusammenhang: Wenn ein Raucher das Rauchen mit bestimmten settings verbunden hat (immer nach dem Essen, beim Bier in einem Lokal, bei psychischen Anspannungen), wird er in diesen Situationen immer wieder zur Zigarette greifen wollen, auch wenn er keine akute Nikotinabhängigkeit entwickelt oder diese bereits überwunden hat. Erst wenn die Konditionierung durch längerfristige Frustration des Bedürfnisses gelöscht wurde, verschwindet dieser Automatismus (Hess et al. 2004: 135).

Bei der funktionalen Konditionierung wird Drogenkonsum mit bestimmten Funktionen assoziiert, die gesellschaftlich für diese Substanzen vorgeschlagen werden. Drogenkonsum kann in sehr unterschiedliche funktionale Zusammenhänge gestellt werden, nach denen sich auch die Wirkungen stark unterscheiden. Dabei können neben den wirtschaftlichen und politischen Funktionen medizinische, leistungssteigernde, sozial-interaktive, kompensatorische, hedonistische oder auch religiöse Funktionszusammenhänge bestehen, welche die entsprechenden Wirkungszuschreibungen deutlich verändern (Blätter 1995). Eine viel beachtete Form von funktionaler Konditionierung ist zum Beispiel die religiöse Einbindung und Interpretation der Peyotewirkungen (Lophophora williamsii) in der „Native American Church" (NAC), einer panindianischen, christlich beeinflussten Glaubensgemeinschaft (Gerber 1980, La Barre 1982). Die Mitglieder dieser größten indianischen Religion Nordamerikas treffen sich in festen Gruppen mit erfahrenen Führern zu gut vorbereiteten, respektvollen und rituell strikt eingebundenen Sitzungen zum gemeinsamen Verzehr des heiligen, halluzinogen wirkenden Kaktus. Sie erleben dabei tiefe spirituelle Erfahrungen, die ihnen helfen, persönliche Probleme dauerhaft zu meistern. Peyotezeremonien werden mit großem Erfolg zur Heilung von Alkoholismus durchgeführt, und Alkoholprobleme sind ein häufiges Motiv zum Beitritt in die NAC, der als einziger Gruppe in Nordamerika der Verzehr des Kaktus aufgrund der anerkannt positiven Auswirkungen gesetzlich erlaubt ist. Der Erfolg der NAC, die profanen Drogenkonsum aller Art verbietet, erklärt sich aus dem besonderen setting, den speziellen Wirkungszuschreibungen und funktionalen Orientierungen für Drogenkonsum, die den Gläubigen eine positive Identität vermitteln können, die an traditionelle indianische Werte anknüpft, und die ihnen die Kraft geben, von früheren, destruktiven Konsummustern Abstand zu nehmen.

Dieses Beispiel macht den soziokulturellen Einfluss auf eine Substanzwirkung besonders deutlich. Gerade der Umgang mit halluzinogenen Substanzen zeigt aber auch, dass kulturelle Relativität nicht mit freier Wahl verwechselt werden darf und dass kulturspezifische Konsummuster nicht nach Belieben ausgesucht und ausgetauscht werden können. Entsprechend betont die Ethnologin Müller-Ebeling, die den zeitgenössischen Transfer traditioneller Ayahuasca-Heilrituale aus dem südamerikanischen Amazonasgebiet in moderne europäische settings untersucht hat:

„So ehrlich und ambitioniert Begegnungen zwischen Ayahuasca-Schamanen und interessierten Menschen der westlichen Hemisphäre auch sein mögen – sie sind doch stets von unterschiedlichen kulturellen Hintergründen und gegenseitigen Missverständnissen bestimmt" (Müller-Ebeling, 2006:258).

Literatur

Adelaars, A./ Rätsch, C./ Müller-Ebeling, C. (2006): Ayahuasca. Rituale, Zaubertränke und visionäre Kunst aus Amazonien. München.

Amelang, M./Zielinsky, W. (2002): Psychologische Diagnostik und Intervention. Berlin.

Amend, G. (1984): Sucht, Profit, Sucht. Frankfurt a.M.

Becker, H. S. (1973): Wie man Marihuana-Benutzer wird. In: Becker, H.: Außenseiter. Frankfurt a.M., S. 36-52.

Behr, H.-G. (1982): Von Hanf ist die Rede. Basel.

Berger Hoins, C. (2000): Drogenszene gestern - heute: Bedeutung eines sozialen Phänomens, nachgezeichnet am Beispiel Zürich. In: Uchtenhagen, A./ Zieglgänsberger, W. (Hrsg.): Suchtmedizin. Konzepte, Strategien und therapeutisches Management. München, Jena, S. 494-499.

Blätter, A. (1990): Kulturelle Ausprägungen und die Funktionen des Drogengebrauchs. Wayasbah, Hamburg.

Blätter, A. (1995): Die Funktionen des Drogengebrauchs und ihre kulturspezifische Nutzung. In: Curare 18, 2. Sucht und veränderte Bewußtseinszustände im Kulturvergleich, S. 279-290.

Bühringer, G./ Bauernfeind, R./ Simon, R./ Kraus, L. (2000): Entwicklungsmuster der Konsumhäufigkeiten und -muster in der Bevölkerung. In: Uchtenhagen, A./ Zieglgänsberger, W. (Hrsg.): Suchtmedizin. Konzepte, Strategien und therapeutisches Management. München, Jena, S. 129-135.

Corti, E. C. C. (1930, Neuauflage 1986): Die trockene Trunkenheit. Ursprung, Kampf und Triumph des Rauchens. Frankfurt a.M.

Cousto, H. (1995): Vom Urkult zur Kultur. Drogen und Techno. Solothurn.

Decorte, T. (2000): The Taming of Cocaine. Cocaine Use in European and American Cities. Brüssel.

Dobkin de Rios, M. (1984): Hallucinogens: Cross-Cultural Perspectives. Albuquerque.
Du Toit, B. (Hrsg.) (1977): Drugs, Rituals, and Altered States of Consciousness. Rotterdam.
Eddy, P./Sabogal, H./Walden, S. (1988): Der Kokainkrieg. Die Kolumbien-Miami-Connection. Wien.
Friman, F. R. (1996): NarcoDiplomacy. Exporting the U.S. War on Drugs. New York.
Gerber, P. (1980): Die Peyote-Religion. Zürich.
Goffman, E. (1975): Stigma. Über Techniken der Bewältigung beschädigter Identität. Frankfurt a.M.
Goodman, J./ Lovejoy, P. E./ Sherratt, A. (1995): Consuming Habits. Drugs in History and Anthropology. London, New York.
Grund, J. P. (1993): Drug use as a social ritual. Functionality, symbolism, and determinants of self-regulation. Rotterdam.
Grotenhermen, F. (Hrsg.) (2001): Cannabis und Cannabinoide. Pharmakologie, Toxikologie und therapeutisches Potential. Bern, Göttingen.
Hambrecht, M./ Hafner, H. (1996): Substance abuse and the onset of schizophrenia. Biol Psychiatry 40 (11), S. 1155ff.
Harding, W. M. (1982): Kontrollierter Heroingenuss – ein Widerspruch aus der Subkultur gegenüber herkömmlichem kulturellen Denken. In: Völger, G./ von Welck, K. (Hrsg.): Rausch und Realität, Drogen im Kulturvergleich, S. 1217-1231.
Hess, H./Kolte, B./Schmidt-Semisch, H. (2004): Kontrolliertes Rauchen. Tabakkonsum zwischen Verbot und Vergnügen. Freiburg i.Br.
Kemmesies, U. E. (2004): Zwischen Rausch und Realität. Drogenkonsum im bürgerlichen Milieu. Wiesbaden.
Krausz, M./ Lambert, M. (2000): Psychische Störungen als Risikofaktoren für süchtiges Verhalten. In: Uchtenhagen, A./ Zieglgänsberger, W. (Hrsg.): Suchtmedizin. München.
La Barre, W. (1982): Peyotegebrauch bei nordamerikanischen Indianern. In: Völger, G./von Welck, K. (Hrsg.): Rausch und Realität. Drogen im Kulturvergleich. Reinbek, S. 816-821.
Legnaro, A. (1982): Ansätze zu einer Soziologie des Rausches – zur Sozialgeschichte von Rausch und Ekstase in Europa. In: Völger, G./von Welck (Hrsg.): Rausch und Realität. Drogen im Kulturvergleich. Reinbek, S. 93-114.
Lettieri, D. M./ Sayers, H. W./ Pearson, H. W. (1980): Theories on Drug Abuse. NIDA, Rockville.
Levine, H. (1982): Die Entdeckung der Sucht – Wandel der Vorstellung über Trunkenheit in Nordamerika. In: Völger, G./ von Welck, K. (Hrsg.): Rausch und Realität. Drogen im Kulturvergleich. Reinbek, S. 212-240.
Mahan, S. (1996): Crack, Cocaine, Crime and Women. Legal, Social, and Treatment Issues. Drugs, Health, and Social Policy Series, Vol. 4. London.
Marlatt, G. A. (1978): Behavioral Assessment of social drinking and alcoholism. In: Marlatt, G. A./Nathan, P. E. (Eds.): Behavioral approaches to Alcoholism. Rutgers Center for Alcohol Studies, New Brunswick.
McCoy, A. (2003): Die CIA und das Heroin. Weltpolitik und Drogenhandel. Frankfurt a.M.

McDonald, M. (1994): Gender, Drink and Drugs. Oxford.
Müller-Ebeling, C. (2006): Kritische Bemerkungen zum Schamanismud-Kulturtransfer. In: Adelaars, A./Rätsch, C./Müller-Ebeling, C.: Ayahuasca, S. 256-258.
Neumeyer, J./Schmidt-Semisch, H. (Hrsg.) (1997): Ecstasy-Design für die Seele?
Reuband, K.-H. (1994): Soziale Determinanten des Drogengebrauchs. Eine sozialwissenschaftliche Analyse des Gebrauchs weicher Drogen. Opladen.
Ruggiero, V./South, N. (1995): Eurodrugs. Drug use, markets and trafficking in Europe. London.
Rubin, V. (Hrsg.) (1975): Cannabis and Culture. Mouton, Paris.
Scheerer, S. (1995): Sucht. Reinbek.
Schivelbusch, W. (1983): Das Paradies, der Geschmack und die Vernunft. München.
Schmitz, R. (1982): Opium als Heilmittel. In: Völger, G./von Welck, K. (Hrsg.): Rausch und Realität. Drogen im Kulturvergleich. Reinbek, S. 650-661.
Seefelder, M. (1987): Opium. Eine Kulturgeschichte. Frankfurt a.M.
Siegel, S. (1979): The role of conditioning in drug tolerance and addiction. In: Keehn, J.D. (ed.): Psychopathologie in animals: Research and clinical application. Academic Press, New York.
Soellner, R. (2000): Abhängig von Haschisch? Cannabiskonsum und psychosoziale Gesundheit. Bern.
Stolleis, M. (1982): „Von den grewlichen Lastern der Trunckenheit". Trinkverbote im 16. und 17. Jahrhundert. In: Völger, G./von Welck, K. (Hrsg.): Rausch und Realität. Drogen im Kulturvergleich. Reinbek, S. 177-191.
Tossmann, H. P. (1987): Haschisch-Abhängigkeit? Frankfurt a.M.
Uchtenhagen, A. (2000): Suchtkonzepte: Theoretische Modelle zur Erklärung von Abhängigkeit. In: Uchtenhagen, A./ Zieglgänsberger, W. (Hrsg.) (2000): Suchtmedizin. Konzepte, Strategien und therapeutisches Management. München, S. 193-195.
Völger, G./Welck, K. (Hrsg.) (1982): Rausch und Realität. Drogen im Kulturvergleich. Frankfurt a.M.
Wadell, J. O./Everett, M. W. (Hrsg.) (1980): Drinking Behavior among Southwestern Indians. An Anthropological Perspective. Tucson.
Walker, W. O. (1991): Opium and Foreign Policy. The Anglo-American Search for Order in Asia 1912-1954. London.
Wurmser, L. (1998): Die verborgene Dimension. Psychodynamik des Drogenzwangs. Göttingen.
Zaitch, D. (2002): Trafficking Cocaine. Columbian Drug Entrepreneurs in the Netherlands. The Hague, London.
Zinberg, N. E./Harding, W. M. (1982): Control over intoxicant use. Pharmacological, psychological and social considerations. New York.
Zimbardo, P. G. (1992): Psychologie. Berlin.
Zinberg, N. E. (1984): Drug, Set, and Setting. The Basis for Controlled Drug Use. London, New Haven.

Die soziale Konstruktion von Drogenpaniken

Craig Reinarman[1]

„Drogenkriege“, Kreuzzüge gegen Drogen und andere Phasen besonderer öffentlicher Besorgnis bezüglich Drogen sind nie nur Reaktionen auf die vielfältigen Probleme, die Menschen mit Drogen haben können. Drogenängste sind ein wiederkehrendes kulturelles und politisches Phänomen, das für sich selbst steht und das daher auch in Bezug auf seine Begrifflichkeit aus soziologischer Perspektive verstanden werden muss. Es ist bedeutsam zu verstehen, warum Menschen Drogen nehmen und warum manche von ihnen Probleme entwickeln, die mit diesem Konsum in Zusammenhang stehen. Aber diesem Aufsatz liegt die Annahme zugrunde, dass es ebenso bedeutsam ist, die Schemata, denen die akuten gesellschaftlichen Sorgen bezüglich Drogen und Drogenkonsum unterliegen, zu verstehen. Dies scheint besonders für die US-Gesellschaft zu gelten, die eine Historie von Anti-Drogen-Kreuzzügen und eine Reihe repressiver Anti-Drogengesetze kennt.

Viele gut gemeinte Reformbemühungen innerhalb der Drogenpolitik in den USA stoßen auf festgefahrene und sture Meinungen in Bezug auf bewusstseinsverändernde Substanzen. Das wiederholte Scheitern dieser Reformen kann nicht alleine mit schlecht informierten oder manipulativen Politikern erklärt werden. Es geht dabei um etwas tiefer Liegendes, etwas, das fest in der amerikanischen Kultur verankert ist und das erklärt, warum so viele glauben, dass Drogen der Auslöser für eine Menge von dem sind, was in der Welt schlecht ist. Man muss sich mit den Ursprüngen und Eigenarten der Anziehungskraft, die von den Anti-Drogen-Kampagnen ausgeht, auseinander setzen, wenn man jemals verstehen will, wie „Drogenprobleme“ in den USA so konstruiert wurden, dass eine transparente und effektive Drogenpolitik so schwierig durchzusetzen war.

In diesem Aufsatz gehe ich einen Schritt in diese Richtung. Zunächst fasse ich einige der wichtigsten Perioden der Anti-Drogen-Bewegung in den USA zusammen. Zweitens zeige ich, von diesen ausgehend, die wichtigsten Faktoren auf, aus denen Drogenpaniken und Drogengesetze gemacht werden. Drittens

---

[1] Wiederabdruck aus: P.A. Adler/P. Adler (Hg.; 1994): Constructions of Deviance. Social Power, Context, and Interaction. Belmont. S. 92-104. Übersetzung durch Lisa Lischke-Eisinger.

versuche ich eine Interpretation dieser Paniken und Gesetze, die auf Merkmalen der amerikanischen Kultur basieren und eine Selbstkontrolle weiterhin so problematisch machen.

1. Drogenpaniken und Drogengesetze

Was ich Drogenpaniken genannt habe (Reinarman und Levine 1989a), ist ein seit 200 Jahren wiederkehrendes Merkmal der US-Gesellschaft. Sie sind relativ unabhängig von den Problemen, die angeblich in Zusammenhang mit Drogen stehen.[1] Ich nenne sie „Paniken" weil sie wie die Angst vor den „Roten" eine Art moralischer Panik sind, ideologisch konstruiert, um einen Buhmann zu bestimmen, wie es die Kommunisten waren, die als Kernproblem eines breiten Spektrums bereits vorher existierender öffentlicher Probleme gebrandmarkt wurden.

Die erste und bedeutsamste Drogenpanik entstand in Bezug auf das Trinken. Anführer der Abstinenzbewegung konstruierten diese Panik ab dem späten 18. und frühen 19. Jahrhundert. Sie erreichte ihr formales Ende mit dem Erlass der Prohibition im Jahr 1919.[2] Wie Gusfield in seinem Klassiker „Symbolic Crusade" (1963) zeigte, steckte hinter dem Kampf gegen Alkohol mehr als anhaltende Probleme des Alkoholkonsums. Bei den Anhängern der Abstinenzbewegung handelte es sich überwiegend um einheimische, mittelständische Protestanten, die aus ländlichen Regionen stammten und sich durch die Arbeiterklasse der katholischen Emigranten, die während der Industrialisierung die amerikanischen Städte füllten, bedroht fühlten.[3] Diese waren „reuelose Abweichende", wie Gusfield sie nannte, da sie ihre Gewohnheiten des Alkoholkonsums trotz der

---

[1] In dieser Hinsicht bemerkt zum Beispiel Robin Room klugerweise, „dass wir in einem historischen Moment leben, in dem der Anteil (von Alkohol-) Abhängigkeit als einer kognitiven und existenziellen Erfahrung steigt, obwohl die Rate des Alkoholkonsums und des Alkoholmissbrauchs fällt." Hiervon ausgehend zeichnet er eine stärker generell gehaltene Hypothese über die „langen Wellen" des Alkoholkonsums und die gesellschaftlichen Reaktionen darauf: „In Phasen des verstärkten in Frage Stellens des Alkoholkonsums und -missbrauchs entwickeln sich die Tends in den beiden Formen der Abhängigkeit, der psychischen und der physischen, in entgegen gesetzte Richtungen. Umgekehrt können wir in Phasen, in denen diese Meinungen sich verlaufen, erwarten, dass mit einem Beginn des Ansteigens des Alkoholkonsums die physische Abhängigkeit zu steigen beginnt, während die psychische Abhängigkeit sinkt." (1991:154).

[2] Ich sage „formales Ende", weil die Ideologie der Prohibitionisten sich nicht nur in dem Kampf gegen Drogen immer wieder zeigt, sondern auch im Zusammenhang mit allen Arten menschlicher Schwierigkeiten in der aufkeimenden 12-Schritte-Bewegung zum Einsatz kommt (Reinarman, in Druck).

[3] Von Jim Baumohl habe ich erfahren, dass die Prohibitionsbewegung, während sie die meisten Anhänger aus dieser Gruppe anzog, auch Anhänger unter vielen anderen fand (zum Beispiel Arbeiter, Iren, Katholiken, ehemalige Alkoholiker, Frauen), von denen jede ihre eigene Lesart hatte und ihre eigenen Ansichten in die Bewegung mit einbrachte.

gegen sie gerichteten Normen der W.A.S.P. (White Anglo Saxon Protestants) beibehielten. Der Kampf gegen den Alkohol war das Terrain, auf dem eine Fülle von kulturellen Konflikten ausgetragen wurde, insbesondere bezüglich der Frage, wessen Moralvorstellung die in den USA vorherrschende werden würde. Im Verlauf dieses Jahrhunderte andauernden Kampfes wirkten sich die oft überzogenen Ansprüche der Führer der Abstinenzbewegung auf Millionen von Bürgern der Mittelklasse aus, die nach Gründen für die bedrückenden sozialen und ökonomischen Problemen des industrialisierten Amerikas suchten. Viele Industrielle, die das Alkoholverbot unterstützen, stellten sich mit ihrer finanziellen und ideologischen Bedeutung hinter die „Anti-Saloon-Liga" und andere Abstinenz- und Prohibitionsgruppen, weil sie der Ansicht waren, dass die Gewohnheiten des Alkoholkonsums in der traditionellen Arbeiterklasse den neuen Rhythmus der Fabriken und die Produktivität sowie den Profit beeinträchtigen würden (Rumbarger 1989). Zu der Angst der Abstinenz-Kreuzritter vor der Bar als einer Brutstätte für alle Arten von Sittenlosigkeit kamen Vorstellungen der Prohibitionisten hinzu, die die Saloons als fremdartige und staatsfeindliche Ort betrachteten, an denen sich Gewerkschaftler organisierten und an denen Linke und Anarchisten neue Mitglieder anwarben (Levine 1984).

Diese Konvergenz von Behauptungen und Interessen ließ den Alkohol zu einem Sündenbock für die Armut der Nation, für Kriminalität, moralischen Verfall, „zerbrochene" Familien, Illegalität, Arbeitslosigkeit und persönliches sowie berufliches Versagen werden – Probleme, deren Ursachen in Wirklichkeit in anderen ökonomischen und politischen Kräften zu finden sind. Diese Panik erreichte ihren Höhepunkt in den ersten zwei Jahrzehnten des 20. Jahrhunderts, einer turbulenten Phase voller Klassen-, Rassen-, kultureller und politischer Konflikte, die durch die einschneidenden Veränderungen in der Industrie, durch Immigration und Urbanisierung ausgelöst wurden (Levine 1984; Levine und Reinarman 1991).

Amerikas erstes eigentliches Drogengesetz war die Anti-Opiumhöhlen-Verordnung von San Fransisco im Jahr 1875. Der Kontext, in dem die Kampagne für dieses Gesetz stand, hatte viele Gemeinsamkeiten mit dem Kontext der Abstinenzbewegung. Opiate waren lange weit verbreitet und legal in Form von unzähligen, nicht rezeptpflichtigen Medikamenten zu erwerben (Brecher 1972; Musto 1973; Courtwright 1982; Baumohl 1992), so dass weder der Konsum von Opiaten noch die Abhängigkeit von ihnen ein wirkliches Thema waren. Die Kampagne fokussierte ausschließlich die Form des Konsums, die „mongolisches Laster" genannt wurde, nämlich das Rauchen von Opium durch chinesische Migranten (und weiße Mitläufer) in kleinen Opiumhöhlen (Baumohl 1992). Die chinesischen Migranten waren als Hilfsarbeiter (so genannte „Coolies") nach Kalifornien gekommen und wurden dort im Eisenbahnbau und den Goldminen eingesetzt. Eine kleine Minderheit von ihnen brachte dabei die Praxis des Rauchens von Opium mit – eine Gewohnheit, die ursprünglich im 19. Jahrhundert von britischen und amerikanischen Kaufleuten nach China gebracht worden war. Als die Eisenbahn gebaut und die Goldmienen erschöpft waren, setzte eine jahrzehntelange Wirtschaftskrise ein. Durch den angespannten Arbeitsmarkt wurden die Chinesen zur Zielscheibe. Die weiße Arbeiterpartei schürte den Rassenhass gegenüber den Niedriglohn-„Coolies", mit denen sie jetzt um Arbeit konkurrieren mussten. So war das erste Gesetz gegen das Rauchen von Opium nur eines von vielen Gesetzen, die erlassen wurden, um die chinesischen Arbeiter zu drangsalieren und kontrollieren (Morgan 1978). Neben der Betonung dieses breiten politisch-ökonomischen Zusammenhangs möchte ich die Besonderheiten des lokalen politisch-ökonomischen Kontextes dennoch nicht vernachlässigen. Zusätzlich zu der Arbeiterpartei bildeten innerstädtische Geschäftsleute Handelsverbände und städtische Familien Reformvereinigungen. Beide kämpften mehr als zwei Jahrzehnte darum, den schlechten Einfluss der Problemviertel von San Fransisco auf die öffentliche Ordnung, die Prosperität der wichtigen Geschäftsbezirke und der familienreichen Viertel zu reduzieren (Baumohl 1992). So gesehen war die Anti-Opiumhöhlen-Verordnung nicht das alleinige und direkte Ergebnis einer plötzlichen Drogenpanik. Das Gesetz wurde zwar gegen eine bestimmte Form des Drogenkonsums erlassen, die von einer verrufenen Gruppe praktiziert wurde, die in einer wirtschaftlich schwachen Zeit als Bedrohung wahrgenommen wurde. Aber es konnte nur deshalb so leicht durchgesetzt werden, da diese neue Bedrohung vor dem breiteren historischen Hintergrund schon lange existierender Sorgen um verschiedene Laster gesehen wurde, die als Gefahr der öffentlichen Gesundheit, Moral und Ordnung empfunden wurden.

Darüber hinaus lag die Aufmerksamkeit bei den Opiumhöhlen, von denen angenommen wurde, dass dort Weiße in vertraulichen Kontakt mit „dreckigen, obszönen" Chinesen (vgl. Baumohl 1992) kamen. Einige Gesetzeshüter klagten so zum Beispiel darüber, dass die Chinesen dieses Laster benutzen, um weiße Frauen sexuell zu versklaven (Morgan 1978). Unabhängig von den Risiken des Opiumkonsums stand der Anfang seiner Kriminalisierung in San Francisco sowohl in Zusammenhang mit dem Kontext von Konjunkturschwäche, Klassenkonflikten und Rassismus als auch mit lokalen Interessen, Ausschweifungen zu kontrollieren und einer ethnischen Vermischung entgegen zu wirken.

Eine landesweite Angst, die sich auf Opiate und Kokain bezog, begann im frühen 20. Jahrhundert. Diese Drogen waren seit Jahren weit verbreitet, aber sie wurden erst kriminalisiert, als die Gruppe der Abhängigen sich von überwiegend weißen bürgerlichen Frauen mittleren Alters hin zu jungen Männern der Arbeiterklasse, überwiegend Afro-Amerikanern, zu verschieben begann. Diese Panik führte zu dem „Harrison Narcotic Act" von 1914, dem ersten bundesweiten Anti-Drogengesetz (vgl. Duster 1970).

Viele verschiedene Moralunternehmer begleiteten die Verabschiedung dieses Gesetzes in einer Kampagne, die sich über sechs Jahre zog: staatliche Diplomaten, die in dem Drogenabkommen ein Mittel für die Erweiterung der Handelsbeziehungen mit China sahen – Handelsbeziehungen, die sie als entscheidend erachteten, um die Ökonomie aus der Rezession zu führen; Angehörige der medizinischen und pharmazeutischen Professionen, deren Interessen durch die Selbstmedikation mit unkontrollierten selbst gemischten Substanzen, die vielfach Kokain oder Opiate enthielten, bedroht wurden; Reformer, die versuchten, das zu kontrollieren, was sie als Devianz von Immigranten und Farbigen aus den Südstaaten, die dort die Farmen verließen, betrachteten; die Presse, die den Drogenkonsum wie gewohnt mit Prostituierten, Kriminellen, Gelegenheitsarbeitern und Afro-Amerikanern in Verbindung brachte (Musto 1973). Um die Unterstützung der südlichen Kongressabgeordneten für ein neues Bundesgesetz zu gewinnen, das jedoch die „Rechte der Staaten" verletzen würde, verbreiteten Beamte des Außenministeriums und andere „Kreuzritter" wiederholt den unbegründeten Verdacht, dass z.B. Kokain afro-amerikanische Männer dazu brachte, weiße Frauen zu vergewaltigen, was von der Presse umgehend aufgegriffen und verbreitet wurde (Musto 1973, S. 6-10, 67). Kurz gesagt, es gehörte mehr zu der Drogenpanik als nur Drogenprobleme.

Während der Weltwirtschaftskrise trieb Harry Anslinger vom „Federal Narcotics Bureau" den Kongress an, ein Bundesgesetz gegen Marihuana zu erlassen. Er behauptete, dass es ein „Mörderkraut" sei, und verbreitete über die Presse Geschichten, wonach es speziell bei Mexiko-Amerikanern Gewalttätigkeit auslöse. Obwohl es keine Anhaltspunkte dafür gab, dass Marihuana weit verbreitet war, ganz zu schweigen von Wirkungen der befürchteten Art, führte sein Kreuzzug 1937 zur Kriminalisierung von Marihuana – und nicht ganz zufällig zu einem Aufschwung der finanziellen Lage seines Amtes (Dickson 1968).

In diesem Fall wurde ein neues Drogengesetz durch einen militanten moralisch-bürokratischen Unternehmer eingeführt, der mit den Ängsten gegenüber anderen ethischen Gruppen spielte und die Presse vor dem Hintergrund von Klassenkonflikten während der Wirtschaftskrise dazu brachte, auch seine absurdesten Behauptungen zu verbreiten (Becker 1963). Während es zu dieser Zeit noch keine merkliche Panik in Bezug auf den Drogenkonsum gab, wurden Anslingers Behauptungen im Kongress dennoch nie angefochten, weil sie auf der Angst vor anderen ethischen Gruppen aufbauten und weil sie der Einnahme von Drogen zum schlichten Zeitvertreib viktorianische Werte entgegensetzten.

In der Drogenangst der 60er Jahre konzeptualisierten politische und moralische Leitfiguren das gleiche „Mörderkraut" als die „Drop-out-Droge", das die amerikanische Jugend zur Rebellion und in das Verderben führe (Himmelstein 1983). Biomedizinische Wissenschaftler veröffentlichten ungeprüfte, retrospektive Studien mit sehr kleiner Probandenzahl, die suggerierten, dass LSD nicht nur zu einer gravierenden Beeinträchtigung des Verstandes und der Moral der Jugend führe, sondern zudem auch Chromosomen zerstöre und somit genetische Schäden hervorrufe (Cohen et al. 1967). Es wurde bald gezeigt, dass diese Studien irreführend, wenn nicht haltlos, waren (Tjio et al. 1969), aber zu diesem Zeitpunkt nutzen die Presse, Politiker und Angehörige medizinischer Professionen und des National Institute of Mental Health diese bereits, um Panik zu verbreiten (Weil 1972, S. 44-46).

Ich behaupte, dass der Grund, warum auch so viele angeblich nüchterne Wissenschaftler sich durch solche Propaganda hinreißen ließen, darin zu sehen ist, dass viele einflussreiche Gruppen wahrnahmen, dass Amerika sich im Krieg befand – und das nicht nur mit Vietnam. Die Panik richtete sich hier also nicht gegen eine „gefährliche Klasse“ oder bedrohliche ethnische Gruppe, sondern es drehte sich um einen facettenreichen politischen und kulturellen Konflikt speziell zwischen den Generationen, was dazu führte, dass die mittelständische Jugend, die die konventionellen Werte ablehnte, als gefährliche Bedrohung empfunden wurde.[4] Diese Panik führte zu dem „Comprehensive Drug Abuse Control Act“ von 1970, der dazu beitrug, weitere Formen des Drogenkonsums zu kriminalisieren und der für Konsumenten härtere Strafmaßnahmen vorsah.

Vor kurzem haben wir die Crack-Panik gesehen, die auffälliger Weise nicht begann, als sich die Verbreitung von Kokain in den 70er Jahren vervierfachte und auch nicht, als tausende Konsumenten begannen, es in der weitaus stärkeren und gefährlicheren Form des Freebase zu rauchen. Tatsächlich war Crack, als die Angst davor sich entwickelte, außerhalb einiger weniger Viertel in einer handvoll Großstädte unbekannt (Reinarman und Levine 1989a), und die Verbreitung illegalen Drogenkonsums ging seit einigen Jahren zurück (National Institute of Drug Use 1990). Vielmehr begann diese Panik 1986, als Freebase Kokain zu Crack (oder „Steinen“) umbenannt und an den Straßenecken der Ghettos in vorgefertigten billigen Portionen verkauft wurde (Reinarman und Levine 1989b).

[4] Dieser historische Abriss von Drogenpaniken ist natürlich nicht vollständig. Leser, die an anderen Phasen der Panik interessiert sind, sollten z.B. Brechers umfassendes Werk „Licit and Illicit Drugs“ (1972) und hier besonders das Kapitel über das Schnüffeln von Klebstoff berücksichtigen, welches illustriert, wie die Medien ein neues Drogenproblem schaffen, indem sie hysterische Berichte darüber schreiben. Es gab auch eine PCP-Angst in den 1970er Jahren, bei der die Gesetzeshüter klagten, dass der ansteigende Konsum dieses Anästhetikums eine ernsthafte Bedrohung sei, da es Konsumenten so gewalttätig mache und ihnen solche übermenschlichen Kräfte verleihe, dass Betäubungsgewehre nötig seien. Auch hier stellte sich heraus, dass dies unbegründet war und die „Angels Dust“-Panik war nur kurzlebig (vgl. Feldmann et al. 1979). Die beste Analyse, wie neue Drogen selbst zu Panikreaktionen unter Konsumenten führen können, findet sich bei Becker (1967).

Sobald Politiker und die Presse diese neue Form des Kokainkonsums mit den innerstädtischen sozialschwachen Minderheiten verbanden, verbreitete sich eine neue Drogenpanik. Um diese zu lösen, wurden mehr Gefängnis- als Therapieplätze geschaffen.

Dieselbe Art von wilden Behauptungen und drakonischen Reformvorschlägen der führenden Abstinenz- und Prohibitionsunterstützer tauchte in der Crackpanik wieder auf. Politiker haben sich gegenseitig darin übertroffen, „härter gegen Drogen" vorzugehen, so dass, seit Crack 1986 in der Szene bekannt wurde, Jahr für Jahr repressivere Gesetze erlassen wurden. Milliarden Dollar wurden zur Umsetzung dieser Gesetze zusätzlich bereitgestellt, die Haftzeiten verlängert und mehr Drogendelikte unter Todesstrafe gestellt. Ein Ergebnis dieser Politik ist, dass die USA heute mehr Gefängnisinsassen haben als irgendeine andere Industrienation auf der Welt – über die Hälfte von ihnen aufgrund von Drogendelikten, von denen wiederum die Mehrzahl ethnischen Minderheiten angehört. In jeder dieser Phasen wurden die repressiveren Gesetze mit dem Argument durchgesetzt, dass sie dazu beitragen würden, den Drogenkonsum und die Drogenprobleme zu reduzieren. Ich habe keine Belege dafür gefunden, dass irgendeine dieser Ängste tatsächlich dazu beigetragen hätte, dieses Ziel zu erreichen, aber sie trugen hervorragend dazu bei, die Qualität und Quantität der sozialen Kontrolle zu verstärken, in erster Linie gegenüber sozial schwachen Gruppen, die als gefährlich oder bedrohlich wahrgenommen werden.

Blickt man über diese historischen Abschnitte, kann man ein Rezept erkennen, nach dem die Drogenängste zubereitet werden, das die folgenden sieben Zutaten enthält:

1. *Ein wahrer Kern.* Menschen haben fermentierte Getränke zu sich genommen, seit sich die Zivilisation vor tausenden von Jahren vom Jagen und Sammeln zu ersten primitiven Agrarkulturen entwickelte (Levine in Druck). Das Spektrum an verschiedensten Substanzen ist seitdem exponentiell gewachsen. Kurz, in nahezu allen kulturellen und historischen Epochen wurden genug bewusstseinsverändernde Mittel konsumiert, um einigen Menschen einen Anlass zu bieten, hier ein Problem zu sehen.

2. *Das Aufbauschen durch die Medien.* In jedem dieser Zeitabschnitte, die ich vorgestellt habe, und in vielen anderen auch, haben die Massenmedien das hervorgerufen, was ich „Routinisierung der Karikatur" nenne – rhetorisch werden die schlimmsten Fälle zu den typischen Fällen stilisiert und das Episodische zu etwas Epidemischem gewandelt. Die Presse dramatisiert Drogenprobleme, genau wie andere Probleme auch, in der ihr eigenen Art, Neuigkeiten zu generieren und möglichst verkaufsfördernd darzustellen (vgl.

Brecher 1972, S. 321-334; Reinarman und Duskin 1992 sowie Molotch und Lester 1974).

3. *Politisch-moralische Unternehmer.* Ich habe den Zusatz „politisch“ zu Beckers (1963) bahnbrechendem Konzept des Moralunternehmers hinzugefügt, um die Tatsache zu betonen, dass die prominentesten und machtvollsten Moralunternehmer häufig die politische Elite sind. Auf der anderen Seite benutze ich diesen Begriff aber genau wie Becker es ebenfalls beabsichtigt: Um das Unternehmen aufzeigen, also die Bemühungen derer, die Regeln gegen das entwerfen (oder durchsetzten), was sie als soziales Übel sehen.[5]

   In der Geschichte der Drogenprobleme in den USA lenken diese Unternehmer die Aufmerksamkeit auf das Konsumverhalten und definieren dieses als Bedrohung, gegen die vorgegangen werden muss. Sie dienen der Presse auch als primäre Quellen für Schlagzeilen bezüglich der Gefahren dieser oder jener Droge. Bei all diesen Paniken konnte ich feststellen, dass die Unternehmer Eigeninteressen (meist finanzieller Natur) verfolgten, die mit den Drogen an sich wenig zu tun haben. Typischer Weise sehen politische Eliten Drogen als Werkzeuge, wie gemeinsame Feinde, in dem Sinn, dass sie die Aufmerksamkeit von anderen zum System gehörenden Ursprüngen der öffentlichen Probleme ablenken, für die sie anderenfalls die Verantwortung übernehmen müssten. Im Gegensatz zu fast allen anderen politischen Streitpunkten können politische Leitfiguren immer hart gegen Drogen in der Amerikanischen Kultur vorgehen und so einen festen Standpunkt einnehmen, ohne zu riskieren, Wählerstimmen oder finanzielle Unterstützungen im Wahlkampf einzubüßen.

4. *Professionelle Interessenverbände.* In jeder Drogenpanik und während der Verabschiedung jedes Drogengesetzes kämpfen verschiedene professionelle Interessenverbände um das, was Gusfield als das „Eigentumsrecht“ der Drogenprobleme bezeichnet hat – „die Fähigkeit, die öffentliche Definition eines Problems aufzustellen und zu beeinflussen“ (1981:10) und darüber hinaus festzulegen, wie damit umgegangen werden sollte. Zu dieser Gruppe ge-

---

[5] Becker warnt vor der „einseitigen Sicht“, die davon ausgeht, dass solche Kreuzritter anderen nur ihre Moralvorstellungen überstülpen wollen. Er merkt an, dass die Moralunternehmer mit einer „absoluten Ethik“ arbeiten, dass sie „eifrig und selbstgerecht“ sind und „jedes Mittel“ benutzen, das wichtig ist, um das „abzuschaffen“, was sie als „absolutes Übel“ ansehen. Auf der anderen Seite glauben sie aber auch, dass „ihre Mission eine heilige ist“, so dass, wenn Menschen tun, was sie wollen, „dies gut für sie ist“. Daher haben die Kreuzzüge der Moralunternehmer „oft eine starke humanitäre Ambition“, wie im Fall der Abolitionisten“ (1963:147-8). Dies trifft auch auf diejenigen zu, deren moralisches Vorhaben die Drogenpanik vorantreibt. Meine Analysen beschäftigen sich jedoch mit dem Charakter und den Konsequenzen ihrer Anstrengungen und nicht mit ihren Motiven.

hören Industrielle, Kirchen, die Vereinigung amerikanischer Mediziner und die der Pharmazeuten, Mitglieder verschiedener Exekutivorgane, Wissenschaftler und in letzter Zeit die Behandlungsindustrie sowie Gruppen ehemaliger Süchtiger, die jetzt die Ideologie von Sucht als Krankheit vertreten.[6] Diese Gruppen beanspruchen für sich selbst aufgrund ihres spezifischen Wissens das Recht und die Autorität darüber zu urteilen, was falsch ist und Lösungen aufzustellen – meistens mit einem Ergebnis, von dem sie profitieren.

5. *Der historische Kontext eines Konflikts.* Diese Trinität aus Medien, Moralunternehmern und professionellen Interessenverbänden wirkt so zusammen, dass der „Kern der Wahrheit" bezüglich des Drogenkonsums aufgebläht wird. Aber dennoch löst dieses Zusammenwirken nicht von selbst Drogenpaniken oder Drogengesetze aus. Dies geschieht nur, wenn andere Konflikte hinzukommen, die die Drogen zu funktionalen Übeln werden lassen. Obwohl die Abstinenzunterstützer Millionen von Menschen davon überzeugten, abstinent zu leben, warben sie jahrelang erfolglos für Gesetze, die den Alkoholkonsum kontrollieren sollten. Dagegen waren in den unruhigen Zeiten, die zur Prohibition führten, gleichzeitig Revolutionen in Russland und Mexiko, der Erste Weltkrieg herrschte, große Immigrationsschübe und Verarmungstendenzen waren zu beobachten, es gab die sozialistische, anarchistische und die Arbeiterbewegung sowie ein Ansteigen alltäglicher Problemlagen wie Gewaltverbrechen. Ich gehe davon aus, dass all diese Probleme zu einer allgemeinen kulturellen Sorge führten und diese zu einem fruchtbaren Nährboden für die Prohibition wurde. Bei allen anderen Ängsten spielten ähnliche Konflikte eine Rolle – ökonomische, politische, kulturelle, Klassen- und Rassenkonflikte oder eine Kombination daraus –, die einen Kontext boten, von dem aus Ankläger diverse Gruppen von Konsumenten als Bedrohung konstruieren konnten.

6. *Verknüpfung einer bestimmten Form des Drogenkonsums mit einer „gefährlichen Klasse".* Bei Drogenpanik geht es nie nur um Drogen an sich, da Drogen als leblose Objekte ohne soziale Konsequenzen bleiben, so lange sie nicht von Menschen konsumiert werden. Vielmehr entwickeln sich die Drogenängste in Bezug auf die Einnahme durch bestimmte Personengruppen,

[6] Wie Gusfield anmerkt, verschiebt sich dieses Eigentum im Laufe der Zeit manchmal, zum Beispiel in Bezug auf Alkoholprobleme vom religiösen über das Strafgesetz zur medizinischen Wissenschaft. Bei anderen Drogenproblemen zeigte sich die Verschiebung weg von der medizinischen Wissenschaft hin zum Strafgesetz. Die aufschlussreichste Bearbeitung der Medikamentierung von Alkohol- und Drogenproblemen findet sich bei Peele (1989).

die unabhängig davon bereits von einflussreichen Gruppen als Bedrohung betrachtet wurden (vgl. Duster 1970; Himmelstein 1978). Es waren nicht wirklich Alkoholprobleme an sich, die in erster Linie die Prohibition vorantrieben, sondern die Gewohnheiten und die Moralvorstellungen städtischer, katholischer Migranten der Arbeiterklasse, die tranken und die von einflussreichen Gruppen als „gefährliche Klasse" angesehen wurden (Gusfield 1963; Rumbarger 1989). Es waren die Chinesen in den Opiumhöhlen, nicht der viel weiter verbreitete Konsum anderer Opiate, welche zu dem ersten Drogenerlass 1870 in Kalifornien führten. Nur weil Kokain in rauchbarer Form seinen Weg zu den Afro-Amerikanern und Lateinamerikanern der Unterschicht fand, ließen sich damit Schlagzeilen machen und der „Drogenkrieg" anregen. In jedem Fall waren politisch-moralische Unternehmer fähig, ein „Drogenproblem" zu konstruieren, indem sie eine Verbindung zwischen einer Substanz und einer Gruppe von Konsumenten herstellten, die von den Mächtigen als verrufen, gefährlich oder anderweitig bedrohlich empfunden wurden.

7. *Drogen als Sündenbock für ein breites Feld an öffentlichen Problemen.* Der letzte Punkt ist das Suchen eines Sündenbocks, z.B. indem eine bestimmte Substanz oder ihre angeblichen Wirkungen auf eine Gruppe von Konsumenten für eine Vielzahl bereits vorher existierender Probleme verantwortlich gemacht werden, obwohl diese in der Regel nur indirekt mit den Problemen in Verbindung gebracht werden können. Diese Art der Schuldzuweisungen mag das verheerendste Element sein, weil es eine besonders große Aussagekraft besitzt und darüber hinaus den Klagen über den Horror der Drogen eine noch größere Resonanz verleiht (insbesondere in den konfliktreichen historischen Kontexten, in denen eine Drogenpanik üblicherweise vorkommt).

Schuldzuweisungen waren in jedem der hier aufgezeigten Fälle in großer Zahl zu beobachten. Wenn man den Abstinenzunterstützern Glauben schenken wollte, könnte man so zum Beispiel annehmen, dass Amerika ohne den Konsum von Alkohol ein Land des unbegrenzten Fortschritts, ohne Armut, Kriminalität, psychische Krankheiten und außerehelichen Sex wäre. Wenn man den Führern des medizinischen Systems und der Regierung der 1960er Jahre Glauben schenken möchte, könnte man vermuten, dass es ohne Marihuana und LSD weder Konflikte zwischen Jugendlichen und ihren Eltern noch Gegner des Vietnamkrieges gegeben hätte. Und würde man den Politikern und der Presse in den vergangenen sechs Jahren geglaubt haben, dann würde das bedeuten,, dass ohne die Plage Crack Armut, Gewalt und Kriminalität in den Innenstädten und bei den so genannten Unterschichten sehr viel seltener wären, wenn sie nicht sogar ganz verschwinden würden.

Es gibt keinen historisch Beweis, der irgendeine dieser Annahmen belegen würde.

Kurz gesagt sind Drogen gut funktionierende Sündenböcke. Sie liefern den Eliten einen Deckmantel für die vorherrschenden sozialen Probleme, die in dem sozialen System begründet liegen, dem die Eliten vorstehen. Und sie liefern der Öffentlichkeit ein einfaches Erklärungsmuster, in dem nur chemische Schuldige und einsame Normbrecher, die diese konsumieren, als Ursache für ein Übermaß an komplexen Problemen gesehen werden.

2. Auf dem Weg zu einer kultur-spezifischen Theorie der Drogenpanik

Vielfältige Formen des Drogenkonsums waren und sind in fast allen Gesellschaften, die mit unserer vergleichbar sind, weit verbreitet. Einige dieser Gesellschaften haben vor einigen Jahrzehnten, besonders in Zusammenhang mit Alkohol, begrenzte Drogenpaniken erlebt. Aber trotzdem waren Drogenpaniken in anderen Gesellschaften viel seltener und niemals so virulent wie in der amerikanischen (Brecher 1972; Levine 1992; Mac Andrew und Edgerton 1969). In der menschlichen Geschichte hat es niemals Zeiten oder Orte beispielsweise ohne Alkoholkonsum gegeben, aber er war nie auch nur annähernd so problematisch wie in den USA seit dem späten 18. Jahrhundert (Levine, in Druck). Darüber hinaus sind die Drogengesetzte in den meisten vergleichbaren demokratischen Industrienationen im Allgemeinen weniger repressiv. Warum aber haben Aussagen bezüglich des Schreckens dieser oder jener bewusstseinsverändernden Substanz in der amerikanischen Kultur eine so ungewöhnliche Intensität? Drogenpanik und andere Phasen der öffentlichen Besorgnis bezüglich des Drogenkonsums sind nicht nur für sich allein stehende, bezugslose Vorkommnisse. Es gibt historische Muster in den USA, die nicht verstanden werden können, wenn man sich allein auf die moralischen Werte und Vorstellungen der Anti-Drogen Kreuzzüge konzentriert. Ich bin hier davon ausgegangen, dass diese Kreuzritter in vielfältiger Weise von ihren Kreuzzügen profitiert haben. So kann es für die Eliten zum Beispiel sehr nützlich sein, Aussagen darüber zu treffen, wie eine Droge die Gesellschaft zerstört, denn so erhalten sie die soziale Kontrolle über eine Gruppe, die sie als bedrohlich ansehen (Duster 1970), können die Moralvorstellungen der eigenen Gesellschaftsschicht als vorherrschende etablieren (Gusfield 1963), ihre schrumpfende finanzielle Macht wieder stärken (Dickson 1968) und Wählerstimmen gewinnen (Reinarman und Levine 1989b und b). Darüber hinaus zeigt der wiederkehrende Charakter der Arzneiphobie in der US-amerikanischen Geschichte, dass es etwas in unserer Kultur gibt, das die Bürger empfänglicher dafür macht, den Unterstützern der Anti-Drogenbewegung bei ihrem Versuch, die Drogen zu verteufeln, Glauben zu schenken. Daher muss sich eine Antwort auf die Frage, warum es diese ungewöhnliche amerikanische Anfälligkeit für Drogenpanik gibt, auch mit dem Aspekt befassen, warum Schuldzuweisungen an bewusstseinsverändernde Substanzen regelmäßig bei großen Teilen der Bevölkerung auf Resonanz stoßen und Zuspruch finden.

Meine Antwort setzt sich aus drei Teilen zusammen. Der erste ist, dass die Klagen über das Übel der Drogen in den USA zum Teil deshalb besonders praktikabel sind, weil sie ein willkommenes Vokabular an Etikettierungen bieten (vgl. Mills 1940). Bewaffnet mit „DROGEN" als generellem Sündenbock, gewinnen die Bürger das befriedigende Wissen, ein Feindbild zu haben, das für eine Reihe bizarrer Verhaltensmuster oder andere widrige Umstände verantwortlich gemacht werden kann, die als beunruhigend empfunden werden und sich sonst nicht so einfach erklären lassen würden. Dies alles mag auch auf eine Vielzahl anderer Gesellschaften zutreffen, aber ich nehme an, dass dies vor allem für die USA zutrifft, weil in unserer politischen Kultur individualistische Erklärungen für Probleme viel üblicher sind als gesellschaftliche Erklärungen.

Zweitens bieten Aussagen über das Übel der Drogen in den USA ein besonders nützliches Vokabular an Etikettierungen, weil unsere Gesellschaft sich aus einer Kultur der Mäßigung entwickelt hat (Levine 1992). Die Amerikanische Gesellschaft wurde in den Feuern des asketischen Protestantismus und des industriellen Kapitalismus geschmiedet, die beide ein hohes Maß an Selbstkontrolle forderten. Die Gesellschaft der USA war lange als das Land des individuellen „self-made-man" charakterisiert. In einem solchen Land hat Selbstkontrolle eine außerordentliche Bedeutung. Für die Protestanten der Mittelschicht, die die USA bevölkerten, sie prägten und bis heute dominieren, war Selbstbeherrschung zentral für ihre religiöse Weltsicht und zugleich stellte sie aus ihrer Sicht eine besondere Notwendigkeit für das ökonomische Überleben und den Erfolg auf dem kapitalistischen Markt dar (Weber 1930 [1985]). In Anlehnung an Levine stelle ich die Hypothese auf, dass in einer Kultur, in der Selbstkontrolle einen so ungewöhnlichen Stellenwert hat, Bewusstseinsveränderungen durch Drogen in ganz besonderer Weise als „Verlust der Kontrolle" erlebt und daher außerordentlich gefürchtet werden.[7]

Alkoholkonsum und andere Formen des Drogengebrauchs sind natürlich überall in der industrialisierten Welt praktiziert worden. Aber Abstinenzbewegungen scheinen besonders dann zu entstehen, wenn der industrielle Kapitalismus sich auf einem kulturellen Terrain ausbreitet, das tief von der protestanti-

[7] Siehe auch Baumohls (1990) wichtige und fundierte Analyse dazu, wie der menschliche Wille mit dem therapeutischen Abstinenzgedanken in den Suchtkliniken des 19. Jahrhunderts aufgewertet wurde.

schen Ethik durchdrungen ist.[8] Das bedeutet, dass nur die USA, England, Kanada und Teile von Skandinavien Abstinenzbewegungen dieser Art kennen, von denen die der USA die extremste ist. Hier kann eingewendet werden, dass der Einfluss der Abstinenzbewegung im 19. und 20. Jahrhundert am stärksten war und dass ihr Einfluss auf den amerikanischen Zeitgeist durch die Kräfte der Modernität und neuerdings, wie viele sagen, der Postmoderne, verloren gegangen ist. Der dritte Teil meiner Antwort ist jedoch, dass sich aus dem Kapitalismus eine postmoderne Massenkonsumgesellschaft entwickelt hat, die das Problem der Selbstkontrolle auf eine neue Weise verschärft.

Anfang des 20. Jahrhunderts entwickelte Henry Ford die Idee, dass er durch Lohnerhöhungen die Proteste der Arbeiter unterdrücken und gleichzeitig die Nachfrage nach Massenprodukten auf dem Markt erhöhen könne. Diese Strategie des Massenkonsums wurde für die Gesellschaft des modernen Amerika zentral und ist ein Grund für unseren ökonomischen Erfolg (Marcuse 1964; Aronowitz 1973, Ewen 1976, Bell 1978). Unsere Ökonomie ist nun so grundlegend auf den Massenkonsum aufgebaut, dass verschiedene Theoretiker wie Daniel Bell und Herbert Marcuse unsere Gesellschaft als Massenkonsumgesellschaft bezeichnet haben. Bell (1978) merkt z.B. an, dass, auch wenn die protestantische Arbeitsmoral und die Zurückstellung von Genuss immer noch Einfluss auf die Arbeitsstätten haben, die Madison Avenue, die Medien und Einkaufszentren eine neue Ethik des Luxus eingeleitet haben, so dass die Freizeit von dem Streben nach Genuss und unmittelbarer Befriedigung beherrscht wird. So kam es dazu, dass unsere Wirtschaft und Gesellschaft heute von der konstanten Erzeugung neuer „Bedarfe" und der Produktion von neuen Begehren abhängt. Nicht nur die „Hardware" des sozialen Lebens, wie Nahrung, Kleidung und Unterkunft, sondern auch die „Software" der Einzelnen, wie Aufregung, Unterhaltung und auch Erotik, sind zu Massenkonsumgütern geworden. Das bedeutet, dass unsere Gesellschaft immer mehr Reize des Luxus anbietet – und somit auch mehr Möglichkeiten, die Selbstkontrolle zu verlieren und immer weniger Gründe, diese zu bewahren.

Kurzum, Drogenängste werden auch weiterhin in der Amerikanischen Gesellschaft vorkommen, da die Menschen auch weiterhin mit dem Widerspruch zwischen der Kultur der Abstinenzbewegung, die Selbstkontrolle fordert, und der Kultur des Massenkonsums, die die Einhaltung der Selbstbeherrschung sehr schwierig macht, umgehen müssen. Neben der Erklärung für die wiederkehrende Drogenpanik kann meiner Ansicht nach die Beachtung dieses Gegensatzes dazu beitragen zu verstehen, warum in den letzten zwölf Jahren Millionen Amerikaner

---

[8] Das dritte von Levine (1992) herausgearbeitete Merkmal der Abstinenzbewegung, auf das ich nicht genauer eingehen werde, ist die Dominanz des Konsums von Spirituosen, also höherprozentigen Alkoholika als Bier oder Wein, was die Wahrscheinlichkeit betrunken zu werden, erhöht.

12-Schritte-Gruppen beigetreten sind, von denen mehr als hundert nichts mit dem Konsum von Drogen zu tun haben (Reinarman 1995). „Abhängigkeit" oder der allgemeine Verlust von Selbstbeherrschung ist zu einer Meta-Metapher für eine erstaunliche Bandbreite menschlicher Probleme geworden. Und natürlich scheinen wir auch ein erstaunliches Aufgebot von Politikern und anderen Moralunternehmern zu haben, die die Gelegenheit nutzen, die solche kulturellen Widersprüche bieten, um neue chemische Schuldige zu finden und ihnen die Schuld für Übel in unserer Gesellschaft zuzuweisen.

Literatur

Aronowitz, Stanley (1973): False Promises: The Shaping of American Working Class Conciousness. New York.

Baumohl, Jim (1990): "Inebriate Institutions in North America, 1840-1920". In: British Journal of Addiction 85:1187-1204.

Baumohl, Jim (1992): "The 'Dope Friend's Paradise' Revisited: Notes from Research in Progress on Drug Law Enforcement in San Francisco, 1875-1915". In: Drinking and Drug Practices Surveyor 24:3-12.

Becker, Howard S. (1963): Outsiders: Studies in the Sociology of Deviance. Glencoe.

Becker, Howard S. (1967): "History, Culture, and Subjective Experience: An Exploration of the Social Bases of Drug-Inducted Experiences". In: Journal of Health and Social Behavior 8:162-176.

Bell, Daniel (1978): The Cultural Contradictions of Capitalism. New York.

Brecher, Edward M. (1972): Licit and Illicit Drugs. Boston.

Cohen, M.M.; Hirshorn, K. und Frosch, W.A. (1967): "In Vivo and in Vitro Chromosomal Damage Induced by LSD-25" In: New England Journal of Medicine 227:1043.

Courtwright, David (1982): Dark Paradise: Opiate Addiction in America Before 1940. Cambridge.

Dickson, Donald (1986): "Bureaucracy and Morality". In: Social Problems 16: 143-156.

Duster, Troy (1970): The Legislation of Morality: Law, Drugs and Moral Judgement. New York.

Ewen, Stuart (1976): Captains of Consciousness: Advertising and the Social Roots of Co

Feldmann, Harvey W.; Agar, Michael H. und Beschner, George M. (1979): Angel Dust. Lexington.

Gusfield, Joseph (1963): Symbolic Crusade: Status Politics and the American Temperance Movement. Urbana.

Gusfield, Joseph (1981): The Culture of Public Problems: Drinking-Driving and the Symbolic Order. Chicago.

Himmelstein, Jerome (1978): "Drug Politics Theory". In: Journal of Drug Issues 8.

Himmelstein, Jerome (1983): The Strange Career of Marihuana. Westport.

Levine, Harry Gene (1984): "The Alcohol Problem in America: From Temperence to Alcoholism". In: British Journal of Addiction 84:109-119.

Levine, Harry Gene (1992): "Temperence Cultures: Concern About Alcohol Problems in Nordic and English-Speaking Cultures." In: G. Edwards et al. (Hrsg.): The Nature of Alcohol and Drug Related Problems. New York.

Levine, Harry Gene (im Druck): Drunkenness and Civilization. New York.

Levine, Harry Gene und Reinarman, Craig (1991): "From Prohibition to Regulation: Lessons from Alcohol Policy for Drug Policy". In: Milbank Quarterly 69:461-494.

McAndrew, Craig und Edgerton, Robert (1969): Drunken Comportment. Chicago.

Marcuse, Herbert (1964): One-Dimensional Man: Studies in the Ideology of Advanced Industrial Society. Boston.

Mills, C. Wright (1940): "Situated Actions and Vocabularies of Motive" In: American Sociological Review 5:904-913.

Molotch, Harvey und Lester, Marilyn (1974): "News as Purposive Behavior: On the Strategic Uses of Routine Events, Accidents and Scandals". In: American Sociological Review 39:101-112.

Morgan, Patricia (1978): "The Legislation of Drug Law: Economic Crisis and Social Control". In: Journal of Drug Issues 8:53-62.

Musto, David (1973): The American Disease: Origins of Narcotic Control. New Haven.

National Institute on Drug Abuse (1990): National Household Survey on Drug Abuse: Main Findings 1990. Washington.

Peele, Stanton (1989): The Diseasing of America: Addiction Treatment Out of Control. Lexington.

Reinarman, Craig (im Druck): "The 12-Step Movement and Advanced Capitalist Culture: Notes on the Politics of Self-Control in Postmodernity". In: Epstein, B; Flacks, R. und Darnovsky, M. (Hrsg.): Contemporary Social Movements and Cultural Politics. New York.

Reinarman, Craig und Duskin, Ceres (1992): "Dominant Ideology and Drugs in the Media". In: International Journal on Drug Policy 3:6-15.

Reinarman, Craig und Levine, Harry Gene (1989a): "Crack in Context: Politics and Media in the Making of a Drug Scare". In: Contemporary Drug Problems 16:535-577.

Reinarman, Craig und Levine, Harry Gene (1989b): "The Crack Attack: Politics and Media in America's Latest Drug Scare". Pp. 115-137. In: Best, Joel (Hrsg.): Images Of Issues: Typifying Contemporary Social Problems. New York.

Room, Robin G.W. (1991): "Cultural Changes in Drinking and Trends in Alcohol Problems Indicators:Recent U.S. Experience" pp. 149-162. In: Clark, Walter B. und Hilton, Michael (Hrsg.): Alcohol in America: Drinking Practice and Problems. Albany.

Rumbarger, John J. (1989): Profits, Power, and Prohibition: Alcohol Reform and the Industrializing of America 1800-1930. Albany.

Tijo, J.H.; Pahnke und Kurland, A.A. (1969). "LSD and Chromosomes: A Controlled Experiment". In: Journal of the American Medical Association 210:849.

Weber, Max (1985 [1930]): The Protestantic Ethic and the Spirit of Capitalism. London.

Weil, Andrew (1972): The Natural Mind. Boston.

Sucht in wissenssoziologischer Perspektive

Michael Schetsche

Für die Wissenssoziologie stellen die so genannten Süchte, wenn sie als individuell oder sozial riskante oder zumindest moralisch zweifelhafte Verhaltensweisen gesellschaftlich diskutiert werden, eine Untergruppe der ‚Soziale Probleme' genannten Phänomene dar. Der Blick der Wissenssoziologie auf soziale Probleme im Allgemeinen und die sprachlich mit dem Suffix ‚-sucht' gebildeten Problemlagen im Besonderen weichen so eklatant vom lebensweltlichen Verständnis, aber auch von der Perspektive anderer Wissenschaften (namentlich der Psychologie und Medizin) ab, dass zunächst zweierlei geklärt werden muss: Erstens, was meint überhaupt der Begriff ‚Wissenssoziologie' in diesem Beitrag? Und zweitens, was ist aus Sicht dieser Wissenssoziologie unter einem ‚Sozialen Problem' zu versehen? Erst dann kann im dritten Abschnitt – anhand eines aktuellen Exempels – gefragt werden, wie Süchte aus wissenssoziologischer Sicht als soziale Probleme öffentlich Karriere machen und zur sozial anerkannten Realität werden. Warum diese neue ‚Realität' schließlich auch von jenen Individuen bejaht wird, für die die entsprechenden Verhaltensweisen vorher ebenso alltäglich wie unproblematisch waren, zeigt der im vierten Abschnitt vorgestellte vierstufige Prozess der Akzeptanz des Opferstatus. Die dort geschilderte kollektive wie individuelle Verwandlung von Fremd- in Selbstzuschreibung stellt aus wissenssoziologischer Sicht die eigentliche Opfer*werdung* dar.

1. Was heißt hier überhaupt ‚Wissenssoziologie'?

Woher wissen wir, was wir wissen? Warum glauben wir, was wir glauben? Und wie richten wir unser Leben aufgrund unseres Wissens ein? Diese und ähnliche Fragen führten in den zwanziger Jahren des vergangenen Jahrhunderts zur Ausbildung einer neuen sozialwissenschaftlichen Teildisziplin: der Wissenssoziologie. Wichtige programmatische Setzungen finden sich bei *Max Scheler* und *Karl Mannheim* (vgl. Maasen 1999, 13-21; Knoblauch 2005, 90-115). Bei beiden bleibt der Zusammenhang zwischen materieller Welt bzw. sozialstrukturellen Bedingungen dort und Wissensformen hier jedoch sehr einseitig bestimmt: Ausgangspunkt des Denkens sind die materiellen Lebensverhältnisse, die „Realfaktoren" des menschlichen Zusammenlebens. Zu einem paradigmatischen Wandel in der Wissenssoziologie kam es Mitte der sechziger Jahre durch den von Peter L. Berger und Thomas Luckmann (1966/1991) verfassten Band „Die gesellschaftliche Konstruktion der Wirklichkeit". Die von Mannheim Jahrzehnte zuvor gestellte Frage, wie sozial-strukturelle Faktoren das Denken und Handeln der Menschen hervorbringen, wird von Berger und Luckmann gleichsam vom Kopf auf die Füße gestellt: „Wie ist es möglich, dass subjektiv gemeinter Sinn zu objektiver Faktizität wird?" (Berger/Luckmann 1991, 20). Zu einer Zeit, in der das materialistische Denken die internationale Soziologie beherrschte, verwandelte ihre wissenssoziologische Theorie bloße ‚Überbauphänomene' in die – im doppelten Sinne – gedachten Grundlagen der Gesellschaft. Die Autoren zeichnen das Bild einer Wirklichkeit, die primär symbolisch strukturiert ist – und von den Subjekten durch Deuten und Handeln alltäglich reproduziert werden muss (vgl. Maasen 1999, 26-27; Knoblauch 2005, 153-165).

In der Folgezeit erwies sich die Arbeit von Berger und Luckmann nicht nur als theoretische Neubegründung der Wissenssoziologie, sondern wurde zur Grundlage eines alternativen Verständnisses von Gesellschaft. Formuliert wurde ein neues Paradigma sozial- und kulturwissenschaftlichen Denkens. Dieser *Sozialkonstruktivismus* oder *Konstruktionismus*[1] hat sich in den folgenden Jahrzehnten zu einem disziplinübergreifenden wissenschaftlichen Programm entwickelt, auf dessen Grundannahmen heute verschiedenste Forschungstraditionen – von den Cultural Studies über die Genderforschung bis hin zur Wissenschaftssoziologie – basieren.

Wenn man dieses sozial- und kulturwissenschaftliche Paradigma in seinem Kerngehalt aufs Äußerste reduziert, würde man auf vier Leitgedanken stoßen:

1. Vorausgesetzt ist der Mensch (in einer negativen Anthropologie) als instinktentbundenes Mängelwesen, das nur in einer *sozialen Umwelt* lebens- und handlungsfähig ist.
2. Was im Alltag ‚Wirklichkeit' genannt wird, ist nicht vorsozial (also natürlich) gegeben, sondern wird von den Menschen durch sozial aufeinander bezogenes (sinnhaftes) Handeln kommunikativ *hergestellt.*
3. Da jeder Mensch in eine schon bestehende Gesellschaft hineingeboren wird, tritt ihm deren symbolische Sinnwelt in ihrer Gesamtheit individuell als

[1] Der Begriff *Konstruktionismus* soll die Differenz zum Konstruktivismus als Erkenntnistheorie formulieren, für die Namen wie Ernst von Glasersfeld, Heinz von Foerster oder Paul Watzlawick stehen; im Gegensatz zu deren Positionen verfolgen Berger und Luckmann explizit keine erkenntnistheoretischen Ziele (Berger/Luckmann 1991, 15; vgl. Knoblauch 2005, 154).

quasi objektive Wirklichkeit entgegen (obwohl sie tatsächlich sozial konstruiert ist).

4. Der vom Individuum mit Bewusstsein konstituierte Sinn (des Lebens, der Welt usw.) ist ein im doppelten Sinne *sozialer*: Er ist erstens sozialisatorisch und medial vorgeprägt und kann sich zweitens handlungspraktisch erfolgreich nur realisieren, wenn und solange er anschlussfähig an das jeweilige kollektive Sinnsystem bleibt.

Zusammengefasst: „Was wirklich ist, wird von der Gesellschaft definiert. Und die Form dieser Definition ist das (was als) Wissen (gilt)“ (Knoblauch 2005, 156). Wenn im Folgenden von ‚Wissenssoziologie' die Rede ist, wird stets im Rahmen dieses von Berger und Luckmann formulierten Paradigmas der gesellschaftlichen Konstruktion von Wirklichkeit gedacht und analysiert.

2. Wissenssoziologische Rahmung: Sucht als soziales Problem

Wie schon einleitend betont: Aus wissenssoziologischer Sicht gehören Süchte zu der Klasse sozialer Phänomene, die heute als ‚Soziale Probleme' bezeichnet werden. Bis in die siebziger Jahre des vergangenen Jahrhunderts wurden solche Probleme in der Soziologie überwiegend[2] als Diskrepanz zwischen den Wert- und Zielvorstellungen einer Gesellschaft einerseits und den objektiven Lebensbedingungen sozialer Gruppen andererseits beschrieben. Dieses Verständnis sozialer Probleme wird heute im deutschsprachigen Raum als ‚strukturfunktionalistisch' oder ‚objektivistisch' bezeichnet. Mit dem Siegeszug des von Berger und Luckmann begründeten Paradigmas geriet diese traditionelle Sichtweise zunehmend in die Kritik. Es entstand ein alternatives theoretisches Konzept, das bis heute als ‚definitionstheoretische' oder ‚konstruktionistische' Problemtheorie firmiert. Hier werden soziale Probleme in erster Linie als Ergebnis diskursiver gesellschaftlicher Prozesse angesehen (vgl. Albrecht 1990).

Wie kam es dazu? Im Jahre 1971 stellte Herbert Blumer die Prämissen der traditionellen soziologischen Auffassung in Frage: Soziale Probleme würden erstens gar nicht regelmäßig von der Soziologie ‚entdeckt', sie seien zweitens nicht in objektiven, wissenschaftlich zweifelsfrei konstatierbaren Faktoren begründet und aus der wissenschaftlichen Analyse würden sich schließlich drittens nur in den seltensten Fällen Mittel zur Problemlösung ergeben. Blumer (1971) formulierte drei alternative Grundannahmen:

---

[2] Alternative Überlegungen finden sich jedoch bereits bei Fuller und Myers (1941 und 1941a).

1. Die soziologische Identifizierung sozialer Probleme ist von deren *gesellschaftlicher* Bestimmung abgeleitet und nicht umgekehrt.
2. Nicht objektive soziale Bedingungen, sondern gesellschaftliche *Definitionen* bestimmen, ob ein soziales Problem existiert oder nicht.
3. Soziale Probleme stehen regelmäßig im Zentrum konfligierender *Interessen* und sind deshalb Gegenstand sozialer Aushandlungsprozesse.

Nach Blumers Theorie beruhen soziale Probleme auf einem *Prozeß kollektiver Definition*; dieser allein bestimmt, „ob soziale Probleme als existierend anerkannt werden, ob sie der öffentlichen Beachtung wert sind, wie sie betrachtet werden sollen, was mit ihnen geschehen soll und wie sie in den Versuchen, sie zu kontrollieren, wiederhergestellt werden sollen. Soziale Probleme haben ihre Existenz, ihre ‚Lebensgeschichte' und ihr Schicksal in diesem Prozeß" (Blumer 1975, 112). Ein Problem *ist* deshalb jeweils nur das, was von der Gesellschaft als solches behandelt und bekämpft wird. Es kann demzufolge auch nur in Form des Prozesses analysiert werden, der es konstituiert.

Noch radikaler als Blumer, für den die Existenz gewisser ‚objektiver Sachverhalte' als Grundlage der Formulierung sozialer Probleme zumindest vorstellbar war, kritisierten die beiden US-amerikanischen Soziologen Kitsuse und Spector (1973) das klassische Verständnis aus sozialkonstruktivistischer Sicht. Sie behaupteten, dass soziale Probleme von kollektiven Akteuren *völlig unabhängig von der Existenz sozialer Sachverhalte* konstruiert werden können und in aller Regel auch werden: „Unsere Auffassung ist, dass man die Existenz der objektiven Bedingung weder voraussetzen noch untersuchen sollte; tatsächlich würde man damit nur die Aufmerksamkeit von der Erforschung des Definitionsprozesses ablenken. Die Definition kann von empirisch belegten Behauptungen über Ausmaß, Intensität, Verteilung und Auswirkung der zugeschriebenen gesellschaftlichen Bedingungen begleitet sein; sie kann es aber auch nicht und theoretisch muss sie es nicht" (Kitsuse/Spector 1973, 414 – Übers. von M. Sch.). Im Laufe der siebziger und achtziger Jahre des vergangenen Jahrhunderts entwickelte sich diese von Blumer sowie Kitsuse und Spector begründete konstruktionistische Problemsoziologie international zur wissenschaftlich dominierenden Lesart sozialer Probleme in der modernen Gesellschaft.

Wenn wir diesem Verständnis folgen, kann ein soziales Problem (hier in der vom Autor formulieren Variante einer *relativistischen Problemtheorie* – vgl. Schetsche 2000) als Ergebnis eines diskursiven Prozesses beschrieben werden: Jede Problemkarriere beginnt mit der Problematisierung eines in der Gesellschaft bereits bekannten oder neu festgestellten *sozialen Sachverhalts*. Kollektive Akteure (meist wissenschaftliche Experten, Moralunternehmer oder soziale Bewegungen) formulieren ein *Problemmuster*[3], das diesen ‚Sachverhalt' wegen des Verstoßes gegen die von der Gesellschaft postulierten Werte als problematisch erscheinen lässt[4]. In der Folge kann eine öffentliche *Problemwahrnehmung* entstehen – dies wird allerdings nur geschehen, wenn das formulierte Problemmuster bestimmten äußerlichen wie innerlichen Anforderungen genügt. Diese *Erfolgsfaktoren* (vgl. Schetsche 2000, 204-314) entscheiden auch darüber, ob die betreffende Problemwahrnehmung von wohlfahrtsstaatlichen Instanzen anerkannt wird und es zu entsprechenden Bekämpfungsmaßnahmen kommt. In diesem Falle wird die Problemwahrnehmung (etwa durch sog. Aufklärungskampagnen) ideell weiterverbreitet und durch finanzielle und rechtliche Maßnahmen, mit denen die behaupteten Sachverhalte bekämpft werden sollen, auch faktisch reproduziert.

Integraler Bestandteil der *Problemwahrnehmung*, welche in diesem Verständnis die ideelle Grundlage aller sozialen Probleme (auch der Suchtprobleme) darstellt, ist die Bestimmung einer spezifischen Gruppe von Menschen in Not, der Problem*opfer*. Prinzipiell gilt: ohne menschliche[5] Opfer kein soziales Problem. Traditionell müssen diese Opfer – wenn eine Problemlage gesellschaftliche und staatliche Anerkennung erhalten soll – an ihrer Notlage selbst völlig *schuldlos* sein oder zumindest nur eine moralisch zu vernachlässigende Mitschuld tragen[6]. Und vielfach finden wir als Gegenstück zu diesen Opfern auf der anderen Seite der (bei sozialen Problemen stets mitgedachten wie reproduzierten) moralischen Ordnung *Schuldige*, welche die Notlage der Opfer verursacht haben. Dies können individuelle Täter im strafrechtlichen Sinne (wie ‚die Kinderschänder' beim sexuellen Missbrauch), verantwortlich gemachte soziale Gruppen (‚die Unternehmer' bei der Arbeitslosigkeit) oder auch abstrakte gesellschaftliche Strukturen (etwa ‚die westliche Lebensweise' bei der Umweltzerstörung) sein. Diskursiv funktioniert die Durchsetzung einer Problemwahrnehmung allerdings umso besser, je stärker die Verantwortung für die behauptete Notlage personalisiert (vgl. Gerhards 1992, 312; Schetsche 1996, 91-92) und je besser das Leiden

---

3 Ein spezifischer Typus kollektiver Deutungsmuster (zu dieser wissenssoziologischen Kategorie vgl. Plaß/Schetsche 2001).

4 Die lebensweltliche Problemwahrnehmung scheint sich an den klassischen Annahmen der Soziologie über soziale Probleme zu orientieren – tatsächlich ist es aber genau anders herum: die traditionelle Problemsoziologie macht, namentlich in der von Merton (1961) vorgelegten Fassung, die Behauptungen der Problematisierer zur Grundlage der wissenschaftlichen Problemdefinition, verdoppelt also die lebensweltlichen Vorstellungen wissenschaftlich.

5 Heute ist diese Feststellung nur noch prinzipiell richtig, weil mit dem Erstarken der Tierrechtsbewegung auch nichtmenschliches Leid einen Opferstatus begründen kann, der im Zentrum eines sozialen Problems steht.

6 Dies ist in der medialen Darstellung des Problems ebenso wichtig wie bei der Frage möglicher staatlicher Reaktionen.

der individuellen Opfer medial inszeniert werden kann (vgl. Schetsche 2000, 209-210).

Problematisierte Süchte bilden eine besondere Untergruppe sozialer Probleme, weil bei ihnen die geschilderte moralische Dichotomisierungslogik – hier die unschuldigen Opfer, dort die schuldigen Täter – nur bedingt greifen kann. Im Gegensatz zu Problemen wie etwa der Kindesmisshandlung kann bei Suchtproblemen nur in beschränktem Maß von einer Schuldlosigkeit der Problemopfer gesprochen werden. Zumindest ist es gesellschaftlich üblich, nicht nur gesichtslos-kollektive (wie etwa ‚die Drogenbarone' bzw. ‚die Zigarettenindustrie') oder biographisch-individuelle (‚das Elternhaus') Schuldige für die Sucht zu benennen, sondern eben auch den Problemopfern zumindest eine Mitschuld zuzuweisen – und sei es nur in Form einer ‚Lebensführungsschuld'. Öffentliche wie fachliche Debatten über Süchte sind deshalb in einem deutlich komplexeren (man könnte auch sagen diffuseren) moralischen Raum verortet als andere soziale Probleme. Dies mag ein Grund dafür sein, dass bei weitem nicht alle Suchtprobleme allgemeine gesellschaftliche und staatliche Anerkennung erlangen[7]. Ein anderer Grund liegt darin, dass die sprachlich mit dem Suffix ‚-sucht' gebildeten Problem*namen* und die von ihnen bezeichneten Problem*wahrnehmungen* in fast beliebiger Zahl generierbar sind. Eine Unzahl sozialer Sacherverhalte kann in simpler Manier durch das Anhängen des Wörtchens ‚Sucht' *problematisiert* werden: traditionell etwa *Alkohol*sucht, *Drogen*sucht, *Tabletten*sucht, *Koffein*sucht oder *Nikotin*sucht, heute auch *Mager*sucht, *Spiel*sucht, *Arbeits*sucht, *Sammel*sucht, *Fernseh*sucht, *Putz*sucht, *Sex*sucht, *Fitness*sucht, *Kauf*sucht oder *Internet*sucht.

Was hier schnell auffällt, ist die Ausweitung des in der ersten Hälfte des 20. Jahrhunderts primär auf die behauptete Abhängigkeit von *Substanzen* fokussierenden Suchtbegriffs auf immer neue Bereiche des menschlichen Verhaltens. Wenn man so will, eine den Grundstrukturen der Postmoderne (vgl. Giesen 1991, passim) entsprechende *Entmaterialisierung* der Suchtreferenz. Ich werde ganz am Ende des Beitrags darauf zurückkommen.

[7] Zur empirischen Prüfung dieser Frage vgl. Dreyer und Schade 1992.

3. Empirisches Beispiel: Internetsucht

Wie sich eine öffentliche Problemwahrnehmung – und aus wissenssoziologischer Sicht damit auch ein soziales Problem – entwickelt, soll im Folgenden an der Themenkarriere eines aktuellen Beispiels demonstriert werden[8].

Ende des Jahres 1994 verfasste der US-amerikanische Psychiater Ivan Goldberg für eine Mailingliste einen Beitrag über eine neue, von ihm „Internet Addiction Disorder“ (IAD) genannte *Suchtkrankheit.* Seine Behauptungen: Auf immer mehr Menschen übe das *Internet* eine so starke Anziehungskraft aus, dass sie sich gänzlich aus der ‚realen' Welt zurückzögen. Trotz negativer Auswirkungen auf andere Lebensbereiche, insbesondere die Familie, den Freundeskreis und die Erwerbsarbeit, seien diese Menschen nicht in der Lage, ihre Internetnutzung einzuschränken. Sie seien *abhängig vom Internet* und bräuchten professionelle Hilfe. Die von Goldberg gelieferte Symptombeschreibung der IAD orientierte sich dabei überdeutlich an den diagnostischen Merkmalen der *Spielsucht*, wie sie psychiatrisch beschrieben sind.

Was viele Leser des Beitrags offenbar nicht bemerkten: Goldbergs Artikel war scherzhaft gemeint; er wollte mit ihm demonstrieren, wie fast jede beliebige Verhaltensweise als süchtig machend diskreditiert werden kann. Statt der vom Autor erwarteten ironisch-distanzierenden Kommentare folgte in der Mailingliste jedoch eine Anzahl von Beiträgen von Menschen, die sich in den Symptombeschreibungen wieder zu erkennen meinten und sich selbst entsprechend für Betroffene dieser ‚Krankheit' hielten. Nachdem im Februar 1995 die New York Times über Goldbergs ‚Entdeckung' berichtet hatte, nahm die Themenkarriere ihren Lauf.

In den folgenden Jahren meldeten sich mehr und mehr Betroffene zu Wort – und verschiedenste Experten, welche die Existenz dieser neuen Störung empirisch bewiesen haben wollten. Darunter die Psychologin Kimberly Young, die – nach eigenen Angaben – bereits zur Zeit von Goldbergs erstem Beitrag Teilnehmer und Teilnehmerinnen von Newsgroups und Chatrooms zu ihren Nutzungsgewohnheiten befragt hatte. Im Gegensatz zu Goldberg meinte sie es allerdings *ernst*, als sie begann, Diagnosekriterien der Spielsucht auf die Internetnutzung zu übertragen. Sie formulierte Kriterien für einen suchtartigen Gebrauch des Internets, mittels derer sie gleich in ihrer ersten Untersuchung 396 von insgesamt 496 Befragten (also fast achtzig Prozent der Stichprobe) als eindeutig *internetsüchtig* diagnostizieren konnte. Über diese Ergebnisse informiert wurde nicht nur die Fachöffentlichkeit, sondern auch Massenmedien; namhafte Zeitungen wie die

---

[8] Die folgende Zusammenfassung basiert auf den bei Walter/Schetsche (2003) sowie Walter (2003) veröffentlichten Forschungsergebnissen; dort finden sich auch umfangreiche Quellen- und Literaturverweise.

New York Times, The Wall Street Journal und The London Times berichteten ausführlich. Ende 1996 hatte die Problemwahrnehmung im englischsprachigen Raum den Status massenmedialer Anerkennung erreicht.

Im selben Jahr finden sich auch im deutschsprachigen Raum erste Problematisierungen. So erschien in der Fachzeitschrift "Abhängigkeiten" ein Beitrag über „männerspezifische Suchtaspekte", in dem mittels Goldbergs (ironisch gemeinter!) Symptombeschreibungen eine neue „Männer-Sucht" fachlich konturiert wurde. Noch im selben Jahr setzten in Deutschland systematische Forschungen mit psychologischer Fragestellung ein. Die Befunde waren hier jedoch weniger dramatisch als die in den USA: Verschiedene Forscher fanden – je nach verwendeten Kriterien – zwischen ein und elf Prozent ‚süchtiger' Internetnutzer. Obwohl das Suchtpotential des Mediums von den meisten beteiligten Forschern vor diesem Hintergrund als eher gering eingeschätzt wurde, entstanden bald darauf erste „Ambulanzen für Internet-Abhängige" und Selbsthilfegruppen. Schnell fanden sich auch gemeinnützige Organisationen, die Präventionskampagnen unterstützten bzw. durchführten. In einem Satz: Es entstanden institutionalisierte Handlungspraxen, in denen die Richtigkeit der Problemwahrnehmung immer wieder aufs Neue bestätigt werden konnte.

Nach der dominierenden *Problembeschreibung* handelt es sich bei der Internetsucht um eine psychische Erkrankung, die sich durch einen ‚exzessiven' Internetgebrauch realisiert. Die Symptome (und Erkennungsmerkmale) der Sucht werden in fast allen Veröffentlichungen in umfangreichen Listen zusammengefasst. Es wird generell angenommen, dass diese Sucht (wie alle anderen auch) erhebliche körperliche, psychische und auch soziale Auswirkungen hat – Auswirkungen, die sowohl von Seiten des betroffenen Individuums als auch aus Sicht der Gesellschaft durchgängig als negativ zu beurteilen sind. Am Ende der ‚Suchtkarriere' sollen, gleichsam als Maximalschäden, die Trennung vom Partner bzw. von der Familie, der Verlust des Arbeitsplatzes und der ökonomische Ruin stehen. Ein wichtiges Merkmal dieser Problembeschreibung ist, dass die Internetsucht nicht auf eine bestimmte Altersgruppe oder ein Geschlecht[9] beschränkt ist. Die sorgfältige Zusammenstellung der Einzelfälle in den verschiedenen Veröffentlichungen soll dabei ebenso deutlich machen wie belegen, dass die Gruppe der potentiellen Problemopfer außerordentlich groß ist: Letztlich kann es jeden Nutzer, jede Nutzerin der Neuen Medien treffen.

Eine vollständige problemsoziologische Analyse der Internetsucht würde die Akteure der Problematisierung und deren Interessen, die von ihnen verwendeten Diskursstrategien, die Aufnahme der Problemwahrnehmung in der Öffentlichkeit, das Ausmaß der staatlichen Anerkennung der Problemlage, vorgeschlagene

[9] Nur anfänglich galten Männer als primäre Risikogruppe.

und realisierte Bekämpfungsstrategien mit deren Folgen sowie die Frage der Erforschbarkeit der behaupteten Sachverhalte rekonstruieren (vgl. Schetsche 1996, passim). Dies ist aus Platzgründen an dieser Stelle nicht realisierbar. Aber auch so sollte deutlich geworden sein, wie stark die wissenssoziologische Auffassung sozialer Probleme vom traditionellen wissenschaftlichen und dem (strukturell mit ihm verbundenen) lebensweltlichen Verständnis abweicht. In der konstruktionistischen Problemanalyse geht es nicht um die Analyse der scheinbar ‚objektiven Fakten'[10] von Suchtproblemen (also Betroffenenzahlen, mögliche Ursachen oder psychophysische Auswirkungen), sondern um die Frage, wie die *Annahmen* über solche ‚Fakten' in die Welt kommen, wie sie verbreitet werden, öffentliche Aufmerksamkeit erhalten und schließlich ein gesellschaftlich anerkanntes (Sucht-)Problem konstituieren.[11]

4. Von der Sucht zum Süchtigen: Opferwerdung in der Postmoderne

Beim skizzierten Problem der Internetsucht kommt eine besondere Rolle den Selbsthilfegruppen der Betroffenen und ihrer Öffentlichkeitsarbeit zu. Diese Gruppen waren und sind – insbesondere mit ihren Internetseiten (!) – Anlaufpunkt für weitere Betroffene und Co-Betroffene sowie Informationsquelle für Journalisten und Experten. Gerade dieses Beispiel regt deshalb dazu an, sich etwas ausführlicher mit der Rolle der Betroffenen, hier der selbst- und fremddeklarierten Opfer von Suchtproblemen, auseinander zu setzen.

Bei traditionellen sozialen Problemen, insbesondere jenen, die materielle Notlagen thematisierten, gehörten selbstdeklarierte Opfer meist zu den primären Problematisierern (was sich historisch immer wieder in der Entstehung entsprechender sozialer Bewegungen niederschlug – vgl. Karstedt 1999). Niemand musste diesen Betroffenen erklären, dass sie arm oder obdachlos sind, dass sie hungern oder an einer schmerzhaften Erkrankung leiden (vgl. Haferkamp 1987). Die Deutung ihrer Lebensbedingungen oder ihres körperlichen Zustands als ‚soziales Problem' kann gleichsam als gesellschaftlicher Reflex auf *vorgängiges* individuelles Leiden angesehen werden – die Selbstzuschreibung des Status eines ‚Problemopfers' entspricht einem Akt der Bewusstwerdung einer bereits als solche empfundenen Notlage, unter der ideellen Vorherrschaft eines spezifischen Deutungsmusters (nämlich einer Problemdeutung).

---

[10] Ausführliche Diskussionen zur theoretischen Kritik an konstruktionistischen Problemanalysen finden sich bei Schetsche 2000 (17-39).

[11] Entsprechende Analysen von Suchtproblemen finden sich etwa bei Selling (1989), Reinarman/Levine (1995), Appelton (1995), Berridge (2001), Holmes/Antell (2001), Rossol (2001) oder Vander Ven (2005).

Bei vielen der heute gesellschaftlich verhandelten sozialen Probleme, insbesondere jenen, deren Name auf ‚-sucht' endet, verhält es sich hingegen andersherum. Hier muss den Betroffenen ihr Status als Problemopfer erst einmal (durch Akteure wie Advokaten, Experten oder Moralunternehmer) nahe gebracht und erklärt – heute würde man sagen: bewusst gemacht – werden. Die Betreffenden müssen etwa überzeugt werden, dass der Konsum von Alkohol oder Marihuana eben nicht nur als angenehm empfundene außergewöhnliche Bewusstseinszustände induziert, sondern unabwendbar zu einer ‚Drogenkarriere' führt, an deren Ende psychische und soziale Verelendung, wenn nicht gar Siechtum und früher Tod stehen. Erst bei den (Sucht-)Problemen finden wir deshalb den auf den ersten Blick paradoxen Sachverhalt, dass die Zahl der selbstdeklarierten Opfer erheblich kleiner sein kann als die der fremddeklarierten Opfer: Durch die Formulierung eines Problemmusters und die Entstehung einer Problemwahrnehmung in der Fachöffentlichkeit ‚entstehen' schlagartig viele (manchmal Hunderttausende) Betroffene, denen durch die massenmedialen Berichte und Aufklärungsmaßnahmen zunächst nahegebracht werden muss, dass sie Opfer des betreffenden Suchtproblems sind[12].

Seit Ende des 20. Jahrhunderts vollzieht sich der Prozess der individuellen Annahme des Opferstatus (also der subjektiven Opfer*werdung*) typischerweise in vier Phasen: *Verdacht*, *Gewissheit*, *Identifikation* und *Bekenntnis*[13].

a) Verdacht

Die Massenmedien können parallel eine zwar nicht unbegrenzte, aber doch recht hohe Zahl sozialer Probleme thematisieren (vgl. Hilgartner/Bosk 1988; Schetsche 1996, 109-118). Sie liefern – in fiktionaler wie in dokumentarischer Form – Wissen über die Definition eines Problems, die Zahl der Betroffenen, mögliche Schäden, mehr oder weniger aussichtsreiche Bekämpfungsmaßnahmen und vieles andere mehr. Ihre Berichterstattung wirft für die Medienrezipienten nicht nur die Frage auf, ob sie selbst oder vertraute Personen von dem jeweiligen Problem betroffen sein könnten, sie liefert zugleich auch die Kriterien, die für eine Beantwortung nötig sind: Merkmale bzw. Symptome, anhand derer der Opferstatus oberflächlich zu diagnostizieren ist. Auf diese Weise kann das medial verbreitete Problemwissen bei Individuen eine Problem*wahrnehmung* hervorbringen. Dabei

---

[12] Daran ändert auch die beim Beispielproblem zu konstatierende Ironie nichts, dass die vermeintliche ‚Alarmmeldung' des Experten eben genau dies nicht sein sollte. Etliche Nutzer der Mailinglist haben dem Psychiater geglaubt, als der sie zum Opfer eines ihnen vorher unbekannten sozialen Problems erklärte.

[13] Eine ausführlichere Darstellung dieser Phasen findet sich bei Schetsche 2000, 150-164.

reicht die bloße Konfrontation mit dem Wissen über ein neues Problem und dessen Symptomatik jedoch nicht aus, um Überlegungen hervorzurufen, ob das Problem auch im eigenen Umfeld anzutreffen sein könnte oder gar den Rezipienten selbst betrifft. Hierzu ist es vielmehr nötig, dass (1) das betreffende Deutungsmuster erinnert wird, (2) passende Lebensumstände vorliegen und (3) bei der Selbstdeklaration eine seelische Disposition für einen Opferstatus vorhanden ist[14]. Wenn diese Faktoren stimmen, kann der Verdacht schlagartig entstehen: Mit einem Mal wird dem Rezipienten der Ursprung vieler bisher ungeklärter Lebens- und Alltagsprobleme erkennbar, fügen sich vorher disparate Erfahrungen (Krankheitssymptome, Karrierebrüche, Beziehungskrisen usw.) scheinbar wie von selbst zu einem einheitlichen Bild des Problemopfers.

b) Gewissheit

Dieser Verdacht wird anfänglich jedoch, insbesondere wenn er mit sozialen Tabus verbunden ist, auch zu Zweifeln und Fragen führen. Zur Überwindung dieser Unsicherheit reichen die massenmedial verbreiteten Informationen über das betreffende Suchtproblem meist nicht aus. Um dem Verdacht weiter nachzugehen, bedarf es anderer Wissensquellen, etwa personaler oder auch apersonaler Ratgeber. Letztere, wie die so genannte Ratgeberliteratur oder auch themenbezogene Websites, haben den Vorteil, die erhoffte Gewissheit meist schnell, preiswert und auch weitgehend anonym zu liefern. Neben intensiven Schilderungen der Leiden ausgewählter Opfer und der vom Problem verursachten Schäden, enthalten solche buch- oder internetförmigen Ratgeber regelmäßig einen *umfassenden* Katalog von Merkmalen, anhand derer verschiedenste Alltagserfahrungen ausgiebig auf Belege für den Opferstatus hin überprüft werden können. Mit Hilfe der vorgefundenen Kennzeichen- und Symptomkataloge können nicht nur aktuelle Lebensumstände und psychische Zustände, sondern gerade auch frühere Erfahrungen unter Bezugnahme auf das neue Problemwissen überprüft werden. Strukturell sind solche Ratgeber dabei regelmäßig so angelegt, dass eher von einer Bestätigungsfunktion als von einer Überprüfung gesprochen werden muss. Im Idealfall setzt ein Prozess der umfassenden und systematischen Re-Interpretation von Erfahrungen ein: Das Subjekt wird einer Art ‚Re-Sozialisierung' unterworfen, in der seine frühere Struktur der subjektiven Wirklichkeit demontiert und neue Wirklichkeitsakzente gesetzt werden (vgl. Berger und Luckmann 1991, 167-168). Dazu gehört meist auch eine gedankliche Überarbei-

[14] Vgl. Ofer Zur (1994), der davon ausgeht, dass es heute einen kollektiven ‚Trend' zum Opferstatus gibt.

tung der eigenen Biographie; was umso radikaler geschieht, je stärker das neu erkannte Suchtproblem als identitätsstiftend empfunden wird.

c) Identifikation

Gerade bei Problemen mit hohem Identifikationspotential stellen Ratgeber deshalb auch ein Medium der *Identitätspolitik* dar. Sie liefern den Nutzern nicht nur die Gewissheit, selbst betroffen (bzw. co-betroffen) zu sein, sondern lassen sie das entsprechende (Sucht-)Problem mit seinen Auswirkungen auch im Alltag immer häufiger entdecken. Damit vermitteln sie den (nun) Betroffenen gleichzeitig das Gefühl, mit ihrem Problem nicht allein zu stehen, sondern zu einer großen ‚Gemeinschaft von Opfern' zu gehören. Passend dazu enthalten Buch- wie Online-Ratgeber regelmäßig Adressen, mittels derer ein Kontakt zu anderen Problemopfern hergestellt werden kann. Systematisch organisiert wird der direkte Austausch unter Opfern heute in *Selbsthilfegruppen*[15]. Dort können Betroffene nicht nur ein besonderes Interesse, sondern auch Mitgefühl und Akzeptanz für ihre ‚Situation' sicher erwarten. Die wichtigste Funktion solcher Gruppen besteht jedoch darin, ihren Mitgliedern den neuen, problembezogenen Sinn für das eigene Lebens en détail zu vermitteln (vgl. Wohlfahrt und Breitkopf 1995, 48). Diese Gruppen stellen dadurch Partner für signifikante Gespräche bereit, in denen die neue, dem Problem entsprechende Plausibilitätsstruktur der Welt dialogisch hergestellt wird: „Im Gespräch mit den neuen signifikanten Anderen formt sich die neue Wirklichkeit. Durch fortgesetztes Gespräch mit ihnen oder in der Gemeinde, die sie repräsentieren, wird sie gesichert" (Berger/Luckmann 1991, 170). Die Selbsthilfegruppen geben aber nicht nur Deutungen, Erfahrungen und Handlungsmuster weiter, die Subjekte lernen hier auch ganz konkret, was es heißt, Opfer ihres Problems zu sein: In oft Jahre dauernder kognitiv-emotionaler Arbeit wird ein spezifischer *Opferhabitus* hervorgebracht, zu dem nicht nur gehört, sich wie das wohl definierte Opfer des betreffenden Problems benehmen zu können, sondern gleichzeitig auch, sich entsprechend zu fühlen (vgl. Zur 1994, 61). Solche Emotionen spielen eine kaum zu überschätzende Rolle bei der Annahme, Verifizierung und späteren Ausgestaltung des Opferstatus. Sie beherr-

---

[15] Urtyp der Selbsthilfegruppen sind die in den dreißiger Jahren des vergangenen Jahrhunderts in den USA im Kampf gegen die Alkoholsucht entstandenen „Anonymen Alkoholiker" (Moeller 1997, 116). Heute existieren im englischsprachigen Raum Anonymous-Gruppen für mehr als sechzig unterschiedliche Problemlagen (Schmitz 1997, 210), bei denen es nicht nur, aber in vielen Fällen, um ‚Süchte' der unterschiedlichsten Art geht. Zur Entwicklung der Selbsthilfegruppen in Deutschland vgl. Wohlfahrt/Breitkopf 1995 und Schmitz 1997.

schen auch die mediale Darstellung in der vierten Stufe des Opferzyklus, dem Bekenntnis.

d) Bekenntnis

Jedes Zeitalter hat seine eigenen knappen Ressourcen. Aus dem Informationsmangel vergangener Zeiten ist heute Informationsüberfluss geworden, öffentliche Aufmerksamkeit entsprechend zum knappen Gut (vgl. Franck 1998, passim). Für Menschen, die weder reich noch berühmt sind, stellt der Opferstatus oftmals die einzige Chance dar, einen Anteil an der neuen sozialen Ressource ‚mediale Aufmerksamkeit' zu erlangen. Realisiert wurde diese Chance vor der massenhaften Verbreitung des Internet insbesondere durch die Teilnahme an *Talkshows*. Betroffene oder Co-Betroffene eines medial gerade populären (Sucht-)Problems hatten (und haben auch heute noch) die Möglichkeit, an einer der vielen wöchentlich im Fernsehen ausgestrahlten Sendungen dieser und ähnlicher Art teilzunehmen, um dort über die eigenen Erfahrungen und insbesondere über das Leiden mit und an ‚ihrem Problem' öffentlich Auskunft zu geben (vgl. Lönnecker 1996 und Vorderer 1996). Die Teilnehmer müssen dabei nicht erst durch gewitzte Moderatoren genötigt werden, ihr selbstempfundenes Elend offensiv vor dem Publikum zu präsentieren – sie kommen vielmehr schon mit dem Vorsatz in die Talkshow, genau dies zu tun (vgl. Vorderer 1996)[16]. Dieses öffentliche Bekenntnis ist nicht nur letzte Phase der Selbstdeklaration als Problemopfer, sie kann gleichzeitig auch für andere Individuen ersten Stufe der Opferwerdung sein: Mittels Bekenntnis-Talkshows und ähnlichen Formaten wird bei manchen Medienrezipienten der *Verdacht* erzeugt, auch er selbst könnte betroffen sein. Sozial betrachtet ist der geschilderte Prozess deshalb zyklisch; das Selbstbekenntnis der einen erzeugt den Verdacht bei den anderen – und produziert damit die nächste Generation von Betroffenen.

5. Zusammenfassende Schlussbemerkung

Zu beobachten ist, dass in den westlichen Gesellschaften seit der zweiten Hälfte des 20. Jahrhunderts der Anteil *immaterieller* Problemlagen an der Gesamtzahl der gesellschaftlich prozessierten Probleme zunimmt. Anstelle von Arbeitslosig-

[16] Problemopfer werden also nicht, wie manche Fernsehkritiker behaupten, in ihrem Leiden öffentlich vorgeführt, sondern sie führen sich und ihre Gefühle selbst vor. Dies schließt allerdings nicht aus, dass sich einzelne Gäste unfair vorgeführt fühlen – Folge sind Selbsthilfegruppen von Talkshow-Opfern.

keit, Armut und Obdachlosigkeit bestimmen jetzt Sexsucht und Spielsucht, Internetsucht und Kaufsucht die öffentliche Aufmerksamkeit. Diese Entwicklung kann eine ganze Reihe von Ursachen haben. Eine der wichtigsten dürfte die Zunahme des materiellen Reichtums und die starke Erhöhung des durchschnittlichen Lebensstandards in den westlichen Industriegesellschaften sein. Zumindest bis in die neunziger Jahre des vergangenen Jahrhunderts gab es in Westeuropa und Nordamerika immer weniger materielle Not, die Erfolg versprechend thematisiert werden konnte. Die konstruktionistische Reformulierung der Theorie sozialer Probleme kann auch als Folge dieser gesellschaftlichen Entwicklung angesehen werden (vgl. Schetsche 2000, 44-57). Vor diesem Hintergrund lässt sich das wissenssoziologische Verständnis sozialer Probleme im Allgemeinen und der Suchtprobleme im Besonderen in drei Punkten zusammenfassen:

1. Wie alle anderen sozialen Probleme sind ‚Süchte' soziale Thematisierungen, bei denen soziale Akteure Forderungen materieller oder immaterieller Art an gesellschaftliche und staatliche Instanzen stellen, indem sie dreierlei behaupten: (1) Eine bestimmte Verhaltensweise (etwa der Gebrauch einer Substanz) verstößt gegen die Wertordnung der Gesellschaft. (2) Es existieren Personen, die durch die entsprechende Verhaltensweise geschädigt werden. (3) Es besteht die Möglichkeit, aber auch die moralische Pflicht zur Abhilfe. Ob ein Verhalten in der öffentlichen Wahrnehmung in dieser Weise gerahmt wird oder nicht, hängt nicht von ‚objektiven Faktoren' ab, sondern wird von der Gesellschaft diskursiv festgelegt. Das ‚Wissen' um die Gefährlichkeit oder Schädlichkeit bestimmter Stoffe etwa geht dieser Problematisierung nicht voran, sondern ist ihr historisches Ergebnis[17].

2. Diese Umkehrung betrifft heute zunehmend auch die lebensweltlichen Erfahrungen der Subjekte. Ein immer größerer Teil des von ihnen aufgenommenen und in der Lebenspraxis eingesetzten Wissens ist medial vermittelt, konnte also nicht nach traditionellen Wahrheitskriterien (vgl. Kelley 1978) überprüft werden. Wenn Primärerfahrung durch Sekundärerfahrung ersetzt wird, sind die Subjekte gezwungen, an die Wirklichkeitsadäquanz der erhaltenen Informationen einfach nur zu *glauben*. Hinsichtlich sozialer Probleme bedeutet dies, dass Betroffene, Co-Betroffene und Nichtbetroffene primär *medial vermittelte* Deutungen reproduzieren. Nicht nur Einstellungen und Weltbilder, sondern eben auch Erfahrungen (als *gedeutetes* Eigenerleben)

[17] Auch wissenschaftliche Untersuchungen messen Gefährdungspotentiale und Folgewirkungen immer nur innerhalb eines durch gesellschaftliche Vorannahmen gebildeten Rahmens, ein Rahmen, der eben auch vom Stand der öffentlichen Thematisierung des entsprechenden Problems abhängig ist (vgl. schon Kitsuse/Spector 1973).

und die Erinnerungen an diese sind Ergebnis sozial normierter Zuschreibungs- und Definitionsprozesse. In der Folge generiert nicht mehr eigenes (leidvolles) Erleben einen Opferstatus, sondern ein diskursiv erzeugter Opferstatus bringt Leid als sekundäre kollektive Erlebnispraxis hervor[18].

3. Im Rahmen dieser Medialisierung von Wirklichkeitserfahrung kommt es verstärkt auch zu Rückkopplungen zwischen lebensweltlichem und wissenschaftlichem Wissen über soziale Probleme. Wenn die Wissenschaft sich einmal eines sozialen Problems angenommen hat, können Betroffene von der nächsten Generation von Forschern nicht mehr unabhängig von den vorausgegangenen wissenschaftlichen Befunden zu ihren Erfahrungen befragt werden. Beck und Bonß (1984) haben dies als Prozess der „Sekundärverwissenschaftlichung" beschrieben, bei dem die lebensweltlichen Subjekte sich das wissenschaftliche Wissen aneignen und die sie erforschenden Wissenschaftler anschließend mit deren eigenen Denkfiguren konfrontieren. Im Extremfall werden Befragungen zum Suchtverhalten zu Untersuchungen über die Verbreitung von wissenschaftlichem Wissen *über* dieses Suchtverhalten in der Bevölkerung. Der Prozess der Produktion von Wissen wird dadurch zirkulär.

Die genannten Punkte verweisen auf den zentralen Unterschied zwischen traditionellen (primär materiellen) Problemlagen der Moderne und den (primär immateriellen) sozialen Problemen der Postmoderne, zu denen viele der heute diskutierten Suchtprobleme gehören. In der Moderne war es die Aufgabe von Problemmustern, dem von den Subjekten empfundenen Leiden einen Namen zu geben, ihnen eine Interpretationsfolie bereitzustellen, mittels derer sie sich als Opfer eines *sozialen* Problems ansehen konnten. Diese Problemwahrnehmung befreite sie vom Status des individuellen Versagens und von Selbstvorwürfen, machte sie zum natürlichen Mitglied einer großen Gruppe, deren Mitgliedern dasselbe Leid widerfahren war. Damit wies sie zugleich auch den Weg für eine kollektive Bearbeitung des eigenen ‚Zustands' – etwa im Rahmen sozialer Bewegungen. In der Postmoderne hingegen bringen die Problemmuster durch die Zuweisung eines Opferstatus vielfach die Empfindungen des Leidens erst hervor. Dem Subjekt wird nicht nur klar gemacht, dass es ein Opfer ist, sondern auch beigebracht, dass und wie es an seinem Status zu leiden hat. Hier liegt auch die besondere Bedeutung der (Selbst-)Vorführung von Betroffenen in Bekenntnis-Talkshows und ähnlichen Inszenierungen. Solche medialen Praxen zeigen deut-

[18] Sichtbar wird diese ‚simulative Opferwerdung' nicht nur bei Suchtproblemen, sondern auch bei einer ganzen Reihe anderer postmoderner Problemlagen, etwa beim sogenannten satanisch-rituellen Missbrauch (vgl. Schetsche 2000, 191-204; Schetsche 2003).

lich, dass unsere Gesellschaft heute mit vielfältigen Suchtproblemen konfrontiert ist, bei denen den als Betroffene adressierten Rezipienten *erst demonstriert werden muss*, was es heißt, Opfer eines sozialen Problems namens X-Sucht zu sein. Welche Folgen dies für die sozialethischen und wohlfahrtsstaatlichen Fragen hat, die von unserer Gesellschaft untrennbar mit Problemwahrnehmungen verbunden werden, wird in Zukunft verstärkt zu diskutieren sein. Davon unabhängig aber gilt: Süchte und andere soziale Probleme sind heute auch nicht mehr das, was sie einmal waren.

Literatur

Albrecht, G. (1990): Theorie sozialer Probleme im Widerstreit zwischen ‚objektivistischen' und ‚rekonstruktionistischen' Ansätzen. In: Soziale Probleme 1, S. 5-20.

Appleton, L. M. (1995): Rethinking Medicalization: Alkoholism and Anomalies. In: Best, J. (Hrsg.): Images of Issues. Typifying Contemporary Social Problems. New York, S. 59-80.

Beck, U./Bonß, W. (1984): Soziologie und Modernisierung. Zur Ortsbestimmung der Verwendungsforschung. In: Soziale Welt 35, S. 381-406.

Berger, P. L./Luckmann, T. (1991): Die gesellschaftliche Konstruktion der Wirklichkeit. Eine Theorie der Wissenssoziologie. Frankfurt am Main.

Berridge, V. (2001): Constructing Women and Smoking as a Public Health Problem in Britain 1950-1990s. In: Gender & History 13 (2), S. 328-348.

Blumer, H. (1971): Social Problems as Collective Behavior. In: Social Problems 18, S. 298-306.

Blumer, H. (1975): Soziale Probleme als kollektives Verhalten. In: Hondrich, O. (Hrsg.): Menschliche Bedürfnisse und soziale Steuerung. Reinbek, S.102-113.

Dreyer, A./Schade, A. (1992): Der konstruktivistische Ansatz in der nordamerikanischen Problemsoziologie. In: Soziale Probleme 3, S. 28-44.

Franck, G. (1998): Ökonomie der Aufmerksamkeit: ein Entwurf. München.

Fuller, R. C./Myers, R. R. (1941): Some Aspects of a Theory of Social Problems. In: American Sociological Review 6, S. 24-32.

Fuller, R. C./Myers, R. R. (1941a): The Natural History of a Social Problem. In: American Sociological Review 6, S. 320-329.

Gerhards, J. (1992): Dimensionen und Strategien öffentlicher Diskurse. In: Journal für Sozialforschung 32, S. 307-318.

Giesen, B. (1991): Die Entdinglichung des Sozialen. Eine evolutionstheoretische Perspektive auf die Postmoderne. Frankfurt am Main.

Haferkamp, H. (1987): Theorie sozialer Probleme. Kritik der neueren nordamerikanischen Problemsoziologie. In: Kölner Zeitschrift für Soziologie und Sozialpsychologie 39, S. 121-131.

Hilgartner, S./Bosk, C. L. (1988): The Rise and Fall of Social Problems: A Public Arenas Model. In: American Journal of Sociology 94, S. 53-78.

Holmes, M. D./Antell, J. A. (2001): The Social Construction of American Indian Drinking: Perceptions of American Indian and White Officials. In: The Sociological Quarterly 42 (2), S. 151-173.

Karstedt, S. (1999): Soziale Probleme und soziale Bewegungen. In: Albrecht, G./Groenemeyer, A./Stallberg, F. W. (Hrsg.): Handbuch Soziale Probleme. Opladen, S. 73-110.

Kelley, H. H. (1978): Kausalattribution: Die Prozesse der Zuschreibung von Ursachen. In: Stroebe W. (Hrsg.): Sozialpsychologie, Erster Band: Interpersonale Wahrnehmungen und soziale Einstellungen. Darmstadt, S. 212-265.

Kitsuse, J. I./Spector, M. (1973): Toward a Sociology of Social Problems: Social Conditions, Value-judgements, and Social Problems. In: Social Problems 20, S. 407-419.

Knoblauch, H. (2005): Wissenssoziologie. Konstanz.

Lönnecker, J. (1996): Seelenstriptease und Chimney Sweeping. Private Eigenwelten erobern das Fernsehprogramm. In: Agenda 25 (Juli-Oktober), S. 9-11.

Maasen, S. (1999): Wissenssoziologie. Bielefeld.

Merton, R. K. (1961): Social Problemes and Sociological Theory. In: Merton, R. K./Nisbet, R. A. (Hrsg.): Contemporary Social Problems. New York, S. 697-737.

Moeller, M. L. (1997): Geschichte, Idee und Standort der Selbsthilfegruppen. In: Gruppenpsychotherapie und Gruppendynamik 33, S. 113-129.

Plaß, C./Schetsche, M. (2001): Grundzüge einer wissenssoziologischen Theorie sozialer Deutungsmuster. In: sozialer sinn. Zeitschrift für hermeneutische Sozialforschung 3/2001, S. 511-536.

Reinarman, C./Levine, H. G. (1995): The Crack Attack: America's Latest Drug Scare, 1986-1992. In: Best J. (Hrsg.): Images of Issues. Typifying Contemporary Social Problems. New York, S. 147-186.

Rossol, J. (2001): The Medicalization of Deviance as an Interactive Achievement: The Construction of Compulsive Gambling. In: Symbolic Interaction 24 (3), S. 315-341.

Schetsche, M. (1996): Die Karriere sozialer Probleme. Soziologische Einführung. München.

Schetsche, M. (2000): Wissenssoziologie sozialer Probleme. Grundlegung einer relativistischen Problemtheorie. Wiesbaden.

Schetsche, M. (2001): Metatheorie und Analyseprogramm – Zum Doppelstatus der relativistischen Problemtheorie. In: Soziale Probleme 12 (1/2), S. 28-44.

Schetsche, M. (2003): Trauma im gesellschaftlichen Diskus. Deutungsmuster, Akteure, Öffentlichkeiten. In: Bundesarbeitsgemeinschaft der Kinderschutz-Zentren e.V. (Hrsg.): Trauma und Traumafolgen – ein Thema für die Jugendhilfe. Köln, S. 7-32.

Schmitz, J. (1997): Selbsthilfegruppen und Psychologen - Schwierigkeiten auf dem Wege zur Partnerschaft. In: Baumgärtel, F./Wilker, F. W./Winterfeld, U. (Hrsg.): Innovation und Erfahrung. Analysen, Planungen und Erfahrungsberichte zu psychologischen Arbeitsfeldern. Bonn, S. 205-216.

Selling, P. (1989): Die Karriere des Drogenproblems in den USA. Pfaffenweiler.

Vander Ven, T. (2005): The Community Construction of the Underage Drinker. In: Deviant Behavior 26 (1), S 63-83.

Vorderer, P. (1996): Tabubruch erwünscht. Was erwartet das Publikum von Infotainment- und Talkformaten? In: Agenda 25 (November-Dezember), S. 6-9.

Walter, S. (2003): Internetsucht. In: Schetsche, M./Lehmann, K. (Hrsg.): Netzwerker Perspektiven. Regensburg, S. 165-176.

Walter, S./Schetsche, M. (2003): Internetsucht – eine konstruktionistische Fallstudie. In: Soziale Probleme 14 (1), S. 5-40.

Wohlfahrt, N./Breitkopf, H. (1995): Selbsthilfegruppen und soziale Arbeit. Freiburg im Breisgau.

Zur, O. (1994): Was es bringt, ein Opfer zu sein. In: Psychologie heute 21 (9), S. 58-64.

Strafverfolgung als Mittel der Generalprävention? Der Stellenwert strafrechtlicher Regelungen für die Verbreitung des Cannabiskonsums in der Bundesrepublik

Karl-Heinz Reuband

1. Einleitung

Die Vorstellung, dass strafrechtliche Sanktionsandrohungen generalpräventive Wirkungen hätten, ist unter Rechtswissenschaftlern, Kriminologen und Politikern weit verbreitet und bestimmt in vielen Ländern die Rechtspolitik und die Rechtspraxis (vgl. dazu auch Wilson 1990). Auch Sozialwissenschaftlern sind derartige Gedankengänge nicht fremd. So nehmen dem „Rational-Choice-Ansatz" zufolge Nutzen- und Kostenerwägungen eine entscheidende Rolle im menschlichen Handlungskalkül ein: Je höher die Kosten, desto seltener sei das Verhalten. Dass Strafen um so größere Kosten bedeuten, je höher die Strafe ist, gilt aus dieser Sicht als selbstverständlich (vgl. Hill 2002).

Die These einer generalpräventiven Wirkung von Gesetzen beschränkt sich jedoch nicht nur auf Abschreckung. In der Diskussion wird vielfach auch die Meinung vertreten, dass allein schon die Tatsache, dass etwas verboten sei, eine verhaltenssteuernde Wirkung entfalten würde, indem sie die Grenzen tolerierbaren Verhaltens verdeutliche und dadurch die Normen in der Bevölkerung beeinflusse. Gesprochen wird in diesem Zusammenhang von einer „normenvalidierenden" Wirkung von Gesetzen (vgl. u.a. Andenaes 1971, Gibbs 1975). Träfe diese These zu, wäre das Verhalten der Bürger indirekt über die normative Prägung durch die Rechtspraxis beeinflusst.

Wie sehr die Annahme zutrifft, dass Gesetze und Strafandrohungen direkt oder indirekt das Verhalten mitbestimmen, ist bislang empirisch nur in Ansätzen untersucht worden. Die Studien, die es international gibt, sind überwiegend auf der Ebene individuellen Handelns angesiedelt und beziehen sich auf Jugendliche. Dabei zeigt sich, dass es für das Verhalten der Individuen und ihrer Handlungsbereitschaft statt der Höhe der Strafandrohung bedeutsamer ist, ob überhaupt eine Entdeckungschance wahrgenommen wird. Und es zeigt sich, dass die Effekte von wahrgenommener Entdeckungschance und Sanktionsandrohung in der Regel verblassen, sobald man die normativen Einstellungen der Befragten in die Untersuchung einbezieht. Den Einstellungen kommt der höhere Stellenwert zu (vgl. u.a. Meier et al. 1984: 73ff., Schöch 1985: 105ff., Berlitz et al. 1987: 24, Demers und Lundman 1987: 190, Killias 2002, Reuband 2007).

Ob diese Ergebnisse in gleichem Maße auch auf Erwachsene zutreffen, ist eine offene Frage. Jugendliche sind im allgemeinen risikobereiter als Erwachsene und stärker in Peer-groups eingebunden. Und Peer-groups erzeugen oft einen eigenständigen Konformitätsdruck. Gegen Gesetze zu verstoßen, kann innerhalb der Gruppe unter Umständen sogar statusfördernd sein und die Frage möglicher Sanktionierung peripher erscheinen lassen. Erwachsene hingegen sind durch ihre Rollenverpflichtungen stärker auf Konformität hin ausgerichtet, sie haben mehr zu verlieren (vgl. Becker 1960). Angesichts dessen reagieren sie möglicherweise ebenfalls stärker auf Sanktionsandrohungen als Jugendliche.

Auch stellt sich die Frage, ob man die bisherigen Befunde, die auf der mikrosoziologischen Ebene angesiedelt sind, auf die makrosoziologische Ebene hin generalisieren kann. In den genannten Arbeiten sind individuelle Variationen innerhalb eines sozialen Kollektivs Gegenstand der Untersuchung. Ob Unterschiede zwischen sozialen Kollektiven auf der Makroebene in analoger Weise Auswirkungen haben, ist keineswegs selbstverständlich. Denn mögen auch spezifische Effekte auf der mikrosoziologischen Ebene bestehen, müssen sie doch nicht groß genug sein, um nennenswerte Effekte auf der Aggregatebene zu bewirken.

Wir haben an anderer Stelle versucht, den makrosoziologischen Auswirkungen der Strafverfolgungspraxis am Beispiel des Cannabiskonsums nachzugehen. Wir taten dies, indem wir analysierten, ob es in Europa auf Länderebene einen Zusammenhang zwischen der Rechtspolitik und der Drogenverbreitung sowie den Einstellungen zu Cannabis gibt, und ob sich Änderungen in der Gesetzeslage und -praxis auf den Drogengebrauch auswirken. Als empirische Grundlage dienten in erster Linie nationale repräsentative Erhebungen sowohl unter Jugendlichen als auch in der Gesamtbevölkerung (vgl. Reuband 1992a, 1995, 2001a, 2004b).

Die Analysen erbrachten keinen Zusammenhang – auch dort nicht, wo die Strafverfolgungspraxis erheblich differierte: So unterschieden sich die Niederlande mit ihrer liberalen Rechtspolitik gegenüber Cannabis (wo der Erwerb de facto legal und über Coffeeshops möglich ist) in der Drogenprävalenz nicht nennenswert von der Bundesrepublik Deutschland. Selbst beim Vergleich der Niederlande mit Schweden, das sich im Gegensatz zu den Niederlanden durch eine besondere repressive Drogenpolitik auszeichnet, konnten keine ausgeprägten Unterschiede ermittelt werden. Weiterhin zeigte sich, dass sowohl in Ländern, die ihre Politik gegenüber dem Cannabisgebrauch zu Beginn der 70er Jahre verschärften, als auch denen, die sie liberalisierten, die Entwicklung des Cannabisgebrauchs einen ähnlichen Verlauf nahm.

Ungeklärt blieb, ob die Effekte der jeweiligen nationalen Drogenpolitik zum Teil oder vollständig durch kulturelle Faktoren überlagert werden (vgl. Reuband 1992a: 140ff.). So wäre es z.B. denkbar, dass für die Ähnlichkeiten oder Unterschiede in der Drogenverbreitung zwischen Ländern primär kulturelle Unterschiede verantwortlich sind und nicht die nationale Drogenpolitik. Eigenheiten der jeweiligen Kultur und spezifische Werthaltungen könnten konfundiert sein und die Effekte der Drogenpolitik nicht voll zur Geltung kommen lassen. Derartige Schwierigkeiten der Attribution stellen sich immer dann ein, wenn man sich auf eine hohe Aggregationsebene – wie z.B. auf Nationenebene – begibt und durch die begrenzte Variabilität drogenpolitischer Maßnahmen und kultureller Eigenarten die Analysemöglichkeiten eingeschränkt sind. Die Möglichkeit, die beide Einflussgrößen systematisch voneinander zu isolieren und in ihren eigenständigen Effekten zu bestimmen, ist begrenzt.

Offen blieb des weiteren, ob die Unterschiede in der Rechtspolitik und –praxis überhaupt von den Bürgern wahrgenommen wurden. Wenn sich eine Strafandrohung auf das Verhalten auswirken soll, muss sie als solche sichtbar werden. Wird sie nicht wahrgenommen, kann sie nicht in das Handlungskalkül eingehen. Beispiele dafür, dass Menschen die Gesetzeslage nicht zur Kenntnis nehmen und deshalb nicht gesetzeskonform handeln, hat es in der Vergangenheit wiederholt gegeben (vgl. z.B. Aubert 1969).

Das erstgenannte Problem der kulturellen Variabilität zwischen Ländern kann man vermeiden bzw. reduzieren, wenn man regionale Vergleiche innerhalb eines Landes vornimmt – vorausgesetzt die Regionen zeichnen sich durch eine unterschiedliche Rechtspolitik und -praxis aus. Dies ist in manchen Ländern, die föderal organisiert sind, durchaus der Fall. So gibt es z.B. entsprechende Unterschiede in den USA und der Schweiz (vgl. Reuband 2001a: 83). Zwar gibt es auch auf der regionalen Ebene die Möglichkeit kultureller Unterschiede, doch dürften sie innerhalb eines Landes in der Regel geringer sein als zwischen Ländern. Eine Vergleichbarkeit in den Randbedingungen ist eher gewährleistet. Eine Strategie der Überprüfung von Maßnahmen auf regionaler Ebene ist freilich bislang weder in der kriminologischen noch in der drogenpolitischen Forschung in nennenswertem Maße gewählt worden, obwohl der Nutzen schon früh demonstriert wurde. So hat Thorsten Sellin in den 50er Jahren die generalpräventive Wirkung der Todesstrafe in dieser Weise zu klären versucht. Er tat dies, indem er innerhalb der USA Staaten mit und ohne Anwendung der Todesstrafe mit der Zahl der registrierten Morde in Beziehung setzte (Sellin 1959).

Das zweite Problem, die Wahrnehmung der Gesetzeslage betreffend, kann vermieden werden, wenn man die Wahrnehmung der Rechtspolitik und –praxis durch die Bevölkerung erfasst. Studien dieser Art, in denen die Kenntnis der Rechtslage und –praxis erhoben wird, gibt es bis heute kaum. Allenfalls erfragt wird gelegentlich, ob bestimmte Verhaltensweisen verboten seien oder nicht (z.B. Aubert 1969, Kaupen et al. 1970). Die Verknüpfung mit dem Handeln und den Einstellungen bleibt ausgeklammert. Inwiefern Menschen Gesetze übertreten, weil sie in Fragen der Gesetzeslage und der Praxis ihrer Handhabung ignorant sind, ist ungeklärt.

Im Folgenden sollen die Auswirkungen unterschiedlicher Strafverfolgungspraxis gegenüber Cannabis unter Berücksichtigung der realen und der wahrgenommenen Unterschiede analysiert werden[1]. Ausgangspunkt der Analyse ist der Tatbestand, dass der Besitz und Erwerb von Cannabis in der Bundesrepublik verboten ist, es jedoch auf der Länderebene Unterschiede in der Strafverfolgung gibt. Diese betreffen vor allem die Grenzwerte, bis zu denen die Staatsanwaltschaft von einer Verfolgung absehen kann. Die Frage, die sich stellt und hier geklärt werden soll, ist, ob die Unterschiede in den Sanktionschancen auf die Verbreitung des Cannabiskonsums und die Einstellungen der Bürger zum Cannabisgebrauch Auswirkungen haben.

In einem ersten Schritt soll zunächst geprüft werden, ob die Unterschiede im offiziellen Umgang mit Cannabis von den Befragten wahrgenommen werden: Erweisen sich die Länder mit liberaler Politik auch als Länder, bei denen man am seltensten Strafen für Cannabisbesitz erwartet? In einem zweiten Schritt soll geklärt werden, ob sich die Bundesländer mit unterschiedlicher Drogenpolitik in den Einstellungen ihrer Bürger gegenüber Cannabis unterscheiden. In einem dritten Schritt wird zu klären sein, ob hohe Grenzwerte für „geringe" Mengen den Drogengebrauch begünstigen. Und in einem vierten Teil gehen wir der Frage nach dem möglichen Einfluss kultureller Einflussfaktoren nach: Inwieweit hat ein konservatives Meinungsklima auf Länderebene Auswirkungen auf die Drogenprävalenz?

Zur Bestimmung der Drogenverbreitung greifen wir auf repräsentative Umfragen in der Bevölkerung zurück. Zwar dürften intensive Cannabiskonsumenten aufgrund ihres Lebensstils in Umfragen unterrepräsentiert sein, doch dürfte sich diese Unterrepräsentation – anders als in Umfragen, in denen nach Heroin oder injektivem Drogengebrauch gefragt wird (vgl. Reuband 1991b) – erfahrungsgemäß in Grenzen halten und die Prävalenzwerte kaum davon tangiert werden. Polizeistatistiken, die in der Öffentlichkeit häufig als Maßstab für die Größe eines Problems genommen werden, eignen sich nicht für diesen Zweck. Sie

---

[1] Die vorliegende Arbeit ist im Rahmen einer von der Volkswagen-Stiftung geförderten Projekts zur lokalen Drogenpolitik im Forschungsschwerpunkt „Recht und Verhalten" entstanden (AZ. 20.030.080). Die in dieser Arbeit herangezogene eigene bundesweite Umfrage, durchgeführt vom Marplan-Institut, wurde im Rahmen des Projekts erhoben.

eignen sich nicht dafür, da Unterschiede in der polizeilichen Praxis, die aus der jeweiligen landesspezifischen Drogenpolitik erwachsen, hinsichtlich der Größe des Problems Artefakte produzieren würden[2].

2. Methodisches Vorgehen

Empirische Basis unserer Analyse sind mehrere repräsentativ angelegte Befragungen der Bevölkerung in der Bundesrepublik Deutschland. Die Umfragen, jeweils auf Randomstichproben basierend und als Mehrthemenbefragungen angelegt, stammen aus den Jahren 2000 und 2003. Sie haben unterschiedliche thematische Schwerpunkte und erfassen zwar einzeln genommen nur Teilaspekte des uns interessierenden gesellschaftlichen Bedingungsgefüges. Aber sie liefern in ihrer Kombination Antworten auf die von uns aufgeworfenen Fragen. Sie ergänzen einander auf der Makroebene. Die Umfragen, auf die wir zurückgreifen, sind:

(1) Eine von uns durchgeführte Umfrage, in der die wahrgenommene Sanktionspraxis sowie die Einstellungen der Befragten zum Cannabisgebrauch ermittelt wurden. Die Erhebung beruht auf einer face-to-face Befragung der Bevölkerung im Alter ab 14 Jahren durch das Umfrageinstitut Marplan. Rund 2.500 Personen wurden im Jahr 2003 im Rahmen eines Mehrthemen-Bus befragt.[3] Diese Erhebung stellt die einzige Befragung in der Bundesrepublik dar, in der bundesweit Fragen zur Wahrnehmung der Strafverfolgungspraxis enthalten sind.[4]

(2) Eine Umfrage des Instituts für Therapieforschung (IFT) für das Bundesministerium für Gesundheit. Der Fragebogen unter dem Titel „Leben und Gesundheit" umfasst Fragen im wesentlichen zum Thema legaler und illegaler Drogen. Die Erhebung, durchgeführt vom infas-Institut, stammt aus dem Jahr 2000 und umfasst rund 18.000 Befragte im Alter ab 18 Jahren. Da die Befragung

---

[2] Eine neuere Übersicht auf der Basis der polizeilichen Kriminalstatistik zur Zahl der Rauchgiftdelikte (Cannabis und andere Delikte) in den einzelnen Bundesländern bietet Stempel (2007). Gemäß der üblichen Praxis wird hier die Zahl zur Einwohnerzahl in Relation gesetzt. Danach weist. Bayern mit 321 eine ähnliche Häufigkeitsziffer wie Baden-Württemberg (347), Hessen (309) und Schleswig-Hostein (318) (Stempel 2007: 89).

[3] Die Befragung knüpft an frühere Erhebungen zum Rechtsbewusstsein und Strafverlangen an (Kaupen et al. 1970, Reuband 2004a) und wurde von uns durch neuere Fragemodule zu wahrgenommenen Sanktionsrisiken erweitert.

[4] Auch auf lokaler Ebene mangelt es an entsprechenden Untersuchungen. Eine Ausnahme bildet lediglich eine Studie von uns, die als Parallelerhebung zur bundesweiten Erhebung konzipiert war (vgl. Reuband 2007).

schriftlich (in Form einer postalischen Befragung) erfolgte, kann man – mehr als dies bei face-to-face oder telefonischen Umfragen der Fall wäre (vgl. Tourangeau et al. 2000) – von relativ validen Werten bei sensiblen Themen wie dem Drogenkonsum ausgehen.[5]

(3) Eine Umfrage der ALLBUS-Serie[6] aus dem Jahr 2000. Die Datenerhebung erfolgte über Infratest. Wir ziehen diese Umfrage hier für Aussagen über Einstellungen zum Cannabiskonsum und das kulturelle Klima, insbesondere zum Stellenwert konservativer Orientierungen in der Bevölkerung, heran. Die Erhebung basiert auf face-to-face Interviews und umfasst rund 3.800 Befragte ab 18 Jahren.

Die Tatsache, dass in den drei Erhebungen zum Teil unterschiedliche Verfahren der Befragung angewandt wurden, ist in unserem Fall ohne Bedeutung. Der Vergleich der Bundesländer untereinander ist davon nicht berührt. Probleme würden sich allenfalls dann ergeben, wenn das Befragungsverfahren von Bundesland zu Bundesland variieren oder wenn – wie in Studien zur Epidemiologie des Drogenkonsums geschehen – das Erhebungsinstrumentarium im Zeitverlauf gewechselt würde.[7]

Je nach Umfrage variiert die Zahl der pro Bundesland verfügbaren Befragten. Weil diese aufgrund der geringen Bevölkerungsdichte in Bremen, Berlin und dem Saarland in den herangezogenen Umfragen in der Regel zu niedrig ist, klammern wir diese Länder aus der Analyse aus. Hamburg hingegen, wo eben-

---

[5] Die Daten wurden uns freundlicherweise vom Institut für Therapieforschung (IFT) für Zwecke der Sekundäranalyse zur Verfügung gestellt.

[6] Die „Allgemeine Bevölkerungsumfrage der Sozialwissenschaften" (ALLBUS) gibt es seit 1980 mit teils konstanten, teils wechselnden Fragemodulen als Service für die „scientific community". Die Daten sind im Zentralarchiv für empirische Sozialforschung (Köln) archiviert und wurden von uns einer Sekundäranalyse unterzogen (ZA Studien Nr. 3450).

[7] Dies ist der Fall in den epidemiologischen Erhebungen der Bundeszentrale für gesundheitliche Aufklärung, bei denen von face-to-face auf telefonische Befragungen gewechselt wurde (vgl. Kraus et al. 2007). Ob dadurch ein niedrigerer Prävalenzwert in den telefonischen Befragungen bedingt wurde und sich aufgrund dessen ein Anstieg in den Prävalenzwerten – so es ihn gibt – zunächst in den Befunden nicht niederschlägt, ist eine offene Frage. Sicher ist, dass vor allem zwischen telefonischen und postalischen Befragungen Unterschiede im Ausmaß sozial erwünschter Antworten bestehen (Tourangeau et al. 2000) und davon auch das Eingeständnis des Drogenkonsums betroffen ist (Reuband und Blasius 1996). Die Tatsache, dass die postalisch durchgeführten Erhebungen des Instituts für Therapieforschung für die letzten Jahre einen Anstieg des aktuellen Cannabiskonsums (in den letzten 12 Monaten bzw. den letzten 30 Tagen) dokumentieren, die Erhebungen der Bundeszentrale für gesundheitliche Aufklärung in den gleichen Altersgruppen jedoch eine Konstanz (vgl. Kraus et al. 2007: 131f.), könnte u.U. in den unterschiedlichen Erhebungsverfahren und gestiegener sozialer Erwünschtheit von Fragen zum Drogenkonsum eine Ursache haben. Unter diesen Umständen würden die postalischen Befragungen den Trend besser abbilden als die telefonischen Umfragen. Zu Problemen der Datenerhebung im Bereich des Drogengebrauchs siehe auch Reuband (1985, 1986, 1988c, 1993a).

falls die Befragtenzahl besonders niedrig liegt, beziehen wir aus Gründen der Vergleichbarkeit mit anderen Erhebungen (Reuband 2007) ausnahmsweise mit ein. Wir gewinnen dadurcheine zusätzliche Absicherung unseres Vergleichs. Man sollte die Hamburger Befunde, die sich auf die in dieser Arbeit herangezogenen Erhebungen stützen, allerdings mit einer gewissen Vorsicht bewerten: Nicht allein die Fallzahl gebietet dies, sondern auch die Tatsache, dass es sich um einen Stadtstaat handelt – um eine Metropole mit mehr als einer Million Einwohner. Drogenprävalenzen sind in Metropolen üblicherweise höher als in Flächenstaaten.

Aus unserer Betrachtung klammern wir weiterhin die ostdeutschen Länder aus, da die Entwicklung des Drogenkonsums hier im wesentlichen erst nach der Wende eingesetzt hat und mit der Situation in Westdeutschland nicht vergleichbar ist. Lediglich Sachsen beziehen wir ein – aus dem gleichen Grund, warum wir schon Hamburg berücksichtigten: Sachsen ist mit seiner Hauptstadt Bestandteil eines von uns durchgeführten Projekts zur lokalen Drogenpolitik (Reuband 2007). Indem wir das Bundesland Sachsen in den Vergleich einbeziehen, sind wir umso besser in der Lage, die spezifischen Randbedingungen der Drogenpolitik auch im lokalen Kontext zu bestimmen.

3. Unterschiede in der Drogenpolitik

Hinsichtlich der Bestimmungsgrösse für „geringe Mengen", die seitens der Staatsanwaltschaft toleriert werden, ohne dass es zu einer Anklageerhebung kommt, zeichnet sich unser Untersuchungszeitraum durch ausgeprägte Länderunterschiede aus (vgl. Tabelle 1). Den liberalen Pol bilden Schleswig Holstein und Hessen mit einem Grenzwert von 30 Gramm. Es folgen Hamburg mit rund 20 Gramm und Nordrhein-Westfalen sowie Rheinland-Pfalz mit 10 Gramm.[8] Niedersachsen setzt den Grenzwert je nachdem, ob fakultative oder obligatorische Verfahrenseinstellungen den Maßstab bilden, zwischen 6 und 15 Gramm an. Den konservativen Endpol bilden Baden-Württemberg und Bayern mit einem Grenzwert von 6 Gramm. Diesen Wert übernahmen auch mehrere der neuen Bundesländer nach der Wende, darunter auch Sachsen.

---

[8] In manchen Publikationen, auch in einer Anfrage der PDS-Abgeordneten im Bundestag, wird für Rheinland-Pfalz ein Grenzwert von 20 Gramm angegeben (vgl. Deutscher Bundestag 2001). Diese Zahl ist falsch, seit dem 23.8. 1994 gelten 10 Gramm als Grenzwert (Auskunft des Justizministeriums Rheinland-Pfalz).

Tabelle 1: Grenzwert in Gramm für „geringe“ Mengen Cannabis für obligatorische bzw. fakultative Einstellung des Strafverfahrens seitens der Staatsanwaltschaft gemäß § 31a BtMG in ausgewählten Bundesländern (Stand: Jahr 2000)

	Obligatorisch	Fakultativ
Schleswig-Holstein	-	30[1]
Hamburg	-	20[2]
Niedersachsen	6	15
Nordrhein-Westfalen	-	10
Hessen	6	30[3]
Rheinland-Pfalz	-	10
Baden-Württemberg	-	6[4]
Bayern	-	6
Sachsen	-	6

[1] *Reduziert auf 6 Gramm nach Erlass vom 25.7. 2006*
[2] *„So viel, wie in eine Streichholzschachtel passt“, entspricht je nach THC Gehalt ca. 10-20 Gramm. Reduziert auf 6 Gramm mit Erlass vom 28.11.2006*
[3] *Reduziert auf 15 Gramm nach neuer Richtlinie im Jahr 2001*
[4] *„Drei Konsumeinheiten“, entspricht ca. 6 Gramm*

Quelle: Schleswig Holsteinischer Landtag (2006:4), Auskunft der Generalstaatsanwaltschaft Frankfurt und Hamburg (persönl. Mitteilung 5.4.2007)

Die zitierten Grenzwerte gelten heutzutage nicht mehr in allen Fällen: In Hessen wurde der Grenzwert im Jahr 2001 von 30 auf 15 Gramm abgesenkt, in Schleswig-Holstein im Jahr 2006 von 30 auf 6 Gramm, in Hamburg im gleichen Jahr von 20 auf 6 Gramm. Eine gegenläufige Bewegung gab es lediglich in Berlin. Dort wurde im Jahr 2005 der Wert vom 6-10 auf 10-15 Gramm angehoben. Ursprünglich war sogar eine Anhebung auf 30 Gramm in der Diskussion. Angesichts der Verschärfungstendenzen in den anderen Bundesländern kann man von einem bundesweiten Signal der Liberalisierung durch die Berliner Entscheidung

– entgegen den Mutmaßungen mancher Liberalisierungsbefürworter[9] – zweifellos nicht sprechen. Der Gesamttrend geht in die andere Richtung.

Die Zunahme des Cannabisgebrauchs unter Jugendlichen, gepaart mit einer – vermeintlich oder real – steigenden Zahl von Problemfällen[10], dürfte in Kombination mit neuen politischen Machtverhältnissen auf Länderebene im wesentlichen für die zwischenzeitliche Verschärfung der Grenzwerte verantwortlich sein. Charakteristisch für die neuen Machtverhältnisse, die der Verschärfung vorangehen, ist, dass durch einen Wechsel in der Regierungskoalition die CDU in das Zentrum der politischen Macht aufgerückt ist und dadurch den Befürwortern einer konservativeren Drogenpolitik mehr Einflusschancen eröffnet wird.[11] Konservative Drogenpolitik, die mehr auf Repression als auf Therapie und Aufklärung setzt, ist charakteristisch für auf Länderebene eingebrachte CDU-Initiativen (vgl. Kalke 2001).

Begünstigt wird der Wechsel der Drogenpolitik durch ein Urteil des Bundesverfassungsgerichts aus dem Jahr 1994. Damals wurde den Ländern auferlegt, für eine Vereinheitlichung der Grenzwerte für Cannabis zu sorgen. Dieses Urteil gibt denen, die eine Änderung der eigenen landesspezifischen Drogenpolitik anstreben, das Argument für eine Neufassung der Grenzwerte. Und in dem Maße wie die Mehrheit der Bundesländer den Wert für „geringe" Mengen niedrig ansetzt und sich weitere Länder dem anschließen, wird eine Eigendynamik in Gang gesetzt, die den Druck auf „Außenseiter" unter den Ländern weiter erhöht. Die niedrigen Werte werden zur Richtschnur des Handelns.

Nachdem sich die Länder mit einst betont liberaler Grenzsetzung den konservativeren Ländern angenähert haben, sind die landesspezifischen Unterschiede heutzutage weitgehend eingeebnet. Für unsere Untersuchung ist dies jedoch bedeutungslos. Entscheidend ist, dass zum Zeitpunkt unserer Analysen die Unterschiede in den Grenzwerten für „geringe" Mengen noch bestanden oder – wie im Fall Hessens – noch kurz zuvor bestanden hatten. Die Möglichkeit, den Zu-

---

9 „Immerhin ist Berlin das erste Bundesland seit langer Zeit, das freiwillig geringe Mengen" anhebt ... Auch wenn das in der Praxis wenig Unterschied macht, so ist es doch ein Signal, das bundesweit entsprechend aufgenommen wurde" (Deutscher Hanfverband o.J.),

10 Die Ausweitung des Cannabisgebrauchs scheint real zu sein (vgl. Kraus et al. 2007). Ob dies auch für die Ausbreitung behandlungsbedürftiger Cannabiskonsumenten gilt, ist eine andere Frage (dazu vgl. Kalke et al 2005). Zu den Begründungen für die verschärfte Handhabung in Schleswig-Holstein unter Rekurs auf Drogenkonsumtrends siehe Landtag Schleswig-Holstein (2006).

11 So erfolgten die Änderungen in Schleswig-Holstein zeitverzögert nach dem Wechsel von einer Rot-Grünen zu einer Rot-Schwarzen Regierungskoalition, in Hamburg von einer Rot-Grünen Regierungskoalition zu einer aus CDU und FDP geführten Koalition . Auch in Hessen erfolgte die Absenkung des Grenzwertes, nachdem eine neue Koalition an die Regierung gekommen war. So regierte von 1991-1999 eine Koalition aus SPD und Grünen, ab Frühjahr 1999 eine aus CDU und FDP. Die Änderungen in der Bestimmung der „geringen Menge" wurden im Jahr 2001 vollzogen.

sammenhang zwischen Strafverfolgung und Drogengebrauch zu untersuchen, ist für den Zeitraum unserer Untersuchung noch gegeben.

Die Unterschiede in den Werten für „geringe" Mengen, die zum Zeitzpunkt unserer Untersuchung bestanden, lassen sich auch in einer entsprechend unterschiedlichen Praxis der Strafverfolgungsbehörden wiederfinden. So zeigt eine Untersuchung von Carsten Schäfer und Letizia Paoli, dass im Jahr 2001 nach § 31a BtMG in Schleswig-Holstein in 85 % aller Verfahren von Strafverfolgung abgesehen wurde, in Hessen in 62 % der Fälle, in Nordrhein-Westfalen in 51 %, in Bayern jedoch nur in 28 % der Fälle (Schäfer und Paoli 2006: 379).

Die Unterschiede in der Strafzumessungspraxis bei Drogen sind nicht die einzigen, welche die Länder voneinander abgrenzen. Sie spiegeln in gewissem Umfang generellere Unterschiede im Umgang mit Cannabis sowie der symbolischen Bekräftigung der eigenen „Liberalität" bzw. dem eigenen „Konservatismus" in der Drogenpolitik wider. So wurde in Schleswig-Holstein eine Zeitlang von dem zuständigen Gesundheitsministerium die Idee propagiert, Cannabis über Apotheken frei zugänglich zu machen (vgl. Endres 1996, Raskob 1996). Der Vorstoß scheiterte seinerzeit am Bundesinstitut für Arzneimittel und Medizinprodukte, das den Antrag ablehnte (Deutsches Ärzteblatt 1997). Das Signal der Liberalität aber blieb zunächst bestehen (bis durch den Wechsel der Regierungskoalition neue Akzente gesetzt wurden).

In Bayern andererseits fehlte es in der Vergangenheit nicht an Verlautbarungen, in denen man eine eigene „harte" Linie in der Rechtspolitik propagierte und von einem Zurückweichen von Verbot des Cannabisbesitzes warnte. Sowohl in Bayern als auch Baden-Württemberg war es zudem lange Zeit Praxis, Drogenkonsumenten – auch wenn sie selbst nicht am Steuer des Autos gesessen hatten – den Führerschein zu entziehen. Selbst nach einer Revision dieser Entscheidungspraxis aufgrund höchstrichterlicher Rechtsprechung blieb diese Praxis in modifizierter Form – durch Verknüpfung des Drogen- und Alkohgolgebrauchs als Tatbestand - bestehen.[12] So bestätigte das Verwaltungsgericht Stuttgart die Entscheidung des Landratsamtes Böblingen, einem 23jährigen den Führerschein sofort zu entziehen, weil dieser – obwohl nur Beifahrer – sowohl Alkohol als

[12] Einer Entscheidung des Bundesverfassungsgerichts von 2002 gemäß rechtfertigt der Besitz einer geringen Menge Cannabis keine Entziehung der Fahrerlaubnis. Der neue Innenminister Baden-Württembergs Heribert Reich verkündete hingegen „Cannabis-Konsumenten soll grundsätzlich der Führerschein entzogen werden" (zit. nach Die Grünen 2004). In der Kombination von Cannabis und Alkohol scheint sich dann eine neue Variante ergeben zu haben, welche in Baden-Württemberg den Führerscheinentzug bei Cannabisgebrauch oder -besitz ermöglicht, ohne gegen die Vorgaben des Bundesverfassungsgerichts zu verstoßen.

auch Cannabis zu sich genommen hatte. Dem Manne „fehle es durch den Parallelkonsum von Alkohol und Drogen an Fahreignung" (SWR 2007).[13]

Nicht nur im Umgang mit Cannabis unterscheiden sich die Bundesländer, sondern auch im Umgang mit anderen Delikten. So reichten die Einstellungsquoten seitens der Staatsanwaltschaften im Jahr 2004 von 63 % in Schleswig-Holstein bis 42 % bzw. 43 % in Baden-Württemberg und Bayern. Doch nicht nur in der Einstellungspraxis unterscheiden sich die Länder, sondern auch in der Art und Weise, wie diese erfolgt. Bayern, wo am häufigsten Auflagen und Weisungen mit der Einstellungspraxis verknüpft sind, stehen als Gegenpole Hamburg und Schleswig-Holstein gegenüber, wo Verfahren nicht nur häufiger, sondern auch meist ohne Auflagen und Weisungen eingestellt werden. Die Wahrscheinlichkeit, dass ein Verfahren folgenlos eingestellt wird, ist in Hamburg und Schleswig-Holstein 2,5 bis 2,6 mal so hoch wie in Bayern (vgl. Heinz 2006: 45f.). Inwiefern diese Unterschiede durch Unterschiede in der Tat- und Täterstruktur mitbeeinflusst sind (und nicht allein durch eine unterschiedliche Repressionsneigung auf Seiten der Staatsanwaltschaft), istmangels entsprechender Statistiken unbekannt.

4. Unterschiede in der Wahrnehmung der Drogenpolitik

Stellt man die Frage, wie groß wohl die Wahrscheinlichkeit an ihrem Wohnort sei, beim Konsum von Cannabis in einer Kneipe oder Diskothek entdeckt zu werden, zeigt sich realistischerweise, dass die Wahrscheinlichkeit allgemein als ziemlich gering eingeschätzt wird: Der Anteil derer, die Chancen des Entdeckwerdens als „sehr wahrscheinlich" einstufen, liegt unter den Befragten insgesamt bei 3 %, und der Anteil derer, die die Situation als „eher wahrscheinlich" erachten, bei 15 %. Selbst wenn man in großzügiger Weise den Anteil derer dazuzählt, die das Risiko bei „50 zu 50" ansetzen, kommt man auf einen Wert, der mit 39 % deutlich unterhalb der 50 % Marke liegt.

Würde man die Wahrscheinlichkeit der Entdeckung in Prozent schätzen lassen, würde der Wert sogar noch weiter sinken. Selbst eine relativ konkrete Einschätzung von „50 zu 50" wird prozentual niedriger angesetzt (vgl. Reuband 2002, 2003). Bedenkt man, dass sich die Frage auf eine Konsumsituation in der Öffentlichkeit bezieht, der übliche Konsum aber im Privaten stattfindet und hier

[13] Wievielen Personen allein durch Fahrerlaubnisbehörden in Baden-Württtemberg der Führerschein wegen Cannabisbesitzes oder -konsum entzogen wurde, ist nicht bekannt . Von Interesse ist gleichwohl, wieviele Fahrerlaubnisse lediglich von Behörden und nicht im Rahmen eines Strafverfahrens entzogen wurde. Nach einer Statistik von 2000 wurden 108 Personen der Führerschein durch Strafgerichte entzogen, 312 von Fahrerlaubnisbehörden (Landtag Baden-Württemberg 2001: 4).

die Chance der Polizeiintervention noch niedriger liegt, wird offenkundig, wie gering insgesamt die Chancen des Entdeckwerdens eingeschätzt werden müssen.

Tabelle 2: Wahrgenommene Entdeckungschancen und Sanktionen nach Bundesland (in %)

	SH	HH	NS	NRW	Hessen	RP	BW	Bayern	Sachsen
Entdeckungswahrscheinlichkeit „50:50“ und mehr (1)	33	28	32	38	37	46	40	49	29
Anzeige der Polizei (2)	43	16	65	53	40	35	59	55	56
Führerscheinentzug (3)	33	-	13	21	22	22	30	35	39
Hausdurchsuchung (4)	26	25	18	25	28	27	29	49	39
Gerichtsverhandlung (5)	23	16	19	23	27	29	24	39	31
(N=)	(83)	(60)	(221)	(547)	(172)	(114)	(318)	(356)	(144)

Abkürzungen: SH= Schleswig-Holstein, HH= Hamburg, NS= Niedersachsen, NRW= Nordrhein-Westfalen, RP= Rheinland-Pfalz, BW= Baden-Württemberg

Frageformulierungen: (1) „Wie ist es Ihrer Ansicht nach hier in [Befragungsort], wenn ein jugendlicher Haschisch oder Marihuana in einer Kneipe oder Diskothek nimmt. Wie wahrscheinlich ist es hier in [Befragungsort], dass die Polizei dies entdeckt?“ Antwortkategorien: „sehr wahrscheinlich- eher wahrscheinlich- ungefähr 50 zu 50- eher unwahrscheinlich – sehr unwahrscheinlich“ [Hier: sehr wahrscheinlich, wahrscheinlich, ungefähr 50 zu 50]. „Im Folgenden lese ich Ihnen mögliche staatliche Reaktionen vor, wenn die Polizei einen Jugendlichen mit einer kleinen Menge von Haschisch – z.B. mit zwei oder drei Haschischzigaretten – entdeckt. Wie oft kommt es Ihrer Meinung nach hier in [Befragungsort] vor, dass die betreffende Person von der Polizei nur ermahnt und keine Anzeige erstattet wird – dass der Führerschein entzogen wird – dass eine Hausdurchsuchung vorgenommen wird – dass es zu einer Gerichtsverhandlung kommt“ Antwortkategorien: „immer-meistens-selten-nie“ [Hier die betreffende Antwortkategorie für „immer/meistens“ bzw. – falls umgekehrt formuliert – für „selten/nie“]

Quelle: Erhebung des Verfassers, 2003

Wie sieht es in dieser Hinsicht nun im Ländervergleich aus? Wie man Tabelle 2 entnehmen kann, nehmen die Befragten in Rheinland-Pfalz, Baden-Württemberg und Bayern potentielle Polizeikontrolle in Kneipen oder Diskotheken als wahrscheinlicher wahr als in anderen Bundesländern. Alles in allem halten sich die Unterschiede zu den anderen Ländern jedoch in Grenzen. So liegen die Werte für Baden-Württemberg nur geringfügig (um zwei bis drei Prozentpunkte) höher als die entsprechenden Werte für Nordrhein-Westfalen und Hessen – zwei Länder, die einen liberaleren Umgang mit Cannabiskonsumenten praktizieren.[14]

Weitaus stärker treten die landesspezifischen Unterschiede zutage, wenn man die staatliche Reaktion nach der Entdeckung von Drogenbesitz durch die Polizei erfragt. Wie man Tabelle 3 entnehmen kann, glauben die Befragten aus Baden-Württemberg und Bayern (ebenso wie die aus Sachsen und Niedersachsen) am häufigsten daran, dass Jugendliche mit einer „kleinen Menge von Haschisch – z.B. 2 oder 3 Haschischzigaretten" – von der Polizei angezeigt werden. Die Bayern sind es auch, die am ehesten meinen, dass eine Gerichtsverhandlung folgt, eine Hausdurchsuchung stattfindet und der Führerschein entzogen wird (im letzten Fall sind es lediglich die Sachsen, welche die Wahrscheinlichkeit dafür noch etwas höher ansehen).

Bei den Befragten aus Baden-Württemberg liegen die entsprechenden Werte für diese Maßnahmen niedriger, sie ähneln zum Teil sogar den Befragten aus Schleswig-Holstein oder Hamburg – zwei Bundesländern mit einer seinerzeit eher liberalen Cannabispolitik. Dieser Befund deutet darauf hin, dass sich in der Gesamtbevölkerung die objektiven Unterschiede in der Drogenpolitik nur partiell in der Wahrnehmung widerspiegeln. Ob es sich um eine durch besondere Ereignisse bedingte zeitweise Fehlperzeption handelt oder andere Ursachen hat, muss offen bleiben.[15] Eines jedoch ist deutlich: Die Polarisierung in der bundesdeutschen Drogenpolitik spiegelt sich, wie das Beispiel Bayerns nahelegt, zumindest in den Endpolen des drogenpolitischen Kontinuums auch in den Angaben der Befragten wider.

---

[14] Fasst man die Werte enger („sehr wahrscheinlich, wahrscheinlich"), ergibt sich für Rheinland-Pfalz ein Wert von 22 %, Baden-Württemberg 10 % und Bayern 20 %. In Schleswig-Holstein liegen die Werte bei 13 % und Hamburg bei 5 %. In Nordrhein-Westfalen beläuft er sich auf 13 % und Hessen auf 14 %.

[15] Freilich muss dies nicht notwendigerweise auch für die jüngeren Befragten gelten, unter denen der Drogengebrauch am ehesten verbreitet und dies auch eher ein Thema der Diskussion ist. Befunde aus einer vergleichenden Untersuchung auf Städteebene (Kiel, Hamburg, Stuttgart, München und Dresden) deuten zumindest auf engere Zusammenhänge zur Drogenpolitik unter den 18-29jährigen hin als dies in unseren hier vorgenommenen Analysen der Fall ist. Danach wird in Stuttgart und in München – in Übereinstimmung mit der realen Praxis – eher eine Sanktion durch das Gericht erwartet als in Kiel oder Hamburg (Reuband 2007).

In welcher Weise sich das Bild von den Entdeckungs- und Sanktionschancen konstituiert, ist eine offene Frage. Dass die Bürger über die Gramm-Regelungen für „geringe" Mengen im einzelnen informiert sind, ist unwahrscheinlich. Diese Regelungen sind zu sehr ihrem Alltagsverständnis entrückt, haben nichts mit ihrem eigenen Lebensstil zu tun. Und dass sie indirekt über ihre Kinder davon erfahren (die in der Regel eher mit dem Drogenphänomen konfrontiert sind), dürfte allenfalls auf eine Minderheit zutreffen. Dass Informationen darüber aus den Massenmedien vermittelt wurden, ist ebenfalls unwahrscheinlich. In den lokalen Tageszeitungen ist die Frage des Umgangs mit Cannabis, wie eine Analyse der Zeitungsberichterstattung ergab, kein Thema.[16] Zu vermuten ist, dass die Wahrnehmung der Sanktionsrisiken für Cannabisbesitz in maßgeblicher Weise aus den allgemein wahrgenommenen Sanktionsrisiken für Kriminalität abgeleitet wird sowie aus der Rhetorik der jeweiligen Landespolitiker, die sich auf abweichendes Verhalten, Kriminalität oder Drogen bezieht. Wäre dies der Fall, so würden allenfalls sporadisch Informationen fließen, und diese würden auf den vermuteten Umgang der Behörden und Gerichte mit Drogenkosnumenten hin verallgemeinert.

5. Auswirkungen der Rechtspolitik auf die Normen in der Bevölkerung

Welche Folgen erwachsen aus der unterschiedlichen Strafverfolgungspraxis für das normative Gefüge? Wird in den Bundesländern, in denen „schärfer" gegenüber Cannabisbesitz vorgegangen wird, in der Bevölkerung gegenüber dem Cannabisgebrauch eine überproportional negative Haltung eingenommen, wie es die These von der „normenvalidierenden" Kraft des Rechts unterstellt? Um dies zu klären, können wir auf den ALLBUS aus dem Jahr 2000 zurückgreifen und auf Ergebnisse unserer eigenen Umfrage, die wenig später durchgeführt wurde und in der, ähnlich wie im ALLBUS – wenn auch nicht identisch –, die moralische Beurteilung des Cannabiskonsums erfragt wurde.

Im Fall des ALLBUS lautete die Formulierung „Jemand raucht mehrmals in der Woche Haschisch", in unserer Umfrage hingegen: „Studenten feiern eine Party, bei der Haschisch geraucht wird". In der ALLBUS Umfrage standen als Antwortmöglichkeiten zur Verfügung: „sehr schlimm", „ziemlich schlimm", „weniger schlimm" und „überhaupt nicht schlimm". In unserer Umfrage hinge-

[16] Untersucht wurden im Rahmen einer Inhaltsanalyse (im Rahmen des von uns geleiteten Projekts zur lokalen Drogenpolitik) die Berichterstattung von Tageszeitungen in Kiel, Hamburg, München, Stuttgart und Dresden.

gen (die als Replikation früherer Umfragen angelegt ist): „sehr schlimm“, „ziemlich schlimm“ und „nicht so schlimm“.

Obwohl beide Fragen ähnlich klingen, sind sie doch nicht ähnlich. Ein gewichtiger Unterschied liegt in der Spezifikation der Konsumhäufigkeit. Während im ALLBUS davon die Rede ist, dass jemand „mehrmals in der Woche“ Haschisch raucht, wird in unserer Umfrage lediglich davon gesprochen, dass bei einer Party Haschisch geraucht wird. Damit wird in der erstgenannten Version der regelmäßige, intensive Konsum thematisiert, während in der zweitgenannten Version durch die Formulierung und den Kontext ein sporadischer Konsum impliziert wird. Aus anderen Untersuchungen wissen wir, dass häufiger und regelmäßiger Konsum gegenüber sporadischem Konsum naturgemäß von der Bevölkerung als schwerwiegender eingeschätzt wird (vgl. Reuband 1998b, 2007).

Der zweite Unterschied in den Formulierungen besteht darin, dass Cannabiskonsum mal global ohne Differenzierung nach „Tätermerkmalen“ beurteilt wird („jemand“), das andere Mal mit Spezifikation als „Studenten“. Wie Cannabiskonsum beurteilt wird, kann durch die Spezifikation der Merkmale der Konsumenten durchaus Folgen haben. So macht es z.B. einen Unterschied ob global von Jugendlichen oder Studenten die Rede ist (Reuband 1992b). Ob diese ungleiche Spezifikation in unserem Fall Auswirkungen hat, kann an dieser Stelle nicht geklärt werden.

Der dritte Unterschied in den Formulierungen liegt in der Zahl und Benennung der vorgegebenen Antwortkategorien. In der erstgenanten Version handelt es sich um eine Vierer-Skala, in zweitgenanten Fall um eine Dreier-Skala. In beiden Fällen sind die ersten Kategorien identisch („sehr schlimm“, „ziemlich schlimm“), die restlichen Kategorien jedoch unterscheiden sich („weniger schlimm“ und „überhaupt nicht schlimm“ vs. „nicht so schlimm“). Die ersten beiden Antwortkategorien zusammenzufassen, um die unterschiedlichen Versionen vergleichbar zu machen, ist nicht möglich. Denn bei der Beantwortung der Frage richten sich die Befragten, wie andere Forschung gezeigt hat, in der Regel nicht nur an der Verbalisierung der Antwortkategorien, sondern auch deren Zahl aus: Je mehr Kategorien zur Verfügung stehen, desto stärker werden auch die Differenzierungsmöglichkeiten genutzt.

Rein methodisch gesehen ist eine Vierer-Skala der Dreier-Skala überlegen: zwei zustimmenden stehen zwei ablehnende Antworten gegenüber. Gleichwohl hat die hier ebenfalls verwendete Dreier-Skala des moralischen Urteils zusammen mit ihrer Spezifikation von Tat und Täter für die Forschung über die Einschätzung abweichenden Verhaltens einen hohen Wert: denn sie wurde in dieser Weise erstmals 1970 eingesetzt und seitdem mehrfach wiederholt. Sie erlaubt als einzige Trendvergleiche über einen längeren Zeitraum.17 Will man Trendvergleiche anstellen, muss man Kompromisse eingehen und sich ggf. für eine Replikation von Formulierungen enstcheiden, welche optimalen Bedingungen der Fragekonstruktion nicht entsprechen.

Wie man den Fragen zur Bewertung des Cannabiskonsums entnehmen kann, wird dieser von der Mehrheit der Bundesbürger negativ beurteilt. Die Mehrheit findet ihn „sehr schlimm" oder „ziemlich schlimm". In der Emphase, mit welcher der Gebrauch abgelehnt wird („sehr schlimm"), wird der regelmäßige Konsum erwartungsgemäß stärker verurteilt als der sporadische. So wird der regelmäßige Konsum z.B. von 45 % der Bayern als „sehr schlimm beurteilt, den sporadischen Konsum aber beurteilen lediglich 22 % als „sehr schlimm". Analoge Differenzen finden sich in den anderen Bundesländern.

Im Vergleich mit früheren Jahren ist die moralische Verurteilung des sporadischen Haschischkonsums in der Bundesbevölkerung geringer geworden. Noch im Jahr 1970 beurteilte eine Mehrheit der Deutschen diesen als „sehr schlimm" – schlimmer sogar als das Verprügeln der Ehefrau („wenn sie den Haushalt nicht ordentlich führt"). Inzwischen haben sich die Relationen verschoben: weil immer weniger Bürger den Haschischkonsum als „sehr schlimm" erachten, und zugleich immer mehr das Verprügeln der Ehefrau negativ beurteilen (Reuband 2004a).

[17] Eine Analyse der Antworten auf diese Fragen im Zeitvergleich im Kontext der Beurteilung anderer Delikte seit 1970 findet sich bei Reuband (2004a), eine nähere Analyse des Wandels in der Beurteilung des Haschischkonsums in Reuband (1988b).

Tabelle 3: Beurteilung des regelmäßigen Haschischkonsums nach Bundesland (in %)

	SH	HH	NS	NRW	Hessen	RP	BW	Bayern	Sachsen
Sehr schlimm	25	32	42	42	35	45	37	45	49
Ziemlich schlimm	28	32	23	33	34	27	34	30	31
Ziemlich schlimm	30	21	28	19	27	20	30	22	13
Nicht so schlimm	18	16	7	7	3	9	5	4	6
	100	100	100	100	100	100	100	100	100
(N=)	(40)	(19)	(176)	(323)	(146)	(94)	(212)	(344)	(209)

Frageformulierung: „ Ich werde Ihnen gleich einzelne Karten überreichen, auf denen verschiedene Verhaltensweisen beschrieben sind. Bitte sagen Sie mir jeweils mit Hilfe dieser Liste, ob Sie persönlich das beschriebene Verhalten für sehr schlimm, ziemlich schlimm, weniger schlimm oder für überhaupt nicht schlimm halten ... Jemand raucht mehrmals in der Woche Haschisch"

Quelle: ALLBUS 2000 (ZA Nr. 3450), Sekundäranalyse durch den Verfasser

Vergleicht man die Bundesländer miteinander in der Beurteilung des regelmäßigen Konsums („mehrmals in der Woche", vgl. Tabelle 3), so findet man in Hamburg und Schleswig-Holstein am seltensten und – inerhalb der westdeutschen Bundesländer - am häufigsten in Bayern eine emphatische Ablehnung („sehr schlimm"). Am negativsten äußern sich die ostdeutschen Befragten. Baden-Württemberg nimmt bemerkenswerterweise eine ähnliche Position ein wie Hessen – obwohl in Hessen damals noch eine 30 Gramm-Grenze für „geringe" Mengen bestand, in Baden-Württemberg aber eine 6 Gramm-Grenze. Die Bewertung korrespondiert damit nicht mit der entsprechenden Strafverfolgungspraxis. Sie korrespondiert auch nicht miteinander, wenn man Hessen mit Nordrhein-Westfalen oder Niedersachsen vergleicht – zwei Länder, die ebenfalls die Gramm-Grenzen schärfer fassen. Aber auch wenn man Bayern als Ausgangsbasis nimmt und Vergleiche anstellt, ändert sich an dem grundlegenden Befund nichts. So setzt Bayern die Gramm-Grenze niedriger als Niedersachsen, und dennoch ist das Ausmaß an der Ablehnung in Niedersachsen (wenn man auch die explizit ablehnenden Positionen einbezieht) stärker ausgeprägt.

Tabelle 4: Beurteilung des sporadischen Haschischkonsums nach Bundesland (in %)

	SH	HH	NS	NRW	Hessen	RP	BW	Bayern	Sachsen
Sehr schlimm	30	4	27	26	25	28	20	22	44
Ziemlich schlimm	26	56	38	45	48	53	51	45	49
Nicht so schlimm	44	40	35	29	27	19	29	33	7
	100	100	100	100	100	100	100	100	100
(N=)	(82)	(57)	(211)	(531)	(166)	(112)	(312)	(350)	(136)

Frageformulierung: „Und nun zu einem anderen Thema. Dabei geht es um die Beurteilung verschiedener Verhaltensweisen. Ich lese Ihnen nun verschiedene Situationen oder Verhaltensweisen vor. Sagen Sie mir bitte zu jeder, ob Sie persönlich das beschriebene Verhalten sehr schlimm, ziemlich schlimm oder nicht so schlimm finden ... Studenten feiern eine Party, bei der Haschisch geraucht wird".

Quelle: Erhebung des Verfassers, 2003

Wendet man sich der Beurteilung des sporadischen Haschischkonsums zu (Tabelle 4) , bleibt der Befund einer fehlenden Korrespondenz zwischen Drogenpolitik und Einstellung zum Cannabisgebrauch bestehen. Die Unterschiede verflachen nun sogar noch stärker als zuvor. So beurteilen im liberalen Schleswig-Holstein 30 % der Bürger den sporadischen Konsum als „sehr schlimm", im repressiver gestimmten Baden-Württemberg sind es 20 % und in Bayern 22%. Einzig in Hamburg findet sich ein besonders niedriger Wert für Verurteilung – was man freilich, wie zuvor erwähnt, reserviert beurteilen sollte: nicht nur weil die Befragtenzahl klein ist, sondern auch, weil es sich um einen Stadtstaat handelt und man genau genommen einen Vergleich nur auf Städteebene (ähnlicher Größenordnung) unternehmen kann. In Großstädten mit hohem Studentenanteil und eigenen Subkulturen dürften die Toleranzbreiten für abweichendes Verhalten generell höher liegen als in mittleren und kleineren Städten oder Landgemeinden.

Tabelle 5: Strafmaß für sporadischen Haschischkonsum nach Bundesland (in %)

	SH	HH	NS	NRW	Hessen	RP	BW	Bayern	Sachsen
Freispruch	12	17	12	14	6	9	11	12	1
Verwarnung	32	26	41	35	42	21	30	29	37
90 € Buße an Rotes Kreuz	25	25	18	18	19	18	22	17	15
180 € Geldstrafe	8	16	7	7	11	10	12	9	6
> 180 € Geldstrafe	11	9	7	11	9	26	15	12	7
Gefängnis (< 6 Monate) Mit Bewährung	10	7	6	8	5	11	7	11	14
Gefängnis (< 6 Monate) Ohne Bewährung	1	-	1	4	4	2	2	5	3
Gefängnis (> 6 Monate) Ohne Bewährung	1	-	7	3	3	1	1	4	3
Sonstiges	-	-	1	-	1	2	-	1	14
	100	100	100	100	100	100	100	100	100
(N=)	(81)	(57)	(211)	(524)	(165)	(108)	(302)	(341)	(136)

Frageformulierung: „Und jetzt hätte ich gern gewusst, welche Strafe Sie persönlich in den einzelnen Fällen verhängen würden, wenn Sie Richter wären. Nennen Sie mir bitte jeweils die Kennziffer zu der Strafe, die Sie verhängen würden“ Antwortkategorien: „Freispruch (keine Strafe) – Verwarnung, Ermahnung – 90 EURO (180 DM) an das Rote Kreuz – 180 EURO (360 DM) Geldstrafe – mehr als 180 EURO Geldstrafe – Gefängnis (weniger als 6 Monate), mit Bewährung – Gefängnis (weniger als 6 Monate), ohne Bewährung – Gefängnis (mehr als 6 Monate), ohne Bewährung“

Quelle: Erhebung des Verfassers, 2003

In der Erhebung, in der wir die Beurteilung des sporadischen Haschischkonsums erfragten, wurden in einer Folgefrage die Befragten zudem gebeten, sich in die Rolle eines Richters zu versetzen und anzugeben, welches Urteil sie für Haschischgebrauch verhängen würden. Die Antworten, abgedruckt in Tabelle 5, ergeben einmal mehr keinen Zusammenhang, den man im Einklang mit der These der „Normenvalidierung“ deuten könnte: In Schleswig-Holstein sind es 44 %, die für Freispruch oder Verwarnung plädieren, in Hamburg 43 %, in Baden-Württemberg und Bayern mit 41 % fast genauso viele. Und auch wenn man sich an der härtesten Strafe orientiert – Gefängnis mit oder ohne Bewährung –, unterscheiden sich Bundesländer mit liberaler und repressiverer Drogenpolitik kaum voneinander: In Schleswig-Holstein und Hessen sind es 12 %, in Baden-Württemberg 10 % der Befragten, die für eine derartige Sanktion optieren.

Lediglich in Bayern fällt der Anteil derer, die sich für Gefängnisstrafen aussprechen, etwas höher aus: mit einem Wert von 20 %. Er geht im wesentlichen auf diejenigen zurück, die Gefängnis mit Bewährung verhängen wollen. Im Anteil derer, die für Gefängnis ohne Bewährung plädieren, sind die Unterschiede gegenüber den anderen Bundesländern geringer und ergeben keinen systematischen Zusammenhang zur Drogenpolitik (Es gibt z.B. keinen nennenswerten Unterschied zum „liberalen“ Hessen und gar niedrigere Werte als in Niedersachsen). Zusammengenommen liefern die Befunde keinen überzeugenden Beweis für die Haltbarkeit der These, derzufolge das Recht und die Rechtspraxis eine „normenvalidierende“ Funktion ausüben.

6. Einfluss der Drogenpolitik auf die Drogenverbreitung?

Selbst wenn es keine normenvalidierende Funktion des Strafrechts gäbe, bleibt doch die Möglichkeit, dass die angedrohten Strafen das Verhalten bestimmen. Länder mit liberaler Drogenpolitik müssten im Fall einer Abschreckungswirkung des Strafrechts höhere Prävalenzwerte für Cannabisgebrauch aufweisen als Länder mit repressiverer Politik. Des weiteren müsste man erwarten, dass in repressiver gestimmten Ländern sowohl Dealer als auch Konsumerfahrene aus Furcht vor Sanktionen seltener anderen Menschen Drogen anbieten. Denn die Gefahr einer Sanktion selbst bei kleineren Mengen wäre für sie zu groß.

Tabelle 6: Cannabiskonsum jemals im Leben nach Alter und Bundesland (in %)

	SH	HH	NS	NRW	Hessen	RP	BW	Bayern	Sachsen
Insgesamt	23 (260)	27 (133)	21 (815)	19 (1646)	22 (534)	23 (518)	18 (1227)	15 (1034)	7 (471)
Alter									
18-29	44 (50)	33 (27)	32 (170)	38 (330)	40 (104)	36 (113)	30 (258)	26 (226)	21 (118)
30-49	27 (139)	32 (71)	23 (443)	17 (876)	22 (280)	25 (280)	20 (666)	15 (548)	3 (237)
50+	1 (70)	12 (34)	8 (192)	7 (420)	8 (145)	5 (119)	5 (285)	5 (252)	- (111)

Frageformulierungen: „Hier ist eine Reihe von Drogen. Kreuzen Sie bitte alle Mittel an, die Sie schon mal probiert haben ... Haschisch, Marihuana"

Quelle: Bundesweite Erhebung aus dem Jahr 2000, infas und Institut für Therapieforschung, Sekundäranalyse des Verfassers

Wie man Tabelle 6 entnehmen kann, ergibt sich für Hamburg in der Gesamtbevölkerung ein Wert für Cannabiserfahrung jemals im Leben von 27 % , gefolgt von Schleswig-Holstein, Rheinland-Pfalz mit einem Wert von 23 % und Hessen von 22%. Baden-Württemberg liegt mit 18 % geringfügig darunter. Lediglich Bayern unterschreitet innerhalb der Gruppe der westdeutschen Länder diesen Wert mit einem Anteil von 15 % in nennenswertem Maße. Am niedrigsten liegt die Lebenszeitprävalenz in Sachsen, was angesichts der späten Ausbreitung des Drogenkonsums nicht verwundert. Untergliedert man nach dem Alter, werden die Unterschiede unter den jüngeren Befragten zwischen 18 und 29 Jahren noch etwas stärker akzentuiert: Schleswig-Holstein zeichnet sich in dieser Altersgruppe durch einen Prävalenzwert von 44 % aus,[18] Hessen von 40 %, Baden-Württemberg hingegen von 30 % und Bayern gar von 26%. Die Sachsen unterscheiden sich in dieser Altersgruppe inzwischen auch nicht mehr so sehr von den Westdeutschen, wie das für die Gesamtheit der sächsischen Befragten der Fall war, aber die Lebenszeitprävalenz bleibt auch bei ihnen nach wie vor hinter

[18] Die Drogenexpansion unter Jugendlichen in Schleswig-Holstein seit den 60er Jahren wird auf der Basis von Umfragen rekonstruiert in Reuband (1988a), siehe mit Bezug auf Hamburg die analogen Trends in Reuband (1994) und mit Bezug auf die Bundesrepublik als Ganzes, auch im Vergleich zur Entwicklung des Alkoholgebrauchs, Reuband (1989a). Die neuesten Zahlen finden sich in Kraus et al. (2007).

derjenigen des westdeutschen Bundeslandes mit der niedrigsten Drogenprävalenz – Bayern – zurück.

Gemessen an den westdeutschen Verhältnissen weist Bayern die niedrigste Lebenszeitprävalenz für Cannabiskonsum auf. Und dies ist nicht nur unter den 18-29jährigen der Fall, sondern auch unter den 30-49jährigen. Damit hat es den Anschein, als würde sich in der Tat ein Muster entlang der beschriebenen länderspezifischen Polarisierung in der Drogenpolitik herauskristallisieren. Dass sich die Verhältnisse anders darstellen könnten, wenn man auf der Städteebene einen Vergleich anstellen würde – München etwa mit Hamburg oder Kiel vergleichen würde – ist damit durchaus nicht ausgeschlossen (vgl. Reuband 2007). Was hier jedoch zunächst von Bedeutung ist, ist die Tatsache, dass auf der Landesebene Unterschiede bestehen.

Würde man sich auf die Befragten beziehen, die innerhalb der letzten 12 Monate Cannabis zu sich nahmen, würde sich an dem grundlegenden länderspezifischen Muster nichts ändern. Hamburg zeichnet sich danach in der Gesamtbevölkerung mit einem Anteil von 10 % durch den höchsten Wert aus, Schleswig-Holstein folgt mit 8 %. Die beiden Länder mit einer traditionell eher repressiven Politik – Baden-Württemberg und Bayern – weisen einen Anteil von 7 % (Baden-Württemberg) bzw. 6 % (Bayern) aus. Die Unterschiede im Ausmaß des aktuellen Konsums sind mithin geringer als die Unterschiede in der Lebenszeitprävalenz. Gleichwohl: Von der Tendenz her bleibt Bayern nach wie vor das Bundesland mit dem geringsten Anteil von Cannabiskonsumenten. Dass Bayern einen niedrigeren Wert einnimmt als Hamburg, Schleswig-Holstein oder Baden-Württemberg, stellt kein neues Phänomen dar. Man kann dies bereits in den vorangegangenen Erhebungen feststellen, die seit 1995 entsprechende Vergleiche erlauben.[19]

Bedeuten die Unterschiede in der Drogenprävalenz auch Unterschiede in der Häufigkeit des Drogenangebots? Allein von der Drogenprävalenz müsste man dies annehmen. Denn Drogen werden maßgeblich von Freunden und Bekannten mit Drogenerfahrung – und seltener von fremden Dealern (wie es allzu oft das Stereotyp suggeriert) – angeboten oder vermittelt (vgl. Reuband 1994). Wie man Tabelle 7 entnehmen kann, geben in allen Bundesländern in der Regel

[19] Die Angaben sind zusammengestellt in Schäfer und Paoli (2006: 348). Dort sind auch für die früheren Jahre Angaben zur Lebenszeitprävalenz für Cannabis abgedruckt. Die Zahlen zur Lebenszeitprävalenz, zusammengestellt durch das Institut für Therapieforschung,(IFT), weichen von unserer Übersicht teilweise geringfügig (pro Land um 1-2 Prozentpunkte) ab, da bei der Bestimmung der Cannabisprävalenz im Fall von Inkonsistenzen auch noch andere Angaben im Fragebogen herangezogen wurden. Wir haben auf eine solche Strategie verzichtet und lediglich die Hauptfrage zum Cannabiskonsum benutzt, da Inkonsistenzen auch aus Missverständnissen erwachsen oder sich versehentlich ergeben können. An den grundlegenden Befunden ändert sich durch die etwas unterschiedliche Vorgehensweise jedoch nichts.

rund ein Drittel der Befragten an, man hätte ihnen schon einmal Drogen angeboten. In der Mehrzahl beschränkte sich dies nicht auf ein einziges Mal. Bei nahezu zwei Drittel der Personen, die ein solches Angebot erhielten, geschah dies häufiger.

Tabelle 7: Drogenangebot nach Alter und Bundesland (in %)

	SH	HH	NS	NRW	Hessen	RP	BW	Bayern	Sachsen
Insgesamt	38 (262)	49 (133)	33 (817)	32 (1661)	33 (541)	34 (522)	32 (1237)	30 (1047)	13 (475)
Alter									
18-29	64 (50)	82 (27)	54 (170)	60 (331)	63 (105)	52 (114)	59 (259)	52 (227)	39 (119)
30-49	46 (140)	51 (71)	35 (444)	32 (885)	33 (284)	37 (281)	33 (672)	30 (552)	6 (239)
50+	6 (71)	21 (34)	11 (193)	11 (425)	12 (148)	10 (121)	7 (288)	9 (259)	2 (108)

Frageformulierung: „Hat Ihnen schon einmal jemand Drogen angeboten?" Antwortkategorien: „Ja, einmal – ja, mehrmals – nein, nie" [Hier: einmal/mehrmals]

Quelle: Bundesweite Erhebung aus dem Jahr 2000, infas und Institut für Therapieforschung, Sekundäranalyse des Verfassers

Ausdifferenziert nach Bundesland gehören Schleswig-Holstein und Hamburg mit einem Anteil von 38 % bzw. 49 % zu den Ländern, wo es am häufigsten zum Drogenangebot kommt. In Hessen mit nahezu gleichen Prävalenzwerten für Drogenerfahrung wie Schleswig-Holstein liegt der Wert mit 33 % etwas niedriger und nahezu auf dem gleichen Niveau wie in Baden-Württemberg und Bayern. Ausdifferenziert nach Alter ändert sich daran nichts grundsätzlich: Für die 18-29jährigen in Schleswig-Holstein ergibt sich ein Anteil von 64 % mit Drogenangebot, in Hessen von 63 %, in Baden-Württemberg von 59 % und Bayern von 52 %. Damit scheint es, als würde – wie das Beispiel Bayern nahe legt –, tatsächlich repressive Drogenpolitik mit etwas niedrigeren Prävalenzwerten im Vorkommen von Drogenangebot einhergehen als liberale.

Der Zusammenhang ist allerdings dadurch konfundiert, dass in Bayern ebenfalls die Drogenprävalenz am niedrigsten liegt. Die Gelegenheit über Freunde und Bekannte mit Drogenerfahrung in Kontakt zu kommen und Drogen angeboten zu erhalten, ist geringer als anderswo. Beschränkt man sich auf die Personen, die bislang noch nie Cannabis probiert haben, liegen die Werte für Drogenangebote naturgemäß niedriger. Und ebenfalls reduzieren sich bemerkenswerterweise die Unterschiede zwischen den Ländern. In Hamburg ist die Chance eines Drogenangebots mit einem Anteil von 39 % nach wie vor am höchsten. In Schleswig-Holstein liegt der entsprechende Wert bei 22 % und nähert sich damit den Werten in den anderen Bundesländern. Sie liegen in Nordrhein-Westfalen, Baden-Württemberg und Bayern bei 19 %, Hessen und Rheinland Pfalz bei 18 %, in Niedersachsen bei 17 %. Die Unterschiede zwischen Schleswig-Holstein und Bayern – als Gegenpole der Drogenpolitik – sind in diesem Fall auf gerade mal drei Prozentpunkte geschrumpft.

Nun haben wir bislang die Prävalenzwerte und das Drogenangebot lediglich mit der Drogenpolitik verglichen, aber nicht mit der wahrgenommenen Drogenpolitik, die – wenn Drogenpolitik in das Handlungskalkül eingeht – als die zentrale intervenierende Variable anzusehen ist. Denn wenn eine Situation für einen Akteur real werden und in sein Handlungskalkül eingehen sollte, dann über die von ihm wahrgenommene Situation. Was bedeutet: Je stärker auf der Länderebene mit dem Drogengebrauch Sanktionen assoziiert werden, desto niedriger sollte die Drogenprävalenz sein und desto seltener sollte es Drogenangebote geben. Wir verwenden im Folgenden für die Sanktionswahrnehmung ein Gesamtmaß, in welches die Sanktionen „Polizeiliche Anzeige", „Hausdurchsuchung", „Führerscheinentzug" und „Anklage vor Gericht" der Wahrscheinlichkeit der Reaktionen gemäß jeweils mit einem Wert zwischen 0 (nie) bis 3 (immer) eingehen. Die daraus gebildete neue Variable hat Werte zwischen 0 und 6. Man kann die Länder, gemessen über das arithmetische Mittel dieser Skala, dem Grad der erwarteten Sanktionsschwere gemäß ordnen.

Abbildung: Cannabisprävalenz in der Bevölkerung (in %) und Schwere der erwarteten Sanktionen

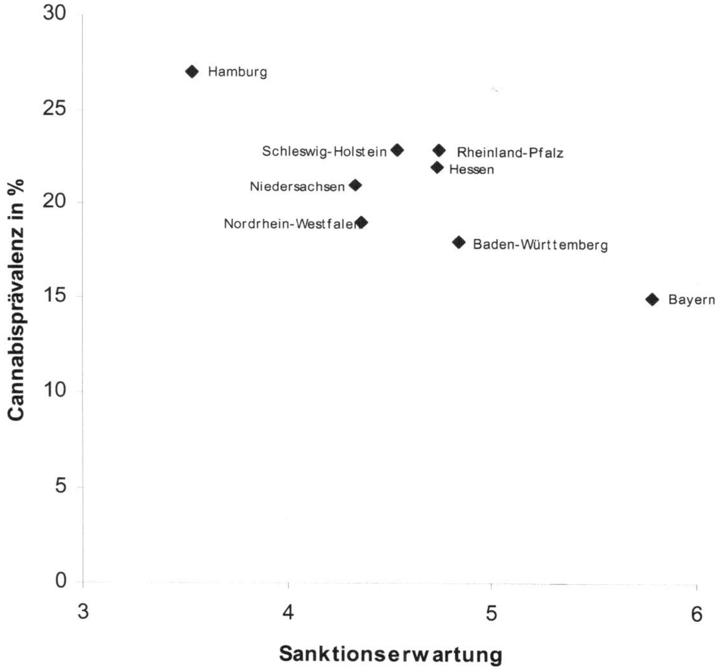

Das Ergebnis ist für die Vertreter des Abschreckungsparadigmas ernüchternd: Wie man der Abbildung entnehmen kann, gibt es zwischen der erwarteten Sanktionsschwere und der Cannabisprävalenz für die Mehrheit der hier einbezogenen Bundesländer keinen Zusammenhang. Nur im Fall von Hamburg und Bayern scheint dieses Muster durchbrochen und ein Zusammenhang in der postulierten Weise zu bestehen. Beide Länder weichen von der Gruppe der übrigen Länder ab und nehmen entgegengesetzte Positionen ein. Im Fall Hamburgs mag man diese Position als eine Sondersituation abtun, da Hamburg als Stadtstaat nur begrenzt mit den anderen Ländern vergleichbar ist. Aber selbst wenn wir Hamburg aus der Betrachtung ausklammern, bleibt der Befund bestehen, demzufolge sich Bayern von den anderen Ländern dadurch unterscheidet, dass hier am ehesten Sanktionen erwartet werden und zugleich die Lebenszeitprävalenz am niedrigsten liegt.

Bedeutet dies, dass die Abschreckungsthese doch gültig ist, wenn man Länder mit hinreichend großer Divergenz in der Drogenpolitik miteinander kontrastiert? Gibt es womöglich Schwellenwerte, ab denen sich die wahrgenommene unterschiedliche Drogenpolitik auswirkt? Einer solchen Interpretation gegenüber haben wir Zweifel: Gäbe es Schwellenwerte, müsste Schleswig-Holstein den eigentlichen Gegenpol zu Bayern bilden. Schleswig-Holstein aber weist ähnliche Lebenszeitprävalenzen wie Rheinland-Pfalz auf – bei objektiv ungleichen Sanktionschancen und bei Unterschieden in der Wahrnehmung, die in gewissem Maße damit korrespondieren.

Es gibt zudem noch andere Gründe für Zweifel: Es gilt, bei der Interpretation der Befunde ebenfalls die sonstigen sozialen und kulturellen Eigenheiten der jeweiligen Bundesländer zu beachten. Wie groß diese sein könnten und wie groß ihre Effekte sind, ist bislang nicht untersucht worden. Dass es einen Zusammenhang zwischen Wertorientierungen und abweichendem Verhalten gibt, dafür gibt es Belege (vgl. Herrmann 2003). Was, wenn es auch für unsere Fragestellung gelten sollte, bedeutet: Geht man davon aus, dass Drogenkonsum in konservativen Milieus seltener praktiziert wird und die Widerstände dagegen überproportional groß sind, würde man in Bundesländern mit starkem Konservatismus seltener Drogenkonsum erwarten als anderswo.

7. Wertorientierungen im Bundesländervergleich

Der Konservatismus der Bürger eines Bundeslandes kann sich in unterschiedlicher Weise niederschlagen: in der wiederholten Wahl von Parteien, die für ein konservatives Programm stehen und in entsprechenden konservativen Einstellungen auf Seiten der Bürger. Die Wahlen sind insofern von besonderem Interesse, als sie einerseits Ausdruck einer bestimmten Werthaltung auf Seiten der Bürger sind und andererseits die Parteie, die den Wahlsiieg errang und die Regierung stellt, durch ihre Politik und Rhetorik auf die Einstellungen der Bürger zurückwirkt. Je mehr sich die Menschen mit Politikern in den Regierungsämtern und den Institutionen des Landes identifizieren und Sympathie empfinden, desto größer ist die Chance einer derartigen Rückkoppelung.

Nimmt man die Landtagswahlen seit 1946 als Maßstab[20] und untersucht, wie häufig die CDU gegenüber der SPD einen Vorsprung in der Stimmenzahl errang, kommt man zu dem Ergebnis, dass Baden-Württemberg und Bayern die Bundesländer mit der konservativsten Wählerklientel darstellen.[21] In Baden-Württemberg lag in allen 14 Landtagswahlen die CDU vor der SPD, in Bayern in 14 von 15 Landtagswahlen (93 % der Wahlen). Hamburg stellt den Gegenpol dazu dar: Lediglich in zwei von 15 Landtagswahlen (13 %) konnte die CDU mehr Stimmen auf sich vereinen als die SPD. Bezieht man die zwei Wahlen mit ein, in denen die CDU nicht allein, sondern mit anderen Parteien auftrat und nur in dieser Einheit gewählt werden konnte, erhöht sich die Zahl geringfügig auf drei von 17 Wahlen (18 %).

Die anderen Bundesländer nehmen Zwischenstellungen ein. In Niedersachsen und Hessen sind CDU-Siege für eine Minderheit der Wahlen typisch (mit Werten von 44 % bzw. 33 %), in Schleswig-Holstein halten sich die jeweiligen CDU-Überlegenheiten mit denen der SPD die Waage (50 %), und in Nordrhein-Westfalen und Rheinland-Pfalz hat seit 1946 häufiger die CDU als die SPD die meisten Stimmen auf sich vereinen können (57 % bzw. 73 % der Wahlen). Wählt man anstelle des Vorsprungs der CDU den durchschnittlichen Stimmenanteil für die CDU als Indikator, erweisen sich Baden-Württemberg und Bayern als die beiden Länder, in denen im Durchschnitt mehr als 50 % der Wähler ihre Stimmen der CDU bzw. CSU gaben. In Hamburg liegt der entsprechende Anteil lediglich bei 35 %. Bei den anderen Länderen variieren die Werte zwischen 37 % (Hessen) und 45 % (Rheinland-Pfalz).

Wie aber sieht es nun aus, wenn man auf die aktuellen Ansichten der Bürger rekurriert? Wir können dieser Frage unter Rückgriff auf Daten des ALLBUS nachgehen. Dabei ziehen wir eine Reihe von Fragen heran, die sich zur Messung konservativer Orientierungen eignen. Es sind Fragen, die sich auf unterschiedliche gesellschaftliche Bereiche beziehen und zusammengenommen ein generalisiertes konservatives Einstellungssyndrom abzubilden vermögen: Fragen zur politischen Selbsteinstufung sowie – als Globalindikator für Wertorientierungen

---

[20] Natürlich würde man, wenn es um aktuelle Einschätzungen geht, eher die Wahlen der letzten Jahre als Maßstab wählen. Weil sich in den Lebenszeitprävalenzder Befragten jedoch nicht allein aktueller Drogengebrauch, sondern oft auch Drogenerfahrungen widerspiegeln, welche in der Jugend gemacht wurden, macht es Sinn, den Zeitraum weiter zu erfassen und die Prägungen in der Jugendzeit mit dem vorherrschenden gesellschaftlich-politischen Klima in Beziehung zu setzen. Die Angaben zu den Landtagswahlen, auf die hier rekurriert wird, wurden aus einer Übersicht berechnet, die sich unter „www.election.de" im Internet findet.

[21] Auf der Ebene der Großstädte ist dies zum Teil anders. So können z.B. sowohl München als auch Nürnberg auf relativ große SPD-Wählerpotentiale zurückgreifen. Der Konservatismus der Bayern dürfte eher in mittel- und kleinstädtischen Raum angesiedelt sein als im großstädtischen.

– den Postmaterialismus-Index von Ronald Inglehart [22]. Des weiteren Fragen zur Rolle der Frau, Konformität als Erziehungsziel, Ablehnung multikultureller Lebensformen, Gesetzeslegalismus, Religiöse Bindung und Kirchgang.

Die genannten Indikatoren weisen – wie eine vertiefende, hier nicht näher dargestellte Analyse des ALLBUS zeigt –, mit der Bewertung des Haschischkonsums (Einstufung danach, wie „schlimm“ er ist) positive Zusammenhänge auf.[23] Analysen des Zusammenhanges von Werthaltungen, basierend auf diesen oder ähnlichen Indikatoren, mit der Drogenprävalenz auf der individuellen Ebene (die wünschenswert wären) sind hingegen nicht möglich: Im ALLBUS wurde nicht nach Drogenerfahrungen gefragt und umgekehrt wurden in den Studien zur Drogenprävalenz keine Wertvorstellungen erhoben. Die besonders für die deutsche Drogenforschung typische einseitige, lediglich deskriptiv ausgerichtete, epidemiologische Forschung macht sich in diesem Fall nachteilig bemerkbar. Sozialwissenschaftliche Perspektiven fehlen weitgehend.[24]

---

[22] Zusammengenommen können die Fragen als Indikatoren für einen Konservatismus gewertet werden, der zwar bereichsspezifisch ausgerichtet ist, aber sich teilweise sich zu einem generalisierten konservativem Einstellungssyndrom zusammenfügt. Die Korrelationen sind schwach, aber durchweg positiv. Ebenfalls lässt sich der Inglehartsche Postmaterialismus-Index als Globalindikator für konservative und liberale Werte interpretieren Wer postmaterialistisch ist, ist weniger konservativ eingestellt (vgl. dazu u.a. Inglehart 1997).

[23] Die Beziehungen sind schwach, aber konsistent und kumulieren sich. Dies gilt auch dann, wenn wir im Rahmen einer Regressionsanalyse soziale Merkmale kontrollieren. Am engsten ist der Zusammenhang mit der Einstellung zum Gesetzeslegalismus.

[24] Dies Problem ist kein neues (vgl. Reuband 1991a, 1993b). Es hat sich aber verschärft, weil sich Sozialwissenschaftler seltener als früher mit Fragen des Drogenkonsums befassen und die epidemiologische Forschung in größerem Stil fast ausschließlich an Instituten durchgeführt wird, an denen Psychologen (oft mit klinischer Ausbildung) dominieren. Gewisse Ausnahmen bilden allenfalls die Studien der Bundeszentrale für gesundheitliche Aufklärung. Sie waren in der Vergangenheit häufiger sozialwissenschaftlich inspiriert.

Tabelle 8: Konservative Einstellungen und Wertorientierungen nach Bundesland (in %)

	SH	HH	NS	NRW	Hessen	RP	BW	Bayern	Sachsen
Politisch konservativ (auf Links-Rechts Skala) (1)	30	28	39	36	42	34	48	39	31
Postmaterialismus (2)	68	63	55	58	59	50	62	43	47
Traditionelle Frauenrolle (3)	55	46	51	50	52	50	53	51	32
Lernziel Gehorsam in Kindererziehung (4)	36	30	53	43	47	47	57	54	57
Ausländer, Anpassung gefordert (5)	45	44	54	49	51	64	48	60	52
Gesetzeslegalismus (6)	41	35	46	39	48	46	43	51	42
Kirchgang mehrmals im Jahr (7)	28	27	45	40	39	47	51	52	17
Gottesglaube (8)	34	14	34	49	50	37	55	50	12

Frageformulierungen: (1) „Viele Leute verwenden die Begriffe links und rechts, wenn es darum geht, unterschiedliche politische Einstellungen zu kennzeichnen. Wir haben hier einen Maßstab, der von links nach rechts verläuft. Wenn Sie an Ihre eigenen politischen Ansichten denken, wo würden Sie diese Ansichten auf dieser Skala einstufen?" [Hier: Werte 6-10 auf der Skala von 1 (Links) bis 10 (Rechts)]; (2) „Auch in der Politik kann man nicht alles auf einmal haben. Auf dieser Liste finden Sie einige Ziele, die man in der Politik verfolgen kann. Wenn Sie zwischen diesen verschiedenen Zielen wählen müßten, welches Ziel erschiene Ihnen persönlich am wichtigsten? Und welches Ziel erschiene Ihnen am zweitwichtigsten? Und welches Ziel käme an dritter Stelle?: Aufrechterhaltung von Ruhe und Ordnung in diesem Land – Mehr Einfluss der Bürger auf die Entscheidungen der Regierung – Kampf gegen steigende Preise – Schutz des Rechtes auf freie Meinungsäußerung" [Postmaterialismus gebildet gemäß Inglehart-Index, hier Werte für Postmaterialistisch/ überwiegend postmaterialistisch]; (3) „Es ist für alle Beteiligten viel besser, wenn der Mann voll im Berufsleben steht und die Frau zu Hause bleibt und sich um den Haushalt und die Kinder kümmert" [hier: „Stimme voll und ganz zu/Stimme eher zu"]; (4) „Was von dieser Liste würden Sie für das Wichtigste halten, das ein Kind lernen sollte, um sich auf das Leben vorzubereiten? Lernziele eines Kindes für das Leben: Zu gehorchen" [Hier: „Am wichtigsten/Am zweitwichtigsten"]; (5) „Die in Deutschland lebenden Ausländer sollten ihren Lebensstil ein bisschen besser an den der Deutschen anpassen" Antwortkategorien: [Hier: Zustimmungswerte 5-6]; (6) „An die Gesetze muss man sich halten, egal ob man mit ihnen einverstanden ist oder nicht" [Hier: „Stimme voll und ganz zu/Stimme eher zu"]; (7) „Wie oft gehen Sie im allgemeinen in die Kirche?" [Hier: „Mehrmals im Jahr" oder öfter]; (8) „Bitte geben Sie an, welcher der folgenden

Aussagen Ihren Glauben an Gott am ehesten zum Ausdruck bringt" [Hier: „Obwohl ich Zweifel habe, meine ich, dass ich doch an Gott glaube – Ich weiß, dass es Gott wirklich gibt und habe daran keinen Zweifel"

Die Zahl der Befragten (N) beläuft sich in der Reihenfolge der aufgeführten Bundesländer bei den Fragen 1-7 auf folgende Maximalwerte: 76-69-304-603-268-155-331-590-387. Bei Fragen 8 liegt die Zahl etwas niedriger, da die Frage nur in einem Subsample, im Rahmen des ISSP gestellt wurde.

Quelle: ALLBUS 2000 (ZA Nr. 3450), Sekundäranalyse durch den Verfasser

Wie man Tabelle 8 entnehmen kann, unterscheiden sich die Bundesländer in ihrer politischen Selbsteinstufung. Dabei geben sich die Befragten aus Baden-Württemberg und Bayern – ebenso wie aus Hessen – als konservativer als die Befragten aus Hamburg oder Schleswig-Holstein. Berechnet man das arithmetische Mittel für politische Selbsteinstufung auf der 10er Skala (1 = Links, 10 = Rechts), kommt man für Baden-Württemberg auf einen Wert von 5.5, für Bayern von 5.2, für Hessen von 5.3. Einen Wert unterhalb des Wertes 5 auf der Skala nehmen lediglich die beiden nördlichen Bundesländer Hamburg (4.7) und Schleswig-Holstein (4.8) ein.

Diese Befunde weisen eine große Ähnlichkeit mit denen auf, die wir bei der Auswertung der früheren Landtagswahlen gefunden hatten. Diesen zufolge die Bürger Baden-Württembergs politisch zu den konservativsten der Bundesrepublik.[25] Gleichzeitig aber wird auch offenkundig, dass sich die gegenwärtigen Verhältnisse gelegentlich durch etwas andere Akzente auszeichnen können als die früheren Verhältnisse. So stuften sich die Schleswig-Holsteiner im Jahr 2000, der Zeit vor dem Wechsel der Regierungskoalition in diesem Bundesland, politisch ähnlich ein wie die Hamburger - trotz einer im Vergleich dazu stärker konservativen Tradition bei früheren Landtagswahlen. Die Konsistenz zwischen Wahltradition und aktueller politischer Selbstidentifikation ist offensichtlich keine vollständige, aber eine, die in den Grundzügen – vor allem in der Polarisierung von Hamburg auf der einen Seite und Baden-Württemberg und Bayern auf der anderen Seite – besteht.

Wählt man nicht die politische Selbstidentifikation, sondern Ingleharts Postmaterialismus-Index als Maßstab für generelle Wertorientierungen, zeigt sich, dass es vor allem die Bayern sind, welche wenig postmaterialistisch sind. Die Baden-Württemberger hingegen sind es in ihrer Mehrheit sehr wohl und weisen ähnlich hohe Werte wie die Hamburger auf. Die Positionierung Bayerns

[25] Es sei am Rande vermerkt, dass auch nur hier Parteien rechts von der CDU nennenswerte Wahlerfolge bei Landtagswahlen erringen konnten. So war es Baden-Württemberg, wo die NPD in den 60er Jahren erhebliche Stimmengewinne für sich verbuchen konnte.

mag angesichts der wirtschaftlichen Prosperität Bayerns paradox erscheinen – bedenkt man jedoch, dassBayern nach dem Kriege lange Zeit agrarisch war und wirtschaftlich eher unterentwickelt, ist dies weniger verwunderlich. Denn nach Ingleharts Theorem ist für die Herausbildung die wirtschaftliche Lage in der Zeit der Jugend entscheidend. Wer in seiner Jugend wirtschaftliche Sicherheit als gegeben und selbstverständlich erlebt, der entwickelt eher postmaterialistische Orientierungen als andere und behält diese im Laufe seines Lebens bei. Aus dieser Sicht spiegeln sich in den gegenwärtigen Verhältnissen die wirtschaftlichen Verhältnisse früherer Jahre wieder.[26]

Wendet man sich den ausgewählten Indikatoren für Wertorientierungen zu, ausdifferenziert nach gesellschaftlichen Einzelbereichen, so ergibt sich ein Bild der Vielfalt. Die einzelnen Bundesländer wechseln des öfteren ihre Position in der Rangfolge des jeweiligen Kontinuums von konservativ bis liberal, was ein Zeichen dafür ist, dass man nicht den einzelnen Ländern ein konsistentes Einstellungssyndrom zuschreiben kann, dass sie eindeutig im Sinne geschlossener Weltbilder auf einem Kontinuum liberal-konservativer „belief systems" plaziert. Eines jedoch wird fast immer deutlich: die besondere Stellung Hamburgs auf der einen Seite als besonders liberal und Baden-Württemberg und Bayerns als besonders konservativ.

So optieren die Bürger der beiden südlichsten Bundesländer häufiger als die Bürger anderer Länder für Gehorsam als Erziehungsziel, gehen besonders häufig in die Kirche und bezeichnen sich als religiös. Besonders die Bayern stehen Multikulturalismus als Lebensstil kritisch gegenüber und fordern eine Anpassung der Ausländer an den deutschen Lebensstil. Sie sind es auch, die einem strikten Gesetzeslegalismus das Wort reden und meinen, man müsse sich auch dann an die Gesetze halten, wenn man mit ihnen nicht einverstanden ist. Die Hamburger stehen im Gegensatz dazu, lehnen konservative Positionen überproportional ab. Dies betrifft die traditionelle Frauenrolle ebenso wie die Erziehungsziele und den Gesetzeslegalismus. Sie sind zudem auch aufgeschlossener für Multikulturalismus und wenig religiös.

---

[26] Die schlechteren Ausgangsbedingungen zu DDR-Zeiten dürften auch den geringeren Grad an Postmaterialisten unter den ostdeutschen Befragten mitbedingt haben. Unerwartet hoch erscheint in unserer Zusammenstellung die Verbreitung des Postmaterialismus in Schleswig-Holstein, da sich dieses Bundesland ebenfalls nicht der besten ökonomischen Verhältnissse erfreut. Es handelt sich jedoch um keinen Ausnahmefall. Einen höheren Grad an Postmaterialismus zeigen schon frühere ALLBUS-Daten. So kommt man im kumulierten ALLBUS für den Zeitraum 1980 bis 1996 ebenfalls in Schleswig-Holstein auf höhere Postmaterialismuswerte als in Bayern (Sekundäranalyse des Verfassers). Dass die relativ hohen Werte in nennenswertem Maße durch Menschen bedingt sind, die in Hamburg arbeiten, aber im Umland – mithin in Schleswig-Holstein – wohnen, halten wir für unwahrscheinlich.

Bildet man aus den ausgewählten Indikatoren ein Gesamtmaß für Konservatismus[27], so erweisen sich die Bayern und Baden-Württemberger als die konservativsten, die Hamburger hingegen als die liberalsten. Die Befragten aus Bayern haben auf der neu gebildeten Konservatismus-Skala einen Wert von 2.92 inne, die aus Baden-Württemberg von 2.85. Die Hamburger hingegen bilden den Gegenpol und nehmen einen Wert von 2.04 ein. Die Befragten aus Schleswig-Holstein folgen ihnen mit 2.30. Die übrigen Bundesländer sind zwischen den nördlichsten und südlichsten Bundesländern angesiedelt: Nordrhein-Westfalen mit 2.46, Hessen mit 2.66, Rheinland Pfalz mit 2.63, Hessen mit 2.66, Niedersachsens mit 2.73.

Zusammengenommen erweisen sich den hier diskutierten Indikatoren zufolge Bayern sowie Baden-Württemberg als diejenigen mit der konservativsten Bevölkerung. Und damit ergibt sich auch eine denkbare Erklärung für die unterproportional hohe Drogenprävalenz in diesen südlichen Bundesländern: Es muss nicht notwendigerweise die im Vergleich zu den anderen Bundesländern repressivere Drogenpolitik sein, die dafür verantwortlich ist, sondern es könnte ebenso der überproportional starke Konservatismus der Bürger dieser Länder sein.

In welcher Weise sich dieser Konservatismus auf das Verhalten auswirkt, ist eine ungeklärte Frage. Eine Möglichkeit ist, dass das Streben nach Selbstverwirklichung auf Seiten des Individuums seine Grenze findet, wo es in Konflikt mit den herrschen Normen steht: Der Einzelne entwickelt weniger starke Individualisierungstendenzen, wenn im jeweiligen sozialen Kontext, in dem er sich aufhält, kollektivistische, traditionelle Normen überwiegen. Eine andere Erklärungsmöglichkeit rekurriert auf erhöhte informelle soziale Kontrolle in konservativen Milieus: Abweichendes Verhalten wird hier womöglich seltener toleriert und eher sanktioniert. Gleichgültig, ob man die entscheidenden Mechanismen mehr im Individuum oder seiner Umwelt (oder beiden) verankert, gemeinsam ist, dass Konservatismus die Bandbreite erlaubten Verhaltens einschränkt und Innovationen im Grenzbereich gesellschaftlicher Akzeptanz nicht begünstigt.

8. Schlussbemerkungen

Wir haben im Vergleich ausgewählter Bundesländer versucht, den Zusammenhang zwischen Strafverfolgungspraxis, Cannabisprävalenz und Einstellungen zum Cannabisgebrauch zu bestimmen. Die Unterschiede in der Strafverfol-

---

[27] Die Skala wurde aus den in der Tabelle aufgeführten einzelnen Indikatoren gebildet (mit Ausnahme des Gottesglauben, da dieser nur in einem Subsample, im Rahmen des ISSP, erfragt wurde). Gezählt wurde, wie häufig die entsprechenden Aussagen bejaht wurden (in der Weise, wie in der Tabelle in den Anmerkungen angegeben).

gungspraxis haben wir an der Bestimmung der „geringen Mengen" von Cannabis gemessen, bei denen seitens der Staatsanwaltschaft in den einzelnen Ländern von einer Anklage abgesehen wird.

Anders als vielfach in der Literatur angenommen, konnte kein eindeutiger Zusammenhang zwischen der Strafverfolgungspraxis auf der einen Seite und dem Verhalten und Einstellungen auf der anderen Seite festgestellt werden. Weder fielen die Prävalenzwerte in Ländern mit repressiverer Drogenpolitik niedriger aus als in Ländern mit liberaler Politik, noch waren die Einstellungen zum Cannabisgebrauch und das Strafverlangen für Cannabiskonsum davon verschieden. Daran ändert sich auch dann nichts, wenn anstelle der realen Unterschiede in der Drogenpolitik die wahrgenommenen Unterschiede in die Analyse einbezogen werden. Lediglich Bayern schien in diesem Kontext mit einem unterproportionalen Wert für Drogengebrauch eine Ausnahme zu repräsentieren – eine Ausnahme freilich, von der wir annehmen, dass sie sich im wesentlichen aus dem überdurchschnittlich hohen Konservatismus der Bürtger dieses Landes ergibt.

Würde man die sozialen Randbedingungen noch stringenter fassen als wir es getan haben, indem man sich auf Großstädte und Personen jüngeren Alters in den Bundesländern beschränkt, würden die landesspezifischen Unterschiede in den Drogenprävalenzen vermutlich vollständig entfallen. Für eine solche Annahme sprechen die Befunde einer Analyse, die sich auf Befragte in jüngerem Alter aus Großstädten bezieht und – ähnlich wie in der vorliegenden Analyse – Bundesländer mit unterschiedlicher Drogenpolitik miteinander kontrastiert: Wenn man jüngere Erwachsene zwischen 18 und 29 Jahren aus Kiel, Hamburg, München oder Stuttgart heranzieht, gleichen sich nicht nur die Prävalenzwerte. Es gleicht sich auch das Einstiegsalter in den Cannabisgebrauch. Von einer hemmenden Wirkung repressiver Drogenpolitik auf den Gebrauch weicher Drogen kann nicht die Rede sein (Reuband 2007).

Ein Grund für die Irrelevanz wahrgenommener Strafverfolgungspraxis dürfte in der Tatsache begründet liegen, dass den Einstellungen des Einzelnen zu den Drogen die wichtigste Rolle für Gebrauch oder Nichtgebrauch von Drogen zukommt. Dieser Tatbestand hat sich – mit Bezug auf andere Formen der Delinquenz – bereits in einer Vielzahl von Studien zur selbstberichteten Delinquenz gezeigt. Und es gilt, wie wir an anderer Stelle gezeigt haben, ebenfalls für den Cannabisgebrauch: Selbst wenn die Einstellungen zu Drogen positiv sind und die Hemmschwellen auf der Einstellungsebene entfallen oder reduziert sind, kommt den wahrgenommenen Sanktionsrisiken kein erhöhter Stellenwert zu (Reuband 2007).

Für diese Irrelevanz der Strafschwere dürfte weiterhin verantwortlich sein, dass die Wahrscheinlichkeit einer Entdeckung des Drogengebrauchs besonders gering ist. Konsumiert wird meist an privaten Orten (vgl. z.B. Reuband 1994), und selbst wenn dies an öffentlichen Orten – wie Kneipen oder Diskotheken – geschieht, ist das Risiko einer Polizeiauffälligkeit niedrig. Polizei ist an derartigen Orten nicht präsent (es sei denn es findet aufgrund eines Tips eine Kontrolle statt). Und die Chancen, dass das Jugendamt oder andere Instanzen Kontrollen vornehmen, ist praktisch gleich Null. Erhöhte Chancen einer Entdeckung dürften allenfalls beim Drogenerwerb in der Öffentlichkeit bestehen, aber diese Art des Erwerbs ist auf Seiten der Konsumenten eher die Ausnahme als die Regel. Man besorgt sich die Droge primär im privaten Rahmen und von den Blicken Außenstehender abgeschottet.

Wie wenig selbst die härtesten Strafen große Teile der Bürger abzuschrecken vermögen, wenn die Entdeckungswahrscheinlichkeit gering ist, hat in der Zeit des Dritten Reiches die Androhung der Todesstrafe für unerlaubtes Hören ausländischer Sender dokumentiert: Rund die Hälfte der Bürger (entsprechend der Mehrheit der Rundfunkgerätebesitzer mit Empfangsmöglichkeit) verstieß damals gegen diese Verordnung. Und der stärkste Zuwachs an Radiohörern entfiel auf die Zeit, in der die Strafen verschärft wurden und diese Verschärfung auch weithin publik gemacht wurde (vgl. Reuband 2001b). Eine Wirksamkeit von Strafandrohung gibt es vermutlich nur dann, wenn die Strafe als hoch beurteilt und gleichzeitig auch die Entdeckungschancen als relativ hoch eingeschätzt werden. Nur in dieser Kombination ist ein nennenswerter Effekt denkbar.[28]

Literatur

Andenaes, J. (1971): The general preventive effects of punishment, in: L. Radzinovicz/M.E. Wolfgang (Hrsg.): The Criminal in the Arms of Law. New York, S. 74-104

Aubert, V. (1967): Einige soziale Funktionen der Gesetzgebung, in: E.E. Hirsch/M. Rehbinder (Hrsg.): Studien und Materialien zur Rechtssoziologie. Köln/Opladen, S. 284-309

[28] Inwieweit sich bei mittlerem Entdeckungsrisiko die Wahrnehmung der Risiken erheblich erhöht, sobald die Schwere der Strafen verschärft wird, ist eine andere Frage. Tatsache ist, dass sich dafür im Rechtsstaat zwangsläufig und sinnvollerweise Grenzen ergeben. Dass besonders drakonische Strafen unter Umständen von Gerichten nicht angewandt werden, weil diese auch von den Richtern als ungerechtfertigt beurteilt werden, belegt die Geschichte der zum Teil recht repressiven Drogengesetzgebung in den USA. So kam es in den 70er Jahren des 20. Jahrhunderts zur paradoxen Situation, dass manche Bundesstaaten der USA mit betont repressiver Drogenpolitik zu den Vorreitern der Liberalisierung wurden, um überhaupt Marihuanagebrauch sanktionieren zu können (vgl. Reuband 1992a: 24ff.). Zu einer allgemeinen Diskussion der Abschreckungswirkung repressiver Maßnahmen siehe ausführlicher auch Killias (2002), Kreuzer (2004)

Becker, H.S. (1960): Notes on the concept of commitment, in: American Journal of Sociology, 66, S. 131-169

Berlitz, C. (1987): Grenzen der Generalprävention. Das Beispiel Jugendkriminalität, in: Kriminologisches Journal, 19, S. 13-31

Demers, D.K./R.J. Lundmann (1987): Perceptual deterrence research. Some additional evidence, in: Journal of Quantitative Criminology, 3 (2), S. 185-194

Deutsches Ärzteblatt (1997): Kein Verkauf von Haschisch in Apotheken, in Deutsches Ärzteblatt, 94, Nr. 38 vom 19.9.1997

Deutscher Bundestag (2001): Antwort der Bundesregierung auf die Kleine Anfrage der Abgeordneten Ulla Jelpke und der Fraktion der PDS. Unterschiedliche Festlegungen in den Bundesländern über die nicht der Strafverfolgung unterliegende „geringe" Mengen von Drogen zum Eigenkonsum. Drucksache 14/5897, 19.4.2001

Deutscher Hanfverband (o.J.): Die Berliner Cannabisdiskussion. Berlin

Die Grünen (2004): Alkohol am Steuer ist nach wie vor die Drogengefahr Nummer 1. Pressemitteilung der Grünen im Landtag von Baden-Württemberg vom 19.7. 2004

Endres, A. (1996): Streit um das in Schleswig Holstein geplante Modell: Bald Haschisch in Apotheken?, in: Deutsches Ärzteblatt, 93, No. 50 vom 13.12. 1996

Gibbs, J.P. (1975): Crime, punishment, and deterrence. New York

Heinz, W. (2006): Das strafrechtliche Sanktionssystem und die Sanktionierungspraxis in Deutschland 1882-2004 (Stand: Berichtsjahr 2004). Internet-Publikation: www.uni-Konstanz.de/rtf/kis/sanks04.pdf Version1/2006

Herrmann, D. (2003): Werte und Kriminalität. Konzeption einer allgemeinen Kriminalitätstheorie. Wiesbaden

Hill, P.B. (2002): Rational Choice-Theorie. Bielefeld

Inglehart, R. (1997): Modernization and postmodernization. Cultural, economic and political change in 43 societies. Princeton, N.J.

Kalke, J. (2001): Innovative Landtage. Eine empirische Untersuchung am Beispiel der Drogenpolitik. Wiesbaden

Kalke, J., U. Vertheim/H. Stöver: Seuche Cannabis? Kritische Bemerkungen zu neueren epidemiologischen Studien, in: Suchttherapie, 6, (3) S. 108-115

Kaupen, W., H. Volks/R. Werke (1970): Compendium of Results of a Representative Survey among the German Population. Arbeitskreis für Rechtssoziologie, Tabellenband. Köln

Killias, M. (2002): Grundriss der Kriminologie. Eine europäische Perspektive. Bern

Kraus, K., J. Töppich/B. Orth (2007): Trends des Cannabiskonsums bei Jugendlichen und jungen Erwachsenen, in: Deutsche Hauptstelle für Suchtfragen (Hrsg.): Jahrbuch Sucht 2007. Geesthacht, S. 129-143

Kreuzer, A. (2004): Prävention durch Repression?, in: H. Schöch/J.-M. Jehle (Hrsg.): Angewandte Kriminologie zwischen Freiheit und Sicherheit. Mönchengladbach, S. 205-218

Landtag Baden-Württemberg (2001): Auffälligkeiten im Straßenverkehr unter dem Einfluß von Rauschmitteln. Antrag des Abg. Dr. Bernhard Lasotta u.a. CDU und Stellungnahme des Innenministeriums. Drucksache 13/516 vom 3.12.2001

Meier, R.F., S.R. Burkett/C.A. Hickman (1984): Sanctions, peers, and deviance: preliminary models of a social control process, in: Sociological Quarterly, 25, S. 67-82

Raskob, C. (1996): Cannabis-Debatte: Kiel wechselt die drogenpolitische Strategie, in: DIE ZEIT, Nr. 48/1996

Reuband, K.-H. (1985): Methodische Probleme bei der Erfassung altersspezifischer Verhaltensweisen: Die Zusammensetzung von Interviewerstäben und ihr Einfluß auf das Antwortverhalten Jugendlicher, in: ZA-Information 17, S. 34-50

Reuband, K.-H. (1986): Die Verbreitung illegaler Drogenerfahrung in der Bevölkerung der Bundesrepublik – Versuche ihrer Messung im Rahmen der Umfrageforschung, in: Suchtgefahren, 32, S. 87-102

Reuband, K.-H. (1988a): Verbreitung und Erscheinungsformen des Drogengebrauchs: Umfragen unter Jugendlichen in Schleswig-Holstein 1968-1987, in: Jugendforum. Fachzeitschrift für Praxis, Wissenschaft und Politik der Jugendhilfe in Schleswig-Holstein, Nr. 9/10, S. 240-244

Reuband, K.-H. (1988b): Haschisch im Urteil der Bundesbürger. Moralische Bewertung, Gefahrenwahrnehmung und Sanktionsverlangen 1970-1987, in: Neue Praxis. Zeitschrift für Sozialarbeit, Sozialpädagogik und Sozialpolitik, 18, S. 480-495

Reuband, K.-H. (1988c) : Soziale Erwünschtheit und unzureichende Erinnerung als Fehlerquelle im Interview. Möglichkeit und Grenzen bei der Rekonstruktion von früherem Verhalten – das Beispiel Drogengebrauch, in: ZA-Information 23, S. 63-72

Reuband, K.H. (1989): Drogen- und Alkoholkonsum bei Jugendlichen, in: M. Markefka/R. Nave-Herz (Hrsg.): Handbuch der Familien- und Jugendforschung. Bd. II: Jugendforschung. Neuwied – Frankfurt/M., S. 757-778

Reuband, K.-H. (1991a): Forschungssituation und Forschungsbedarf im Bereich der Epidemiologie illegaler Drogen, in: Suchtforschung. Bestandsaufnahmen und Analyse des Forschungsbedarfs (Materialien zur Gesundheitsforschung – Schriftenreihe zum Programm der Bundesregierung Forschung und Entwicklung im Dienste der Gesundheit Bd. 19). Bonn, S. 157-173

Reuband, K.-H. (1991b): Abhängig vom ersten "Schuß"? Über das Experimentieren Jugendlicher mit Heroin und injektivem Drogengebrauch, in: Soziale Probleme, 2, S. 189-207

Reuband, K.-H. (1992a): Drogenkonsum und Drogenpolitik. Deutschland und die Niederlande im Vergleich. Opladen

Reuband, K.-H. (1992b): Der Einfluß kontextueller Hintergrundinformationen auf die Deliktbewertung und das Sanktionsverlangen der Bevölkerung. Ergebnisse eines Frageexperiments, in: Zeitschrift für Rechtssoziologie, 13, S. 141-149

Reuband, K.-H. (1993a): Forschungsdefizite im Bereich des Drogengebrauchs, in: Sucht. Zeitschrift für Wissenschaft und Praxis, 39, S. 48-57

Reuband, K.H. (1993b): Survey methods as a monitoring instrument, in: H. F. L. Garretsen, L. A. M. van de Goor, Ch. D. Kaplan, D. J. Korf, I. P. Spruit/W. M. de Zwart (Hrsg.): Illegal drug use. Research methods for hidden populations. Proceedings. Invited Expert Meeting. Utrecht/Rotterdam, Netherland Institute of Alcohol and Drugs/Municipal Health Service Rotterdam. Rotterdam, S. 22-27

Reuband, K.-H. (1994): Soziale Determinanten des Drogengebrauchs. Eine empirische Untersuchung des Gebrauchs weicher Drogen in der Bundesrepublik Deutschland. Opladen

Reuband, K.-H. (1995) Drogenkonsum und Drogenpolitik in Westeuropa. Epidemiologische Befunde im Vergleich, in: Aus Politik und Zeitgeschichte. Beilage zur Wochenzeitschrift DAS PARLAMENT, Nr. 8, S. 22-31

Reuband, K.-H. (2001a): Cannabiskonsum in Westeuropa unter den Einfluß rechtlicher Rahmenbedingungen und polizeilicher Praxis. Eine vergleichende Analyse epidemiologischer Befunde. Expertise für das Schweizerische Bundesamt für Gesundheit. Bern

Reuband, K.-H. (2001b): „Schwarzhören“ im Dritten Reich. Verbreitung, Erscheinungsformen und Kommunikationsmuster beim Umgang mit verbotenen Sendern, in: Archiv für Sozialgeschichte, 41, 2001, S. 374-398

Reuband, K.-H. (2002): Subjektive Wahrscheinlichkeiten und Antwortmuster. Der Einfluß von Personenbezug und Skalierungsart, in: ZA Information 50, S. 46-58

Reuband, K.-H. (2003): Wie wahrscheinlich ist „wahrscheinlich“? Verbale Kategorisierungen und numerische Schätzungen von Befragten, in: Schweizerische Zeitschrift für Kriminologie, Heft 2, S.13-17

Reuband, K.-H. (2004a): Konstanz und Wandel im Strafbedürfnis der Bundesbürger – 1970 bis 2003, in: R. Lautmann, D. Klimke/F.Sack (Hrsg.): Punitivität. 8. Beiheft des Kriminologisches Journal, S. 89-103

Reuband, K.-H. (2004b): Legalisierung oder Repression als Mittel der Drogenprävention? Variationen der Drogenpolitik in Westeuropa und ihre Effekte, in: Deutsche Hauptstelle gegen die Suchtgefahren und R. Gaßmann (Hrsg.): Cannabis. Neue Beiträge zu einer alten Diskussion. Freiburg, S. 213-245

Reuband, K.-H. (2007): Prävention durch Abschreckung? Drogenpolitik und Cannabisverbreitung im innerdeutschen Vergleich, in: K. Mann (Hrsg): Die Folgen des Konsums psychoaktiver Substanzen für Kinder und Jugendliche. Freiburg, S. 195-213

Reuband, K.-H./J. Blasius (1996): Face-to-face, telefonische und postalische Befragungen: Ausschöpfungsquoten und Antwortmuster in einer Großstadt-Studie, in: Kölner Zeitschrift für Soziologie und Sozialpsychologie, S.296-318

Schäfer, C./L. Paoli (2006): Drogenkonsum und Strafverfolgungspraxis. Eine Untersuchung zur Rechtswirklichkeit der Anwendung des § 31a BtMG und anderer Opportunitätsvorschriften auf Drogenkonsumentendelikte. Berlin

Schleswig-Holsteinischer Landtag (2006): Eigenbedarfsgrenze für Cannabis. Kleine Anfrage der Abgeordneten Angelika Birk und Antwort der Landesregierung – Minister für Justiz, Arbeit und Europa. Drucksache 16/1026

Schöch, H. (1985): Empirische Grundlagen der Generalprävention, in: Vogler, T. (Hrsg.): Festschrift für Hans-Heinrich Jeschek zum 70. Geburtstag, Berlin, S. 1081-1105

Sellin, T, (1959): The Death Penalty. Philadelphia

Stempel, K. (2007): Rauschgiftlage 2005, in: Deutsche Hauptstelle für Suchtfragen (Hrsg.): Jahrbuch Sucht 2007. Geesthacht, S. 86-98

SWR (Südwestdeutscher Rundfunk) (2007): Gericht bestätigt Führerscheinentzug für Beifahrer. (www.swr.de.nachrichten, Zugriff 13.4.2997)

Tourangeau, R., L.J. Rips/K. Rasinski (2000): The Psychology of Survey response. Cambridge

Wilson, J.D. (1990): Drug and crime, in: Tonry, M./J.Q. Wilson (Hrsg.), Drug and Crime, Chicago, S. 521-545

Qualitative Drogen- und Suchtforschung – am Beispiel eines kulturpsychologischen Forschungsprojekts

Henrik Jungaberle

1. Einleitung – Qualitative Forschung als Orientierung im sozialen Raum

Welche Typen der adoleszenten Auseinandersetzung mit psychoaktiven Substanzen lassen sich differenzieren? Was sind die Funktionen des Alkoholkonsums in der Identitätsarbeit von türkischen Migranten der vierten Generation? Wie beschreiben Hauptschüler und Gymnasiasten den Stellenwert und die Art ihres Rauscherlebens? Gibt es Geschlechterunterschiede bei der Wahrnehmung von Cannabis-bezogenen Botschaften in Hip-Hop-Musikvideos – und worin bestehen diese gegebenenfalls?

Dies alles sind typisch „qualitative“ Fragen. Und doch lässt sich zu jeder der voran genannten Fragen auch eine „quantitative“ Methode finden oder erfinden, die Antworten produziert und dabei hilft, diese zu legitimieren. Warum also qualitativ forschen? Gibt es Besonderheiten der qualitativen Drogen- und Suchtforschung?

Der vorliegende Beitrag möchte diese Frage beantworten, indem zunächst einige Grundmerkmale qualitativer (Drogen-)Forschung diskutiert werden. Im Anschluss daran werden zwei unterschiedliche Forschungsstrategien aus einer methodenintegrativen Studie dargestellt[1], die als Beispiel für mögliche Vorgehensweisen in der qualitativen Drogenforschung gelten können und damit Vorgehensweisen sowie Vor- und Nachteile dieses Verfahrens demonstrieren helfen.

---

[1] Beide Beispiele stammen aus dem RISA-Projekt („Ritualdynamik und Salutogenese beim Gebrauch und Missbrauch psychoaktiver Substanzen“. Es ist als Teilprojekt C8 eingebettet in den kulturwissenschaftlich orientierten, von der Deutschen Forschungsgemeinschaft geförderten Sonderforschungsbereichs 619 „Ritualdynamik – Historische und soziokulturelle Prozesse im Kulturvergleich“, www.ritualdynamik.uni-hd.de).

Was ist qualitative Forschung?

Qualitative Forschung bezeichnet ein Set von Untersuchungsmethoden, die dabei helfen, Menschen oder deren Bezugssysteme zu beschreiben, indem sie mit diesen in eine offene, sinnbezogene Kommunikation eintreten; der Forschende versucht außerdem durch vorübergehende Teilnahme am „Feld“, einen Einblick in den Kontext zu erhalten, in dem die beforschten Menschen leben.

Es sind in den vergangenen Jahrzehnten zahlreiche Versuche unternommen worden, qualitative Forschung zu charakterisieren und zu systematisieren (darunter etwa: Denzin/Lincoln 2000; Glaser/Strauss 1967; Knoblauch 2003; Lamnek 1995; Mayring 2002; Miles/Huberman 1994; Strauss/Corbin 1996; Taylor/Bogdan 1998; Witzel 1982). Dieses „Set“ qualitativer Untersuchungsmethoden besteht aus zahlreichen einzelwissenschaftlichen Ansätzen wie der qualitativen Inhaltsanalyse, der objektiven Hermeneutik, der biografischen Fallrekonstruktion, der Ethnomethodologie, der Grounded Theory usw., die hier nicht im einzelnen dargestellt, sondern in den angegebenen Standardwerken nachgelesen werden können. Wolcott (1992) und Tesch (1990) haben jeweils versucht, historisch-ideengeschichtliche „Stammbäume“ qualitativer Forschungsmethoden zusammenzustellen, die einen guten Überblick der Forschungstradition vermitteln (vgl. auch die Zusammenfassung in Miles/Huberman 1994).

Der rekursive Charakter von Wissenschaft

Sowohl Forschende als auch Beforschte, und schließlich – in Bourdieuscher (1987) Lesart – auch ganze Gesellschaftsschichten reduzieren mit bestimmten, sinnkonstruierenden Wahrnehmungs-, Denk- und Verhaltensschemata die Komplexität der interaktionellen und sozialen Wirklichkeit. Wissenschaftliche Untersuchungen wiederum beeinflussen umgekehrt die Lebenswelt der Beforschten und steigern durch direkte oder mediale Kommunikation ihrer Resultate deren Komplexität. Auch die bloße Tatsache, überhaupt Gegenstand einer „wissenschaftlichen“ Untersuchung zu sein, kann einen beforschten Kontext verändern. In postmodernen, sich globalisierenden Gesellschaften gelangen die Ergebnisse wissenschaftlicher Studien immer häufiger in das Feld der Beforschten zurück. Sie werden selber zum Ausgangspunkt für neue Verhaltensweisen. Im Bereich der pharmakologischen Drogenforschung gilt dieser Zirkel schon seit fast zweihundert Jahren – die meisten der heute auf Schwarzmärkten gehandelten psychoaktiven Substanzen stammen aus wissenschaftlichen Labors (Kokain, Heroin, Barbiturate, LSD, MDMA usw.). Sie sind dual use Substanzen, die sowohl im medizinisch-institutionellen Bereich als auch in den sozialen Feldern selber

Verwendung fanden oder finden. Aber eben auch sozialwissenschaftliche und darunter wieder qualitative Ergebnisse werden in die sozialen Welten aufgenommen: als Beispiele können das Konzept der „Einstiegsdroge“ sowie das der „Drogenkarriere“ gelten.

In qualitativen Forschungsstrategien geht es im Vergleich zu den Schwester-Methoden im quantitativen Bereich viel stärker um Theorie- und Begriffsbildung, um neues Denken. Dagegen finden sich seltener überprüfende Studien, die bestimmte Merkmale in einem Beobachtungsraum „nachuntersuchen“. Diese produktive und kreative Ausrichtung der qualitativen Forschungsmethoden ist der eigentliche Vorteil dieses sozialwissenschaftlichen Methodenkanons.

Der sinnverstehende und –interpretierende Zugang zur soziale Welt

> *„Qualitative Data are sexy. They are a source of well-grounded, rich descriptions and explanations of processes in identifiable local contexts.“ (Miles/Huberman 1994: 1)*

Die verschiedenen Methoden der qualitativen Sozialforschung versuchen alle einen sinnverstehenden und -interpretierenden Zugang zum Forschungsgebiet herzustellen. Sie ergründen die Bewegung von Subjekten in ihrem sozialen Raum, was einerseits heißt, deren eigene Perspektiven zu modellieren, andererseits aber auch bedeutet, den Kontext beziehungsweise die „vorgängigen“ Strukturen, an denen sich diese Subjektivität orientiert, zu analysieren. Qualitative Forscher versuchen damit in systematischer, nachvollziehbarer Weise orientierende Konzepte zu stiften, um die Interaktion zwischen den Subjekten und ihrem sozialökologischen Kontext herauszuarbeiten.

Die hier verwendete Metapher der Orientierung umfasst nicht nur die Beschreibung einer Bewegungsrichtung, also ein raum- oder zeitdynamisches Konzept. Thematisiert wird auch das Verhältnis von scheinbar festgefügten Positionen oder Strukturen und deren zeitlicher Entwicklung, von Zustandsbeschreibungen und ihrer Dynamik. Somit könnte man also ähnlich wie in Kurt Lewins (1982) Feldtheorie formulieren, dass durch qualitative Forschungsstrategien offen gelegt werden soll, welche Vektoren im sozialen Raum Einfluss auf das Handeln von Menschen nehmen und dieses in bestimmte Richtungen lenken.

Die symbolischen Interaktionen in den untersuchten sozialen Welten verändern sich kontinuierlich, dies betrifft sowohl die handlungsgenerierenden als auch die handlungslegitimierenden Aspekte der Lebenswelten. Qualitative Forschung kann auf diese Entwicklungsdynamik reagieren. Es entwickelt sich einerseits eine wachsende Standardisierung qualitativer Methoden (Miles/Huberman

1994), die auf die oft erhobene Kritik reagiert, diese Methoden seien eher eine „Kunst", denn ein systematisches Vorgehen. Dies ist vor allem im Bereich der Auswertungstechniken auch notwendig, doch ist gerade die Anpassungsfähigkeit qualitativer Erhebungsstrategien an den sozialen und „symbolischen" Wandel unerlässlich. Wegen der feldspezifisch oft notwendigen Adaptierung von Forschungsstrategien muss im Ergebnisbericht die Systematik dieser Untersuchungen in ihren einzelnen Schritten vorgestellt werden, um den Gütekriterien qualitativer Forschung zu genügen (zur Diskussion dieser hier nicht behandelten Kriterien siehe u.a. Flick 2002).

Qualitatives Datenmaterial und die teilnehmende Beobachtung im „Feld"

Um ein Netzwerk von Ideen zu bilden, das Auskunft über den Wahrnehmungs-, Denk- und Handlungsraum eines Einzelnen oder einer Gruppe von Menschen gibt, greifen qualitative Untersuchungen auf visuelle, auditive und textuelle Daten zurück – und im weitesten Sinne auf kommunikativ erzeugte Daten. Die am häufigsten verwendete Methode in qualitativen Arbeiten ist noch immer das Interview – in seinen vielen Spielarten. Die gesammelten Informationen werden am Ende in einem System von mehr oder weniger in diesen Daten verankerten Begriffen beschrieben und neu geordnet. Diese manchmal induktiv, manchmal deduktiv (oder in einer Mischung aus beiden Vorgehensweisen) gebildeten Begriffssysteme (oder auch „Theorien") können danach durch weitere qualitative Untersuchungen bestätigt oder mit den Mitteln der quantitativen Sozialforschung überprüft werden (Lamnek 1995: 226; Mayring 2002). In den letzten zwei Jahrzehnten steigt die Zahl von Forschungsprojekten, die sich einer pragmatischen Doppelstrategie verpflichten und sowohl quantitativ (also etwa mit Fragebögen) als auch qualitativ (beispielsweise mit halbstrukturierten Interviews) arbeiten.

Ein wiederkehrendes Merkmal qualitativer Forschung ist die intensive Auseinandersetzung in und mit einem „Feld". Man geht dorthin, wo „es" geschieht: in die Schule, die U-Bahn, „auf die Szene" oder zum Ort, an dem „bürgerlicher Kokainkonsum" (Kemmesies 2001) sich ereignet usw. Man verwickelt Menschen in Interaktionen, um dann entweder eine Sammlung eher fragmentarischer Feldnotizen zu erstellen oder Studienteilnehmer zu gewinnen, die regelmäßige Auskünfte erteilen. Dabei wird versucht, Einzeldaten in Bezug auf die Eigenlogik eines bestimmten sozialen Systems zu interpretieren. Insbesondere in einem frühen Stadium der Datenerhebung und Theoriebildung wird durch empathisches Verstehen versucht, die Perspektive der Feld-Teilnehmer „nachzuvollziehen". Kontinuierlich besteht die Möglichkeit, das eigene Vorverständnis dieses Feldes mit den Akteuren zu diskutieren. Entgegen der Grundannahme quantitativer

Forschungsstrategien wird hier nicht prinzipiell versucht, den Einfluss auf das untersuchte soziale System zu vermeiden, in jedem Fall jedoch muss er so gut wie möglich berichtet werden. Gerade im Austausch wird der Erkenntnisgewinn erzielt, wobei die sogenannte Aktionsforschung (Whyte 1991), die während des Forschungsprozesses einen aktiv gestaltenden Einfluss auf ihren Gegenstand ausdrücklich beabsichtigt, das radikalste dieser Verfahren darstellt. Hier werden in Form eines „Feld-Experiments“ Daten gesammelt, die an die Subjekte zurückgegeben werden – als Feedback und Initiation der nächsten Stufe gemeinsamer Forschungsarbeit.

Offenlegung der Forscherperspektive und die Rolle des aktiven Lesers

Die Position des Forschenden im Feld wird also nicht im Sinne einer perspektivfreien „Objektivität“ eliminiert, sondern als reflexives Erkenntnisprinzip bewahrt. Es besteht im Vergleich zu den quantitativen Forschungsstrategien eine größere Notwendigkeit, die theoretische Ausgangslage des Forschers offenzulegen. In qualitativen Studien ist es guter Brauch mitzuteilen, wie der Forscher die soziale Welt konstruiert: man lernt dadurch seinen „Konversationspartner“ kennen. Ob es um einen Phänomenologen, einen kritischen Realisten, einen symbolischen Interaktionisten oder einen sozialkonstruktivistischen Autor geht: es ist wichtig zu wissen, vor welchem Verständnishintergrund sich die Strategien entfalten, die in einer konkreten Untersuchung angewandt werden.

Qualitative Forschungsergebnisse selbst sind kommunikativ und deshalb oft fragiler und komplexer. Sie halten sich nicht selten in einer interpretativen Schwebe und überlassen dem Leser einen Teil der Interpretationsarbeit des oftmals reichlich dargestellten Originalmaterials (in Form von Zitaten oder sonstigen Dokumenten der Feldakteure). Mit „Schwebe“ ist darauf verwiesen, dass das Bild des Rezipienten, also des Lesers qualitativer Ergebnisse, weniger dem eines passiven Informationssuchers entspricht. Vielmehr wird der Leser selber als aktives und konstruierendes Subjekt gedacht – er rezipiert nicht nur vorgebliche „Tatsachen“, sondern soll sich mit den Forschungsergebnissen und deren Entstehungsgeschichte dialogisch auseinandersetzen.

Qualitative Drogenforschung: vom Rand zur Mitte

> *„People who write about methodology often forget that it is a matter of strategy, not of morals." (Goerge Homan in Miles/Huberman 1994)*

Qualitative Forschung nimmt durch das Gebot selbstreflexiver Offenlegung paradigmatischer Grundlagen eine besondere Stellung im wissenschaftssoziologischen Gefüge ein. Nach Jahrzehnten am „Rand" der dominierenden „quantitativen" Methoden haben qualitative Forscher spätestens seit den 80er Jahren des 20. Jahrhunderts auch in der Drogenforschung eine zunehmend beachtete Position erlangt. In einer Publikation des amerikanischen National Institute of Drug Abuse (NIDA) wurde qualitativen Forschungsstrategien eine Rolle als Schlüsselkomponenten in der Nationalen HIV-Bekämpfung zugewiesen (NIDA 1995). Das europäische EMCDDA hatte seit Ende der 1990er Jahre eigene Ressourcen für die Koordination qualitativer Forschungsprojekte und -ergebnisse bereit gestellt (EMCDDA 2007). Und auch in Deutschland werden neben quantitativen Arbeiten auch qualitative Ressourcen von Instituten wie dem Bremer Institut für Drogenforschung (BISDRO) zusammengestellt.

Betrachtet man den Drogengebrauch als eigenes soziales Feld im Sinne Bourdieus (1987), versteht man die historisch konstellierte Rolle qualitativer Drogenforschung als Rand- oder gelegentlich auch als „subversive" Disziplin besser. Qualitative Forschungsmethoden wurden in der Vergangenheit eher von Forschern gewählt, die alternative Positionen zum dominanten Drogen- und Suchtparadigma formulieren wollten, insbesondere solchen Forschern, die den Betroffenen selber eine Stimme geben wollten. Der Wissenschaftsprozess ist immer Teil eines Machtgefüges und steht in Auseinandersetzung mit dominanten Paradigmen (ein älteres aber hervorragendes Beispiel für eine normreflexive qualitative Arbeit in Auseinandersetzung mit dem wissenschaftlichen und medialen Zeitgeist findet sich bei Gerdes und Wolffersdorff-Ehlert 1973).

Die besondere Rolle qualitativer Drogenforschung im Gesamtkanon wissenschaftlicher Zugänge zum Feld besteht in der Reflexion dominierender Paradigmen, die den Blick auf die sozialen Problemlagen verstellen oder diese sogar miterzeugen. Außerdem vermag sie verschiedene Forschungsparadigmen synthetisch zusammenführen – und zwar unter Offenlegung irrationaler und eben einschränkender Theoriegebäude. Dies gilt natürlich für die Drogen- und Suchtpolitik in besonderer Weise. Es finden sich nicht viele gesellschaftliche Felder, in denen bis tief in die Natur- und Sozialwissenschaften hinein Klischees und Tabus, Ängste und Vorurteile wissenschaftliche Studien vorprägen.

Dennoch ist es sinnlos, qualitative Drogenforschung als prinzipiell „subversive“ Disziplin zu definieren. Dies würde ihr eine festgeschriebene Rolle am Rand des Wissenschaftsbetriebs zuweisen, die nicht ihrem einmaligen Vermögen entspricht, einen direkten Einblick in soziale Problemlagen zu gewähren. Qualitative Drogenforschung ist ebenso wie die Statistik eine unerlässliche methodische Seitendisziplin.

2. Zwei qualitative Forschungsstrategien aus dem RISA-Projekt

Die folgenden Beispiele sind keine kompletten Forschungsberichte[2], sondern sollen eher einen Eindruck von Grundstrukturen eines qualitativen Vorgehens geben. Seit 2003 erheben wir im Rahmen eines kulturwissenschaftlichen Längschnittprojektes über den Gebrauch psychoaktiver Substanzen halbjährlich fallbezogene Daten zum Gebrauch psychoaktiver Substanzen. Die Untersuchung umfasst zwei Stichproben, die nach vollkommen verschiedenen Prinzipien zusammengestellt worden sind. Sie ist methodenintegrativ: wir verwenden Fragebogen[3] und halbstrukturierte Interviews, führen außerdem im Fall unserer „Subkultur“-Stichprobe ausführliche Feldforschungen durch. Bei der „Schülerstichprobe“ wurden nach dem Zufallsprinzip zwölf regionale Schulklassen ab dem 7. Schuljahr zusammengestellt, so dass wir mit ca. 320 Studienteilnehmern begonnen haben. Da es vor allem um Prozesse von Abstinenz, Einstieg, Konsumpeaks, Ausstieg und Identitätsentwicklung im Kreise der Peers ging, wurden hier alle Jugendlichen dieser Klassen, auch die zu diesem Zeitpunkt nicht konsumierenden, eingeschlossen. Für die „Subkultur-Stichprobe“ hingegen haben wir nach einem Schneeballprinzip etwa 50 Erwachsene aufgenommen, die von sich zu Studienbeginn angaben, einen kontrollierten, nicht-abhängigen Konsum psychoaktiver Substanzen zu betreiben[4]. Diese Teilnehmer wurden zudem nach der Maxime der Fallkontrastierung ausgewählt, wobei wir vornehmlich auf die Dimension eines differenten, mehr oder weniger ritualisierten Konsumsettings achteten. Genau dieses Konzept der Ritualisierung des Konsums haben wir in

---

[2] Insbesondere wird hier aus Platzgründen kaum Bezug auf Datenerhebungsstrategien genommen.

[3] Die verwendeten Fragebogen: SCL-90-R (nach Derogatis), Antonovskys Fragebogen zur Lebensorientierung (Kohärenzsinn), eine Selbstwirksamkeitsskala (nach Schwarz), das Freiburger Persönlichkeitsinventar und ein selbstkonstruiertes, ausführliches Instrument zur Messung verschiedener Aspekte von Gebrauchsmustern (Häufigkeiten, Risikowahrnehmung, Selbsteinschätzung des Konsumtyps etc.)

[4] Die genaueren Ein- und Ausschlusskriterien sind an dieser Stelle nicht relevant. Alle Personen wurden wie die gesamte Stichprobe zusätzlich mit Fragebogen untersucht.

Anschluss an die Arbeiten von Zinberg und Harding (Zinberg 1983, 1984; Zinberg/Harding 1982; Zinberg et al. 1975) als Kontrastierungsdimension herangezogen. Wir haben nicht nach bestimmten Substanzarten differenziert, auch keine Unterscheidung zwischen legalen und illegalisierten Drogen getroffen. Dies geschah auch deshalb, weil die Realität des Konsums psychoaktiver Substanzen heute oft den Gebrauch mehrerer Substanzen umfasst.

Während das erste Forschungsbeispiel sich ausschließlich auf die Schülerstichprobe bezieht, haben wir im zweiten Interviewaussagen von Erwachsenen verwendet. Wir lassen in diesem Zusammenhang fast alle Daten weg, die unsere Stichprobe genauer charakterisieren würden, da es vor allem um die Darstellung qualitativer Forschungsstrategien geht. In beiden Beispielen wurde auswertungstechnisch nach der Arbeitsweise von Mayring (2002) vorgegangen.

Beispiel 1: Typisierung jugendlicher Drogenkonsumenten für suchtpräventive Interventionen

> *„We need to be able to classify our activities and surroundings simply to make life manageable, since it would be impossible to treat everything we encounter as unique." Wishart (1987)*

Das erste Beispiel steht für eine komplexe, induktiv-deduktive Vorgehensweise im Umgang mit etwa 80 Interviewpartnern, die wir zu Beginn des Projektes aus der 320 Personen umfassenden Schülerstichprobe ausgewählt hatten[5]. Diese Personen wurden halbjährlich über ihre Haltung zu oder ihren Konsum von psychoaktiven Substanzen interviewt. Ausgehend davon, dass es keine umfassende Typologie adoleszenten Substanzkonsums gibt[6], richtete sich unsere Fragestellung in diesem Teil der Studie auf die Bedeutung des Konsums psychoaktiver Substanzen für die Identitätsentwicklung[7]. Erarbeitet werden sollte eine Typologie der adoleszenten Identitätsarbeit mit psychoaktiven Substanzen, die in Suchtprävention und Drogenerziehung Verwendung finden könnte. Wir hatten dabei

---

[5] Um ein möglichst breites Spektrum der Haltungen gegenüber legalen und illegalen Drogen abzudecken, erfolgte diese Auswahl aus der Gesamt-Schülerstichprobe ebenfalls nach fallkontrastierenden Gesichtspunkten, die ausgewählten Schüler sollten sich also möglichst stark in ihrem Umgang mit dem Drogenthema unterscheiden.

[6] Die meisten bestehenden Typologien fußen lediglich auf der Differenzierung von Konsumhäufigkeiten.

[7] Eine ausführliche Darstellung findet sich bei Stephan Gingelmaier (2007) Drogen – warum nicht?! Adoleszente Identitätsarbeit mit psychoaktiven Substanzen. Dissertation am Institut für Medizinische Psychologie des Universitätsklinikums Heidelberg.

im Sinn, Ideal-Typen zu formulieren (zur Typenbildung siehe Kluge 1999), die es ermöglichen würden, fallspezifisch den Stand der Auseinandersetzung eines Jugendlichen mit dem Drogenthema zu bewerten. Dies bedeutete auch, dass wir die hohe zeitliche Dynamik der adoleszenten Auseinandersetzung mit dem Drogenthema abbilden wollten. Die Typisierung sollte eine Art Standortbestimmung innerhalb der jugendlichen Persönlichkeitsentwicklung realisierbar machen.

Der deduktive Teil der Analyse bezog sich auf die ausführliche Verwendung der Identitätstheorie von Strauss und Höfer (1997). Dies ging prinzipiell von der Beobachtung aus, dass Personen mit schädlichem Konsum dem Drogengebrauch oft eine große identitätsstiftende Bedeutung zuweisen. Identität wird in dieser Theorie nicht mehr als monolithisches Konstrukt betrachtet, sondern als Synthese aus verschiedenen Teilidentitäten, an denen Subjekte oft lebenslang „arbeiten". Diese können sich in Widerspruch oder Einklang mit anderen Teilidentitäten befinden und verschiedenes Gewicht innerhalb einer Meta-Identität einnehmen. Wir haben eine Teilidentität „Umgang mit psychoaktiven Substanzen" postuliert. Eine Teilidentität baut sich zunächst über situationale Selbstthematisierungen der Jugendlichen auf (Alkoholkonsum auf Partys, Cannabiskonsum auf Spielplätzen, der erste Schluck Wodka aus dem elterlichen Barschrank usw.) und wird schließlich in Form von Teilidentitätsperspektiven gebündelt – hier besteht eine Ähnlichkeit zur Rollentheorie: „Ich als Kiffer", „Ich als Koma-Säufer", „Ich als Probierer" usw. Solche Rollen sind stark soziokulturell überformt. Im Verlauf seiner Entwicklung steht jeder Jugendliche vor sozialen und organismischen Anforderungen, die ihm Handlungsaufgaben setzen (analog zu Havighursts Konzept der Entwicklungsaufgaben); diese sind zentrale übergreifende Identitätsperspektiven (Auto fahren lernen; Feiern können; ein „starker" Mann sein; als Mädchen den Jungs beweisen können, „dass ich etwas vertrage" usw.). Bei diesen Aufgaben kann der Drogengebrauch eine funktionale oder dysfunktionale Rolle spielen. Als Ergebnis perspektivischer Teilidentitätsarbeit können Jugendliche ein übersituatives Bild von sich bekommen, dies wird von Strauss und Höfer Teilidentität genannt.

Ausgehend von diesem hier verkürzt dargestellten Begriffssystem haben wir uns innerhalb des 80 Personen umfassenden, nach den Vorgaben von Mayring (2002) strukturierten Fallmaterials[8] zunächst auf die Suche nach möglichst kontrastierenden Teilidentitätsentwürfen zum Thema des Umgangs mit psychoaktiven Substanzen gemacht. Das Fallmaterial umfasste jeweils wenigstens drei Erhebungszeitpunkte, also mindestens ein rekonstruktiv erzähltes Jahr im Leben

[8] Strukturierung bedeutet die verkürzende Zusammenfassung bedeutungstragender Einheiten. Die Interviews wurden also nach relevanten Aussagen für die Fragestellung „gekürzt".

der Jugendlichen. Welche Jugendlichen zeigten nun möglichst verschiedene Zugangsweisen zum Thema Drogen?

Um entscheiden zu können, welche Fälle wir auswählen würden, mussten Merkmale definiert werden, die eine Gruppierung von Interviewaussagen, zum Beispiel über das „Wozu?“ des Drogenkonsums, ermöglichten. Wir entschieden uns aufgrund von Literaturstudien für zwei bedeutsame Prozessmerkmale beim jugendlichen Drogenkonsum: die motivationale Komponente und spezifische (Persönlichkeits-)Stile im Umgang mit dem Drogenthema.

Als ersten Merkmalsraum, der Differenz definieren sollte, haben wir zehn motivationale Grundthemen aus dem Material hervorgearbeitet, die wir dann in Form eines polaren Systems angeordnet haben (Tabelle 1).

1.	Angst
2.	Neugier
3.	Suche nach Grenzen
4.	Suche nach Entgrenzung
5.	Zugehörigkeit
6.	Individuation
7.	Auflehnung/Protest
8.	Anpassung
9.	Hedonismus
10.	(Problem-)Bewältigung

Tabelle 1 Motivationale Grundthemen adoleszenten Umgangs mit psychoaktiven Substanzen

Zunächst wurden die Fälle also bezüglich dieser motivationalen Achsen geordnet: Bei wem trat ein Grundthema besonders hervor? Motivationen können wechseln und sind stark durch innere und äußere Prozesse beeinflussbar. Um ein statisches Denksystem zu vermeiden, haben wir diese polaren Grundthemen als zeitlich-dynamische Entwicklungswege definiert, die ein Jugendlicher im Lauf der Zeit beschreiten kann (Abbildung 1).

Bei einigen Personen kann ein solcher Entwicklungsweg etwa hauptsächlich auf der Hedonismus-Problembewältigungsachse verlaufen, d.h. ein Jugendlicher beginnt mit einem regenerativ motivierten Cannabis-Konsum im Freundeskreis, erlebt jedoch im Verlauf seiner Entwicklung verschiedene, nicht unbedingt konsumbezogene Krisen und „entdeckt“ dabei, dass man auch kiffen kann, um „Stress loszuwerden“, beispielsweise allein morgens auf dem Weg zur Schule. Bei anderen Personen können mehrere Wege parallel oder nacheinander beschritten werden, d.h. ein „Protest-Thema kann neben dem „Problembewältigungs"-Thema auftauchen.

Abbildung 1 Entwicklungslinien des adoleszenten Umgangs mit psychoaktiven Substanzen

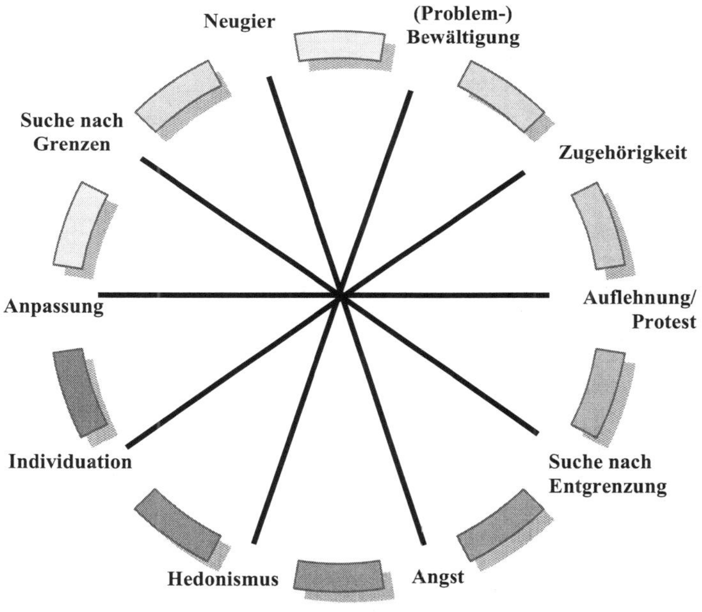

Es ist das Charakteristikum eines Entwicklungsprozesses, dass Unabgeschlossenes, Experimentelles und Instabiles auftaucht – dies gilt speziell für die Adoleszenz (Resch 1999). Während ihrer Entwicklung innerhalb des geschilderten Systems von Motivationen können sich Jugendliche zeitweise eindeutig auf einem Pol befinden („es geht mir um Spaß"). Oftmals ergeben sich aber eher ambivalente Positionen, die zwischen verschiedenen Polen und Entwicklungslinien hin und her schwanken („Ich will mich spüren, deshalb brauche ich manchmal solche Exzesse" als Grundthema der Suche nach Grenzen und „Ich bin einfach Teil der Gruppe und denke mit XTC stundenlang nicht mehr über meine Probleme nach" als Grundthema der Zugehörigkeit, aber auch als Form von (Problem-)Bewältigung).

Als zweiten Merkmalsraum, der zur Differenzierung der 80 Fälle benutzt wurde, haben wir ebenfalls aus der Analyse von Einzelfällen heraus sieben Modi des Umgangs mit psychoaktiven Substanzen formuliert (Tabelle 2). Diese wurden als bestimmte Formen der Auseinandersetzung mit dem Drogenthema verstanden. Sie schienen manchmal Persönlichkeitsmerkmale zu sein, aber auch mit Intelligenz, Bindungsstilen, sozialen Ressourcen usw. zusammenzuhängen. Diese Modi waren ein wirkungsvolles Mittel, um unsere Fälle weiter zu reduzieren. Fallkontrastierung bedeutete dann, dass von Merkmal 1 (motivationale Grundthemen) und Merkmal 2 jeweils ein deutlicher Vertreter jeder Kategorie im Endsample vorhanden war (es gab natürlich Fälle, in denen Merkmal 1 und Merkmal 2 kulminierten), wodurch wir die 80 Interviewpartner auf 11 Fälle reduzieren konnten. Diese Auswahl wurde durch konsensuelle Validierung in einem Auswertungsteam überprüft.

Nr.	Umgangsmodus mit Drogenthema	Erklärung
1.	**Instrumentell**	Die psychoaktiven Substanzen gewinnen aus der Subjektperspektive instrumentellen Charakter. Freitag/ Hurrelmann (Freitag/Hurrelmann 1999) verweisen darauf, dass Jugendliche psychoaktive Substanzen zunehmend als Mittel zu einem *reflektierten Zweck* einsetzten. Es geht um Themen wie Leistung und Entspannung.
2.	**Normativ**	Die Bewertung des Drogenthemas resultiert aus eher *impliziten Wertvorstellungen*, die nicht oder kaum reflexiv verarbeitet wurden.
3.	**Beziehungs-/ Gruppenbezogen**	Psychoaktive Substanzen spielen insbesondere in Beziehungs- bzw. Gruppengefügen eine Rolle. Dabei kann der Umgang mit PAS stark affektgeladen sein, der einzelne *„fließt"* mit seinem sozialen Kontext.
4.	**Reflexiv**	Psychoaktive Substanzen werden selbständig und differenziert betrachtet, dabei greift weder »ängstigende Panikmache« noch die Verherrlichung von Drogen – es entwickelt sich ein „rationaler" Umgang mit Wirkungen und Nebenwirkungen.

Nr.	Umgangsmodus mit Drogenthema	Erklärung
5.	**Hedonistisch**	Psychoaktive Substanzen verheißen Spaß, Lockerheit und Genuss. Sie werden eher *spontan, emotional, intuitiv* zum Lustgewinn herangezogen.
6.	**Wirkungsspezifisch**	Die in der jeweiligen Substanz liegenden (oder diesen zugeschriebenen) Wirkweisen bestimmen den Umgang und werden oftmals als Grundlage für das Entstehen von spezifischen Subkulturen gesehen. (Das „heroische Image von Heroin", das „Abhänger-Image" von Cannbis usw.)
7.	**Selbstreglementierend**	Der Umgang mit psychoaktiven Substanzen wird bestimmt durch explizite, selbst- oder fremdauferlegte Regeln. Die Einhaltung oder der Bruch dieser Regeln wird thematisiert.

Tabelle 2 Umgangsformen mit dem Drogenthema

Die in Tabelle 2 vorgestellten Modi charakterisieren die Art und Weise, in der sich die Jugendlichen auf den „Entwicklungswegen" zu verschiedenen motivationalen Grundthemen hin- und wegbewegen (Abbildung 1), bis sie vielleicht ein individuelles, identitätskonformes Muster im Umgang mit Drogen gebildet haben.

Nachdem wir dieses terminologische Instrumentarium sowohl deduktiv vor dem Hintergrund der Identitätstheorie von Strauss und Höfer und induktiv aus dem empirischen Fallmaterial entwickelt hatten und zu elf Fällen gekommen waren, konnten wir im nächsten Schritt Typen des adoleszenten Umgangs mit psychoaktiven Substanzen formulieren. Wir orientierten uns an dem „Stufenmodell empirisch begründeter Typenbildung" (Kluge 1999) (Tabelle 3).

Nr.	Schritte der empirischen Typenbildung
1.	Erarbeitung von relevanten Vergleichsdimension (=unserer Merkmale 1 und 2)
2.	Gruppierung der Fälle und Analyse empirischer Regelmäßigkeiten (Fallreduktion)
3.	Analyse inhaltlicher Sinnzusammenhänge und Typenbildung • Berücksichtigung weiterer Merkmale • Reduktion des Merkmalsraums auf Typen • Konfrontierung der Einzelfälle mit ihrem Idealtypus
4.	Charakterisierung der gebildeten Fälle • relevante Vergleichsdimensionen und weitere Merkmale • inhaltliche Sinnzusammenhänge • Erfassen des Typischen, Bildung von Idealtypen

Tabelle 3 Stufenmodell empirisch begründeter Typenbildung nach Kluge (1999)

1.	Subkultureller Typus
2.	Interkultureller Typus
3.	Grenzgänger-Typus
4.	Hedonistischer Typus
5.	Abstinenter Typus
6.	Probier-Typus
7.	Gemeinschaftlicher Typus
8.	Problematischer Typus

Tabelle 4 Typen adoleszenten Umgangs mit psychoaktiven Substanzen

Die formulierten Idealtypen zeigen das jeweils hervorstechende Merkmal, was nicht heißt, dass neben dem Bestimmenden nicht auch andere Merkmale gut mit dem Typenbild einhergehen. Den Idealtypen wurden in einem weiteren, hier nicht geschilderten Schritt wiederum reale Fälle zugeteilt. Wir haben acht verschiedene Typen formuliert, wobei wir darauf verzichtet haben, innerhalb der Typologie einen eigenen Genderaspekt zu realisieren (Tabelle 4).

Dieses Ergebnis soll mit drei Beispielen kurz erläutert werden, um die Eigenlogik der Typologie besser nachvollziehen zu könne. Beim Subkulturellen

Typus (Abbildung 2) wird der Substanzkonsum zum bestimmenden Merkmal einer Bezugsgruppe. Mit zunehmender Gruppenkohäsion (Motivationales Grundthema Zugehörigkeit) erfolgt ein schrittweises Entfernen von den Normen und Regeln der gesellschaftlichen „Mitte" (Grundthema Individuation, Grundthema Protest). Eigene „subkulturelle" Codes entwickeln sich, die ästhetische und performative Aspekte, wie beispielsweise eine subkulturelle Sprache, umfassen. Diese subkulturelle Identität kann durch ein „Maturing out" am Ende der Adoleszenz oder durch unerwartete Entwicklungsanforderungen bereits zuvor aufbrechen – und beispielsweise in einen abstinenten Lebensstil umschlagen. Sie kann sich verfestigen, wenn der Drogenkonsum als einzige alternative Strategie zur Bewältigung von Entwicklungsstress geworden ist.

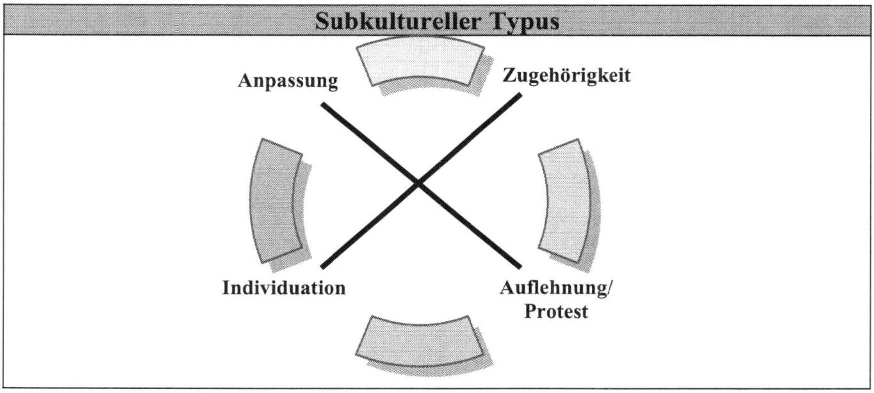

Abbildung 2 Subkultureller Typus des adoleszenten Umgangs mit psychoaktiven Substanzen

Beim Grenzgänger-Typus (Abbildung 3) ist eine ausgesprochene Suchdynamik festzustellen, er ist erfahrungsoffen (Grundthema Neugier) und befindet sich „auf dem Weg", manchmal auf der kontinuierlichen Suche nach dem „nächsten Kick". Er mag ein „Sensation-Seeker" im Sinne Zuckermans (1994) sein, der bereits biologisch eine Voraussetzung für exzessive und ekstatische Grenzüberschreitungen mitbringt, und er will wissen, „wo mein Limit liegt" (Grundthema Suche nach Grenzen), was „dahinter" kommt (Grundthema Suche nach Entgrenzung) und wie seine Umgebung auf provokante Transgressionen reagiert (Grundthema Protest). Seine Suche nach Extremerfahrungen beschränkt sich selten nur auf psychoaktive Substanzen.

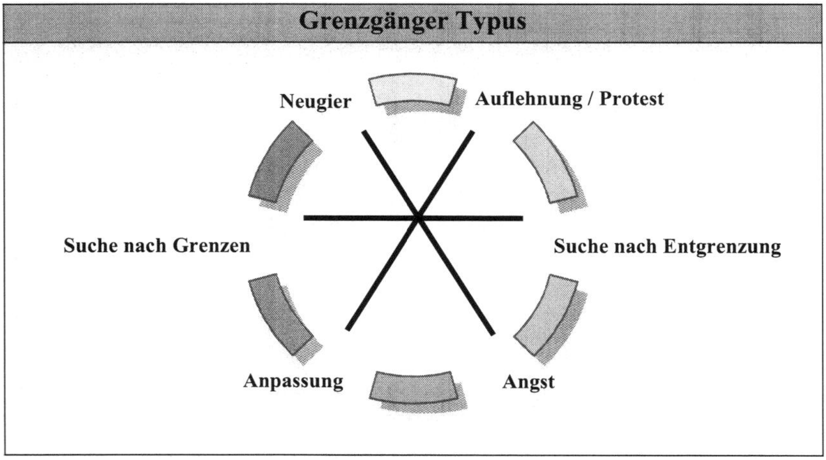

Abbildung 3 Grenzgänger-Typus beim adoleszenten Umgang mit psychoaktiven Substanzen

Als drittes soll schließlich der Gemeinschaftliche Typus skizziert werden (Abbildung 4). Substanzkonsum kann das adoleszente Gemeinschaftsgefühl fördern und adoleszente Gemeinschaften fördern häufig Substanzkonsum, was beides gleichermaßen diesen Typus charakterisiert. Die Gruppe kann durch kollektive Alkohol- oder Cannabiserfahrungen zusammengeschweißt werden (Grundthema Zugehörigkeit). Der soziale Druck der Gruppe wiederum kann Verführung bis Zwang ausüben (Grundthema Anpassung). Das motivationale Grundthema der adoleszenten Neugier wird durch Vorbildverhalten anderer stimuliert.

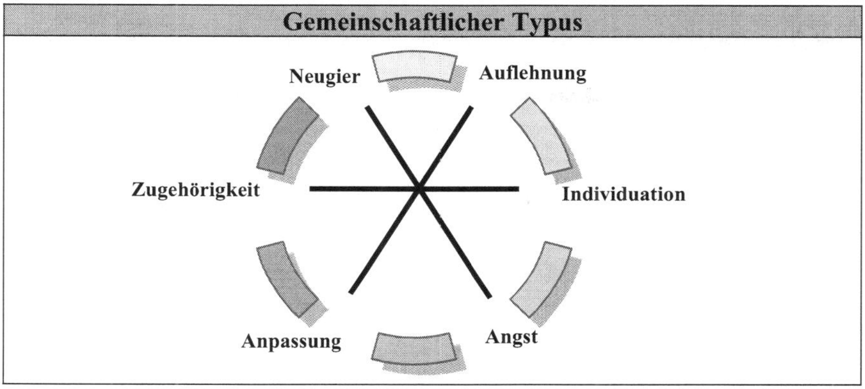

Abbildung 4 Der Gemeinschaftliche Typus beim adoleszenten Umgang mit psychoaktiven Substanzen

Die adoleszente Entwicklung wird weder vollständig von den Genen, noch von den soziokulturellen Bedingungen gesteuert. Jugendliche nehmen in ihrer Entwicklung eine aktive, identitätskonstruierende Rolle ein, bei der sie sich an Vorbildern orientieren, ihre eigenen Fähigkeiten aktualisieren, bei einem Überwiegen von Handlungserfolgen ein zielannäherndes Verhalten entwickeln und bei Überwiegen von Misserfolgen ein unlustvermeidendes Verhalten ausformen. Übergreifend kann man im Sinne von Schulenberg et al. (2000) zwei Ausformungen des adoleszenten Drogenkonsums unterscheiden: ein Katalysatorenmodell, bei dem der Konsum eine begleitende, „instrumentelle" Strategie zur Erreichung von Entwicklungszielen ist sowie ein Überforderungsmodell, bei dem sich Substanzkonsum als alternative Problembewältigungsstrategie bei unzureichend entwickelten biopsychosozialen Ressourcen ausbildet.

Die skizzierte Typologie kann wesentlich zur Selbst- und Fremdeinschätzung von Entwicklungsstadien beitragen. Durch ihre dynamische Struktur lässt sich das typische der adoleszenten Entwicklung erfassen. Methodisch wäre ein nächster Schritt nun die Rücküberprüfung des Modells an anderen Stichproben und die Evaluation von dessen operativer Nützlichkeit in Kontexten der Suchtprävention und Drogenerziehung.

Beispiel 2: Selbststeuerung unter dem akuten Einfluss psychoaktiver Substanzen

Das zweite Beispiel einer qualitativen Strategie innerhalb des RISA-Projekts skizziert ein methodisch einfacheres Vorgehen. Wir haben uns gefragt: Welche Strategien wenden erfahrene, nicht abhängige Konsumenten verschiedener Substanzen an, um die Qualität und Richtung ihrer aktuellen Substanzerfahrung zu beeinflussen? Dies haben wir in einfacheren Worten direkt bei den Studienteilnehmern erfragt: „Können Sie die Wirkung von XY (Cannabis, LSD, Ecstasy usw.) aktiv beeinflussen?"

In vielen medialen Darstellungen, aber auch wissenschaftlichen Publikationen werden eher selten Unterschiede und Inhalte von Substanzerfahrungen differenziert. Insbesondere wird der veränderte Wachbewusstseinszuständ selber (der „Rausch") häufig als entdifferenzierende, primitivierende Situation kolportiert, die von einem zunehmenden Kontrollverlust begleitet wird[9]. Rausch wird per se als „unkontrollierbar" dargestellt, was nicht nur der alltäglichen Erfahrung mit Alkohol widerspricht, sondern auch eine demotivierende Botschaft in Richtung von Experimentierkonsumenten mit (noch) kontrolliertem Konsum darstellt. Umgekehrt könnten Informationen über aktive Beeinflussungsmöglichkeiten auch das klinische Vorgehen bei sogenannten „Drogennotfällen" verbessern. Betrachtet man kontrollierte und integrative Formen von Substanzkonsum (Jung 2006; Jungaberle 2006), findet man eine häufig mit der Lebens- und Substanzerfahrung wachsende Anzahl von Strategien, die einen regelhaften Konsum ohne Abhängigkeitsentwicklung und mit positiven Funktionen für die autonome Gewährleistung der psychischen Grundbedürfnisse (zum Konzept der Grundbedürfnisse vgl. Grawe 2004) erst ermöglichen. Diese Strategien werden meist über ein System von Versuch-und-Irrtum angeeignet oder aus dem Peer-Kontext übernommen.

Ausgewertet wurden die Antworten auf eine einzige Frage des halbstrukturierten Interviews zu einem Erhebungszeitpunkt bei zwanzig Studienteilnehmern unserer „Subkultur"-Stichprobe. Diese mussten Erfahrung mit mindestens drei psychoaktiven Substanzen außer Zigaretten angeben, darunter ein Halluzinogen[10]. Der Auswertungsprozess nahm sechzehn Stunden, davon zehn Stunden in gemeinsamer Diskussion von zwei Personen bei der Konstruktion des Begriffs-

[9] Da diese Darstellung vor allem methodische Zwecke hat, wird hier nicht näher auf entsprechende Annahmen in psychologischen und neurobiologischen Suchtmodellen eingegangen, die solche einseitigen Darstellungen unterstützen.

[10] Das Mengenkriterium sollte Erfahrenheit abbilden und war die Strategie zur Reduktion der Fallzahl von 50 auf 20. Das Halluzinogenkriterium ergab sich aus der wissenschaftlich gut belegten Tatsache, dass gerade die Halluzinogenwirkung ein besonders hohes Maß an Beeinflussbarkeit durch Set und Setting-Faktoren aufweist (Zinberg 1984).

systems in Anspruch. Die entsprechenden Antworten der Studienteilnehmer wurden (wie der komplexere und erheblich länger dauernde Prozess in Beispiel 1) mit dem qualitativen Datenauswertungsprogramm ATLAS/ti kodiert. Jedes Zitat wurde im Konsens zwischen zwei Auswertenden einem Kode zugeordnet. Die Kodes wurden während des ersten, experimentellen Auswertungsdurchgangs mit dem gesamten Material entworfen. Wir waren zunächst von zwei groben Unterscheidungen ausgegangen: einer direkten und einer indirekten Beeinflussung der aktuellen Substanzwirkung. Kodes, die sich weder hier noch dort einordnen ließen, wurden zunächst einer Restkategorie aktive Beeinflussung zugewiesen (Tabelle 5).

Kodierung nach dem 1. Auswertungsdurchgang (Beispiele)
Aktive Beeinflussung: DIREKT Aktive Beeinflussung --> DIREKT --> körperlich --> Atem Aktive Beeinflussung --> DIREKT --> körperlich --> Körperhaltung ... Aktive Beeinflussung --> DIREKT --> mental --> Affirmation Aktive Beeinflussung --> DIREKT --> mental --> Innere Haltung--> Offenheit ... Aktive Beeinflussung --> DIREKT --> mental --> Innerer Beobachter Aktive Beeinflussung --> DIREKT --> mental --> Konzentration--> Imagination ... Aktive Beeinflussung --> DIREKT --> mental --> Kreativität Aktive Beeinflussung --> DIREKT --> mental --> Nicht-Bewerten ...
Aktive Beeinflussung: INDIREKT Aktive Beeinflussung --> INDIREKT --> Vorbereitung--> Dosis Aktive Beeinflussung --> INDIREKT --> Rahmenbedingungen --> angenehme Sinneseindrücke ... Aktive Beeinflussung --> INDIREKT --> Vorbereitung--> Diätetische Regeln--> Ernährung ...

Aktive Beeinflussung: Rest

Aktive Beeinflussung --> REST --> Abhängig von Art der Substanz

Aktive Beeinflussung --> REST --> Disziplin

Aktive Beeinflussung --> REST --> Ergebnis von Such- und Lernprozess

...

Aktive Beeinflussung --> REST --> moderiert durch Zielvorstellungen

...

Aktive Beeinflussung --> REST --> unsicher oder nicht erfolgreich--> keine Kontrolle über Inhalte

Tabelle 5: Erster Schritt der Kategorisierung zur Fragestellung einer aktiven Beeinflussung akuter Substanzwirkungen (Nicht geordnete Liste, gekürzt)

Nach diesem ersten Auswertungsdurchgang wurde das Kategoriensystem logisch geordnet und hierarchisiert (Tabelle 6), und in einem zweiten Durchgang war es dann möglich, alle Zitate den jetzt gewählten Kategorien zuzuordnen. Es wurden nur noch geringfügige Änderungen am Kategoriensystem vorgenommen.

<table>
<tr><th colspan="2">Möglichkeiten der aktiven Beeinflussung einer akuten Drogenwirkung</th></tr>
<tr><td>A</td><td>Situationsübergreifende moderierende Einflüsse
(bewusst und unbewusst, vor Einsetzen der Wirkung)</td></tr>
<tr><td colspan="2">• Art der psychoaktiven Substanz (die Wirkung einer Substanzen ist weniger, die anderer besser beeinflussbar)
• Dosis der psychoaktiven Substanz bzw. der Kombinationen (höhere Dosis bedeutet meist weniger Beeinflussungsmöglichkeit)
• Lebensstilbezogene Zielvorstellungen der Substanzeinnahme (Wozu?)
• Grundsätzliches Kontrollbedürfnis einer Person
• Beherrschung mentaler & körperlicher Techniken (z.B. Atemkontrolle oder Hyperventilation)
• Vorstellungen zum Wirkmechanismus psychoaktiver Substanzen verändern
• Erlebter Erfolg/Misserfolg bisheriger Kontrollversuche
• Wissenstand über psychoaktive Substanzen verbessern
• Vertrautheit mit dem Setting
• (Genetische Disposition)</td></tr>
</table>

B	***Techniken aktiver Beeinflussung der akuten Substanzwirkung***
Direkte Techniken *während der Substanzwirkung*	*Indirekte Techniken* *direkt vor Einnahme* *einer psychoaktiven Substanz*
1. Körperliche Beeinflussungsmöglichkeiten - Ortswechsel - Singen - Musik (verändern) - Tanzen - Atmen - Veränderte Körperhaltung einnehmen *2. Mentale Orientierung* a) Aufmerksamkeitssteuerung - Konzentration auf Körperregionen, Intentionen etc. - Imaginationen (z.B. einen inneren Szenenwechsel durchführen) - Wechsel der Aufmerksamkeit von innen nach außen und umgekehrt b) Handlungsleitende Intention fokussieren - Heilung - entspannter Feierabend c) Allgemeine mentale Haltung - Wirkungen nicht bewerten („nicht da gegen ankämpfen") stattdessen den „innerer Beobachter" aktivieren	*1. Intentionale Vorbereitung* - Absichten bewusst formulieren - Bereits im Vorfeld die Haltung der ‚Nicht-Kontrolle' spielerisch einüben *2. Diätetische Regeln* - Nahrungsaufnahme bewusst gestalten (evtl. fasten) - Sexualität bewusst gestalten *3. Raumgestaltung* - nur sichere Ort wählen *4. Gestaltung der Sinnesumgebung* - Wahl zwischen stimulierender oder beruhigender Umgebung - Musik oder Film vorbereiten - Gerüche

Tabelle 6 Ergebniskategorien zur Frage der Aktiven Beeinflussbarkeit akuter Substanzwirkungen

In einem längeren Forschungsbericht würde man diese Kategorien nun ausführlich mit Zitaten belegen. Dies soll hier nur durch kurze Beispiele demonstriert werden. Als Direkte Technik spricht ein 62jähriger Studienteilnehmer mit buddhistischem Hintergrund hier über die körperliche Beeinflussung seiner Substanzerfahrung mit Psilocybin-Pilzen: „Es gibt zwei Möglichkeiten. Man legt sich hin und lässt sich treiben - wie es so viel machen. Da kommen dann natürlich interessante Visionen und tolle Bilder. Eine andere Möglichkeit der Beeinflussung ist das Singen von Liedern. Besonders beim Pilz kommt eine Phase, wo dann eine Müdigkeit eintritt: das könnte einen runterziehen. Dann kann es sein, dass ich mich körperlich bewege und einen ganz bestimmten Tanzschritt mache. Und dadurch komme ich dann über diesen Müdigkeitspunkt hinaus. Dann bin ich kraftvoll. Daliegen oder sich Bewegen: Das beeinflusst die Wirkung ganz gewaltig."

Eine 42jährige Teilnehmerin, die in einer spirituellen Gemeinschaft regelmäßig das brasilianische Halluzinogen Ayahuasca gebraucht, berichtet über den Einfluss der mentalen Orientierung und einer vorbereitenden langjährigen Disziplin (bei den oft 10 oder mehr Stunden andauernden rituellen Settings). „In der Arbeit [d.h. während der Substanzwirkung] ist es so: wenn ich mich wirklich reingebe und mich auf die Musik ausrichte, mich ganz konzentriere und mit Willenskraft arbeite, dann habe ich schon oft erlebt, dass ich eine Transformation erfahre, dass sich eine anstrengende Erfahrung verwandelt. Das kann man trainieren. Das ist das, was diese langjährige Disziplin ausmacht."

Ein 25jähriger Partygänger mit MDMA-Erfahrung erzählt, wie er über die konzentrierte Aufmerksamkeitslenkung mit einem inneren Szenenwechsel Stimmungen während der Substanzerfahrung verändern kann: „Die inneren Bilder kann ich so beeinflussen, dass ich die imaginierte ‚Szene' wechseln kann. Das ist in dem Sinne steuerbar, dass man den inneren Ort, an dem man ist, beeinflussen kann. Trotzdem ist es ein eher beobachtender Zustand, bei dem die geistige Kreativität abläuft."

Diese Zitate sollen genügen, um die Ergebniskategorien (Tabelle 6) mit konkreten Fällen zu verbinden. Eine viel genauere Darstellung wäre nötig, um beispielsweise die pädagogischen Implikationen eines solchen Systems im Rahmen der Drogenerziehung auszuführen.

3. Conclusio – Qualitative Methoden im Kanon wissenschaftlicher Drogen- und Suchtforschung

Zwei Beispiele aus einem qualitativen Forschungsprojekt haben einen Eindruck von den Möglichkeiten und Grenzen qualitativer Analysestrategien gegeben. Im

Falle der Typologie adoleszenten Umgangs mit dem Drogenthema konnte ein dynamisches System von Begriffen entwickelt werden. Die formulierten Typen können passagere Strukturen, aber natürlich auch zeitüberdauernde Ergebnisse einer Entwicklung sein. Dieses Beispiel bietet eine Fülle von Anschlussmöglichkeiten an die sozialwissenschaftliche Drogen- und Suchtforschung sowie an die suchtpräventive Praxis. Die Typologie ist durchaus auch offen für neurobiologische Argumentationslinien, die beispielsweise versuchen, eine erhöhte physiologische Vulnerabilität für exzessive Konsummuster zu erklären. Methodisch kann sie zukünftig durch quantitative Forschungsstrategien überprüft werden.

Das zweite Beispiel hat subjektive Theorien von Drogenkonsumenten als Ausgangspunkt für ein Begriffssystem genommen, das die Beeinflussbarkeit einer akuten Drogenwirkung beschreiben sollte. Da es bei diesem Thema um introspektive Prozesse mit Erfahrungscharakter geht, liegt es nahe, den Aussagen erfahrener Konsumenten ein besonderes Gewicht beizumessen. Die Vollständigkeit des Begriffssystems könnte nun anhand einer darauf aufbauenden Interviewstudie mit einer ganz anderen Stichprobe überprüft werden.

Warum also sollte man qualitative Drogenforschung betreiben? Was die gegebenen Beispiele betrifft, liegt es auf der Hand, dass im ersten Fall eine (1) synthetische Leistung aus Theorien der Identitäts- und Drogenforschung möglich war. Im zweiten Beispiel konnte ein (2) Bottom-up-Konzept der Informationsgewinnung leicht und zeitsparend erstellt werden (der Analyseprozess dauerte insgesamt etwa 16 Stunden). In beiden Fällen führten die qualitativen Strategien zu einer verschieden zu gewichtenden (3)Theoriebildung. Beide Erhebungs- und Auswertungsstrategien gingen davon aus, dass der Konsum – auch vieler illegalisierter psychoaktiver Substanzen – nicht „automatisch" zu Suchtentwicklung determiniert. Gerade in ideologisch überformten Feldern des Wissenschaftsdiskurses muss Theoriebildung oft vom wissenschaftssoziologischen „Rand" her erfolgen (vgl. Kuhn 1978).

Qualitative Drogenforschung kann vor allem als Feldforschung besser als Fragebogenmethoden einen (4) raschen Eindruck von neuen Trends beim Drogenkonsum geben (Singer 2005). Hier ist sie zum Beispiel für lokale Monitoring-Systeme interessant.

Die (5) Lebenswelten der beforschten Subjekte können nur über sinnreproduzierende Methoden verständlich gemacht werden, insbesondere die Interessenlage der Konsumenten selber kann dort zum Vorschein kommen. Damit wird es leichter, Harm-Reduction-Maßnahmen adressatengerecht zu implementieren oder zu verändern. Gerade in (post-)modernen Gesellschaften mit kontinuierlich ausdifferenzierenden Milieus, können epidemiologische Ansätze kaum die Komplexität und Eigenlogik neuer Drogenkonsummuster beschreiben.

(6) Auch ist zu erwarten, dass im Rahmen einer ethisch gut überdachten Feldforschung die Kooperation der beforschten Konsumenten höher ist als bei quantitativen Messverfahren. Menschen fühlen sich in ihrer Individualität und ihrem sinnbezogenen Umgang mit der Welt eher durch empathische Kommunikation ernst genommen. Dies spielt eine besondere Rolle bei illegalen Verhaltensweisen.

(7) Qualitative (Feld-)Forschung ist in besonderer Weise sensibel für den rekursiven Einfluss wissenschaftlicher (und allgemeiner) medialer Einflüsse auf das beforschte Feld selber. Gerade dies ist jedoch eine Schwäche quantitativer Forschungsmethoden, die soziale Akteure oft als bloße Informationsträger konzeptualisieren.

Qualitative Forschung als transdisziplinäre Perspektive

Der Forschungsstand auf dem Gebiet des Konsums psychoaktiver Substanzen kann mit einer Sammlung verschiedenster Puzzlestücke verglichen werden, die bisher nicht oder nur unbefriedigend zu einem Gesamtbild vereint worden sind. Qualitative Forschungsstrategien sind Methoden, die sehr genau auf den angestrebten Forschungszweck abgestimmt werden können. Ihr Nutzen liegt in der Offenlegung von Subjektpositionen (Fallstudien), in der Kreation neuer Sichtweisen (durch Begriffs- und Theoriebildung), in der Kritik implizit gewordener wissenschaftlicher Vorannahmen (durch Offenlegung) und in der interpretativen Zusammenschau verstreuter Befunde aus anderen Seitenwissenschaften (transdisziplinäre Synthese). Dabei muss sie eine sektenhafte Marginalisierung ohne Kontakt zum „Mainstream“ der Forschungslandschaft vermeiden, ist aber besonders dazu geeignet, Alternativpositionen zu einseitig ausgerichteten Paradigmen zu formulieren.

Literatur

Bourdieu, P. (1987): Die feinen Unterschiede. Kritik der gesellschaftlichen Urteilskraft. Frankfurt a.M.

Denzin, N.K./Lincoln, Y.S. (2000): Handbook of Qualitative Research. Thousand Oaks

European Monitoring Centre for Drugs and Drug Addiction E (2007): QED - Qualitative European Drug Research Network. EMCDDA. Verfügbar unter: http://qed.emcdda.europa.eu [March 2007]

Flick, U. (2002): Qualitative Forschung. Theorie, Methoden, Anwendung in Psychologie und Sozialwissenschaften. Reinbek bei Hamburg

Freitag, M./Hurrelmann, K. (Hg) (1999): Illegale Alltagsdrogen. Cannabis, Ecstasy, Speed und LSD im Jugendalter. Jugendforschung. Weinheim/München

Gerdes, K./Wolffersdorff-Ehlert, C.v. (1973): Drogenscene – Auf der Suche nach Gegenwart. Stuttgart

Glaser, B./Strauss, A. (1967): The discovery of the grounded theory. Chicago

Grawe, K. (2004): Neuropsychotherapie. Göttingen

Jung, B. (2006): Das Leben nach der Ekstase - die Suche nach Integration. Psychologische Diplom-Arbeit, Institut für Medizinische Psychologie des Universitätsklinikums Heidelberg, Ruprecht-Karls-Universität Heidelberg

Jungaberle, H. (2006): Rituale und Integrationskompetenz beim Gebrauch psychoaktiver Substanzen. In: Jungaberle, H./Verres, R./DuBois, F. (Hg), Rituale erneuern - Ritualdynamik und Grenzerfahrung in interdisziplinärer Perspektive. Gießen

Kemmesies, U.E. (2001): Kokolores: Die Kokain-Gesellschaft. Allgemeine Betrachtungen und neuere Forschungsergebnisse zu einer alten psychoaktiven Substanz. In: Schneider, W. (Hg): Illegalisierte Drogen - Alte Mythen - Neue Akzeptanz, Berlin, S.219-245.

Kluge, S. (1999): Empirisch begründete Typenbildung. Konstruktion von Typen und Typologien in der qualitativen Sozialforschung. Opladen

Knoblauch, H. (2003): Qualitative Religionsforschung. Paderborn

Kuhn, T.S. (1978): Die Struktur wissenschaftlicher Revolutionen. Frankfurt a.M.

Lamnek, S. (1995): Qualitative Sozialforschung. Band 1: Methodologie. Weinheim

Lewin, K. (1982): Feldtheorie. Stuttgart

Mayring, P. (2002.): Einführung in die qualitative Sozialforschung. Weinheim

Miles, M.B./Huberman, A.M. (1994.): Qualitative Data Analysis. An Expanded Sourcebook. London/New Delhi

National Institute of Drug Abuse N (1995.) Qualitative Methods in Drug Abuse and HIV Research. NIDA Research Monograph, Number 157

Resch, F. (1999): Entwicklungspsychopathologie des Kindes- und Jugendalters. Ein Lehrbuch. Weinheim

Schulenberg, J./Maggs, J./Steinman, K./Zucker, R. (2000): Development matters: Taking the long view on substance abuse etiology and intervention during adolescence. In: Monti, P./Colby, S./O'Leary, T. (Hg): Adolescents, alcohol, and substance abuse: Reaching teens through brief intervention. New York, S. 19-57.

Singer, M. (Hg) (2005): New Drugs on the Street: Changing Inner City Patterns of Illicit Consumption. Binghamton

Straus, F./Höfer, R. (1997): Entwicklungslinien alltäglicher Identitätsarbeit. In: Keupp, H./Höfer, R. (Hg): Identitätsarbeit heute: klassische und aktuelle Perspektiven der Identitätsforschung. Frankfurt am Main, S. 270-303

Strauss A, Corbin J (1996). Grundlagen qualitativer Sozialforschung. Weinheim

Taylor, S.J./Bogdan, R. (1998): Introduction to Qualitative Research Methods. Indianapolis

Tesch, R. (1990): Qualitative Research: Analysis types and software tools. New York

Whyte, W. (1991): Participatory Action Research. Newbury Park, CA

Witzel, A. (1982): Verfahren der qualitativen Sozialforschung. Überblick und Alternativen. Frankfurt/New York

Wolcott, H. (1992): Posturing in qualitative inquiry. In: LeCompte, M./Millroy, W./Preissle, J. (Hg): The Handbook of Qualitative Research in Education. New York

Zinberg, N.E. (1983): Soziale Kontrollmechanismen und soziales Lernen im Umfeld des Rauschmittelkonsums. In: Lettieri, D.J./Welz, R. (Hg): Drogenabhängigkeit - Ursachen und Verlaufsformen. Ein Handbuch. Weinheim, S. 256-266

Zinberg, N.E. (1984): Drug, Set and Setting: The basis for controlled intoxicant use. New Haven/London

Zinberg, N.E./Harding, W.M. (Hg) (1982): Control over intoxicant use. Pharmacological, psychological and social considerations. New York

Zinberg, N.E./Jacobson, R.C./Harding, W.M. (1975): Social sanctions and rituals as a basis for drug abuse prevention. In: American Journal of Drug & Alcohol Abuse, 2, S.165-182

Zuckerman, M. (1994): Behavioral expressions and biosocial bases of sensation seeking. Cambridge, UK

„Selbstheilung": System- und Lebenslaufperspektiven

Harald Klingemann

1. Professionelle Hilfe – Laienhilfe: Behandlungssystem in der Krise?

In jüngster Vergangenheit sind Suchtbehandlungssysteme zunehmend unter Legitimationsdruck geraten. In der Regel erreichen diese nämlich nur einen kleinen Bruchteil ihrer Zielgruppen - ein Umstand, der durch Langzeituntersuchungen und epidemiologische Studien besonders deutlich geworden ist (Klingemann 2001; Price et al. 2001; Russel et al. 2001). Letztere haben auch die ganze Bandbreite der Ausprägungen süchtiger Verhaltensweisen aufgezeigt und dazu beigetragen, die klassische Fixierung auf chronische Fälle bzw. Schwerstabhängige zu relativieren sowie auf entsprechenden Anpassungsbedarf bei Therapiezielen und Interventionsvarianten auf einem Behandlungskontinuum aufmerksam zu machen: Die Übertragung des Schadensbegrenzungsansatzes auf den Bereich der legalen Drogen (vgl. Klingemann 2006) und die Einführung ambulanter Programme zur Erlernung des kontrollierten Trinkens (vgl. Koerkel 2006) sind prominente Beispiele aus jüngster Vergangenheit. Angesichts zahlreicher Forschungsbefunde, welche die Wirksamkeit von Kurzzeit- und Minimalinterventionen aufzeigen, gerieten insbesondere stationäre Behandlungsanbieter unter Druck. Von einer Systemperspektive kann rückblickend festgehalten werden, dass die Expansion kontroll- und wohlfahrtsorientierter Versorgungssysteme im Laufe der 1980er Jahre gestoppt wurde und ein Managementdiskurs um Effizienz, Kostenbewusstsein und Evidenzorientierung einsetzte (Trinder/Reynolds 2003), begleitet von einem zunehmenden Beschleunigungsdruck im Versorgungssystem (Klingemann 2000). Jedoch auch dieser Versuch, Suchtbehandlung durch Rekurs auf wissenschaftliche Grundlagen zu legitimieren, führte keineswegs zu besseren Erreichungsquoten und einer größeren Behandlungsakzeptanz, sondern erhöhte – was in der Logik wissenschaftlicher Erkenntnisproduktion begründet ist: je mehr Wissen, desto mehr Unsicherheit – tendenziell die Ambivalenz und das Risiko professionellen Handelns eher noch mehr (Cottorell 1999; Klingemann/Bergmark 2006: 1230; Beck 1999). Diese Krise der Suchtbehandlung kann plausibel auf dem Hintergrund eines gesamtgesellschaftlichen Wertewandels hin zu einer postmodernen Konsumgesellschaft interpretiert werden, welche durch schwindendes Vertrauen in Expertentum ganz allgemein und wachsenden Glauben an individuelle Befähigung, individualisierte Lösungen und die Macht des Alltagswissens geprägt ist (Brooks/Cheng 2001; Blendon/Benson 2001). Der Siegeszug der Komplementär-Alternativmedizin illustriert dies deutlich (Eisenberg et al. 1993; Furnham/Lovett 2001; Easthope et al. 2000). Bereits in den 1960er Jahren hat übrigens der Medizinsoziologe Freidson den Austausch und die wechselseitige Kontrolle zwischen Medizinexperten und potentiellen Patienten thematisiert (Freidson 1960, 1961) und darauf hingewiesen, dass bei der Suche nach Problemlösungen professionelle Lösungsangebote mit entsprechendem Alltagswissen und einschlägigen Alltagstheorien konkurrieren. Letztere sind meist hoch komplex (Ogborne/Smart 2001 zur Einschätzung moderaten Trinkens; Furnham und Lowick 1984 zu Vorstellungen über ‚Alkoholismus') und müssen wissenschaftlichen Wissensbeständen keineswegs prinzipiell unterlegen sein.

Auf diesem Hintergrund kann die These aufgestellt werden, dass die gegenwärtige Krise des Suchtbehandlungssystems letztlich in einer ungenügenden Abstimmung professioneller Interventionssysteme auf die Kundenbedürfnisse begründet ist, oder anders ausgedrückt, Behandlungsangebote werden möglicherweise weniger durch eine individualisierte Konsumentenorientierung, sondern eher durch eine professionelle Logik geleitet, was letztendlich zu geringer Akzeptanz der Angebote führt. Damit wird die zentrale Bedeutung von Forschungsbemühungen deutlich, welche sich auf die überwältigende Mehrheit der Personen richten, die bis dahin keine professionelle Behandlung in Anspruch genommen haben, um ihr Suchtproblem in den Griff zu bekommen. Welche Strategien und Wege aus der Sucht werden gewählt, wenn ‚das Angebot der professionellen Suchtbehandlung' nicht angenommen wird? Was können Experten von ‚Laien' lernen? Können Alltagsstrategien der Selbstheilung in der professionellen Praxis repliziert werden? Im Folgenden soll ein kurzer Überblick über das Forschungsgebiet der Selbstheilung von der Sucht beziehungsweise des selbstorganisierten Ausstiegs aus der Sucht geboten und am Beispiel von Langzeituntersuchungen in der Schweiz spezifische Forschungsfragen illustriert werden.

2. „Selbst"-organisierter Ausstieg aus der Sucht – Überblick und Forschungstrends

Der Begriff «Selbstheilungstendenzen» oder «Spontanremission» wird in der Literatur keineswegs nur bei Substanzabhängigkeiten verwendet. Unter «Spontanremission» wird im klinischen Sprachgebrauch «eine Verbesserung des Patienten- und Patientinnenzustandes bei fehlender effektiver Behandlung» verstanden (Roizen/Cahalan/Shanks 1978). Psychologische Arbeitsdefinitionen betonen die kognitive Eigenleistung des Individuums im Sinne einer selbst initiierten Heilung oder Verhaltensänderung (Biernacki 1986). Aus soziologischer Sicht stehen der Abbruch einer devianten Karriere ohne formale Behandlung (Stall 1983) oder aber die Mobilisierung externer Ressourcen (selbst organisierter Ausstieg; Happel et al. 1993) im Vordergrund. Auf Alkohol bezogen spricht John (1982) von «Alkoholikern, die ihr Trinkverhalten ohne helfende Einrichtung verbessern, die keine Therapie und keine Selbsthilfegruppe in Anspruch nehmen». Auch Kontakte zu nicht professionellen Laienhelfern werden unter «formaler Behandlung» subsumiert.

Dass es Alkohol- und Drogenabhängige gibt, die auch ohne aufwändige professionelle Hilfe den Ausstieg aus der Sucht schaffen, traf und trifft teilweise immer noch auf Unglauben, sowohl bei Behandlungs- und Betreuungsfachleuten wie auch in der Öffentlichkeit. Das bedeutet nicht, dass Therapiemöglichkeiten für viele Abhängige nicht wichtig und ein ausgebautes therapeutisches Netz nicht sinnvoll und nötig seien. Die Selbstheilungsthese steht jedoch im Gegensatz zur Auffassung, dass Sucht als Krankheit zwangsläufig fortschreitet und dass abweichende Karrieren eine Rolltreppe abwärts sind. Die Kontroverse um das Abstinenzdogma bzw. die Möglichkeit einer Rückkehr zum kontrollierten Trinken illustriert, wie pessimistisch individuelle Veränderungschancen bei fehlender Therapie eingeschätzt werden. Gemeinsamkeiten zwischen der Dynamik individueller Drogen- und Alkoholkarrieren und «privat organisierten Ausstiegsprozessen» bei Tabakabhängigkeit und Essstörungen (Biernacki 1986) werden in der Regel erfolgreich verdrängt. Daher blieben die Fragen, ob so genannte «Selbstheilungen» überhaupt möglich sind, wie häufig diese vorkommen und welche Prozesse dabei ablaufen, lange von einer systematischen wissenschaftlichen Erforschung ausgeschlossen.

In den letzten Jahrzehnten hat sich jedoch auf verschiedenen Ebenen ein gewisser Wandel abgezeichnet, welcher zu neuen Forschungsbemühungen auf dem Gebiet der so genannten «natural recoveries» («natürliche Heilungen») geführt hat. Dazu beigetragen hat u.a. die wachsende Kritik an dem immer wieder verfochtenen Abstinenzprinzip und der zunehmenden und kostspieligen therapeutischen Vereinnahmung zahlreicher Lebensbereiche (Peele 1989). Im drogen-, aber auch alkoholpolitischen Bereich kommt die zunehmende Etablierung des Konzepts der Schadensbegrenzung bzw. niederschwelliger Hilfe hinzu, gleichzeitig wird mehr Vertrauen in begrenzte ambulante Interventionen und die Verbesserung der Lebensverhältnisse (Wohnen, Arbeit etc.) zur Stärkung des individuellen Ausstiegpotentials der Betroffenen gesetzt.

Der Stand der Forschung bis 2000 im anglophonen Bereich der Forschung wird – mit einem Akzent auf methodologische Fragen – in einer Übersicht von Sobell et al (2000) referiert. Unter anderem ergibt sich aus dieser Metaanalyse von 38 Untersuchungen, dass bei 79% der Alkoholstudien und bei 46% der Drogenstudien die Rückkehr zu risikoarmen Konsumformen im Verlauf des Selbstheilungsprozesses beobachtet wird (Sobell et al. 2000: 758; siehe auch den deutschsprachigen Handbuchartikel von Klingemann 2000 für denselben Referenzzeitraum). Der Reader „Promoting Self-Change from Addictive Behaviors – Practical Implications for Policy, Prevention and Treatment" (Hrsg. H. Klingemann/Linda Sobell 2007) stellt die aktuellste Übersicht dar und enthält unter anderem eine Fortschreibung des Standes der Forschung für den Zeitraum 1999 – 2005 (22 Studien) sowie einen Vergleich mit der erstgenannten Literaturübersicht: Demnach lag die durchschnittliche Dauer der in diesen Studien berichteten Suchtkarrieren bei 12,8/10,9 Jahren (1. review/2.review), die Dauer der Selbstheilung betrug durchschnittlich 8,0/6,3 Jahre; als auslösende Faktoren für Selbstheilungsprozesse wurden am häufigsten (bei ca. der Hälfte der Studien) Gesundheit, Finanzen und Familie angegeben und am bedeutsamsten bei der Aufrechterhaltung der Problemlösung erwies sich soziale Unterstützung, insbesondere seitens der Familie (Carballo et al. 2007). Eine vergleichbare deutschsprachige Übersicht liegt nunmehr mit dem Band Selbstheilung von der Sucht (H. Klingemann/L. Sobell 2006) vor, welcher unter anderem ein Kapitel über Forschungsbemühungen im deutschsprachigen Raum enthält (Rumpf et al.) und den Selbstheilungs- oder Self-Change-Ansatz auch am Beispiel nicht-Stoffgebundener Süchte (Spielsucht), der Aufgabe krimineller Verhaltensweisen sowie hinsichtlich Ess- und Sprachstörungen (Adipositas und Stottern) demonstriert. J. Blomqvist geht auf die Klassiker der Selbstheilungsforschung ein und Aspekte der gestützten Selbstheilung sowie Formen der Gemeindeintervention werden ebenfalls berücksichtigt.

Folgende ausgewählte Kernbefunde und Leitmotive auf diesem Forschungsgebiet können – unter anderem aufgrund dieser Übersichtsarbeiten - summarisch festgehalten werden (vgl. u.a. Sobell 2006: 28ff; Carballo 2007). Für ein vertieftes Studium wird die Leserschaft insbesondere auf die o.a. Übersichtsarbeiten verwiesen:

- Die traditionelle Konzeptualisierung von Suchtverläufen – basierend auf der Annahme, dass eine Problembewältigung nur durch Abstinenz erreicht werden kann – ist angesichts der Forschungsbefunde der Selbstheilungsforschung empirisch nicht länger haltbar. So kann die Verfolgung risikoarmer Trinkstrategien als eine der häufigsten Selbstheilungsstrategien bei Alkoholmissbrauch gelten.

- Die Mehrzahl der Selbstheilerstudien bei Alkohol- und Drogenabhängigen stützt die Annahme, dass selbst organisierte Ausstiegsprozesse bei weniger schweren Fällen häufiger vorkommen (siehe auch Cunningham et al. 2005).
- Kognitive Abwägungsprozesse, welche das pro und kontra einer Verhaltensänderung zum Gegenstand haben – wobei Einzelgründe weniger oder stärker emotional besetzt sein können –, haben sich in vielen Studien als ‚Motor der Selbstheilung' erwiesen. Die in jüngster Vergangenheit zunehmende Kritik an deterministischen Phasenmodellen der Verhaltensveränderung und der Änderungsbereitschaft tangiert diesen grundlegenden Befund nicht.
- Soziale Unterstützung wie ‚Freunde und Familie' als Teil des sozialen Kapitals und eine Änderung des Lebensstils (vgl. etwa O'Malley 2004/2005), in dessen Rahmen das bisherige Risikoverhalten seine funktionale Bedeutung verliert, begünstigen die Nachhaltigkeit von Selbstheilungen. Vereinzelte Studien weisen jedoch darauf hin, dass Wahrnehmung und Bewertung sozialer Unterstützungsangebote von der Phase des Änderungsprozesses abhängen können.
- Therapeuten werden nicht überflüssig, sondern können Selbstheilungen stützen durch entsprechende Minimalinterventionen (vgl. etwa Tubmann et al. 2002) und/oder durch die Auslösung individueller Bilanzierungsprozesse. Befunde, die über Behandlungshindernisse Auskunft geben – von den Selbstheilern als ‚Kunden, die nicht kommen' – können der Verbesserung und Anpassung der Angebote dienen.
- Suchtpolitik wird nicht überflüssig, da individuelles Problemlösungsverhalten auch strukturell in der Gesamtgesellschaft abgesichert und erleichtert werden muss.

Als aktuelle innovative Trends auf dem Gebiet der Selbstheilungsforschung zeichnen sich folgende Bereiche ab:

Zunehmend erfolgt eine Anwendung/Ausweitung des Selbstheilungskonzeptes auch auf andere Problembereiche wie Spielsucht, Rauchen (auch Cannabiskonsum), psychische Krankheiten, aber auch Essstörungen. Hier sei angemerkt, dass bereits in den 70er Jahren im Bereich der Jugendkriminalität die Diskussion um das Herausreifen aus der Devianz und die Abträglichkeit von Interventionen, welche deviante Karrieren nur weiter verfestigen (‚Labelling Ansatz'), den kriminologischen und devianzsoziologischen Diskurs bestimmte (Sack 1978).

Weiter ist die Einlösung einer kulturvergleichenden und komparativen Perspektive zu beobachten: Mittlerweile wurde die Perspektive der Selbstheilungsforschung auch in Ländern wie Polen (Zulewska-Sak/Dabrowska 2005), Italien (Scarcelli 2006) und Spanien (Carballo 2004) aufgegriffen und sorgt zumindest ansatzweise für eine kritische Hinterfragung abstinenzdominierter Versorgungssysteme. Bereits unterschiedliche Probleme bei der Medienrekrutierung dieser verdeckten Populationen weisen auf kulturelle Unterschiede und variierende Grade der gesellschaftlichen Sichtbarkeit positiver Veränderungsprozesse hin.

Die – vermutlich auch durch die eingesetzten Rekrutierungsstrategien und die Formulierung der Medienaufrufe bedingte – Konzentration auf Selbstheiler mit langen Suchtkarrieren wurde durch neuere Untersuchungen ergänzt, welche auch Selbstheilungen in früheren Lebensabschnitten thematisieren. So stellen Vik et al. (2003) beispielsweise fest, dass 22 Prozent studentischer Rauschtrinker ihren Alkoholkonsum ohne Behandlungsinanspruchnahme auch wieder reduzierten und Metrik et al (2003) beschreiben Änderungsstrategien des Alkoholkonsums bei Sekundarschülern zwischen 12 und 18 Jahren: In realistischer Einschätzung der professionellen Hilfsangebote im US-Kontext erachteten die befragten Jugendliche informelle Kontrollstrategien und Inanspruchnahme des Rates von Freunden und Bekannten als relevant wenn es um Konsumreduktion geht, wohingegen bei Abstinenzzielen offizielle Angebote als Möglichkeit gesehen werden (Metrik et al. 2003: 78). Die drastische Unternutzung von Hilfsangeboten gerade durch Jugendliche ist ein beredetes Beispiel dafür, wie die Struktur und die Werthaltungen des Versorgungssystems von den Bedürfnissen der potentiellen Nachfrager eher abstrahieren.

Ein letzter wichtiger Punkt ist die Ergänzung der teilweise stark individualpsychologisch ausgerichteten Selbstheilungsforschung durch eine soziologische, strukturelle Analyse, welche die Frage nach den Voraussetzungen für ‚eine selbstheilungsfreundliche Gesellschaft' stellt und auf wichtige Rahmenbedingungen hinweist, welche individuelle Selbstheilungsprozesse ganz wesentlich beeinflussen: Hierzu gehören unter anderem die gesellschaftliche Stigmatisierung süchtigen Verhaltens auch wenn dieses bereits überwunden ist und Vorstellungen über deren Veränderbarkeit (vgl. Klingemann 2006), die objektive Zugänglichkeit zu Suchtmitteln, welche Selbstheilungen wieder gefährden kann und die konkrete Ausgestaltung der Versorgungssysteme (Konsumentenperspektive).

Trotz dieser eher positiven Bilanz und letztlich großen Dynamik der Selbstheilungsforschung – man rufe sich nur die großen Widerstände von Suchtpolitikern und Therapeuten ins Gedächtnis, auf welche die ersten Projekte in Deutschland (Happel 1990 1994) trafen – bestehen nach wie vor wichtige Forschungslücken. Trotz Untersuchungen zu verschiedensten Aspekten der Selbstheilung fehlen, von wenigen Ausnahmen abgesehen (beispielsweise Price et al. 2001; Vaillant 1995), nach wie vor detaillierte Langzeituntersuchungen zu Suchtkarrieren und Selbstheilungsverläufen. Im folgenden Abschnitt werden Befunde der Selbstheilungsforschung in der Schweiz im Rahmen der bislang einzigen einschlägigen Langzeitstudie im deutschsprachigen Raum exemplarisch beleuchtet, um so der Leserschaft die damit verbundenen methodischen und konzeptuellen Probleme am konkreten Fall vorzuführen.

3. Exkurs: Zur Stabilität von Selbstheilungsprozessen im Lebenslauf am Beispiel der 15-Jahre-Langzeituntersuchung in der Schweiz

Die hier vorgestellte Untersuchung zum selbstorganisierten Ausstieg aus der Alkohol- bzw. Heroinsucht ohne professionelle Hilfe oder Selbsthilfegruppen wurde in den Jahren 2002/2003 durchgeführt. Sie basiert auf einer 1988 gestarteten Langzeituntersuchung, welche 1992 wiederholt und 1995 um eine Kontrollgruppe von behandlungsfreien Abhängigen ergänzt worden ist. Mit dieser Studie sind Lebensverläufe von Selbstheilerinnen und Selbstheilern für die Schweiz erstmals über einen Zeitraum von 14 Jahren dokumentiert. Die Wiedererreichungsquote kann angesichts des langen Untersuchungszeitraumes als zufrieden stellend gelten und schwankt zwischen 64 und 68% (n=36/ n=41). Die Untersuchungsergebnisse demonstrieren unter anderem eine hohe Stabilität der Problemlösungen (Nachhaltigkeit der Aufrechterhaltungsphase, maintenance) und liefern erstmals «den prospektiven Nachweis» von Selbstheilungen in der Kontrollgruppe. Unklar bleibt, ob Therapiekontakte, welche als negativ oder jedenfalls wenig zielführend eingeschätzt worden waren, in der Gruppe der subjektiven Selbstheilerinnen und Selbstheiler möglicherweise die Mobilisierung von Selbstheilungspotentialen gefördert haben könnten.

Das Ausgangsprojekt wurde 1988/89 unter dem Titel «Initiierung und Verlauf von Autoremissionsprozessen bei Abhängigkeitsproblemen» mit Unterstützung des Schweizerischen Nationalfonds von der Schweizerischen Fachstelle für Alkohol- und andere Drogenprobleme (SFA) durchgeführt (H. Klingemann 1990). Die Analyse der Lebenslaufinterviews bei der Ausgangsstichprobe von 60 Alkohol- bzw. Heroinaussteigerinnen und -aussteigern beschreibt die relevanten Dimensionen und Prozessabläufe bei «natürlichen Heilungen». Die Untersuchungsgruppe wurde in so genannte objektive und subjektive Selbstheilerinnen und Selbstheiler eingeteilt, die bezüglich ihres Konsumverhaltens verglichen wurden. Objektive Selbstheilerinnen und Selbstheiler waren per definitionem behandlungsfrei, während die subjektiven eine Behandlung in Anspruch genommen, diese jedoch in Bezug auf ihr Suchtproblem als nicht hilfreich eingeschätzt hatten. Zudem wurde die kausale Interpretation der Spontanheilung durch die Befragten erfasst, welche durch objektive Lebenslaufdaten und Angaben von Referenzpersonen ergänzt und validiert wurden.

Unter dem Titel «4 Jahre später: Genese und Stabilität der Selbstheilungen von Alkohol- und Heroinabhängigen im Kontrollgruppenvergleich» wurden 1988 und 1992 prospektive Überprüfungen der Stabilität von Selbstheilungen derselben Alkohol- und Heroinabhängigen im Vierteljahresverlauf vorgenommen und mit einer Validierung der bisherigen Befunde im Rahmen eines Gruppenvergleiches (Kontrollgruppe und Gruppen mit Behandlungserfahrungen) erweitert.

Anknüpfend an diese zwei Datenerhebungen stellt sich die Frage nach der Konsistenz der Erkenntnisse. Wie sieht es mit der Stabilität der Selbstheilungen vierzehn Jahre nach der Erstbefragung aus? Wie unterscheiden sich die verschiedenen Gruppen bezüglich der Entwicklung ihres Konsumstatus? Inwiefern sind die Probandinnen und Probanden behandlungsfrei geblieben? Bestätigt sich das Ergebnis, dass die Alkoholselbstheilerinnen und selbstheiler weniger stabil sind als die Heroinselbstheilerinnen und -selbstheiler? Wie hat sich die Kontrollgruppe entwickelt? In dieser dritten Befragung der objektiven und subjektiven Selbstheilerinnen und -heiler resp. in der zweiten Befragung der Kontrollgruppe sollte die Stabilität selbst organisierter Ausstiege erstmals problemspezifisch und im Kontrollgruppenvergleich über einen Beobachtungszeitraum von 14 Jahren hinweg untersucht werden.

3.1 Methodik/Untersuchungsziele und Vorgehen

Während in der Studie von 1988 die Beschreibung der relevanten Dimensionen und Phasen natürlicher Heilungen im Problemgruppenvergleich (ehemals Alkohol- und Heroinabhängige) im Vordergrund stand, wurde in der Folgestudie 1992 eine erste Beschreibung der Stabilität der Selbstheilungen vorgenommen. Im Jahre 1995 wurde im Hinblick auf ein vollständiges Forschungsdesign eine Kontrollgruppe (behandlungsfrei und abhängig) beigezogen, die bezüglich der relevanten Kriterien (Konsumverhalten und soziodemographische Angaben) mit den objektiven Selbstheilerinnen und -heilern gematcht wurde. Die Angaben der Probandinnen und Probanden wurden durch Drittpersonenbefragungen bezüglich der Situation sowohl im Jahre 1988 wie auch 1992 und 1995 ergänzt. In der aktuellen und dritten Studie im Jahre 2002 wurden diese drei Gruppen erneut befragt. Das Hauptziel bestand darin, erstmals Einblicke in die langfristige Stabilität und Dynamik von Selbstheilungsprozessen zu liefern. Die Ausgangsdefinition von Selbstheilung (eine markante Konsumverbesserung während mindestens eines Jahres und lebenslange Behandlungsfreiheit) ließ die entscheidende

Frage offen, ob die Problemlösung auch mittel- und langfristig aufrechterhalten werden kann. Zudem konnte ein erster Vergleich der objektiven, nicht behandelten, und subjektiven, behandelten Selbstheilerinnen und Selbstheiler mit der Kontrollgruppe durchgeführt werden.

3.2 Stichprobe

Bei der Wiedererreichung der vor 14 Jahren erstmals Befragten war mit einer möglichen Verzerrung der Stichprobe zu rechnen. Einerseits war es unmöglich, alle Adressen der vormals befragten Personen ausfindig zu machen (Ausfall: N=10). Neben diesem technischen Ausfallgrund bestand mit Blick auf die inhaltliche Fragestellung die Gefahr geringer Teilnahmebereitschaft bei den langfristig stabilen Selbstheilerinnen und Selbstheilern (deren Selbstheilung bereits bei der Erstbefragung vor durchschnittlich 5 Jahren bestanden hatte) und bei rückfälligen Probandinnen und Probanden, welche einen «Negativverlauf» nicht zu Protokoll geben wollen.

Diese Bedenken erwiesen sich als falsch: Die Gruppe der 1988 befragten 60 objektiven Selbstheilerinnen und Selbstheiler (abstinent und behandlungsfrei) konnte 1992 bis auf einen Todesfall wieder befragt werden. Von diesen 59 Personen waren seit der letzten Befragung 5 Probanden und Probandinnen verstorben. 2002 konnten bei immerhin 41 Interviewten aktuelle Informationen über den Lebensverlauf ermittelt werden, was einer Wiedererreichungsquote von beachtlichen 76% nach 10 Jahren entspricht (Sterbequote der objektiven Selbstheilerinnen und Selbstheiler: 10%; Sterbequote der Normalbevölkerung: 14%).

Vergleichbar hoch war die Wiedererreichungsquote mit 71% bei den subjektiven Selbstheilerinnen und Selbstheilern nach 10 Jahren. Ausgehend von n=62 subjektiven Selbstheilerinnen und Selbstheilern konnten bei 36 Personen aktuelle Informationen ermittelt werden; 11 Personen waren verstorben (Sterbequote der subjektiven Selbstheilerinnen und Selbstheiler: 18%; Sterbequote der Normalbevölkerung: 14%).

Besonders kritisch wurden die Chancen der Wiedererreichbarkeit der 56 im Jahr 1995 behandlungsfreien akuten alkohol- und heroinabhängigen Kontrollgruppenmitglieder eingeschätzt. Überraschenderweise waren immerhin sieben Jahre nach dem Erstinterview auch hier 33 Interviewte bereit, aktuelle Informationen zu liefern; fünf waren verstorben, sodass sich eine bereinigte Wiedererreichungsquote von immerhin 65% ergab (Sterbequote der Kontrollgruppe: 9%; Sterbequote der Normalbevölkerung: 7%).

3.3 Resultate

Bezüglich der zentralen Forschungsfragen ergeben sich folgende vorläufige Ergebnisse:

Stabilität der Selbstheilung 1988-2002

Gibt es Menschen, die aus eigenem Antrieb aus der Alkohol-/Heroinsucht aussteigen und stabil bleiben? Inwiefern können diese Personen ohne professionelle Unterstützung die Selbstheilung aufrechterhalten? Um diese Fragen beantworten zu können, wurden aufgrund der Stabilität der Selbstheilung und der Entwicklung des Konsumverhaltens verschiedene Gruppen gebildet:

Interviewte, die seit der Erstbefragung denselben unproblematischen Konsumstatus aufrechterhalten oder den Konsumstatus auf unkritische Weise verändert haben (z.B. von abstinent zu kontrolliert konsumierend), werden als Probandinnen und Probanden mit stabilem Konsumstatus betrachtet.

Personen, die einen Ausrutscher oder einen Rückfall vorweisen, haben ihre Selbstheilung unterbrochen. Sie werden als Probandinnen und Probanden mit unterbrochener Selbstheilung angesehen.

Es sind deutlich mehr Interviewte, die ihren Konsumstatus über die drei Befragungszeitpunkte hinweg stabil gehalten haben, als solche, bei denen es zu einem Ausrutscher bzw. Rückfall gekommen ist. Interessant ist, dass sich seit der Befragung 1992 keine Unterschiede zwischen ehemals Alkohol- bzw. Heroinabhängigen und objektiven, also unbehandelten, und subjektiven, also behandelten Selbstheilerinnen und Selbstheilern ergeben haben.

Vergleicht man Probandinnen und Probanden mit stabilem Konsumstatus mit denjenigen, die Ausrutscher/Rückfälle in Bezug auf das Kriterium der Behandlungsfreiheit hatten, so stellt man fest, dass von 52 Interviewten mit stabilem Konsumstatus 41 (79%) objektiv und subjektiv behandlungsfrei sind und nur 5 (10%) nicht mehr als Selbstheilerinnen und Selbstheiler bezeichnet werden können, da sie seit 1992 eine Behandlung in Anspruch genommen haben, die sie als hilfreich einschätzten. Von den Probandinnen und Probanden mit Ausrutscher oder Rückfall gehören 50% (9 Personen) zu den «objektiv und subjektiv Behandlungsfreien» und 17% (3 Personen) zu den «Nichtbehandlungsfreien» (siehe Abbildung 2). Von den ehemals subjektiven Selbstheilerinnen und -heilern ist nun der größte Teil (60%) als objektiv behandlungsfrei zu kategorisieren.

Von den 70 anfänglich als objektiv und subjektiv eingestuften Selbstheilerinnen und -heilern können also weiterhin 47 (67%) als solche kategorisiert werden. Davon entsprechen 41 (87%) dem Kriterium der objektiven Selbstheilerinnen und 6 (13%) dem Kriterium der subjektiven Selbstheiler.

Fazit: Der Konsumstatus der objektiven und subjektiven Selbstheiler und Selbstheilerinnen erweist sich über alle drei Untersuchungszeitpunkte als stabil.

Abbildung 1: Behandlungsfreiheit der objektiven und subjektiven Selbstheiler/innen im Zeitraum zwischen 1992 und 2002

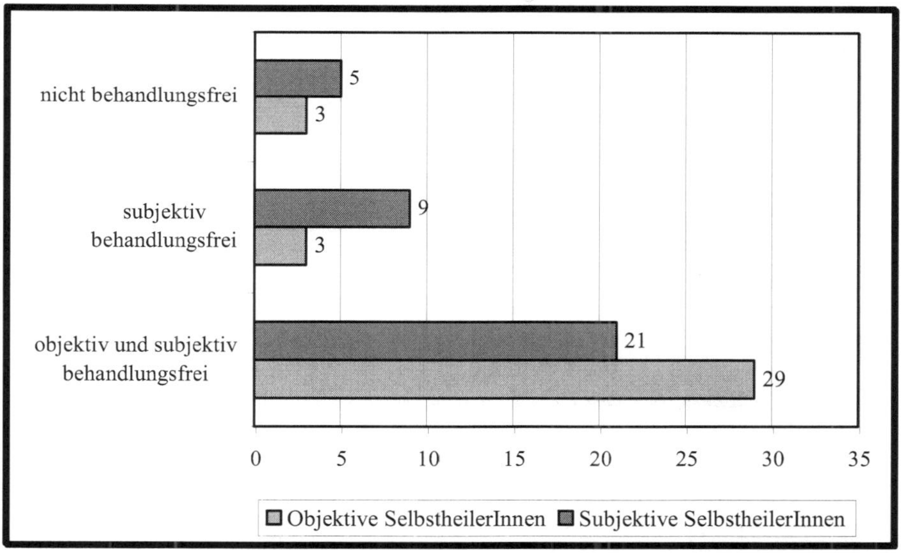

Im Gesamtbeobachtungszeitraum (1988 – 2002) stabilisiert die Gruppe der Heroinselbstheilerinnen (n= 23 von 34) ihren Konsumstatus nachhaltiger als die Alkoholselbstheiler (n=19 von 36), allerdings ist zwischen der ersten und zweiten Nachbefragung bei 3 Heroinfällen und bei keinem Alkoholfall eine Unterbrechung der Selbstheilung festzustellen.

Das Hilfesuchverhalten hat sich bei den objektiven Selbstheilern (zu t1) im Langzeitverlauf kaum verändert: 83% der Befragten (n=29 von 35) haben es nicht für nötig gehalten, professionelle Hilfe für die Aufrechterhaltung ihrer Problemlösung in Anspruch zu nehmen. Die übrigen 6 Fälle werden einer näheren qualitativen Analyse zugeführt.

Bei den subjektiven Selbstheilerinnen und Selbstheilern ergibt sich der relativ spektakuläre Befund, dass 60% der Probanden (n=21) im Verlauf der letzten

10 Jahre keinerlei Behandlung mehr in Anspruch genommen haben. Die Negativbeurteilung von Behandlungserfahrungen und die subjektive Attribution therapiefremder Selbstheilungskräfte bei der Erstbefragung konnten zu diesem Zeitpunkt noch als subjektive Neutralisierungsversuche gewertet werden. Nun erscheint allenfalls die Deutung plausibel, dass negative Therapieerfahrungen ggf. Selbstheilungskräfte mobilisieren und die Entwicklung alternativer Stabilisierungstechniken begünstigen.

Fazit: Von den ehemals als objektive Selbstheilerinnen und Selbstheiler kategorisierten Interviewten entspricht immer noch die große Mehrheit diesem Kriterium, nämlich 29 von 35 (83%). Hingegen hat es bei den als subjektive Selbstheilerinnen und Selbstheiler eingeteilten Interviewten eine große Veränderung gegeben, weil im Laufe der vergangenen 10 Jahre 21 von 35 Personen (60%) keine weitere Behandlung in Angriff nahmen. Von den 70 objektiven Selbstheilerinnen und Selbstheilern können 8 Interviewte (11%) nicht mehr als dauerhafte Selbstheilerinnen und -heiler bezeichnet werden, da sie einerseits eine Behandlung in Anspruch genommen haben, die sie anderseits bezüglich ihres Suchtproblems als hilfreich angesehen haben.

Neue Selbstheilungen in der Kontrollgruppe: prospektiv 1995-2003

Erstmals war es möglich, in der Kontrollgruppe Selbstheilungsverläufe prospektiv zu beobachten. Hier zeigt sich bereits über einen Beobachtungszeitraum von 7 Jahren (1995 – 2002) eine ganz erhebliche Variabilität der Suchtkarrieren und es wird ein erhebliches Ausstiegspotential deutlich: Von den 25 im Jahre 1995 akut Alkoholabhängigen war 2002 ca. ein Drittel (n=8) zum kontrolliertem Konsum übergegangen und 3 Personen waren abstinent geworden. Von 7 befragten Heroinfällen berichteten 2002 3 Betroffene, mindestens ein Jahr abstinent gewesen zu sein. Bei den Alkoholfällen waren 42% ausgestiegen (n=11) oder im Ausstieg begriffen (n=2). Allerdings sind lediglich 6 Probandinnen und Probanden der Kontrollgruppe (6/33) Selbstheilungen im Definitionssinn. Die übrigen 27 Gruppenmitglieder berichteten über Behandlungskontakte, wobei diese in 18 Fällen als hilfreich, in 9 Fällen als nicht hilfreich eingestuft wurden. Hier kann spekuliert werden, dass die Bereitschaft der Kontrollgruppenmitglieder zur Teilnahme an der Untersuchung bereits als niederschwelliger Therapieversuch und als Bestandsaufnahme gewertet werden kann, welche den Weg zur Inanspruchnahme von Therapieangeboten im engeren Sinne geebnet haben könnte. Insgesamt haben sich die subjektiven und objektiven Selbstheilerinnen und -heiler einander tendenziell angeglichen.

Abbildung 2: Selbstheilungs- und Ausstiegstypen in der Kontrollgruppe

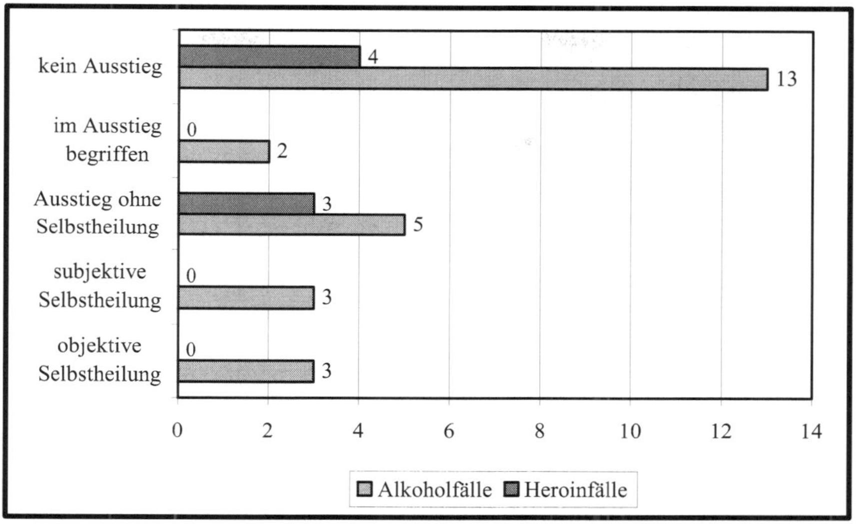

Betrachtet man lediglich den Ausstieg aus der Sucht, so zeigt sich, dass bei den Heroinfällen 43% (3 Personen) und bei den Alkoholfällen 42% (11 Personen) den Ausstieg geschafft haben. Zudem waren bei den Alkoholfällen 2 Personen (8%) zum Zeitpunkt der Befragung im Ausstieg begriffen. Es gibt also bei den Alkoholfällen tendenziell mehr Aussteiger und Selbstheiler/innen als unter den Heroinabhängigen.

4. Schlusswort

Mit Blick auf suchtpolitische Leitlinien stützen nicht zuletzt auch die Ergebnisse dieser hier exemplarisch vorgestellten Studie die Annahme einer ressourcen- und stärkenorientierten Suchtpolitik, welche das Ausstiegspotential und die kreativen Ausstiegsmethoden der Betroffenen anerkennt und so weit wie möglich unterstützt. Hierzu gehört als Basisunterstützung die Umsetzung des Schadensbegrenzungsansatzes. Wer keine Wohnung hat, arbeitslos ist und an körperlichen Folgeproblemen der Sucht leidet, hat auch eine schlechte Ausgangsbasis für einen selbst organisierten Ausstieg. Eine konsequente Individualisierung und Flexibilisierung der Behandlungsangebote erhöhte die Akzeptanz von ausstiegswilligen Süchtigen, welche sich das «richtig dosierte» Unterstützungsprogramm selbst

auswählen. Dies entspricht dem Prinzip der abgestuften Behandlung (stepped care, das heißt einer langsamen, begründeten Intensivierung der Behandlungsintensität), welche möglichst niederschwellig gestaltet ist und nicht massiv in deren Leben eingreift. Erweisen sich Maßnahmen als unzureichend, können spezialisierte, zeitintensive stationäre Angebote bedarfsgerecht in Betracht gezogen werden. Behandlung ist also als ein Kontinuum zu sehen.
Mit Blick auf die weiteren Forschungsperspektiven und -möglichkeiten lässt sich anhand dieser hier beispielhaft vorgeführten Untersuchung Folgendes festhalten: Detaillierte Fallanalysen und die konkret eingesetzten Alltagstechniken könnten Aufschluss darüber geben, inwieweit diese Methoden in der Therapie repliziert und möglicherweise formalisiert werden können, ohne dass diese ihre Authentizität verlieren. Hier ist ein Dialog zwischen Suchtfachleuten und Forschungsteam geplant. Weiter versprechen Anschlussuntersuchungen – nicht zuletzt mit Blick auf die Weiterentwicklung der Kontrollgruppe – wichtige Einsichten bezüglich prospektiver Suchtausstiege. Langzeitbeobachtungen sind bereits heute aus Gründen der kurzlebigen Forschungsinfrastruktur leider die Ausnahme. Schließlich bieten sich methodische Vertiefungsstudien, etwa zur Bedeutung visueller Daten im Vergleich zu Textdaten an. Hieraus könnte sich möglicherweise ein praxistaugliches Instrumentarium für die Anamnese von Lebensläufen ergeben.

Literatur

Beck, U. (1999): World Risk Society. Cambridge.

Biernacki, P. (1986): Pathways from heroin addiction recovery without treatment. Philadelphia.

Bischof, G./Rumpf, H.J./Hapke, U./Meyer, C.,/John, U. (2001): Factors influencing remission from alcohol dependence without formal help in a representative population sample. Addiction, 96(9), 1327-1336.

Blendon, R.J./Benson, J.M. (2001): Americans' view on health policy: a fifty-year historical perspective. Health Affairs, 20, 33-46.

Brooks, C./Cheng, S. (2001): Declining government confidence and policy preferences in the US: devolution, regime effects, or symbolic change? Social Forces, 79, 1343-1375.

Carballo Crespo, J.L./Fernandez Hermida J.R./Secades Villa, R./Sobell, L.C./Dum, M./Garcia-Rodriguez, O. (2004): Reupercacion de los problemas de juego patologico con y sin tratamiento. Salud y Drogas, 4, 61-78.

Carballo Crespo, J.L./Secades Villa, R./Fernandez Hermida, J.R./Garcia-Rodriguez, O./Sobell, L. (2007; im Druck): Natural recovery from alcohol and drug problems: A methodological review of the literature from 1999 thorugh 2005. In: Klingemann, H./Sobell, L. (2007): Promoting self-change from addictive behaviours. Practical implications for policy, prevention and treatment. New York.

Cottorell, R. (1999): Transparency, mass media, ideology and community. Cultural Values, 3, 414-426.

Cunningham, H.A./Blomqvist, J./Koski-Jännes, A./Cordingley, J. (2005): Maturing out of drinking problems: perception of natural history as a function of severity. Addiction Research and Theory 13 (1): 79-84.

Easthope, G./Tranter, B./Gill, G. (2000): General practitioners' attitudes toward complementary therapies. Social Science and Medicine, 51, 1555-1561.

Eisenberg, D.M./Kessler, R.C./Foster, C./Norlock, F.E./Calkins, D./Delbanco, T.L. (1993): Unconventional medicine in the United States – prevalence, costs, and patterns of use. New England Journal of Medicine, 328, 246-252.

Freidson, E. (1960): Client control and medical practice. American Journal of Sociology, 6, 374-382.

Freidson, E. (1961): The organization of medical practice and patient behavior. American Journal of Public Health, 51, 43-51.

Furnham, A./Lovett, J. (2001): The perceived efficacy and risks of complementary and alternative medicine and conventional medicine: a vignette study. Journal of Applied Biobehavioral Research, 6, 39-63.

Furnham, A./Lowick, V. (1984): Lay theories of the causes of alcoholism. British Journal of Medical Psychology, 57, 319-332.

Hall, W./Flaherty, B./Homel, P. (1992): The public perception of the risks and benefits of alcohol consumption. Australian Journal of Public Health, 16, 38-42.

Happel, H.-V. (1990): „Therapie ist doch brotlose Kunst". Was das ehemals drogenabhängige Subjekt hindert, sich zum Objekt der professionellen Begierde zu machen (bzw. machen zu lassen). Psychologie und Gesellschaftskritik 54/66, 93-108.

Happel, H.-V. et al. (1993): Selbstorganisierter Ausstieg. Überwindung der Drogenabhängigkeit ohne professionelle Hilfe (Endbericht). Integrative Drogenhilfe a.d. Fachhochschule Ffm. e.V.. Frankfurt.

Happel, H.-V. (1994): Keine Heilung ohne Experten? Zur Diskussion einer Studie über die Selbstheilung von Fixern. Weil nicht sein kann, was nicht sein darf. In: H. Neubeck-Fischer (Hrsg.): Sucht, ein Versuch zu (über-)leben. München, FH Schriften, 51-84.

John, U. (1982): Zur Verbreitung des Alkoholismus: Das Problem unbehandelter Alkoholiker. Öffentliches Gesundheitswesen, 44, 774-780.

King, M.P.,/Tucker, J.A. (2000): Behavior change patterns and strategies distinguishing moderation drinking and abstinence during the natural resolution of alcohol problems without treatment. Psychology of Addictive Behaviors, 14 (1), 48-55.

Klingemann, H. (1990): Initiierung und Verlauf von Autoremissionsprozessen bei Abhängigkeitsproblemen (Arbeitsbericht der Forschungsabteilung). Lausanne.

Klingemann, H. (2000): Spontanverläufe unbehandelter Suchtkrankheit (Kap. 8.16). In: A. Uchtenhagen/W. Zieglgänsberger: Suchtmedizin. München, Jena.

Klingemann, H. (2000): "To every thing there is a season - Social time and clock time in addiction treatment." Social Science and Medicine 51, 99-108.

Klingemann, H. (2001): Natural recovery from alcohol problems (Chapter 33). In: N. Heather/T.J. Peters,/T. Stockwell: International handbook of alcohol dependence and problems. Chichester.

Klingemann, H./Sobell, L.C./Barker, J.C./Blomqvist, J./Cloud, W./Ellinstad, T. et al. (2001): Promoting Self-change from Problem Substance Use. Practical Implications for Policy, Prevention and Treatment. Dordrecht.

Klingemann, H./Sobell, L. (Hrsg.) (2006): Selbstheilung von der Sucht. Wiesbaden.

Klingemann, H./Bergmark, A. (2006): The legitimacy of addiction treatment in a world of smart people. Addiction 101, 1230-1237.

Klingemann, H. (2006): Internationaler Vergleich: Staatliche Interventionen im Suchtbereich – Hindernisse auf dem Weg zu einem Integrationsmodell. Abhängigkeiten (03/06), 55-63.

Klingemann, H./Sobell, L. (2007; im Druck): Promoting self-change from addictive behaviours. Practical implications for policy, prevention and treatment. New York.

Koerkel, J. (2006): Behavioural self-management with problem drinkers. One year follow-up of a controlled drinking group treatment approach. Addiction Research and theory 4 (1), 35-49.

Metrik, J./Frissell, K.C./McCarthey, D.M./D'Amico, E.J./Brown, S.A. (2003): Strategies for reduction and cessation of alcohol use: Adolescent preferences. Alcoholism: Clinical and Experimental Research 27 (1), 74-80.

Ogborne, A.C./Smart, R.G. (2001:) Public opinion on the health benefits of moderate drinking: results from a Canadian national population health survey. Addiction, 96, 641-649.

O'Malley, P.M. (2004/2005): Maturing out of problematic alcohol use. Alcohol Research and Health 28 (4), 202-204.

Peele, S. (1989): Diseasing of America: Addiction treatment out of control. Lexington, MA.

Price, R.K./Risk, N.K.,/Spitznagel, E.L. (2001): Remission from drug abuse over a 25-year period: Patterns of remission and treatment use. American Journal of Public Health, 91(7), 1107-1113.

Roizen, R./Cahalan, D./Shanks, P. (1978): Spontaneous remission among untreated problem drinkers. In D.B. Kandel (Ed.): Longitudinal research on drug use: Empirical findings and methodological issues (pp. 197-221). Washington, DC.

Rumpf, H.J./Bischof, G./Meyer, C./Hapke, U./Ulrich J. (2006): Forschung zur Remission von substanzbezogenen Störungen ohne formelle Hilfe im deutschsprachigen Raum. In: Klingemann, H./Sobell, L. (Hrsg.) (2006): Selbstheilung von der Sucht. Wiesbaden, 101-113.

Russell, M./Peirce, R./Chan, A.W.K./Wieczorek, W.F./Moscato, B.S./Nochajski, T.H. (2001): Natural recovery in a community-based sample of alcoholics: study design and descriptive data. Substance Use and Misuse, 36, 1417-1441.

Sack, F. (1978): Probleme der Kriminalsoziologie. In: Handbuch der empirischen Sozialforschung Band 12 (Hrsg. René König): Wahlverhalten, Vorurteile, Kriminalität. Stuttgart.

Scarcelli, D. (2006): Drug addiction between deviance and normality: a study of spontaneous and assisted remission. Contermporary Drug Problems, 33 (2), 237-274.

Sobell, L.C./Ellingstad T.P./Sobell M.B. (2000): Natural recovery from alcohol and drug problems: methodological review of the research with suggestions for future directions. Addiction 95 (5), 749-764.

Stall, R. (1983): An examination of spontaneous remission from problem drinking in the bluegrass region of Kentucky. Journal of Drug Issues, 13, 191-206.

Trinder, L./Reynolds, S. (2003): Evidence-Based Practice – a Critical Appraisal. Oxford.

Tubman. J./Wagner, E.F./Gil, A.G./Pate, K.N. (2002): Brief motivational intervention for substance-abusing delinquent adolescents: Guided self-change as a Social Work practice innovation. Health/Social Work 27 (3), 208-212.

Vaillant G.E. (1995): The natural history of alcoholism revisted. Cambridge, M.A.

Vik, P.W./Cellucci, T./Ivers, H. (2002): Natural reduction of binge-drinking among college students. Addictive Behaviors 28, 643-655.

Zulewska-Sak, J./Dabrowska, K. (2005): Social perception of factors impeding chances for natural recovery from addiction – a cross-cultural qualitative perspective (in Polish), Alkoholizm i Narkomania, 18, 63-77.

Drogenkonsum und soziale Ungleichheit: Verschränkungen zwischen sozialer Lage und Geschlecht in den Blick nehmen

Gundula Barsch

Gemeinhin wird unter dem Thema „Drogenkonsum und soziale Ungleichheit" die immer wiederkehrende Darstellung erwartet, nach welcher der Konsum psychoaktiver Substanzen Armut, Verelendung und Chancenlosigkeit auslöse bzw. andersherum, dass den von Armut und Chancenlosigkeit Betroffenen kaum eine andere Perspektive bliebe, als ihre Sorgen und Nöte in heftigem Drogenkonsum zu „ertränken". Am Zustandekommen solcher Vereinfachungen und Reduktionismen ist zweifellos vor allem die dramatisierende Inszenierung des Drogenthemas beteiligt: Die allgegenwärtige, abschreckende Darstellung, nach welcher der Konsum von Drogen über kurz oder lang in soziales Elend sowie physischen und psychischen Verfall führe, soll den Umgang mit diesen Substanzen verhindern. Es sind aber keineswegs nur Laien, die auf solche einfachen Kausalmuster zurückgreifen, sondern oft genug auch die für Drogenprobleme zuständigen Experten. Danach werden aus empirisch durchaus auffindbaren Befunden, nach denen im Drogenhilfesystem mehrheitlich Drogenkonsumenten zu finden sind, die aus unterprivilegierten Schichten mit zusätzlich gebündelten Benachteiligungen kommen, unvermittelt Ursache-Wirkungs-Zusamenhänge konstruiert, ohne deren Gültigkeit differenziert auszuloten. Das dabei dominierende medizinische Gesundheitswissen tut sich zudem schwer, Drogenkonsum als ein vor allem sozial geprägtes Verhalten zu sehen und zu verstehen. Vordringlich als Gesundheitsrisiko ausgelegt, wird Drogenkonsum in seinen Formen, Funktionen und Risiken selten sorgfältig unterschieden. Schließlich erstaunt das lineare Erklärungsmuster, nach dem Abhängigkeit und Armut zwei Seiten derselben Medaille seien, auch angesichts der Sachlage, dass eine massive psychische und soziale Verelendung zu einem wesentlichen Merkmal von Abhängigkeit erhoben wurde (vgl. Diagnosekriterien des ICD-10 für Abhängigkeit). Folgerichtig gibt es damit per se immer empirische Befunde, die auf einen Zusammenhang zwischen Verelendung und Abhängigkeit hinweisen, der allerdings keineswegs diese Sachlage auch ursächlich erklärt.

Hier soll deshalb der Versuch gewagt werden, Drogenkonsum in seiner Verwobenheit in Lebensstile und Lebensformen darzustellen. Wer sich diesem

Nachdenken anschließt, dürfte keineswegs davon überrascht werden, dass Drogenkonsum eben nicht für alle Menschen gleichartig und auch nicht gleichermaßen gefährlich und risikoreich ist. Gerade eine solche Idee suggerieren regelmäßig substanzfixierte Denkmodelle, die höchstens noch eine unterschiedliche individuelle Verträglichkeit der ansonsten in biologischen Entitäten scheinbar gleichartig wirkenden Substanzen einräumen. Übersehen wird auf diese Weise, dass Drogen in den Lebenswirklichkeiten der Menschen einen sehr unterschiedlichen Platz haben, der sich zudem in den Lebensphasen und mit dem Lebensalter auch immer wieder ändert. Deshalb sei hier zunächst der Drogenkonsum als ein vor allem soziales Phänomen skizziert. Erst dann und mit diesem Blick soll exemplarisch der Zusammenhang von Drogenkonsum und sozialer Ungleichheit thematisiert werden. Es geht dabei im Einzelnen vor allem darum, wann, wie und für wen sich soziale Ungleichheit in Bezug auf eine geglückte Integration des Drogenkonsums in den Alltag darstellen lässt – wo sich also (bedingt durch die jeweilige soziale Lage) Privilegien und Benachteiligungen in Bezug auf ein erfolgreiches Management des Umgangs mit psychoaktiven Substanzen abzeichnen.

1. Drogenkonsum: ein sozial geprägtes Verhalten

Es ist wohl vor allem dem dominierenden Zugriff der Medizin auf das Drogenthema geschuldet, dass die abgegebenen Alarmmeldungen den Konsum psychoaktiver Substanzen in der Regel aus all seinen Lebensbezügen herausreißen. Drogenkonsum erscheint in vielen Darstellungen reduziert auf eine Input-Output-Logik und als ein parzellierter Lebensumstand, der zudem vorwiegend als erkrankungsfördernde Verhaltensweise wahrgenommen wird. Mit diesem eindimensionalen und unterkomplexen Muster wird Drogenkonsum auch im medizinisch-therapeutischen Hilfeprozess oft aus allen anderen aktuellen Lebensbezügen separiert, seziert und mit immer gleichen Ansätzen (Abstinenz) repariert.

Diesem paradigmatischen Modell soll ein Nachdenken über die gesellschaftliche Realität gegenüber gestellt werden, das sich von einer solchen kurzatmigen und partikularistischen Sicht emanzipiert. Es gilt, sich damit auseinanderzusetzen, dass erstens die Konsumvoraussetzungen und die Konsumweisen psychoaktiver Substanzen in hohem Maße differieren, dass zweitens die Möglichkeiten für Drogenkonsum (qualitativ und quantitativ) erheblichen sozialen Unterschieden unterliegen und drittens auch die individuellen Gewohnheiten und Präferenzen in weiten Grenzen variieren. Selbst eine historische Betrachtung hat zu registrieren, dass es in der menschlichen Gesellschaft wiederholt tiefgreifende

Umbrüche in der Art und Weise des Drogenkonsums gegeben hat (vgl. Völger, Welck, Legnaro 1981). Deutlicher kann nicht unterstrichen werden, dass Drogengebrauch ein soziales und damit ein höchst komplex geprägtes Handeln ist. Wegen der besonderen sozialen Prägung und Normierung des Drogenkonsums und seiner sozialpsychologischen Aspekte sind zu diesem Thema Sachverhalte zu berücksichtigen, die mit gesellschaftlichen und sozial-strukturellen Entwicklungen eng verwoben sind. Mit Blick auf soziale Ungleichheiten werden Alter, Geschlecht, soziale Schicht und Milieus, beruflicher Status und Lebensformen zu wesentlichen Dimensionen, an denen entlang eine soziale Differenzierung für gelungene und weniger gelungene Formen des Drogenkonsums relevant wird.

Werden Deutungshorizonte für Drogenkonsum entworfen, die sich von einer alleinigen Wahrnehmung und Untersuchung der substanzbezogenen materiellen Seite des Drogenkonsums, dem „Ruhe versprechenden Substanz-Paradigma" (Quensel 1991, S. 11), verabschieden, dann rücken Fragen nach dem Stellenwert von Drogenkonsum in spezifischen Lebensrealitäten, nach der Bedeutung von Ritualisierungen, nach den Einstellungen zu Drogenkonsum und Rauschzuständen u. Ä. in den Blick. Diese sehen Drogenkonsum als zielgerichtete und zweckrationale Handlung, die in der Regel eine Sinnhaftigkeit hat, die über die unmittelbaren pharmakologischen Effekte hinausgeht. Menschen konsumieren Drogen eben nicht nur wegen der chemisch definierten Bestandteile. Schon die Vielfalt der Gestaltungsmöglichkeiten des Konsums ein und derselben psychoaktiven Substanz (z. B. Alkohol) macht unabweisbar die Bedeutung der mit Drogen verbundenen Symbole und Mythen für ihren Konsum sichtbar. Wohl deshalb formulierten Welck und Legnaro in Anlehnung an Marx sinngemäß: Nicht so sehr was konsumiert wird, sondern das „Wie" lässt die Prinzipien einer (Drogen- G. B.) Kultur deutlich werden (vgl. Völger, Welck, Legnaro 1981, S. 19).

Sieht man von einer körperlichen Krise durch Überdosierung ab, haben auch die durch Drogenkonsum ausgelösten Probleme keineswegs einheitliche Muster und sind auch nicht, wie in Drogendebatten vielfach behauptet, durch eine direkte und unmittelbare Kausalität zwischen psychoaktiver Substanz und einer problematischen Lebenssituation begründet. Menschliches Leben ist weit komplexer. Eine geglückte Integration von Drogen in das Leben kann kaum als alleinige Frage der Aufnahme/Nichtaufnahme bestimmter psychoaktiver Substanzen verhandelt werden – es sei denn, man wolle damit nachhaltig normative Botschaften produzieren. So wenig, wie sich die körperlichen Wirkungen der Inhaltsstoffe von Drogen eindeutig vorherbestimmen lassen, so wenig lässt sich auch der Akt des Konsumierens auf die bloße Aufnahme einer Substanz komprimieren und genauso wenig lassen sich drogenbezogene problematische Lebensbezüge allein auf die Aufnahme bestimmter Substanzen zurückführen. Drogenprobleme sind vielmehr Ergebnis einer Konfliktdynamik, die immer neue Konstellationen der Übereinstimmung/Nichtübereinstimmung zwischen individuellen, inneren Bedürfnissen und Interessen und äußeren, oft ebenfalls widersprüchlichen sozialen Anforderungen hervorbringt. Welche Formen und Qualitäten diese Autonomiekonflikte annehmen, ist zugleich davon abhängig, wie diese vom sozialen Umfeld wahrgenommen werden und wie darauf reagiert wird. Insofern ist unübersehbar, dass die Wechselwirkungen und Vermittlungsglieder zwischen unmittelbar Individuellem und Gesellschaftlichem in das Erklärungsmuster einbezogen werden müssen, will man den Lebenswirklichkeiten der Menschen näher kommen.

2. Drogenkonsum als Teil der Kultur sozialer Schichten und Milieus

Über eine Auseinandersetzung mit individuellen Formen des Drogenkonsums wird erkennbar, dass Konsummuster offensichtlich immer auch mit der Art und Weise verbunden bleiben, mit der die jeweiligen Substanzen konsumiert werden. Geschmack, angestrebte Effekte und Funktionen, psycho-aktive Wirkung und Zeremonie der Verwendung können vom einzelnen Konsumenten oftmals kaum noch voneinander getrennt werden. Vielfach braucht es sogar Impulse von außen, um einzelne Elemente des Drogenkonsums wieder bewusst zu machen und diese in veränderter Form reinszenieren zu können. Die für Außenstehende schwer nachzuvollziehende „Schussgeilheit“ von intravenös konsumierenden Drogenkonsumenten verweist ebenso wie die nicht angezündete Zigarette im Mund des um Aufgabe des Rauchens Bemühten besonders eindrücklich auf diese Zusammenhänge. Für viele Drogenkonsumenten verschmelzen in der Regel die einzelnen Gestaltungsaspekte des Konsums zu einer Einheit, die so zu einem Teil der Kultur des Einzelnen wie auch der Kultur seines sozialen Beziehungsgeflechtes, seines Milieus wird.

Als Bestandteile der Kultur bestimmter Gruppen, Lebensformen, Milieus und sozialer Schichten spielen bei der Durchsetzung von Gruppeninteressen auch die Inszenierungen des Drogenkonsums eine wichtige Rolle. Sie haben nicht nur ihre eigene Geschichte und sind von Aneignungs- und Konkurrenzprozessen um die Stellung der Gruppen und Schichten innerhalb einer Gesellschaft geprägt. Sie dienen beispielsweise auch dazu, andere ein- und auszugrenzen. Als Kultur- und Stilelemente senden die konkreten Formen des Drogenkonsums auch deutliche Botschaften an das weitere soziale Umfeld (vgl. Köhler 1991, S. 10): Sowohl in seiner illegalisierten Form als auch als legales, aber den Erwachsenen vorbehaltenes Privileg unterliegt Drogenkonsum Tabus und Verboten. Durch die aktive Gestaltung seiner Sinngebungs- und Bedeutungszuschreibungen werden über den Konsum psychoaktiver Substanzen Generationen- und Geschlechterverhältnisse ebenso wie die Verhältnisse zwischen Schichten, sozialen Gruppen und Lebensformen strukturiert. Auch der Prozess der Wahrnehmung, Interpretation und der Entwicklung des eigenen wie auch des fremden Drogenkonsums ergibt sich nicht aus der Aufnahme einer bestimmten psychoaktiven Substanz selbst, sondern aus der kulturellen Ausgestaltung des Drogenkonsums, die erst über einen Sozialisationsprozess erlernt und entwickelt werden muss.

Deutlich wird, dass Drogenkonsum nicht allein als eine menschliche Handlung beschrieben werden kann, die der Veränderung von Wachbewusstseinszuständen dient. Drogenkonsum ist vielmehr mannigfaltig sozial überlagert und geprägt. Insbesondere für die Betrachtung der Zusammenhänge zwischen Drogenkonsum und sozialer Ungleichheit sind die Bedeutungszuweisungen für Drogenkonsum, die sich aus den konkreten sozialen Bezügen einer Gesellschaft ergeben, höchst wichtig.

Die Art und Weise, wie Drogen konsumiert werden, umfasst neben Gebrauchsarten von Drogen auch die Formen der Bereitstellung dieser Substanzen (beispielsweise als Waren, die auf dem Markt oder aber auf dem illegalisierten Schwarzmarkt erhältlich sind, als Produkte aus eigenem Anbau oder eigener Herstellung), die Formen der Zubereitung der Drogen (naturbelassen, manuell oder industriell aufbereitet, unter Laborbedingungen entworfen und hergestellt), die konkreten Ausgestaltungen der Situationen, in denen Drogen verwendet werden, und die Bedeutungsinhalte, die dem Drogenkonsum zugesprochen werden. Insofern ist Drogenkonsum mehr als nur das Sich-Zuführen von Substanzen, nämlich eine höchst komplexe Handlung, die zudem in übergreifende, historisch gewachsene Mentalitätsstrukturen und kollektive Verhaltensmuster eingebettet ist. Sie wird wesentlich durch Traditionen, spezifische Kenntnisse und auch durch die sich im Laufe eines Lebens verändernde Statuszugehörigkeit des Konsumenten vermittelt. So werden beispielsweise die Fähigkeiten, sich bestimmte psycho-aktive Stoffe als Genussmittel erschließen zu können, sowie die Chancen, bestimmte Risiken erfolgreich zu managen und sich genussorientiert und ungehindert/ungestraft an bestimmten Formen von Drogenkonsum zu beteiligen, wesentlich von der ökonomischen und sozialen Stellung des Einzelnen, von seinen Möglichkeiten und Chancen zur Teilhabe an Bildung, Kultur, Macht und Einfluss sowie von den durch die individuelle Lebensform hervorgebrachten Anforderungen und Erfordernissen bestimmt.

Wenngleich für die individuelle Verwendung von Drogen auch individuelle Präferenzen eine Rolle spielen, gestattet der gesellschaftlich gesetzte Rahmen jedoch nicht jedem, diese in Gewohnheiten, Vorlieben und neuen Regeln auszuleben. Vielmehr ist dem Einzelnen in Abhängigkeit von seiner Einordnung in gesellschaftliche Beziehungen auf sehr unterschiedliche Weise erlaubt, vorgeschrieben, ermöglicht oder abgefordert, auf Drogen als Mittel der Bedürfnisbefriedigung zurückzugreifen. Insofern ist Drogenkonsum gesellschaftlich bestimmt und kein beliebig wählbares Element des Lebensstils bzw. sind Konsumalternativen nicht von jedem frei wählbar.

Vor diesem Hintergrund ist Drogenkonsum als individuelle Handlung zu beschreiben, für die innerhalb einer Gesellschaft eine gruppen- und schichtspezifische Differenzierung herausgestellt werden kann. Dies bedeutet, dass Drogenkonsum nicht auf individuelle Entscheidungsprozesse reduziert werden kann, für die es grenzenlosen Gestaltungsspielraum und beliebige Aneignungsmöglichkeiten gäbe. Die individuellen und kollektiven Umgangsweisen mit psycho-aktiven Substanzen unterliegen vielmehr diversen Anpassungsmechanismen und -zwängen. Sie sind insofern keine zufälligen Erscheinungen, die sich in den Lebensformen der Einzelnen spontan manifestieren, sondern das Ergebnis von vielfältigen und wechselseitigen Beziehungen, die die Menschen in Bezug auf die Verwendung von Drogen in ihrem tagtäglichen Leben eingehen und die sich gegenseitig ergänzen und auch wechselseitig begrenzen. Drogenkonsum ist insofern eng mit den jeweiligen Lebensformen und sozialen Rahmenbedingungen verbunden. Auch deshalb werden einmal etablierte Formen des Drogenkonsums durch kurz- und längerfristige Veränderungen in den unmittelbaren Arbeits- und Lebensumständen genauso wie durch Wandlungen in den sozialen und ökonomischen Bedingungen der Gesellschaft immer wieder infrage gestellt, auf ihre Tauglichkeit getestet und in der Regel den neuen Konditionen langsamer oder rascher angepasst.

Wenngleich die in einer Gesellschaft einmal etablierten Formen des Drogenkonsums über eine beachtliche historische Eigendynamik verfügen und sich beispielsweise mit politischen Maßnahmen nicht rasch verändern lassen, nehmen gesellschaftliche Modernisierungsprozesse dennoch Einfluss auf die Stabilität dieser Muster. Einflussfaktoren dieser Art wirken jedoch nicht egalitär, sondern für eine Gesellschaft insgesamt, für eine Gruppe, eine Schicht und für ein Individuum jeweils mit einer typischen Dynamik, und sei es allein durch ihre unterschiedliche Geschwindigkeit, mit der sie für die einzelnen Schichten und sozialen Gruppen einer Gesellschaft relevant werden. Durch diese Prozesse bilden sich immer wieder neue Lebens- und Drogenkonsumformen heraus, die durch die jeweiligen sozialökonomischen Bedingungen beeinflusst werden und auch Verschlechterungen in der sozialen Lage der Drogenkonsumenten beinhalten können (z. B. durch eine plötzliche Verbotspolitik für bestimmten Drogenkonsum).

Die jeweiligen Formen des Drogenkonsums sind durch die soziale Lage der Drogenkonsumenten geprägt. Zu Einflussfaktoren werden dabei nicht nur die sozialökonomische Lebenssituation der Konsumenten, sondern auch die unterschiedlichen Zugänge zu Information, Bildung und anderen kulturellen Hervorbringungen der Gesellschaft. Diese sind nicht allein durch materielle oder finanzielle Zugangsmöglichkeiten limitiert – wie in Armutsdebatten oft verkürzt argumentiert wird. Es sollte keinesfalls übersehen werden, dass die Zugehörigkeit zu bestimmten sozialen Gruppen und Schichten auch durch andere gemeinsame Elemente der Kultur ausgewiesen wird, in denen Bewertung, Wertschätzung, Relevanz und damit nicht zuletzt auch die Umgangsstile mit allen möglichen Kulturelementen der Gesellschaft festgehalten sind. Auch deshalb kann beispielsweise die geringe Inanspruchnahme von Konzerten, Ausstellungen und Bibliotheken durch unterprivilegierte Schichten nicht allein mit zu hohen Kosten begründet werden. In den Blick sind auch die kulturellen Codes zu nehmen, die als feines Geflecht von Leitlinien und Tabus auch die Vorstellungen von Begehrlichkeiten reglementieren und auf diese Weise in den sozialen Bezügen Klarheit und Orientierung darüber zu dem schaffen, was erwünscht und zu tun ist, mit welchen Verhaltensmustern man in bestimmte soziale Milieus integriert wird und welche Verhaltensstile über kurz oder lang zum Ausschluss führen. Auch über Drogenkonsum werden Gemeinschaften hergestellt und gefestigt und gleichzeitig soziale Distinktionen geschaffen: zwischen Reichen und Armen, zwischen Herrschenden und dem Volk, zwischen Regionen, Religionen, Altersgruppen, Subkulturen, Geschlechtern. In dem, was mit wem wie an Drogen konsumiert wird, finden soziale Ordnungen und Zugehörigkeiten ihren konkreten, leibhaftigen und sinnlich erfahrbaren Ausdruck. Verhaltensritualisierungen des Konsums psychoaktiver Substanzen erzeugen und reproduzieren soziale Gruppengefüge. So gesehen sind Kulturen ohne Normen zu Drogenkonsum letztlich unmöglich, wie auch der Drogenkonsum nicht ohne kulturelle Normen betrachtet werden kann.

Allerdings wird Drogenkonsum nicht vollständig durch Schicht- und Gruppenzugehörigkeiten geprägt. Vielmehr finden sich in der Art und Weise des Drogenkonsums sowohl schichtgebundene als auch schichtübergreifende Aspekte - wie auch sehr individuelle Konsumformen, die auf besondere Weise im Lebensstil des einzelnen verankert sind und von den gesellschafts- oder schichttypischen Mustern abweichen können. Daran ist nicht allein der individuelle Geschmack beteiligt, der sich immer wieder kollektiven Vereinheitlichungen entzieht (in Anlehnung an Rose 2005, S. 23). Dazu kommen auch die überall zu verzeichnenden Individualisierungsprozesse, die die Entwicklung der Drogenkultur prägen. Diese führen dazu, dass der Drogenkonsum zunehmend von räumlichen, sozialen und materiellen Vorgaben abgekoppelt und mehr und mehr zu einem grenzenlosen Feld wird, in dem alles möglich ist. Selbst Geldbesitz schwächt sich als Einflussgröße für Drogenkonsum drastisch ab. Drogen haben historisch betrachtet einen enormen Preisverfall zu verzeichnen mit der Folge, dass sich nun weit mehr Menschen den Konsum auch exotischer, illegaler und herausgehobener psycho-aktiver Substanzen auch in größeren Mengen und höherer Frequenz leisten können. Drogenkonsum ist damit längst als extraordinärer Genuss entwertet und steht in der Gefahr, zu einer Marginalie zu werden. Diese Entwicklung wurde beispielsweise mit der Veralltäglichung des Bier-, Wein- und selbst des Sektkonsums längst vollzogen.

Diese grundsätzlichen Überlegungen und Feststellungen sollen im Weiteren anhand einer exemplarischen Nachzeichnung von gegenwärtig existierenden sozialen Ungleichheiten in Bezug auf Risiken für nicht gelungene Formen des Drogenkonsums und sich daraus ergebende Drogenprobleme illustriert werden: Soziale Benachteiligung durch berufliche Erfolglosigkeit und soziale Privilegierung durch beruflichen Erfolg.

3. Drogenkonsum und beruflicher Erfolg

In einer Arbeitsgesellschaft, wie sie seit Jahrhunderten auch in Deutschland gelebt wird, wird die Integration in Erwerbsarbeit zu einem Schlüsselfaktor für Teilhabe oder Ausschluss aus allen wesentlichen Bezügen der Gesellschaft: Sie bestimmt die Tätigkeiten und Beziehungen der Menschen untereinander, deren materielle Existenz, soziale Sicherheit, Persönlichkeitsentwicklung und Selbstbewusstsein; sie entscheidet über Möglichkeiten für kulturelle Inszenierungen und Ausdrucksformen und nicht zuletzt auch über Zugangsvoraussetzungen zu bestimmten sozialen und kulturellen Milieus, Statuspositionen, Anerkennung und Prestige. Dass es zwischen beruflichem Erfolg, Dogenkonsum und möglichen Drogenproblemen bedeutsame soziale Zusammenhänge gibt, darauf verweisen die beiden höchst widersprüchlichen Modelle, die in unserer Gesellschaft für die Entwicklung von Konsummustern für Alkohol, Cannabis und andere Drogen existieren:

a) In den Negativbotschaften der Suchtprävention erscheint der Drogenkonsum funktional, um eine Vielzahl von Belastungen und Anspannungen zu lindern und um erlebte Anfeindungen und Bedrohungen durch das soziale Umfeld sowie Einsamkeit, Leere und Perspektivlosigkeit aushaltbar zu machen. Damit wird der Drogenkonsum eher eine Ausdrucksform für Versagen, Verlust, Hoffnungslosigkeit und Ausgrenzung.
b) In den gelebten sozialen Bezügen erfüllt der Drogenkonsum jedoch eher soziale, jugendkulturelle und distinktive Bedürfnisse, die mit Selbstdarstellung, Lust und Genuss verbunden sind: Symbolisierung von Highlife, Herausgehobenheit oder auch nur des „Erwachsenseins", Provokation durch

Übertreten gesetzter Regeln, Eröffnung eines Zugangs zu bestimmten Gruppenzusammenhängen und sozialen Milieus, Leistungsvergleich durch spielerischen Umgang mit den Substanzen, Neugier und Erlebnishunger, Streben nach Grenzerfahrung usw. Insbesondere, wenn der Konsum psychoaktiver Substanzen auf den erreichten Status und die gelungene Karriere des Konsumierenden hinweist, steht Drogenkonsum eher für Erfolg und damit für Nachahmung.

Ein Blick auf aktuelle epidemiologische Daten vermittelt seit Jahren ein allgemein bekanntes Bild: An höheren Schul-(Gymnasien) und Ausbildungseinrichtungen (Hochschulen) konsumieren mehr Jugendliche illegalisierte Drogen als gleichaltrige Jugendliche, die eine Berufsausbildung durchlaufen haben oder bereits berufstätig sind (vgl. BzgA 2004). Dagegen rauchen deutlich weniger Jugendliche in höheren Schulformen; hier ist auch der Anteil der Nie-Raucher besonders hoch, während in Berufsschulen nicht nur der Anteil der Raucher höher, sondern auch der Anteil der Nie-Raucher deutlich geringer ist (vgl. BzgA 2006). Dagegen differieren die Höhe und Struktur des Alkoholkonsums bei Jugendlichen offensichtlich kaum – zumindest verweisen die ermittelten Daten nicht auf relevante Unterschiede zwischen verschiedenen Ausbildungseinrichtungen, die durchaus für verschiedene Ausbildungswege stehen (vgl. BzgA 2004).

Mit großer Wahrscheinlichkeit ändert sich dieses Bild jedoch im Erwachsenenalter. Dann wird berufliche Bildung offensichtlich zu einem wesentlichen Einflussfaktor für die Gestaltung des Alkoholkonsums und damit in Zusammenhang stehende Probleme. Leider gibt es in Deutschland schon seit Jahrzehnten keine Trinksittenforschung mehr, so dass sich kaum aktuelle repräsentative Daten dazu finden lassen, ob und wie sich der Drogenkonsum von Erwachsenen mit verschiedenen Bildungsabschlüssen und in Abhängigkeit von der Art der Erwerbstätigkeit unterscheidet[1]. Allerdings lässt ein Blick auf klinikübergreifende Daten von Patienten, die in Fachkliniken für Alkohol- und Medikamentenabhängigkeit behandelt wurden, aufhorchen. Hier fällt sofort ins Auge, dass erwerbslose und nicht-erwerbstätige Männer genauso überrepräsentiert sind wie Männer mit niedrigen Schul- und Ausbildungsabschlüssen (vgl. Fachverband Sucht 2005).

In der Regel überrascht diese Aussage keineswegs. Das Bild vom „armen Schlucker" wurde geradezu sprichwörtlich in unseren Sprachschatz übernom-

---

1 Selbst in der „Repräsentativerhebung zum Gebrauch und Missbrauch psychoaktiver Substanzen bei Erwachsenen in Deutschland", die 2003 vom IFT Institut für Therapieforschung (Kraus, Augustin, Orth 2005) durchgeführt wurde, wird nur zwischen Geschlechts- und Altersgruppen unterschieden.

men. Es verweist auf die Denktradition, nach der Armut das Produkt eines übermäßigen Alkohol-/Drogenkonsums sei. Dennoch lohnt das Hinterfragen dieser empirischen Fakten: Warum sind unter den erwerbslosen Problemtrinkern so viele Männer mit niedrigem Schulabschluss? Zur Erinnerung: Im Jugendalter differiert der Alkoholkonsum von Schülern verschiedener Bildungseinrichtungen nicht! Das bedeutet, dass zunächst nicht davon auszugehen ist, dass durch Bildungsmilieus ein hoher Alkoholkonsum angelegt wird, der folgerichtig höhere Risiken für Erwerbslosigkeit bedingt. Zudem ist Erwerbslosigkeit unter den Bedingungen der Massenarbeitslosigkeit in Deutschland auch längst kein „Privileg“ mehr von Arbeitssuchenden mit niedriger Ausbildung. Wenn also Erwerbslosigkeit regelhaft eine existenzgefährdende, sozial isolierende und psychisch belastende Lebensform darstellt (vgl. Henkel 1998, S. 114), warum finden sich dann unter den Patienten von Entwöhnungskliniken nicht auch mehr Arbeitslose mit höheren Bildungsabschlüssen? Wie unterscheiden sich also Jugendliche mit geringer von denen mit höherer Ausbildung, wenn sie eine Erwerbstätigkeit aufnehmen oder aber, wenn sie keine Anstellung finden? Im Fall einer Erwerbslosigkeit kann dann davon ausgegangen werden, dass sich beide Gruppen in prekären Lebenslagen wieder finden. Diese Lebenssituation legt auf Grund der begrenzten finanziellen Mittel nicht unbedingt einen exzessiven Alkoholkonsum nahe. Immerhin gibt es in der Gruppe der Arbeitslosen einen deutlich höheren Prozentsatz an Abstinenten und wenig Konsumierenden als in der Gruppe der Erwerbstätigen (vgl. Henkel 1998, S. 103) – allerdings, die meisten von ihnen Frauen! Andererseits gibt es auch genügend Hinweise darauf, dass sich gerade in den einkommensschwachen sozialen Gruppen die mit Abstand höchsten Quoten an Rauchern, gesundheitlich riskanten Alkoholkonsumenten und Alkoholabhängigen finden (vgl. Henkel, Vogt 1998, S. 9) – allerdings, die meisten von ihnen Männer!

Unbestritten existieren Zusammenhänge zwischen sozialer Benachteiligung und überproportional hohen Risiken, Drogen wie Tabak oder Alkohol (oder auch beide) exzessiv zu konsumieren. Ganz offensichtlich repräsentieren diese empirischen Befunde soziale Unterschiede, für die eine zusätzliche geschlechtsspezifische Betrachtung geboten ist. Insofern ist zugespitzt zu fragen: Welche Hintergründe vermögen diese „drogenbiographisch“ höchst widersprüchlichen Entwicklungen zwischen wenig gebildeten und höher gebildeten erwerbslosen Männern zu erklären, die schließlich eine soziale Ungleichheit in Bezug auf das Risiko riskanter oder missglückter Umgangsformen beispielsweise mit Alkohol hervorbringen? Für die Erarbeitung von Erklärungen soll auf das oben dargestellte Denkmuster, Drogenkonsum als Teil der Kultur sozialer Schichten und Gruppen zu verstehen, zurückgegriffen werden.

4. Alkoholkonsum und berufliche Erfolglosigkeit: Die trinkenden Verlierer-Männer

Die oben genannten empirischen Sachverhalte legen nahe, die Beziehung zwischen Alkoholkonsum und Geschlecht und in einem weiteren Schritt zwischen Alkoholproblemen und Geschlecht neu auszuloten und dabei vor allem auf die Ergebnisse der Männerforschung zurückzugreifen. In diesen wird ausdrücklich darauf verwiesen, Drogenkonsum von Männern nicht wie bisher allein als eher passive Reaktion auf Problemlagen zu interpretieren. Plädiert wird vielmehr dafür, männlichen Drogenkonsum stärker als Aktivität von Männern zu verstehen, wodurch Drogenkonsum zu einem funktionalen, zielgerichtet eingesetzten Instrument wird und eine wesentliche Bedeutung bei der Herstellung männlicher Geschlechtsidentität erhält (vgl. Stöver 2006, S. 29). Herausgestellt wird zugleich, dass in allen sozialen Milieus klare Rollensets für das Mannsein existieren, die in der Regel ohne ausdrückliche Nachfrage übernommen werden und dem Handeln Orientierung geben. Diese sozial definierten Dimensionen von Männlichkeit sind sowohl unter Männern als auch unter Frauen tradiert und werden durch gegenseitiges Verhalten auch immer neu hergestellt, wenn dabei z. T. auch nuanciert und abgeändert. Allen Modernisierungstendenzen zum Trotz schreiben diese Muster Männern noch immer die Rollen des Ernährers/Versorgers, Schützenden und auch sonst Überlegenden zu und legen ihnen damit Verhaltensstile wie Leistungsstreben, Härte, Macht, Distanz und Konkurrenz nahe.

Dabei wird Männlichkeit nicht allein gegenüber Frauen demonstriert, sondern auch gegenüber den eigenen Geschlechtsgenossen (Stöver 2006, S. 27). Folgerichtig ist das Handeln von Männern immer auch in seiner Einordnung in Hierarchisierungsprozesse zu sehen, die sowohl in den eigenen Milieus und Generationen als auch zwischen verschiedenen sozialen Gruppen, Generationen und Milieus stattfinden und die zentrale Bedeutung von Wettkampf, Konkurrenz, Rivalität und Sieg (ebenda, S. 28) in männlichen Mentalitäten begründen.

Diese nach wie vor gültigen Muster der Inszenierung von Männlichkeit erklären zugleich, warum insbesondere Alkoholkonsum ein traditionell eingebranntes und noch immer hoch besetztes Medium ist, um Männlichkeit herzustellen. Eingeordnet vor allem auf dem Koordinatensystem von Macht und Gruppenerleben lässt sich sogar eine Kommunikation in der „Sprache des Alkohols" aufzeigen (Pech 2006, S. 41). Über diese kann noch immer demonstriert werden, was ein „ganzer Kerl" ist. Indem in bestimmten Gruppenbezügen über exzessiven Alkoholkonsum Unbesiegbarkeit, Aggressivität, Durchsetzungsvermögen und Überlegenheitsansprüche angezeigt werden können, wird Drogenkonsum in sozialen Milieus und bestimmten Situationen zu einem gesellschaftlichen Platzanweiser (Rudolf 2006, S. 103) im Sinne von sozialem Stilelement und Medium der Positionierung von Männern.

Aus diesen allgemeinen Betrachtungen zum Mannsein in unserer Gesellschaft lässt sich nunmehr erschließen, warum insbesondere erwerbslose Männer mit niedriger Ausbildung ein besonderes Risiko haben, problematische Formen des Drogenkonsums zu entwickeln. Erwerbslosigkeit wird zunächst für alle Männer gleichermaßen zu einem akuten Bedrohungsszenario ihres Mannseins. Die mit der Erwerbslosigkeit verknüpften Einschränkungen an ökonomischer Macht, an Möglichkeiten für Einflussnahme und Durchsetzungsfähigkeit sowie der vielfach diskreditierte öffentliche Status zwingen erwerbslose Männer nicht nur, der ihnen zugesprochenen traditionalen Ernährer- und Schützerrolle nicht angemessen nachkommen zu können und sich stattdessen unterordnen zu müssen. Arbeitslose Männer haben es zugleich schwer, mit anderen Männern um Autorität, Anerkennung und Hegemonie zu konkurrieren (vgl. Pech 2006, S. 31); sind doch die dafür möglichen Situationen und Bereiche erheblich eingeschränkt.

Erwerbslose Männer mit höheren Bildungs- und Ausbildungsabschlüssen haben immerhin Statussymbole erworben, die zu den hohen ideellen Werten der Gesellschaft zählen, mit denen sie erfolgreich in Konkurrenz zu anderen treten können und mit denen in der Gesellschaft immer noch Hoffnungsversprechen verknüpft sind, einen Zugang zu gut bezahlter Erwerbsarbeit, zu sinnvoller Beschäftigung oder zu Aufstiegschancen zu erhalten.

Anders bei erwerbslosen Männern mit niedriger Bildung: Sie erfahren ihre tatsächlichen Perspektiven permanent durch negative Rückmeldungen, verursacht durch fehlende Fähigkeiten und Fertigkeiten, mit denen sie aus vielen Bereichen möglicher Erwerbsarbeit, aber auch aus allgemeinen sozialen Bezügen immer wieder ausgeschlossen, zumindest aber in diesen diskreditiert werden. Sie müssen sich auch damit abfinden, dass ihre materiellen Ressourcen begrenzt und die als wünschens- und erstrebenswert dargestellten Konsumangebote für sie kaum erreichbar sind. Damit sind die Möglichkeiten höchst eingeschränkt, sich selbst und, wie von der kulturell geformten Präsentation des Mannseins nahe gelegt (vgl. Pech 2006, S. 43), sich vor allem in der Zugehörigkeit zu einer überlegenen Gruppe darzustellen.

In dieser sozialen Lage erhält insbesondere der Alkoholkonsum eine kaum zu ersetzende Stützfunktion. Seine Inszenierung wird zu einer wichtigen Bastion bedrohter Männeridentität nach innen und entfaltet seine beheimatenden Wirkungen innerhalb sozialer Milieus ebenso wie in seiner Abgrenzungsfunktion nach außen. In Konsumgemeinschaften werden über Drogenkonsum Beziehungen immer wieder gestaltet und rituell bekräftigt, wird Nähe geschaffen und durch das geregelte Miteinander Gemeinschaft hergestellt. Innerhalb dieser

Männergemeinschaften und durch deren Inszenierungen auch gegenüber Außenstehenden, Frauen wie Männern, können die für das Mannsein so wichtigen Koordinaten Macht und Gruppenerleben geschaffen und die durch die unterprivilegierte Lebenslage bedrohte Männeridentität konsolidiert und gesichert werden.

Mit diesen Funktionen wird der Drogenkonsum umso bedeutungsvoller, je realer das soziale Gefüge der erwerbslosen, niedrig qualifizierten Männer bedroht ist bzw. je weniger andere Möglichkeiten der Selbstpräsentation von „Grandiosität", des „Über-sich-Hinauswachsens" und des Erlebens von Gemeinschaft und Antriebssteigerung gegeben sind. Darüber hinaus wird der Drogenkonsum auf vielfältige Weise und mit Bezug zur jeweiligen Lebenslage auf typisch männliche Weise funktionalisiert: Um Fiktionen aufrecht zu erhalten, Niederlagen zu entschuldigen, Nähe zu Gemeinschaften und Distanz zu anderen sozialen Gruppen herzustellen, Auflehnung indirekt zu ermöglichen, Versorgung zu sichern, Überlegenheitsgefühle auszuleben, Unbesiegbarkeit und Stärke zu zeigen, Versagensängste und Versagen zu kompensieren u. Ä. (Wulf 2006, S. 126).

Diese immer wiederkehrenden, höchst funktionalen und kaum auf andere Weise ersetzbaren Zusammenhänge sorgen schließlich dafür, dass exzessiver Drogenkonsum zu einem stilprägenden Element der Alltagskultur bestimmter sozialer Milieus, sozialer Gruppen und schließlich auch des einzelnen Mannes wird. Die Hintergründe für die Inszenierung des exzessiven Drogenkonsums kann der einzelne selbst oft nur noch schwer durchschauen, diesem kann er sich auch kaum noch entziehen und zu diesem kann er auch nur schwer Alternativen entwickeln und leben. Änderungsversuche hin zu Mäßigkeit oder gar Abstinenz müssen vor dem Hintergrund der traditional vorgegebenen Selbstpräsentation des Mannseins und seiner besonderen Konturierung in sozial benachteiligten Gruppen als weitere Schwäche, als ein weiteres Nicht-beherrschen-können, als weiterer Verzicht, als weiteres Versagen, als weiteres Nicht-mehr-Dürfen usw. gelten und sind deshalb von Männern kaum hinnehmbar. Derart und auf verschiedene Weise in diese alltagskulturellen Bezüge eingeklemmt, sind erwerbslose Männer mit niedrigen Bildungsabschlüssen folgerichtig mit besonderen Risiken konfrontiert, einen problematischen Drogenkonsum zu entwickeln.

Erschwerend kommt hinzu, dass auch der soziale Umgang mit Mäßigkeitsbotschaften, Präventionsangeboten und Therapieanweisungen in diesen Mix aus männer- und schichtspezifischen Zusammenhängen eingeordnet ist und sich daraus weitere Probleme und Schwierigkeiten für die Entwicklung gelungener Formen des Drogenkonsums ergeben. Gemeinhin klagen alle gesundheitspolitischen Betrachtungen, dass insbesondere bildungsferne und unterprivilegierte soziale Gruppen kaum und Männer dieser Milieus schon gar nicht von Botschaften erreicht werden, die eine Änderung des Gesundheitsverhaltens empfehlen. Dies wird in der Regel mit mangelnden Fähigkeiten argumentiert, die gegebenen Botschaften zunächst überhaupt aufnehmen, verstehen und schließlich auch umsetzen zu können. Ein anderes Bild zeichnet sich ab, wenn ausdrücklich eine männerspezifische Betrachtung Grundlage des Nachdenkens wird.

Es gilt zu bedenken, dass die heutigen Drogengebote und -verbote der Gesellschaft in der Regel nicht aus alten Zeiten stammen und damit überliefert sind. Sie argumentieren vielmehr medizinisch funktional, sind damit hochmodern legitimiert und werden in einem rationalistischen Duktus vorgetragen. Die begrenzten Möglichkeiten, diesen Botschaften folgen zu können, ergeben sich jedoch keineswegs allein aus Verständnisschwierigkeiten – wie oft angenommen wird. Wichtig wird auch der Fakt, dass ein dezidiertes medizinisches Grundwissen zur Richtgröße erhoben wird, von dem die meisten unterprivilegierten Gruppen der Gesellschaft ausgeschlossen sind und dem sie sich, entsprechend ihren gelebten kulturellen Codes, auch mehr oder weniger energisch verweigern.

Hinzu kommt, dass die in der Gesellschaft formulierten Regeln zum Drogenkonsum in ihrer Wirkung auf der Macht wissenschaftlicher Autoritäten beruhen: Es sind in der Regel höchst privilegierte Männer, die Kraft ihrer sozialen Stellung einen für unterprivilegierte Männer uneinholbaren Vorsprung in Bezug auf wichtige Aspekte einer Männeridentität haben. Diese verkünden nun, was als Maxime auch für das Handeln derjenigen Männer gelten soll, die in wichtigen Aspekten ihres Mannseins benachteiligt sind. Nicht allein, dass mit diesen Argumentationsfiguren Drogen vollständig aus ihren symbolischen Bedeutungskontexten herausgelöst, von den persönlichen Geschichten abgekoppelt und auf ihre chemischen Bestandteile reduziert werden. Damit verbunden sind zugleich Normierungs- und Unterwerfungsstrukturen, die von den geistigen Eliten ausgehen, die von unterprivilegierten Frauen durchaus befolgt, von den unterprivilegierten Männern aber nur schwer akzeptiert werden können. Die durch medizinisches Wissen versachlichte Debatte steht den eigenen sozialen wie persönlichen Bindungen, Traditionen und Schutzmöglichkeiten für bedrohte Männeridentitäten nicht nur entgegen, sondern droht sogar, diese zu enteignen.

Indem übergangen wird, was Drogen für die einzelnen Männer und ihre Milieus emotional bedeuten und welche Gruppenbindungen darin eingelagert sind, erzeugt das Propagieren von Askese permanent Versagenserfahrungen, schlechtes Gewissen und Scham. Es kommt deshalb einem Akt der Selbstbehauptung gleich, sich gegen Änderungsversuche zu wehren, die alten vertrauten Rituale zu pflegen und die letzte, höchst wichtige Bastion des Mannseins zu verteidigen: Immerhin können sich unterprivilegierte „ganze Kerle“ über exzessiven Drogenkonsum in Bezug auf Härte, Aggressivität, Belastbarkeit, Überlegenheit, Unbesiegbarkeit, Stärke usw. als den privilegierten Männern (Arzt, Therapeut, Wissenschaftler) überlegen beweisen. Möglicherweise sind gerade für unterprivilegierte Männer die Rückgriffe auf derart rigide und traditionelle Männerbilder ein letzter klarer Bezugspunkt und eine sichere Zuflucht, mit der sie angesichts ihrer prekären Lebenslage eine Markierung für die bedrohten männlichen Identitäten schaffen.

Darüber hinaus wird mit einer mehr oder weniger klar vorgenommenen Verweigerung gegenüber gesundheitsrelevanten Forderungen zugleich die Abspaltung von Genuss zurückgewiesen, die diesen Botschaften in der Regel anhaftet. Die Tilgung von Lust und Vergnügen aus der gesellschaftlichen Wahrnehmung von Drogenkonsum macht diesen zu etwas moralisch Verwerflichem und Lasterhaftem. Letztlich werden damit jedoch nicht allein die spezifischen Vergnügungsstile der in den Blick genommenen sozialen Gruppen und Lebensformen diskreditiert. Die Präventionsbotschaften transportieren zugleich normative Kontrollversuche der privilegierten geistigen Elite in Bezug auf Lust und Vergnügen, deren Befolgen durch die Instanzen der sozialen Kontrolle insbesondere durch unterprivilegierte soziale Gruppen auch angemahnt und durchgesetzt wird. Dies erzeugt eine umso größere Dauerfrustration, je geringer andere Möglichkeiten für ein Ausleben entsprechender Bedürfnisse und für einen Schutz vor oder eine Zurückweisung der sozialen Kontrolle sind.

Aus dem Gefüge von Männeridentitäten und der darin verankerten zentralen Bedeutung von Wettkampf, Konkurrenz, Rivalität und Sieg leiten sich als typisch männliche Reaktionsmuster eher ein brüskiertes Zurückweisen entsprechender gesundheitsrelevanter Botschaften und Empfehlungen, ein mehr oder weniger deutlich vorgetragenes Sich-Wehren gegen Änderungsforderungen und das demonstrative Ignorieren und Überschreiten gesetzter Normen ab. Zum Thema wird also nicht allein, wieweit der Einzelne um drogenbedingte Risiken im Allgemeinen weiß und die Relevanz dieser Risiken für sich selbst wahrnimmt. In die Betrachtung einzubeziehen ist zugleich, inwieweit Männer in bestimmten sozialen Milieus kraft ihres gelebten unterprivilegierten Mannseins einem „optimistischen" Fehlschluss in Sinne einer Unverletzlichkeit der eigenen Person unterliegen, durch den sie mögliche Risiken unterschätzen oder sich selbst für unverwundbar für die bei anderen beobachteten negativen Entwicklungen halten.

In diesen Denkübungen wird deutlich, dass unterprivilegierte erwerbslose Männer bei der nachhaltigen Entwicklung sozial akzeptierter, unproblematischer Drogenkonsumformen deutlich benachteiligt sind. Diese Benachteiligungen ergeben sich jedoch nicht aus (in Relation zu anderen sozialen Gruppen) begrenzten materiellen und finanziellen Lebenslagen. Für das Zustandekommen von Benachteiligungen sind weit komplexere Zusammenhänge mitzudenken, wobei insbesondere der Blick auf Erklärungsmuster der Genderforschung höchst ertragreich erscheint. Er führt zu Erklärungsansätzen, die nicht allein theoretisch anregend sind, sondern für die Praxis der Hilfe und Unterstützung weitreichende Folgen haben. Indem über diese Denkmodelle bisherige Angebote (psychotherapeutische Ausdeutungen) und die Formen ihrer Vermittlung (wenig gendersensible) problematisiert werden (vgl. Vosshagen 2006, S. 135), steht die Praxis vieler therapeutischer Einrichtungen auf dem Prüfstand, in denen sich überrepräsentiert viele erwerbslose Männer mit geringer Bildung wiederfinden, mit denen die Ursachen für ganz spezifische Alkoholprobleme zu bewältigen sind.

5. Alkoholkonsum und beruflicher Erfolg: Die trinkenden Power-Frauen

Im Rahmen frauenspezifischer Suchtforschung ist längst herausgestellt worden, dass der Drogenkonsum auch der Darstellung und Positionierung des Frauseins dient, d. h. an der Inszenierung von Frauenidentitäten wie an der Gestaltung von Beziehungen zu Männern und zu den Geschlechtsgenossinnen beteiligt ist (vgl. Scheffler 2002, S. 26). Allerdings ist für Frauen eher ein defensiver, mäßiger Alkoholkonsum, vielfach auch eher das Abstinenzgebot traditionell verankert. Insofern eignet sich exzessiver Alkoholkonsum kaum, um eine Identität als Frau herzustellen, sich Positionen in Gemeinschaften rückzuversichern oder sich über das Trinken in Konkurrenzsituationen um Macht, Einfluss und Überlegenheit zu begeben. Aus diesen Bezügen heraus dürften Frauen, unabhängig davon, ob sie sich in privilegierten oder unterprivilegierten Lebenssituationen befinden, kaum gefährdet sein, einen problematischen Alkoholkonsum zu entwickeln.

Und dennoch resultieren aus diesen kulturellen Konstrukten für Frauen höchst gegensätzliche Lebens- und Umgehensweisen mit Alkohol: Der zumindest mengenmäßig riskante Alkoholkonsum wird eher zu einem Verhalten erfolgreicher, älterer Frauen mit hohem Schulabschluss und akademischer Ausbildung in festen Arbeitsverhältnissen, mit einem anspruchsvollen Beruf, der einen hohen Grad an Autonomie erlaubt und ein gutes Einkommen sichert und die privat eher allein leben oder geschieden sind (vgl. Franke et. al. 2001, S. 191). Trotz des hohen und sehr hohen Alkoholkonsums unterliegen diese Frauen keineswegs einem erhöhten Risiko, eine Abhängigkeit zu entwickeln (vgl. ebenda, S. 182) und sind deshalb in der Regel kaum im therapeutischen Hilfesystem zu finden: Forscherinnen verweisen ausdrücklich darauf, dass sich die um therapeutische Hilfe nachfragenden Frauen in fast allen analysierten Dimensionen von den Vieltrinkerinnen wesentlich unterscheiden, so dass davon auszugehen ist, dass Vieltrinkerinnen und um Hilfe nachfragende Frauen mit Abhängigkeitsdiagnose mit großer Wahrscheinlichkeit aus jeweils ganz verschiedenen Gruppen kommen (vgl. ebenda 2001, S. 78). Diese überraschende Sachlage fordert geradezu heraus, Erklärungen wieder mit Rückgriff auf die Genderforschung zu entwickeln.

Wie für Suchtforschung regelmäßig praktiziert, näherte man sich auch diesen vieltrinkenden Powerfrauen zunächst mit einem Defizitansatz. In der Hoffnung, durch mögliche Negativausprägungen diese Befunde erklären zu können, wurde eine Vielzahl von Lebensbezügen und psychischen Konstellationen in den Blick genommen. Zur Verwunderung der Forscherinnen stellen sich jedoch Frauen mit hohem bzw. sehr hohem Alkoholkonsum „... im Allgemeinen als sehr zufriedene und kompetente Gruppe dar. Mit ihrer beruflichen und finanziellen Situation sind sie einverstanden, ihre häuslichen Arbeitsbedingungen bewerten sie sogar besser als substanzunauffällige Frauen. Sie fühlen sich sozial nicht überlastet und gut unterstützt, ihr Kohärenzgefühl ist so hoch wie das der substanzunauffälligen Frauen, von denen sie sich auch hinsichtlich ihrer Fähigkeit zu genießen und sich etwas Gutes zu gönnen, nicht unterscheiden. Sie reagieren weder depressiver noch ängstlicher oder wütender in schwierigen Situationen, bewerten ihre Gefühle nicht negativer und halten sie für wichtig, kontrollieren sie nicht stärker und zeigen sie: lediglich ihre Tendenz, in schwierigen Situationen zuversichtlich zu reagieren ist etwas geringer ausgeprägt und sie neigen dazu, sich rational mit Gefühlen auseinander zu setzen. Insgesamt handelt es sich hier somit nicht um eine auffällige Gruppe – abgesehen eben von dem durchaus bemerkenswerten Alkoholkonsum“ (Franke et al. 2001, S. 191). Damit wird deutlich, dass der hohe und sehr hohe Alkoholkonsum der erfolgreichen Frauen weder als Spannungs- und Problemlösungsverhalten noch als Kompensations- und Ersatzhandeln gedeutet werden kann. Insofern helfen die klassischen suchttheoretischen Deutungsmuster nicht weiter.

Um sich dem Phänomen der vieltrinkenden Powerfrauen zu nähern, die dennoch kaum durch das Risiko deutlicher Alkoholprobleme bedroht sind, soll wiederum auf milieu- und schichtspezifische Zusammenhänge zurückgegriffen werden. Dies liegt schon deshalb nahe, weil auch die vieltrinkenden Erfolgsfrauen ihren Alkoholkonsum mit der Demonstration ihres Status, ihrer Gruppenzugehörigkeit und einer bestimmten persönlichen Kultur verknüpfen. In dieser haben natürlich auch die für sie wichtigen Arbeitsbeziehungen ihren gebührenden Platz (vgl. Bloomfield et al. 1999, S. 269). Der hier inszenierte Alkoholkonsum schafft auch für Frauen Zugehörigkeit und Gemeinschaft und hat damit beheimatende Wirkungen. Dies allein erklärt das Vieltrinken der Erfolgsfrauen jedoch nicht, zumal es Hinweise darauf gibt, dass diese Frauen offenbar Alkohol nicht unbedingt nur in geselliger Runde unter ihresgleichen trinken: Mit zunehmendem Alkoholkonsum sinkt der Anteil der im Bekannten- und Freundeskreis trinkenden Frauen bei gleichzeitigem Anstieg der Frauen, die allein trinken (vgl. Franke et al. 1999, S. 39).

Für das Verstehen muss man sich vergegenwärtigen, dass sich hochqualifizierte Erfolgsfrauen mit ihrer biographischen Entwicklung besonders weit von den in der Gesellschaft vorgegebenen Idealbildern zum Frausein entfernt haben. Aber auch um in dieser nach wie vor von Männern dominierten Arbeitswelt bestehen zu können, müssen sie sich von vielen Aspekten traditioneller Frauenrollen entfernen, die eine Fokussierung auf Mütterlichkeit, Fürsorge und Opferbereitschaft nahelegen. Insofern leben sie auch in vielen anderen Lebensbezügen ein Kontrastbild zu populären Frauenidentitäten. Dieses Leben gegen die durchschnittlichen normativen Vorgaben einer „weiblichen Normalbiographie" wird allerdings durch beruflichen Erfolg, Selbstbestätigung, Zugänge zu Macht und Einfluss sowie durch gesicherte materielle und finanzielle Ressourcen nicht nur in ihren Milieus, sondern auch darüber hinaus positiv bestätigt. Das auch für Außenstehende sichtbare Prestige vermittelt zudem förderliche Impulse, um auch höchst private gesellschaftliche und familiäre Beziehungsgefüge in eine andere, nicht genormte Balance zu bringen, in diesen Anpassungsprozessen affektive Valenzen neu zu strukturieren und damit psychisch gut zu haushalten. Die den Powerfrauen eingeräumte relative Autonomie in ihren beruflichen und privaten Lebensbezügen ermöglicht zugleich eine Konsistenz ihrer Lebensvollzüge, d. h. Klarheit in Bezug auf die gestellten Erwartungen, klare Zuständigkeiten und geregelte Abläufe. Für nachhaltigen Erfolg sind ferner im hohen Maße Selbstregulierungsfähigkeiten gefordert, die entlang zunehmend mehr verinnerlichter Selbstzwänge abverlangt werden und kaum noch mit defensiven Bewältigungsmustern, einem Selbsterleben in Abhängigkeit und mit geringen Kontrollüberzeugungen kompatibel sind.

In diese Lebensformen ist auch der Alkoholkonsum der Erfolgsfrauen mit feinen Fäden eingewoben. Es dürfte nicht überraschen, dass Erfolgsfrauen, wie in ihrer Biographie insgesamt, auch beim Alkoholtrinken keinen „weiblichen Normaltrinkmustern" folgen. Eher gestalten sie selbstbewusst auch durch den Alkoholkonsum ihren Minderheitenstatus. Wohl auch deshalb verbinden sie mit ihrem auch öffentlich inszenierten Alkoholkonsum kaum Versagens-, Scham- und Schuldgefühle (vgl. Scheffler 2002, S. 26), sondern stellen demonstrativ dar, dass ihnen die Balance zwischen dem Herstellen des sich selbst kontrollierenden, triebgezügelten Subjekts, das die ihm zugewiesene Verantwortung für sich auch übernimmt, und einem relativ hohen Alkoholkonsum gelingt. Eine Vielzahl der von ihnen in ihrer biographischen Entwicklung abgeforderten Fähigkeiten und Fertigkeiten werden zugleich zu entscheidenden, geradezu generalisierten Widerstandsressourcen, um auch einen mengenmäßig relativ hohen Alkoholkonsum in seinen physischen, psychischen und sozialen Wirkungen regulieren und kontrollieren zu können. Zu den relevanten Variablen im Zusammenhang mit der Kontrolle des Alkoholkonsums gehören beispielsweise die den Erfolgsfrauen eingeräumte Konsistenz in ihren Lebensbezügen (vgl. Franke, a. a. O., S. 183), eine positive Einstellung zu Genuss (ebenda, S. 184), die Kompetenz, in schwierigen Situationen nicht ängstlich zu reagieren (ebenda, S. 185), Kohärenzgefühl, euthymes Erleben und die Zufriedenheit mit der psychischen Befindlichkeit (ebenda, S. 189). Selbst die Sachlage, dass Erfolgsfrauen Emotionen, die nicht direkt zielbewusstes Handeln unterstützen und die der Effizienz des Handelns abträglich sind, negativ bewerten und deshalb kontrollieren und regulieren (ebenda, S. 45), stellt sich als eine wichtige internale Ressource heraus, die sich auch als protektiv gegenüber einer Abhängigkeitsentwicklung erweist (ebenda, S. 189). Gerade mit diesen persönlichen Fähigkeiten und Fertigkeiten haben sie sich jedoch nicht nur relativ weit von den in unserer Gesellschaft geltenden Frauenbildern entfernt. Sie haben sich zugleich eher dem Ideal des dynamischen, rational planenden, sich sachlich auseinandersetzenden „Machers" genähert, das bis heute immer noch ausdrücklich Männern vorbehalten bleibt und als Teil einer Frauenidentität in der Regel diskreditiert und abgewertet wird. Die Übernahme der Identitätsstruktur des „Machers" ist für Frauen zudem höchst ambivalent: Sie verweist zum einen darauf, dass Erfolgsfrauen durchaus bereit sind, sich deutlich von den orientierungsstiftenden, normierenden Instanzen, Werten und Vorgaben für weibliche Normalbiographien zu lösen. Sie sorgen jedoch zugleich dafür, dass in Bezug auf Alkohol kaum eine Verunsicherung, Entgrenzung oder gar Haltlosigkeit drohen. Zugute kommt den privilegierten Erfolgsfrauen außerdem, dass sie selbst Teil der geistigen Elite der Gesellschaft sind, von daher die Aussagen und Vorgaben medizinischer Experten nicht als Diskreditierung und normative Kontrollversuche ihrer Vergnügungsstile interpretieren und zurückweisen müssen, sondern sich den dahinter stehenden gesundheitsrelevanten Botschaften vorbehaltloser öffnen können.

Nachvollziehbar wird, dass sich aus den privilegierten Lebenssituationen der vieltrinkenden Powerfrauen eine Vielzahl protektiver Zusammenhänge ergeben, die das Risiko, schließlich durch eine Alkoholabhängigkeit auffällig zu werden, für diese soziale Gruppe deutlich senken. Wiederum erweist es sich als unterkomplex, allein die bessere materielle und finanzielle soziale Lage als Widerstandsressource gegen Alkoholabhängigkeit in den Blick zu nehmen. Bei genauerer Betrachtung hat die materielle Sicherheit sogar einen höchst untergeordneten Platz unter den vielfältigen höchst komplexen Interdependenzen.

6. Ausblick

Die vorgestellten Skizzen verdeutlichen, dass Drogenkonsum als sozial geprägtes Phänomen wahrzunehmen und als außergewöhnlich komplexe soziale Handlung zu verstehen ist. Folgerichtig liegen selbst den jeweiligen individuellen Drogenproblemen sehr differenzierte Wirkungszusammenhänge mit vielfältigen sozialen Deutungen zugrunde, die auch als solche zu erkennen und zu bearbeiten sind. Sowohl Forschungen als auch Hilfe- und Unterstützungsangebote haben insofern selbstverständlich von der sozialen Unterschiedlichkeit sowohl des Drogenkonsums als auch der konkreten Struktur und Ausprägung von Drogenproblemen auszugehen. Sie müssen damit vor allem den bisherigen, hegemonial vorgetragenen medizinischen und therapeutischen Aussagen widersprechen, nach denen alle Menschen gleichermaßen von gesundheitlichen Schäden durch Drogenkonsum und von einer Gefährdung durch die Entwicklung einer Abhängigkeitserkrankung betroffen sind. Mit diesen vereinheitlichenden Aussagen koppeln medizinalisierende und therapeutisierende Argumentationen Drogenkonsum und damit möglicherweise verbundene Drogenprobleme von ihren spezifischen sozialen Bedeutungskontexten und persönlichen Geschichten ab und reduzieren die Diskurse auf die chemische Bestandteile, die mit Drogen zugeführt werden. Übersehen wird damit, dass auch exzessiver Drogenkonsum vor sozial differenten Hintergründen entsteht, deshalb auf jeweils sehr verschiedene Art und Weise problematisiert werden muss und auch der Bedarf an Hilfe und Unterstützung inhaltlich unterschiedlich angelegt ist. Seine inhaltliche Realisierung braucht zudem jeweils sozial differenzierte Konzepte mit unterschiedlich strukturierten Zielen, Angeboten und Methoden, die wiederum auf soziale Unterschiedlichkeiten Bezug zu nehmen haben. Sehr vereinfachend gesagt: Der Pluralisierung der Lebensstile und Lebensformen folgt auch eine Pluralisierung des Drogenkonsums, durch den auch eine Pluralisierung von Drogenproblemen vorangetrieben wird, die eine weitere Differenzierung und Individualisierung von Hilfestellungen bei deren Bewältigung notwendig macht. Das traditionelle Muster, nach der es physiologische Besonderheiten seien, die eine besondere Vulnerabilität für Drogenprobleme hervorbringen und nach dem die Diagnose Abhängigkeit alle Menschen zu gleichermaßen Betroffenen mache, protegiert allein therapeutische Angebote, die sich mit ihren auf Abstinenz orientierten Zielen und einheitlichen Behandlungsplänen einer notwendigen Flexibilisierung und Modernisierung widersetzen. Insofern ist das Mitdenken der jeweils spezifischen sozialen Besonderheiten von Lebensstilen und Lebensformen nicht nur Diskussionsanstoß und eine interessante Denkübung, die weiter empirisch zu fundieren ist. Es erweist sich, dass Drogenprobleme und von Drogenproblemen betroffene soziale Gruppen so unterschiedlich sind, dass eine zielgruppenunspezifische Prävention und Therapie ins Leere läuft. Dies auch dann, wenn zumindest zwischen Frauen und Männern unterschieden wird. Erforderlich und sinnvoll ist eine stärker schichtspezifische inhaltliche Ausrichtung, Organisation und Durchführung von Prävention, Hilfe und Unterstützung, mit der auch die sozial unterschiedlichen inhaltlichen Fragestellungen und Probleme rund um den Drogenkonsum thematisiert werden können. Denn – wie oben bereits gesagt – Drogenprobleme und Abhängigkeit sind nicht kulturlose, ausschließlich biomedizinische und damit autonome Erkrankungen, sondern tragen das Gesicht der Kultur und des Milieus, in dem drogenkonsumierende Frauen und Männer jeweils leben.

Literatur

Bloomfield, K., Alström, S., Allamani, A., Choquet, M., Cipriani, F. et al. (1999): Alcohol consumption and alcohol problems among women in European countries. Final report of European conference "Alcohol and Gender in Europe". Free University of Berlin: Institute for Medical Informatics, Biostatics & Epidemiology, Berlin.

Bundeszentrale für gesundheitliche Aufklärung (2004): Die Drogenaffinität Jugendlicher in der Bundesrepublik Deutschland 2004, Köln.

Bundeszentrale für gesundheitliche Aufklärung (2006): Förderung des Nichtrauchens - Wiederholungsbefragung, Juli 2003, Köln.

Fachverband Sucht e.V. (2005): Basisdokumentation 2005 – ausgewählte Daten zur Entwöhnungsbehandlung im Fachverband Sucht e. V. In: Qualitätsförderung in der Entwöhnungsbehandlung, Band 13, Bonn.

Franke, A., Mohn, K., Sitzler, F., Welbrink, A., Witte, M. (2001): Alkohol- und Medikamentenabhängigkeit bei Frauen – Risiken und Widerstandsfaktoren, Weinheim und München.

Henkel, D. (1998): Arbeitslosigkeit, Alkoholkonsum und Alkoholabhängigkeit: nationale und internationale Forschungsergebnisse. In: Henkel, D., Vogt, I. (Hrsg.): Sucht und Armut – Alkohol, Tabak, Medikamente, illegale Drogen, Opladen, S. 101-136.

Henkel, D., Vogt, I. (Hrsg.) (1998): Sucht und Armut – Alkohol, Tabak, Medikamente, illegale Drogen. Opladen.

Köhler, B. M. (1991): Gibt es eine Differenzierung des Ernährungsverhaltens? Sekundäranalytische Untersuchung sozialer Bestimmungsgrößen des Ernährungsverhaltens Erwachsener. In: WZB, Paper P91-208, Berlin.

Kraus, L., Augustin, R. & Orth, B. (2005). Repräsentativerhebung zum Gebrauch und Missbrauch psychoaktiver Substanzen bei Erwachsenen in Hamburg. Epidemiologischer Suchtsurvey 2003. In: IFT-Berichte Bd. 146, München: IFT Institut für Therapieforschung.

Pech, D. (2006): Männlichkeitsbewältigungen – Sucht und Suchen aus der Perspektive kritischer Männerforschung. In: Jacob, J., Stöver, H. (Hrsg.): Sucht und Männlichkeiten – Entwicklungen in Theorie und Praxis der Suchtarbeit, Wiesbaden, S. 41-50.

Pittmann, D. J., Tate, R. L. (1974): A comparison of two treatment programs for alcoholics. Zitiert nach Emrick, C. D. (1974): A review of psychologically treatment of alcoholism. Quart. J. Stud. Alcohol 35 (1974), S. 523-549.

Quensel, S. (1991): Substanz und Bedeutung des Drogenkonsums – eine Einleitung. In: Kappeler, M. (1991): Drogen und Kolonialismus – Zur Ideologiegeschichte des Drogenkonsums. Frankfurt/M.

Rose, L. (2005): „Überfressene" Kinder – Nachdenklichkeiten zur Ernährungs- und Gesundheitserziehung. In: Neue Praxis 1 (2005), S. 19- 34.

Rudolf, M. (2006): Männlichkeit – Macht – Beziehung: Gendersensibilität und Professionalisierung in der Sozialen Arbeit. In: Jacob, J., Stöver, H. (Hrsg.): Sucht und Männlichkeiten – Entwicklungen in Theorie und Praxis der Suchtarbeit, Wiesbaden, S. 101-118.

Scheffler, S. (2002): Die Frauen, über die wir sprechen – Diskurse und Muster frauenspezifischer Suchtarbeit. In: Die Bundesdrogenbeauftragte (2002): Frauen und Sucht. Dokumentation des BundesFrauenKongresses Sucht „Ungeschminkt" am 5. und 6. September 2002, Berlin.

Stöver, H. (2006): Mann, Rausch, Sucht: Konstruktionen und Krisen von Männlichkeit. In: Jacob, J., Stöver, H. (Hrsg.): Sucht und Männlichkeiten – Entwicklungen in Theorie und Praxis der Suchtarbeit, Wiesbaden, S. 21-40.

Völger, G., v. Welck, K., Legnaro, A. (1981): Rausch und Realität – Drogen im Kulturvergleich, Köln.

Vosshagen, A. (2006): Anmerkungen zur Psychologie männlichen Suchtverhaltens. In: Jacob, J., Stöver, H. (Hrsg.): Sucht und Männlichkeiten – Entwicklungen in Theorie und Praxis der Suchtarbeit, Wiesbaden, S. 129-142.

Wulf, H. (2006): Die Entdeckung der Männlichkeit in der Suchtkrankenhilfe - männerspezifische Themen in der ambulanten Rehabilitation: Beobachtungen und Beispiele methodischer Umsetzung aus der Fachstellenarbeit. In: Jacob, J., Stöver, H. (Hrsg.): Sucht und Männlichkeiten – Entwicklungen in Theorie und Praxis der Suchtarbeit, Wiesbaden, S. 119-128.

Doing Gender: Zum Diskurs um Geschlecht und Sucht

Irmgard Vogt

1 Zum Geschlechterdiskurs in der Suchthilfe

1.1 Gender-Schemata

Vor etwa 30 Jahren waren sich Frauenforscherinnen mit einigen wenigen Männerforschern[1] darüber einig, dass die geschlechtsspezifische Sozialisation „Frauenkörper“ und „Männerkörper“ produziert, die sich in jeder Hinsicht voneinander unterscheiden. Theweleit hat in seinen Publikationen über „Männerphantasien“ (1977 und 1978) wort- und bildreich dargestellt, dass Männerkörper das Starre, Gepanzerte symbolisieren und Frauen das Weiche, Fließende.

Mit diesen Vorstellungen von Frauen- und Männerkörpern wird man nicht geboren, man erwirbt sie sich vielmehr in der Sozialisation, die von dem Moment an geschlechtsspezifisch gefärbt ist, in dem Mütter und Väter das Geschlecht ihres noch ungeborenen oder schon geborenen Kindes erfahren. Auch die Umwelt verhält sich entsprechend und heftet den neugeborenen Mädchen rosa, den Jungen blaue Bändchen an die kleinen Hände. „In allen Gesellschaften werden Kleinkinder bei ihrer Geburt der einen oder der anderen Geschlechtsklasse zugeordnet, wobei diese Zuordnung durch das Ansehen des nackten Kinderkörpers… vorgenommen wird. Diese Zuordnung aufgrund der körperlichen Gestalt erlaubt die Verleihung einer an das Geschlecht gebundenen Identifikationskette (Mann-Frau, männlich-weiblich, Junge-Mädchen, er-sie). In den verschiedenen Phasen des individuellen Wachstums wird diese Klassifizierung durch Kategorien für weitere körperliche Anzeichen bestätigt… Jedenfalls betrifft die Einordnung in die Geschlechtsklasse fast ausnahmslos die gesamte Population und beansprucht lebenslange Geltung. Somit liefert sie ein Musterbeispiel, wenn nicht sogar den Prototyp einer sozialen Klassifikation“ (Goffman

---

[1] In den Sozialwissenschaften und in der Medizin waren und sind die meisten Forscher Männer, die über alles forschen, meist ohne sonderliche Berücksichtigung des Geschlechts der Studienobjekte oder der Forschenden. Männerforscher unterscheiden sich von forschenden Männern insofern, als erstere bewusst Bezug auf ihr bzw. das Geschlecht nehmen, letztere eher nicht, was sie nicht daran hindert, ihre Ergebnisse auf beide Geschlechter zu generalisieren.

1994, S. 107f). Wiederholt weist Goffman darauf hin, dass die körperlichen Unterschiede zwischen den Geschlechtern unzweifelhaft vorhanden sind, aber in industrialisierten Gesellschaften wenig Bedeutung hätten – wenn sie nicht mit der sozialen Klassifikation in eins fallen würden. Am Beispiel unseres eigenen Geschlechts lernen wir von Kindsbeinen an, was soziale Zuordnung heißt und wie man diese macht. Doing gender ist ein ganz selbstverständlicher Prozess, der die ganze Sozialisation durchzieht mit dem Ergebnis, dass wir geschlechtsspezifische Zuordnungen und Gender-Schemata für „ganz natürlich“ halten (Faulstich-Wieland 2006). Rollenstereotype sind Teil der Gender-Schemata. Neue Studien belegen, dass zum Beispiel die Schule (Faulstich-Wieland et al. 2004) aber auch die Medien mit den Rollenstereotypen arbeiten und sie beständig verstärken. In sehr vielen Filmen präsentieren sich Mädchen/Frauen immer noch als schwach und hilfebedürftig, als Wesen, die der Mann leiten, stützen und beschützen muss. Daneben gibt es aber auch Filme, die von diesen Patterns abweichen. Sie zeigen Mädchen und Frauen in frivolen Rollen, unwillig oder unfähig, sich an das weibliche Gender-Schema anzupassen. Oft endet das im Desaster. So trägt die Filmindustrie ihren Part zum Doing gender bei und belehrt uns auf ihre Weise, welche Verhaltensweisen für welches Geschlecht angemessen sind und welche eher nicht. Es scheint, dass wir auch nach einer nun schon Jahrzehnte dauernden Diskussion um Geschlechter- Schemata diese nicht überwunden haben. Immerhin haben wir sie ein wenig aufgelockert und an die Bedürfnisse der modernen Arbeitswelt angepasst, je nach Perspektive ein Schritt in die richtige oder die falsche Richtung.

1.2 Erste diskursive Übungen zum Thema Geschlecht in der Suchtforschung und Suchthilfe

Der Geschlechterdiskurs in der Suchthilfe war schon immer sehr handfest. Im 19. und frühen 20. Jahrhundert ging man davon aus, dass die „geschützteren Verhältnisse“, in denen Frauen lebten, sie vor der Trunksucht bewahrten (Kraepelin 1910, S. 110). Wurden sie dennoch trunksüchtig, dann lag das daran, dass sie dafür eine besondere Veranlagung hatten, die man auch daran erkannte, dass diese Frauen vornehmlich als Kellnerinnen oder Wirtinnen arbeiteten, also in Schankwirtschaften, in denen der Alkohol ohnehin floss. In diesen Berufen waren sie wiederum der sexuellen Verführung ausgesetzt und als Folge davon der Prostitution. „Die Prostituierten“, schreibt Baer 1878 (S. 336), „nehmen diese Gewohnheit an, um jedes Nachdenken zu verhüten, und weil sie wissen, dass sie von dem betretenen Weg nicht zurückkommen und in die tiefsten Tiefen der Bestialität sich stürzen“. Hoppe (1904, S. 434) baut auf diesen Einschätzungen auf und weist zudem auf folgendes hin: „Was die eigentliche Trunksucht anlangt, so wird die Frau im allgemeinen erst gegen Ende des 40. Lebensjahres zur Trinkerin. Sie verfällt bei ihrer geringen Widerstandskraft dem Alkoholismus viel leichter, schneller und intensiver als der Mann. Die alkoholische Degeneration entwickelt sich bei ihr außerordentlich rasch und nimmt oft die widerlichsten Formen an, die Trunksucht ist auch bei ihr fast stets unheilbar" (vgl. dazu auch Delbrück 1901, S. 33).

Diese wenigen Aussagen zeigen, worauf es ankommt. Frauen sind schwach und bedürfen des Schutzes durch den Mann. Werden sie von Männern beschützt, sind sie z.B. gegen Alkoholismus weitgehend gefeit. Frauen, die diesen Schutz nicht haben, sind gefährdet und verfallen den Versuchungen des Alkohols und der Sexualität leicht, zumal sie viel weniger Widerstandskraft haben als die Männer. Da keine Rettung in Sicht ist, ist der Weg ins Unglück, in Krankheiten und in den Tod kurz.

Die Sicht der Alkoholforscher und -helfer des 19. und 20. Jahrhunderts auf die Männer ist anders. Übereinstimmend weisen sie darauf hin, dass die Männer viel leichter und in weitaus größeren Zahlen dem Alkohol verfallen als die Frauen. Literarische Quellen betonen die Lust der Männer am Trinken, am Rausch und an Pöbeleien und Schlägereien unter Berauschten (z.B. Goethe, Faust 1, vgl. Tretter et al. 1989). Allgemein ging man davon aus, dass das Proletariat und die Arbeiterklasse für die Verführungen durch Alkohol besonders anfällig waren, dass aber auch Männer der „besseren Stände" davon nicht ganz verschont blieben. Kraepelin betont zunächst die „sittliche Verrohung" des Trinkers und schreibt weiter (1910, S. 95f): „Die nackteste Selbstsucht wird mehr und mehr der Grundzug seines Fühlens und Handelns... Er vertrinkt Krankengeld und Armenunterstützung, versetzt und verkauft Möbel und Kleider, ja selbst den Ehering... sieht gefühllos Frau und Kinder darben, gibt sie dem äußersten Elend preis, ja, versucht durch wüste Drohungen und Misshandlungen immer von neuem deren spärlichen Arbeitsverdienst zu erpressen". Zur sittlichen Verrohung kommen das Verbrechen, die Gewalttätigkeit und Krankheiten aller Art, worauf in allen einschlägigen Publikationen zwischen 1850 und 1920 ausführlich eingegangen wird (Baer 1878, Hoppe 1904, Stump & Willenegger 1907), wenn auch mit deutlich unterschiedlicher Akzentsetzung. Vertreter des Sozialdarwinismus behaupten, dass der Alkoholismus bzw. die durch diesen ausgelöste Degeneration zu Armut, Elend und einer weiteren – erblichen – Verschärfung der Degeneration führt. Dagegen argumentieren andere, dass die Armut selbst oft ursächlich für Alkoholismus ist (z.B. Grotjahn 1906, Laquer 1913) und dass daher eine aktive Armutsbekämpfung einen wichtigen Beitrag zur Bekämpfung des Alkoholismus leistet. Darauf gehe ich hier nicht ausführlich ein (vgl. dazu z.B. Vogt 1985a, 1989a).

Die frühen wissenschaftlichen Darstellungen des Alkoholismus bei Männern verfestigen ebenfalls das männliche Gender-Schema. Männer haben moralische Werte. Unter dem Einfluss von Alkohol verfallen diese zusehends. Zum Vorschein kommt das „wilde Wesen“ des Mannes, das gesetzlos und gewalttätig ist und sich nimmt, was es begehrt ohne Rücksicht auf die Folgen. Solche Männer sind nicht mehr die Beschützer der Frauen, sondern ihre Verderber. Aber auch in dieser Rolle sind sie diejenigen, die aktiv sind und bestimmen, wohin die Reise geht: sie reißen die Frauen mit in den Abgrund von Armut, Krankheit, Sucht und Tod.

Diese wenigen Zitate belegen bereits, dass die Suchtforschung und -hilfe immer schon gerne mit Gender-Schemata gearbeitet hat. Das endet auch nicht mit dem Beginn des 20. Jahrhunderts, sondern zieht sich durch bis in die Gegenwart. Das soll wiederum exemplarisch mit einigen wenigen Beispielen belegt werden.

1980 veröffentlichte die Frankfurter Rundschau unter der Schlagzeile „E-manzipation führt zur Sucht“ einen Artikel, in dem wichtige Ergebnisse der Tagung mit dem Motto „Frau und Sucht“ berichtet wurden. Namhafte Vertreter der Suchtforschung machten sich auf dieser Tagung für diese These stark und argumentierten, dass es sich dabei um eine „kausale Verknüpfung“ handele (Wanke 1981, Wurzbacher 1981, S. 31). Sie behaupteten weiter, dass die Frauenbewegung einen erheblichen Anteil an dieser Entwicklung gehabt habe, insofern sie die Frauen auf die Ungleichheiten und Diskriminierungen aufmerksam gemacht habe, die ihren Alltag charakterisierten. In diesen Thesen steckt eine Menge Sprengkraft, worauf die Frauensuchtforschung und -hilfe reagiert hat.

Die „emanzipierten“ Frauen in der Suchthilfe hielten es dagegen mit dem Slogan: „Emanzipation und (Suchtmittel-)Abhängigkeit schließen sich aus“ (Merfert-Diete & Soltau 1984, Merfert-Diete1988, S. 6). Sie schrieben: „Die Lebensalltäglichkeit von Frauen trägt die Abhängigkeit schon in sich selbst. Suchtmittel zu konsumieren ist nur der sichtbare Ausdruck davon… Die Befreiung von den Suchtmitteln ist ein Emanzipationsprozeß, der von der spezifischen Abhängigkeit von Frauen und ihren ganz konkreten Belangen auszugehen hat und in dem es um die Gewinnung von Unabhängigkeit geht“ (Soltau 1984, S. 13ff). Mit „spezifischer Abhängigkeit von Frauen“ war die geschlechtsspezifische Sozialisation gemeint. Doing gender war zu dieser Zeit noch kein Begriff, inhaltlich ging es aber genau um diesen Prozess: um die Herrichtung des weiblichen „Geschlechtscharakters“ (Hausen 1976).

Eine differenzierte Analyse beider Positionen zeigt, dass sie zwar beide wenig Sinn machen, aber sehr wohl auf Gender-Schemata aufbauen. Die Suchtforscher knüpfen an das Bild des Mannes als dem Starken, dem Beschützer und dem Retter der Frau an. Hat sie diesen Schutz nicht, ist sie allen möglichen Gefährdungen ausgesetzt, nicht zuletzt dem der Entwicklung von Sucht. Die Suchthelferinnen machen den Mann als den Schuldigen aus, der die Frau zur Abhängigen gemacht hat, eben auch zur Suchtmittelabhängigen. Empirisch lässt sich der Zusammenhang zwischen rechtlicher Unterordnung der Frau unter den Mann, die sich bis in die 70er Jahre sehr gut nachweisen lässt, und z.B. Alkoholismus nicht belegen, aber das Argument passte seinerzeit in die Auseinandersetzungen zwischen Männern und Frauen über ihren Platz und ihre Rollen in der Gesellschaft (vgl. dazu Vogt 1990).

Der Diskurs um Geschlecht und Sucht hat eine neue Wendung genommen mit der Diskussion über den Zusammenhang von „Sucht und Männlichkeit“ und dem Statement „Sucht - eigentlich ein Männerthema“ (Stöver 2004, Jacob & Stöver 2004, 2006, Klingemann 2006). Männer entdecken die Konstruktion des männlichen Gender-Schemas und bringen das in Zusammenhang mit dem Konsum von Alkohol und anderen Drogen. „Der Ansatz der Konstruktion sozialer Geschlechtlichkeit („doing gender“) kann den Blick für einen Verstehens-Ansatz männlichen Drogenkonsums öffnen, nämlich Drogenkonsum weniger als Reaktion auf Problemlagen, sondern als bewusstes, gezielt eingesetztes und damit funktionales Instrument zur Herstellung von Geschlechtsidentitäten zu verstehen. Hier wird nicht das passive Moment, sondern die Aktivität der Person betont... Neben der Beeinflussung des bewussten Erlebens kommt dem exzessiven Alkoholkonsum also immer auch eine Symbolisierungsfunktion zu, die zu einer bestimmten Form von Kommunikation in der „Sprache des Alkohols“ führt. Dabei sind das Erleben von Antriebssteigerungen, „Grandiosität“ und das „Über-sich-hinaus-Wachsen“ Rauschgefühle, die als männlich konnotierten Dynamiken entsprechen“ (Stöver 2006, S. 69). Diese Instrumentalisierung von Stoffen und Konsumriten dient ganz nebenbei immer noch und immer wieder zur Abgrenzung gegenüber dem weiblichen Gender-Schema – ein Thema, auf das ich an anderer Stelle noch einmal zurückkomme.

Auch dieser neue Diskurs setzt an den Gender-Schemata an. Zunächst konstruiert er wiederum zwei Welten: eine Frauen- und eine Männerwelt. Anders als der alte Diskurs geht es nun nicht mehr darum, dass Männer Frauen beschützen müssen, sondern darum, dass sie sich von diesen abgrenzen mit Ritualen, die sich dann allerdings nicht von alten Mustern unterscheiden. Im selbst gesuchten und aktiv initiierten Rausch konstituiert sich Männlichkeit, als Berauschter wird der Mann „zum Mann“. Dabei bleibt der neue Diskurs dann allerdings nicht stehen, sondern sucht nach Auswegen aus diesem traditionellen und engen Konzept. Einen Ansatz dazu bietet die „Geschlechtsrollen-Ambiguitätstoleranz“. Jungen und Männer sollen lernen, dass zum Mann-sein immer zwei Seiten gehören: zum Harten das Weiche, zum Aktiven das Reflexive[2] (Stöver 2006, S. 71) usw. Das läuft auf eine Neu-Ausrichtung des männlichen Gender-Schemas hinaus, wobei allerdings noch nicht ganz klar ist, wie dieses dann aussehen soll.

Im Folgenden wird an einem Beispiel gezeigt, wie starr die alten Gender-Schemata sind und wie mächtig sie in allen Köpfen verankert sind. Zunächst ist es dazu nötig, die Datenlage kurz zu umreißen.

2 Psychische Störungen und Geschlecht

Wir gehen allgemein davon aus, dass Mädchen/Frauen und Jungen/Männer unterschiedlich „anfällig" sind für psychische Störungen. Auf die komplexen Fragen nach genetisch bedingten Geschlechterdifferenzen wird hier nicht eingegangen, da bislang nur wenige verlässliche Forschungsergebnisse vorliegen.

Geht man von der Datenlage aus, dann haben Mädchen/Frauen im Vergleich zu Jungen/Männern ein höheres Risiko, an Angststörungen, Depressionen, Ess-Störungen und somatoformen Störungen zu erkranken (Riecher-Rössler & Rhode 2001). Im Vergleich zu Jungen und Männern ist ihr Risiko, an einer klassischen Sucht oder besser: an einer Substanzabhängigkeit zu erkranken, relativ gering. Wir nehmen heute an, dass das höhere Risiko von Mädchen und Frauen, an Ängsten und Depressionen zu erkranken, u.a. daran liegt, dass sie in anderer Weise als Jungen/Männer gefährdet sind, Opfer von häuslicher Gewalt zu werden, was zu nachhaltigen Veränderungen in der Stressverarbeitung (Heim et al. 2000, 2002) und des psychischen Erlebens führt. Die Assoziation von sexuellem Missbrauch in der Kindheit und frühen Jugend und einer späteren Abhängigkeit von illegalen Drogen (insbesondere opiathaltige Substanzen) ist heute gut belegt (McKeganey et al. 2005, Perdersen & Skrondal 1996, Schmid 2000). Auf diesem Hintergrund kann sich zudem ein unspezifisches Schmerzsyndrom ausbilden, da Frauen ohnehin empfindlicher für Schmerzen sind als Männer bzw. die Schmerzsignale anders verarbeiten als diese (Bradbury 2003, Fillingim 2000, Gear et al. 2003, Keogh 2006, Riley et al. 1998). Nimmt man neuere Studien zu komplexen komorbiden Störungsmustern dazu, also etwa die Kombination von z.B. einer Posttraumatischen Belastungsstörung als Langzeitreaktion auf den sexuellen Missbrauch mit einer Substanzabhängigkeit und einer Borderline-Persönlichkeitsstörung, sind Frauen im Vergleich zu Männern ebenfalls stärker belastet. Ob psychisch kranke Frauen im Vergleich zu Männern tatsächlich mehr Störungsbilder aufweisen als diese, ist eine offene Frage (Goldstein et al. 1996).

---

[2] Ist es Zufall, dass als Gegensatz zum Aktiven die Reflexivität gewählt wurde und nicht das Passive, oder findet sich hier in verkappter Form einmal mehr eine Abwehr von Attributen des weiblichen Gender-Schemas wieder?

Es ist durchaus denkbar, dass ihr Verhalten viel schneller als abweichend und als absonderlich diagnostiziert wird als das von Männern. Die hohen Raten an Doppel- und Mehrfachdiagnosen für psychische Störungen der Frauen wären dann eher Ausdruck eines Gender-Bias und weniger ein Hinweis auf ihre besonderen Belastungen.

Jungen und Männer haben im Vergleich zu Mädchen und Frauen ein höheres Risiko, in der Kindheit Verhaltensstörungen (z.B. Aufmerksamkeits-Defizit-Hyperaktivitätssyndrom, Autismus) zu entwickeln oder in der Jugendzeit psychoaktive Substanzen[3] zu missbrauchen, von denen sie als Erwachsene abhängig werden können (vgl. Wittchen & Jacobi 2005). Dazu kommt ein erheblich höheres Potenzial für abweichendes und dissoziales Verhalten, das oft mit einer gewissen Gewaltbereitschaft kombiniert ist. Das findet seinen Niederschlag in entsprechenden Diagnosen (für Substanzkonsum und Substanzabhängigkeit vgl. z.B. Vogt 2004). Gemessen an den vergleichsweise hohen Belastungen von Jungen/Männern mit Substanzmissbrauch in Kombination mit antisozialem und dissozialem Verhalten einschließlich von Gewalthandlungen (Pernanen 1991) sollten Doppel- und Mehrfachdiagnosen häufig sein. Von Ausnahmen abgesehen (Cloninger 1987) spiegeln das die empirischen Daten aber nicht wieder (Dahlke 2004, Grant et al. 2004, Moeller & Daugherty 2001, Schmidt et al. 2006[4]). Das liegt vermutlich daran, dass das dissoziale Verhalten und die Gewalttätigkeiten von Jungen und Männern, das sie unter dem Einfluss von psychoaktiven Substanzen besonders häufig ausleben, sehr oft nicht zur Sprache kommen. Die modernen Diagnostiker wollen davon offenbar nichts hören – und das gelingt ihnen auch. Wird Gewalttätigkeit doch thematisiert, wird diese wiederum sehr oft nicht als psychische Störung eingeschätzt, sondern als Ausdruck von Männlichkeit. Wohl auch darum liegt der Anteil der Männer mit komplexen komorbiden Störungen oft unter dem der Frauen.

Es spricht sehr vieles dafür, dass in die Erstellung von Diagnosen gesellschaftliche Normen und Sichtweisen eingehen. Frauen, die z.B. psychoaktive Substanzen missbrauchen, gelten auch heute noch als abweichend und bizarr. Sie werden vergleichsweise schnell als substanzabhängig diagnostiziert. Im Unterschied dazu imponieren substanzabhängige Männer mit ihrem aggressiven und gewalttätigen Verhalten sehr oft als besonders männlich (Jacob & Stöver 2006), aber nicht als psychisch gestört und krank. Das Beispiel belegt drastisch, wie tief

---

[3] Ich bezeichne im Folgenden alle zentralnervös wirkenden Stoffe, die Emotionen und Stimmungen, Sinneswahrnehmungen und Bewußtseinszustände beeinflussen können, als psychoaktive Substanzen (zur Definition vgl. Vogt & Scheerer 1989b).

[4] Die von Schmidt u.a. 2006 veröffentlichten evidenzbasierten Leitlinien zur Diagnostik und Behandlung von Sucht in der Medizin verzichten vollständig auf eine geschlechtsdifferenzierende Darstellung und fallen damit weit hinter internationale Standards zurück.

verwurzelt Gender-Schemata sind und wie nachhaltig sie Erwartungen an Verhalten beeinflussen. Der Umgang der psychosozialen und ärztlichen Professionen mit Diagnosen trägt einen erheblichen Teil dazu bei, die Gender-Schemata zu verfestigen. Das Beispiel lehrt, wie selbstverständlich „Doing Gender" im Alltag praktiziert wird.

Aber nicht nur Diagnosen spiegeln Gender-Schemata wider, auch die Substanzen selbst haben ein „Gender-Image". Verkürzt gesagt ist Alkohol „männlich". Im Unterschied dazu sind viele psychoaktive Medikamente „weiblich". Am Beispiel des Konsums unterschiedlicher Gruppen von psychoaktiven Medikamenten und der damit assoziierten Medikamentenabhängigkeit soll das etwas genauer untersucht werden.

3 Frauen, psychoaktive Medikamente und Medikamentenabhängigkeit

In der Gesundheits- und Suchtforschung herrscht Übereinstimmung darüber, dass Frauen im Vergleich zu Männern sowohl eigenständig mehr rezeptfreie Medikamente in der Apotheke kaufen als auch mehr Verordnungen für Medikamente erhalten. Sie haben daher ein ungleich größeres Risiko als Männer, Medikamente zu missbrauchen und von ihnen abhängig zu werden. So lautet jedenfalls die gängige These, die man in jedem Flyer und in jedem Lehrbuch nachlesen kann (z.B. Elsesser & Sartory 2001, 2005, Mohn 2006).

Die empirischen Daten bestätigen zunächst diese Sachverhalte. Frauen gehen öfter als Männer zum Arzt, den sie auch wegen unspezifischer Befindlichkeitsstörungen und unklarer psychosomatischer Beschwerden aufsuchen, und erhalten zur Behandlung auch dieser Leiden Rezepte für Medikamente. Pauschal genommen liegt der Anteil der Rezepte für Beruhigungs- und Schlafmittel, die für Frauen ausgestellt werden, wenigstens doppelt so hoch wie der für Männer. Die Benzodiazepine, die oft zur Behandlung von Ängsten und Schlafstörungen eingesetzt werden, haben ein relativ hohes Abhängigkeitspotential, das sich empirisch gut nachweisen lässt (Poser et al. 2006).

Hinsichtlich der Benzodiazepine bündeln sich eine Reihe von Faktoren. Einmal sind es die Umstände, die zu ihrer Verschreibung führen: Klagsamkeit in Kombination mit unklaren Beschwerden, die auf psychische Störungen hindeuten. Beides, Klagsamkeit und Anfälligkeit für psychische Störungen, gilt als typisch für Mädchen und Frauen (Vogt 1985b) und wird untermauert durch die Daten zu Angsterkrankungen und Depressionen, worauf im Vorhergehenden bereits eingegangen worden ist. Die Einnahme der Benzodiazepine galt in den 70er und 80er Jahren als Zeichen von Willensschwäche (Manheimer et al. 1973). Schwach sein gehört zum weiblichen Gender-Schema. Dass die Mittel abhängig machen, vervollständigt das Bild. Als „mother's little helpers" haben die Benzodiazepine ihren festen Platz im Gender-Diskurs der Sucht gefunden.

Untersucht man genauer, für welche Personengruppen Benzodiazepine verordnet werden und wie man die Schätzzahlen der Benzodiazepinabhängigen errechnet hat, ergibt sich folgendes: Anhand von Daten zur Verordnung dieser Mittel und von Wiederholungsverordnungen, die man in den 80er und frühen 90er Jahren erhoben hat, schätzte man die Zahl der Abhängigen in Deutschland auf 1,5 Millionen Personen. Da man zudem Angaben zum Geschlecht und zum Alter der Konsumenten hatte, konnte man feststellen, dass 2/3 der Verordnungen für Frauen ausgestellt worden waren und 1/3 für Männer, und dass der Anteil der Verordnungen systematisch mit dem Alter anstieg. Junge Frauen haben in den 80er Jahren demnach etwas häufiger Verordnungen für Benzodiazepine erhalten als junge Männer, aber im Vergleich mit älteren Frauen war der Anteil der Jungen mit einer entsprechenden Verordnung auch damals schon recht niedrig (Ferber 1994, Glaeske 1989a, Landtag Nordrhein-Westfalen 2004, Melchinger et al. 1992, Meyer 1994, Knopf & Melchert 1998, Maffli & Bahner 1999). Ohne Rücksicht auf die etwas unsichere Datenlage und die Differenzen zwischen verschiedenen Altersgruppen wurden diese Schätzungen als Beleg genommen dafür, dass man es in Deutschland mit mehr als 1 Million medikamentenabhängigen Frauen zu tun hat und mit nur ein paar hundert medikamentenabhängigen Männern. Diese Daten verfestigten die Vorstellung, dass vor allem Frauen von psychoaktiven Medikamenten abhängig werden, Männer eher nicht. Man hat es hier mit einem wichtigen Baustein des Gender-Diskurses in der Sucht zu tun.

Diese Ergebnisse haben sich gewissermaßen selbständig gemacht. Sie werden beständig zitiert und weitergeschrieben (Mohn 2006). Das ist bedauerlich, da man seit den frühen 90er Jahren erhebliche Veränderungen feststellen kann, die sowohl die Angebotsseite betreffen wie auch die Verschreibungs- und Konsumentenseite. In den letzten 15 Jahren hat sich das Angebot an psychoaktiven Medikamenten ernorm erweitert und spezialisiert. Allgemein geht man davon aus, dass das Abhängigkeitspotential von vielen neuen psychoaktiven Medikamenten eher gering ist. Bei manchen von ihnen (z.B. den klassischen Selektiven Serotoninwiederaufnahmehemmern mit dem Wirkstoff Fluoxetin) gibt es auch 20 Jahre nach der Markteinführung keine empirischen Belege für ein starkes Abhängigkeitspotenzial.[5] Hand in Hand mit dieser Entwicklung haben sich die Verschreibungsmuster der Ärzte verändert. Es gibt gute Gründe anzunehmen, dass die Ärzte die Warnungen vor dem Suchtpotential der benzodiazepinhaltigen Beruhigungs- und Schlafmittel, die in den 90er Jahren publiziert worden sind,

[5] Allerdings mehren sich die Hinweise auf andere Gefährdungen, die mit diesen Medikamenten verbunden sind, insbesondere eine Erhöhung der Suizidgefahr in den ersten 14 Tagen nach Verordnungsbeginn (Arzneimitteltelegramm 2005, Yonkers 2003).

gehört haben. Sie haben darauf reagiert und verordnen heute weniger Benzodiazepine und mehr andere Mittel (für Einzelheiten vgl. u.a. Knopf & Melchert 2003, Lohse & Müller-Öhrlinghausen 2004)[6]. Dazu kommen Veränderungen in der ärztlichen Diagnostik von psychischen Störungen, die in viel stärkerem Maß als früher auch männliche Leiden berücksichtigt. Insgesamt genommen spricht also vieles dafür, dass man heute die alten Schätzwerte über medikamentenabhängige Frauen und Männer nicht mehr verwenden sollte.

Allerdings heißt das nicht, dass die Verordnungen und der Konsum von psychoaktiven Substanzen rückläufig sind. Vielmehr fällt der Rückgang der Verordnungen für Benzodiazepine zusammen mit einem steilen Anstieg der Verschreibungen für andere psychoaktive Mittel (z. B. für die Antidepressiva). Immer mehr Frauen und Männer erhalten also entsprechende Verordnungen von ihren Ärzten und nehmen diese Mittel sehr wahrscheinlich auch ein (Schwabe & Paffrath 2006). Man beobachtet also einerseits, dass die Zahl der Frauen und Männer zunimmt, denen zur Behandlung von psychischen Störungen psychoaktive Medikamente verordnet werden, dass aber andererseits die Zahl der Medikamentenabhängigen abnimmt. Dazu passt es, dass aktuelle Schätzungen nur noch von 1 Million Medikamentenabhängen in Deutschland ausgehen (Glaseke 2003), gerade weil die Verordnungen für die Benzodiazepine deutlich abgenommen haben. Geht man also von diesen neueren Schätzzahlen aus, dann hat man es bei den Medikamentenabhängigen seit 1995 mit einem Rückgang von ca. ½ Million Menschen zu tun. Das ist eine erfreuliche Veränderung, die vor allem Frauen zugute kommt.

Unabhängig davon, wie hoch oder niedrig man die Zahl der Frauen und Männer schätzt, die von Schlaf- und Beruhigungsmitteln abhängig sind, ist die Zahl derjenigen, die in Einrichtungen der Suchthilfe wegen einer Medikamentenabhängigkeit behandelt werden, sehr gering. Sie hat sich zudem im Laufe der letzten 10 Jahre deutlich verringert. Das belegen die statistischen Daten über Hilfesuchende und stationär Behandelte, die die Deutsche Hauptstelle für Suchtfragen regelmäßig veröffentlicht (vgl. Deutsche Hauptstelle für Suchfragen, Hg., Jahrbücher Sucht, Franke & Winkler 2004, Verband Deutscher Rentenversicherungsträger 2003). Das liegt vielleicht auch daran, dass die meisten Rezepte für Benzodiazepine an Frauen und Männer gehen, die 50 Jahre und älter sind. Häu-

[6] Allerdings weisen Hoffmann et al. (2006) darauf hin, dass die rückläufigen Verordnungen für Benzodiazepine möglicherweise nicht auf reale Veränderungen zurückgehen, sondern auf Verschiebungsprozesse. Sie argumentieren weiter, dass sich dann auch die Schätzungen über Abhängige von Benzodiazepinen nicht verändert haben. Auch Maffli (2005) zeigt für die Schweiz, dass sich seit 1992 die Verkaufszahlen für Beruhigungs- und Schlafmittel kaum geändert haben, geht aber auf die Substanzen, die verordnet worden sind, nicht ein. Die Ergebnisse dieser beiden Studien sind sicher wichtig, müssen aber kritisch geprüft werden.

fungen solcher Verordnungen findet man bei Frauen und Männern, die in Alters- und Pflegeheimen leben (Weyerer 2003, Weyerer et al. 1996, 1997, 1998)[7]. Diese Frauen und Männer sind aber nicht die Klientel der Suchthilfe, die mit der Personengruppe ab 60 Jahren recht wenig zu tun hat.

Ein genauerer Blick in die Geschichte und in die Gegenwart zeigt allerdings, dass es neben diesen Entwicklungen schon immer andere gab, die vor allem für Männer relevant sind. Bislang haben sich die Suchtforschung und die Suchthilfe allerdings nicht dafür interessiert, ein Versäumnis, das zu Lasten des suchtspezifischen Gender-Diskurses geht. Die Kosten davon tragen die Männer.

4 Das Militär, Alkohol, Medikamente und andere Drogen

4.1 Das Militär, der Männerkörper und die Schmiermittel

Wie eingangs bereits gesagt, grenzen sich Männer mit einem Körperpanzer gegen das Weibliche, das Fließende ab und setzen sich, wo es nötig ist, aggressiv dagegen zur Wehr. Der Panzer, in dem der Männerkörper gefangen ist, wird antrainiert; er formt sich am reinsten in der Kadettenanstalt (Theweleit 1977, S. 167ff). Dort wird der Männerkörper zunächst reduziert auf Funktionen, unter Schmerzen „geschliffen" und gepanzert und schließlich zur Maschine umfunktioniert, die auf Befehl agiert. „Die Maschine Truppe produziert zunächst sich selbst; sich selbst als Ganzheit, die dem einzelnen Soldaten einen neuen Körperzusammenhang verleiht… Sie produziert einen Ausdruck; den von Geschlossenheit, Stärke, Exaktheit, den einer strengen Ordnung der Geraden und der Rechtecke; den Ausdruck von Kampf und den einer bestimmten Männlichkeit…" (ebd., 182). „Die Faszination der Maschine liegt… darin, dass sie eine Anschauung davon zu bieten scheint, wie man ‚leben'… kann, ohne Gefühle zu haben. Der Stahlpanzer schließt ein jedes fest ein" (ebd., 185). Ist dieser Zustand erreicht, ist der Prozess geglückt: Aus einem Jüngling, der noch ans Fließende erinnerte, ist ein Mann geworden, ein Körperpanzer, eine „Stahlgestalt" (Jünger 1922).

Anders als man es erwarten könnte, waren beim Militär und beim Sport, der vieles mit dem Militär gemeinsam hat, Pillen und andere Darreichungsformen von psychoaktiven Substanzen als Schmiermittel zur Schmerzbekämpfung und zur Leistungssteigerung schon immer beliebt. Über Jahrhunderte hin wurde Alkohol sowohl zur Leistungssteigerung wie zur Schmerzbekämpfung verwen-

[7] In der Regel handelt es sich um eine iatrogen – also durch Ärzte – erzeugte Abhängigkeit. Die Betroffenen haben wenig bis keine Entscheidungsfreiheit hinsichtlich der Einnahme der Medikamente: Sie werden ihnen einfach verabreicht.

det. Als mehr und bessere Mittel zur Verfügung standen, hat sich das Militär auch dieser Substanzen bedient. Für die Behandlung von Verwundungen im Krieg wurden Opiate eingesetzt. Mit der Herstellung von Morphin 1803 durch Sertürner und der Erfindung der Injektionsspritze 1853 durch Pravaz und 1855 durch Wood wurde die Praxis, Opiate an Verwundete zu geben, erheblich verbessert. Im Krimkrieg (1854-1856) und ebenso im Amerikanischen Sezessionskrieg (1861-1865) setzte sich die Behandlung von Verwundeten mit Morphin durch. Mit Heroin, das Hoffmann 1897 aus Opium gewinnen konnte, war ein noch potenteres Schmerzmittel gefunden worden, das im Ersten Weltkrieg ebenfalls zur Schmerzbekämpfung eingesetzt wurde (De Ridder 2000). Die Behandlung von Verwundeten mit Opium, Morphin und Heroin war sehr effektiv. Zu den unerwünschten Nebenwirkungen gehört jedoch auch, dass manche Soldaten von diesen Stoffen abhängig wurden. Da die Substanzen in Deutschland sowie in einer Reihe von europäischen Ländern bis 1920 relativ leicht und für wenig Geld zu beschaffen waren, waren die Folgen für die Betroffenen einigermaßen kalkulierbar. Mit der Prohibition von Opiaten ab 1920 änderte sich das grundsätzlich.

Das Militär ist aber nicht nur Großabnehmer von allen Medikamenten zur Wund- und Schmerzbekämpfung, sondern auch von Mitteln zur Leistungssteigerung der Soldaten. Dafür eignen sich Kaffee, Tee und Tabak ganz gut, jedoch haben sie allesamt relativ milde Wirkungen. Um 1857-59 synthetisierte Niemann aus den Kokablättern Kokain, dessen anregende und leistungssteigernde Wirkungen u.a. von Freud (1884) beschrieben worden sind. Über den Einsatz von Kokain im Militär ist wenig bekannt. Gut belegt ist dagegen, dass die Amphetamine, die 1932 synthetisiert worden sind, bis heute vom Militär zur Leistungssteigerung der Soldaten eingesetzt werden. Amphetamine und Metamphetamine halten wach; mit ihnen lässt sich bequem Müdigkeit bekämpfen, die sich nach stundenlangen Trainings und Kämpfen einstellen könnte. Darüber hinaus fördern sie aggressive Impulse, eine Nebenwirkung, die im Krieg durchaus willkommen ist. Unerwünscht sind dagegen Nebenwirkungen wie Toleranzentwicklung und Abhängigkeit. Beides lässt sich nicht ganz vermeiden. Das Militär nimmt die unerwünschten Nebenwirkungen in Kauf, da die erwünschten Effekte bei weitem wichtiger sind und da es immer nur vergleichsweise kleine Gruppen von Soldaten trifft, die nach dem aktiven Einsatz von diesen Substanzen abhängig werden. In gewisser Weise fungiert das Militär als Schule für harte Männer: Es lehrt sie, dass die Härte nicht in Konflikt stehen muss mit dem Konsum von Medikamenten, solange man im Training, im Einsatz oder im Lazarett ist. Was danach kommt, steht ohnehin auf einem anderen Blatt.

Die Suchtforschung und die Suchthilfe haben sich mit dem Militär und der Verwendung von psychoaktiven Substanzen in der Truppe oder gar in kämpfenden Verbänden sowie mit den unerwünschten Nebenwirkungen – u.a. Abhängigkeit von bestimmten Substanzen – bislang kaum auseinandergesetzt. Das ist bemerkenswert, denn der Einfluss des Militärs auf das männliche Gender-Schema und dessen Bedeutung für den Umgang z.B. mit Alkohol ist nicht zu übersehen.

4.2 Sportler und Doping

Militär und Sport hängen eng miteinander zusammen, auch wenn das heute nicht immer sichtbar ist. Immerhin verrät die Sprache des Militärs und des Sports die gemeinsame Herkunft. Wie beim Militär muss auch der Körper des Sportlers trainiert, geschliffen und getrimmt werden, aber nicht in der Weise, dass er im Kollektiv aufgeht, sondern so, dass er exakt und zuverlässig funktioniert wie ein Uhrwerk. Auch der Sportler kennt keine Gefühle, wenn es um das Training geht. Erst wenn der Sieg errungen ist, sind Gefühle erlaubt, ja gefordert: Der Sieger feiert sich mit Jubelgeschrei.

Auf dem Weg dahin wird trainiert bis zum Umfallen. Es liegt auf der Hand, dass für jeden Sportler psychoaktive Substanzen interessant sind. Mit Opiaten lassen sich Schmerzen bekämpfen, die sich im Training leicht einstellen können; mit Amphetaminen lassen sich Risiko- und Leistungsbereitschaft steigern. Tödliche Unfälle von Radsportlern im Zusammenhang mit Amphetaminkonsum (zum Beispiel Knut Jensen 1960 und Tom Simpson 1967, vgl. Glaeske 1989b, Peters & Müller-Platz 2002) waren Anlass dafür, eine Reihe von Substanzen zu Doping-Mitteln zu erklären und sie für aktive Sportler auf den Index zu setzen. In den letzten 30 Jahren wurden nationale und internationale Anti-Doping Kommissionen und -Agenturen gegründet (zum Beispiel die Welt-Anti-Doping-Agentur WADA 1999), die für eine engmaschige, international verbindliche Gesetzgebung und eine zunehmend intensivere Doping-Kontrolle sorgen sollen. Im Spitzensport gilt Doping heute als Betrug, der nach einem komplizierten und feinmaschigen Reglement verfolgt wird. Auf die Probleme, die mit diesen Kontrollen verbunden sind, gehe ich hier nicht ein.

Das heißt nun nicht, dass Dopingmittel im Hochleistungssport, im Fitnessclub und im Bodybuilding keinen Platz haben. Im Gegenteil, in diesen Szenen kursieren eine Vielzahl von psychoaktiven Stoffen, die alle ihre Abnehmer finden (vgl. Peters et al. 2002). Besonders beliebt sind die anabolen Steroide (Testosteron). Diese Mittel lösen sowohl anabole wie androgene Reaktionen aus. Zu den erwünschten anabolen Wirkungen gehört das Wachstum der Muskeln (auch bei vergleichsweise geringer körperlicher Anstrengung). Als Nebenwirkungen können neben den androgenen Reaktionen – einer Vermännlichung des äußeren Erscheinungsbildes, das Männer sich oft wünschen, Frauen jedoch nicht – Schädigungen in folgenden Organsystemen auftreten: im Herz-Kreislaufsystem, im Lebersystem, im endokrinen System (mit erheblichen negativen Auswirkungen auf das männliche Reproduktionssystem). Dazu können Stimmungsveränderungen kommen mit starker Euphorie einerseits und starken Aggressionen andererseits. Männer, die anabole Steroide nehmen, können leicht ausrasten und andere Personen bedrohen. Sind diese Stimmungsschwankungen mit einer Zunahme der männliche Libido und sexuellem Appetit mit dem Wunsch nach unmittelbarer Befriedigung verbunden, kann es auch zu sexuellen Übergriffen kommen (Clasing 1992, Fainaru-Wada & Williams 2006, Müller & Müller-Platz 2002, Müller-Platz et al. 2006).

Die anabolen Steroide sowie eine Reihe von Neuentwicklungen haben im Sport die Anregungs- und Aufputschmittel wie Amphetamin, Methamphetamin und Ephedrin weitgehend ersetzt, da es noch bis vor wenigen Jahren relativ schwierig war, diese Substanzen im Urin zu entdecken. Neuere Entwicklungen haben aber auch hier zu einem schnellen und zuverlässigen Nachweisverfahren geführt. In Reaktion darauf werden immer neue Mittel und Methoden entdeckt und erfunden, mit deren Hilfe der Muskelaufbau beschleunigt und die Leistungsfähigkeit gesteigert werden kann, ohne Spuren im Urin oder im Blut zu hinterlassen. Die Spirale dreht sich immer weiter; ein Ende ist nicht abzusehen.

Neben all diesen modernen Mitteln haben aber auch die alten Substanzen wie die Opiate und das Cannabis einen festen Platz im Medizinschrank von Leistungs- und Freizeitsportlern. Man nimmt sie zur Bekämpfung von Schmerzen, die das Training und die Wettkämpfe mit sich bringen. Manche dieser Mittel haben ein erhebliches Suchtpotential, das in der Kombination mit anderen Substanzen verstärkt werden kann. Insgesamt ist festzuhalten, dass Männer und Frauen, die über eine längere Zeit hin Schmerz- und Dopingmittel nehmen, ein hohes Risiko haben, von diesen Substanzen abhängig zu werden.

Obwohl der Einsatz von Dopingmitteln im Leistungs- und Freizeitsport bekannt ist, gibt es vergleichsweise wenige empirische Studien (Egli et al. 1999, Kamber et al. 1997, 2000)[8], die sich mit diesem Thema beschäftigen. In einer etwas älteren Studie von Boos et al. (1998)[9] kommen die Autoren zu dem Ergebnis, dass der Anteil der Personen in Fitness-Studios, die Dopingmittel nehmen (oder genommen haben), zwischen 5% und 20% variiert (Mougios 2002). Der Anteil der Männer lag im Vergleich zu dem von Frauen bei ca. 5:1. Das passt zu den sportiven Praxen der Geschlechter in den Fitness-Studios, denn

[8] Das liegt auch daran, dass die Durchführung entsprechender Studien schwierig ist. Das Interesse der Fitnesszentren selbst sowie ihrer Besucher, an solchen Studien mitzuwirken, ist nicht besonders hoch.

[9] Vgl. auch: http//www.europa.eu.int/comm/sport/action_sports/dopage/call2000/2000-c116-24_de.pdf

Männer trimmen ihren Körper vorzugsweise an Geräten oder mit Langhanteln, Frauen bevorzugen diverse Angebote zur Gymnastik oder andere Bewegungssportarten (Klein & Deitersen-Wieber 2003). Fragt man die Besucher von Fitnessclubs danach, ob sie schon einmal daran gedacht haben, Dopingmittel einzunehmen, kommt man zu höheren Schätzzahlen (Fitness-com 2001)[10]. Danach geben 33% der Befragten an, dass sie, wenn sich die Gelegenheit ergeben würde, durchaus bereit wären, Dopingmittel zu nehmen. Diese Bereitschaft steigt mit dem Alter etwas an. Der Anteil derjenigen, die Erfahrung mit Dopingmitteln haben, ist bei 30-50jährigen Männern und Frauen am höchsten, bei den 20jährigen am niedrigsten.[11] Männer und Frauen über 50 Jahre wurden in den Studien bislang nicht berücksichtigt.

Striegel et al. (2006) haben in einer als repräsentativ angelegten Studie untersucht, wie hoch der Anteil der Besucher von Fitnesszentren ist, die Dopingmittel nehmen, und welches besondere Profil diese Gruppe von Personen auszeichnet. 1802 Fragebogen wurden an die Manager von 113 Fitnesszentren verteilt, die jeweils 2% ihrer Besucher dazu animieren sollten, diesen zu beantworten. Tatsächlich haben 621 Personen den Fragebogen ausgefüllt; die Rücklaufrate liegt bei 35%. Es handelt sich damit wohl eher um eine weitere explorative, jedoch nicht um eine repräsentative Studie, die jedoch eine Reihe von neuen Aspekten zutage gefördert hat.

Insgesamt haben 84 Personen angegeben, Dopingmittel (anabole Steroide) einzunehmen. Das sind 14% aller Antwortenden. 89% der Konsumenten sind Männer, 11% Frauen. Das Verhältnis von Männern und Frauen, die Dopingmittel nehmen, liegt in dieser Studie also bei 9:1 und damit deutlich anders als die bislang vorgelegten Schätzungen. 88% von ihnen gehen 3-6 Mal in der Woche in ein Fitnesszentrum und 70% von ihnen tun das schon seit wenigstens 6 Jahren. Je intensiver und je länger also das Training betrieben wird, um so größer ist die Wahrscheinlichkeit, dass diese Personen Dopingmittel nehmen. Kein Unterschied findet sich hinsichtlich der Art des Trainings, da der Anteil derjenigen, die für sich ein Fitnesstraining absolvieren, etwa genauso groß ist wie derjenige, die Bodybuilding betreiben.

Interessant sind die Konsumformen, die in dieser Studie ebenfalls erhoben worden sind. Danach nehmen 52% die Dopingmittel sowohl oral als auch als Injektion, 13% injizieren nur und 35% nehmen sie nur oral ein. 2/3 der Konsumenten injizieren die Mittel regelmäßig oder gelegentlich; sie haben also vergleichsweise riskante Konsumformen. Es ist unbekannt, wo sie sich die Injektionsnadeln besorgen und wie sie mit diesen nach dem Gebrauch umgehen. Es ist

[10] Vgl. http://www.fitness.com/poll/exe/8/result.htm vom 2. 1. 2005.

[11] Im Spitzensport sind es eher die Jungen, die Doping-Mittel nehmen – auch auf die Gefahr hin, dass sie dabei erwischt und entsprechend bestraft werden.

ebenfalls nicht bekannt, ob es Informationen zum sicheren Umgang mit Injektionsbestecken in dieser Szene gibt.

Fast die Hälfte der Befragten erhalten ihre Dopingmittel auf Rezept von einem Arzt bzw. aus der Apotheke (mit und ohne Rezept). Die andere Hälfte besorgt sich diese auf dem Schwarzmarkt. Oft sind es andere Clubmitglieder, über die sie die Mittel beziehen, in einigen Fällen handelt es sich um Dealer, die jedoch exklusiv diese Gruppe von Konsumenten bedient (Koert & Kleij 2002), nicht jedoch andere Gruppen von Drogenabhängigen.

In dieser Gruppe geben 12 Personen (14%) an, dass sie auch (einmal oder öfter) Kokain genommen haben. Die Wahrscheinlichkeit, Dopingmittel zu nehmen, steigt um das 30fache an, wenn man Kokain genommen hat. Daraus kann aber nicht der Schluss gezogen werden, dass die Einnahme von Dopingmitteln mit dem Konsum von illegalen Drogen assoziiert ist[12].

Vielmehr gibt es ja einen inneren Zusammenhang zwischen dem Konsum von Dopingmitteln und Kokain: Die Mittel dienen durchweg der Leistungssteigerung. Darüber hinaus zeigen die Autoren überzeugend, dass alle Befragten, die Dopingmittel nehmen, in erster Linie ihren Körper trainieren und stylen wollen. Im Mittelpunkt der Aufmerksamkeit steht der Körper; um diesen geht es, nicht um die Stimmungsveränderungen, die gewöhnlich mit dem Konsum von psychoaktiven Drogen gesucht werden.

Amerikanische Studien, die sich nicht auf Schüler und Studenten beschränken, kommen zu ähnlichen Ergebnissen (Perry et al. 1992). Männer, die anabole Steroide einnehmen, sind körperzentriert. Viele wünschen sich ein männliches Körperprofil, mit dem sie andere (Männer wie Frauen) beeindrucken wollen. Sie wünschen sich mehr und neue Kräfte, um einen eigenen Platz in der Gesellschaft zu finden. Dahinter steht der Wunsch der Konsumenten, dass bei ihnen die Muskeln so anschwellen sollen wie bei Arnold Schwarzenegger, einem der großen Vorbilder der Bodybuilding-Szene. Schwarzenegger brachte es mit Bodybuilding zu erstem Ruhm und als „Terminator“ zu Geld im Film und zur „celebrity“ im Leben. Kürzlich ging er in die Politik und hatte auch dort auf Anhieb Erfolg; er ist heute Gouverneur von Kalifornien. Diese Biographie lehrt, dass es einen geraden Weg aus dem Bodybuilding-Studio zur Karriere nicht nur im Film gibt. Es liegt auf der Hand, dass solche Geschichten ungezählte Nachahmer finden. Dank der vielen Pillen schwellen auch bei den Nachahmern die Muskeln an (Sobiech 2004), der Mann wird „männlicher“ – aber nicht automatisch erfolgreicher.

---

[12] Das unterscheidet diese Studie von einer Reihe von amerikanischen Studien, in denen vornehmlich Schüler und Studenten untersucht worden sind. Diese Studien kommen zu dem Schluss, dass es eine enge Assoziation gibt zwischen dem Konsum von Dopingmitteln und anderen illegalen Drogen.

Berichte über Männer, die über die Fitness-Studios von Pillen abhängig oder von den Nebenwirkungen dieser Mittel krank geworden sind, werden kaum veröffentlicht. Sucht und chronische Krankheit passt nicht zum Image vom Sport und vom Bodybuilding; Loser haben dort nichts zu suchen. Erfolgreich werden die Schattenseiten der Jagd nach Leistungssteigerung und nach dem optimalen Körperprofil ausgeblendet (Mougios 2002).

Zusammengefasst kann man also festhalten, dass der Einsatz von Medikamenten mit psychoaktiven Wirkungen im Militär zum Alltag gehört. Leider liegen dazu so gut wie keine Daten vor. Unsystematische Daten aus Sportstudios und Fitnesszentren weisen darauf hin, dass der Anteil der Männer und Frauen, die dort trainieren und Dopingmittel nehmen, zwischen 10% und wenigstens 20% liegt. Das Verhältnis von Männern zu Frauen variiert zwischen 5:1 und 9:1. Es sind also vor allem Männer, die Dopingmittel nehmen. Einen bemerkenswert großen Teil der Mittel – ca. 50% – erwerben sich die Konsumenten ganz legal in einer Apotheke; meist können sie auch ein Rezept von einem Arzt vorlegen. Wer kein Rezept hat und keinen Apotheker kennt, der die Mittel auch ohne Rezept abgibt, besorgt sie sich über Clubmitglieder oder Großdealer, die in der Regel nur diese Szene bedienen. Über Abhängigkeit von den Dopingmitteln wird weder beim Militär noch im Sport diskutiert. Das heißt aber nicht, dass es solche Entwicklungen nicht gibt. Hier sind noch sehr viele Fragen offen, die hohe Relevanz für die Praxis der Suchthilfe haben.

Diese Beispiele zeigen, dass es erstaunlich viele Ähnlichkeiten und Gemeinsamkeiten gibt beim Pillenschlucken der Frauen und der Männer. Dennoch ist der Diskurs darüber gänzlich unterschiedlich. Frauen, die nicht in Alten- und Pflegeheimen leben und Pillen wie Beruhigungs- und Schlafmittel nehmen, stellen gewissermaßen den Prototyp des weiblichen Gender-Schemas dar: Sie gelten als klagsam, weich, passiv, leidend usw. Sie sind hilflos – und darum nehmen sie die Pillen. Sie sind Loser, was sich schon daran ablesen lässt, dass sie von den Pillen abhängig werden. Irritierend ist allerdings, dass die meisten von ihnen von sich aus keine Hilfen suchen und daher auch die Angebote der Suchthilfe auslassen. Sind sie vielleicht doch nicht so hilflos, wie man sie darstellt?

Ganz anders werden die pillenschluckenden Männer im Militär und als Sportler typisiert. Sie verkörpern sozusagen den Prototyp des männlichen Gender-Schemas: sie sind hart im Umgang mit sich selbst und mit anderen, sie sind aktiv und ziehen in den Kampf, sie schlagen sich tapfer, sie siegen und genießen den Sieg in vollen Zügen (vgl. dazu Fainaru-Wada & Williams 2006). Anders als die Frauen scharen sie allerdings einen Tross von Ärzten um sich, der ihnen beständig zur Verfügung steht, ihre Leistungsfähigkeit und ihre Schmerzen prüft und sie bei Bedarf mit allen erlaubten und manchen unerlaubten Pillen, Salben,

Zäpfchen, Tropfen, Pflastern und fertigen Mixturen in Injektionsnadeln versorgt und verwöhnt. Auch hier fragt man sich, ob die pillenschluckenden Männer wirklich so hart, selbstbestimmt und aktiv sind, wie sie sich gerne darstellen.

Die deutsche Suchtforschung und Suchthilfe interessiert sich allerdings nur für die pillenschluckenden Frauen (Mohn 2006). Die Männer als Kämpfer, die Pillen schlucken und Dopingmittel injizieren, interessieren nicht. Wohl auch darum gibt es so wenig Studien zu dem Thema: Männer und Medikamente im Militär, im Sport und im Alltag.

5 Gender-Schemata neu denken

Im Vorhergehenden habe ich anhand exemplarischer Beispiele gezeigt, dass der Diskurs um Geschlecht und Sucht von Gender-Schemata geprägt ist. Das betrifft Frauen ebenso wie Männer: Beide Geschlechter werden stereotypisiert und auf traditionelle Rollenmuster festgelegt. Das hat einige – wenige – Vorteile und sehr viele Nachteile.

Zu den Vorteilen gehört, dass die Stereotypisierung die Verständigung unter Fachleuten ebenso wie unter Laien ernorm erleichtert. Das hat die Vorurteilsforschung immer wieder bestätigt; das trifft auch für die Suchtforschung und die Suchthilfe zu. Dazu gehört auch, dass für besondere Gruppen von Frauen oder Männern spezifische Forschungsanstrengungen und Hilfsangebote eingefordert werden können und dass die Chancen zur Durchsetzung solcher Forderungen relativ gut sind.

Die Verhaftung der Suchtforschung und der Suchthilfe in fest etablierten Vorurteilsstrukturen hat aber mehr Nachteile als Vorteile. Das liegt einfach daran, dass Vorurteile die Wahrnehmung behindern. Man sieht in allem das vertraute Muster; was nicht in das Schema passt, wird ausgeblendet. In Zeiten, in denen die Gender-Rollen einen tiefgreifenden Wandel durchlaufen, ist das besonders hinderlich (Vogt 2006). Man sieht also nicht, wie sich die Gender-Schemata verschieben und verändern, wie Mädchen und Frauen männliche und Jungen und Männer weibliche Rollenattribute übernehmen und welche Folgen das für die Beziehungen der Geschlechter zueinander hat. Das wirkt sich selbstverständlich auch auf den Missbrauch und die Entwicklung der Abhängigkeit von psychoaktiven Substanzen aus. Darauf deuten die Ergebnisse der Jugendstudien bereits hin (z.B. Kraus et al. 2004). Sie sind aber dringend zu ergänzen um Studien, die jenseits der Geschlechter-Schemata den Konsum, den Missbrauch und die Abhängigkeit von psychoaktiven Substanzen im Kontext der gesellschaftlichen Lage und des Gesundheitszustandes bei Erwachsenen in unterschiedlichen Altersgruppen untersuchen.

Allerdings wird man nur dann mit neuen Erkenntnis rechnen können, wenn die alten Gender-Schemata aufgegeben werden, wenn man also einen Blick „hinter die Kulissen" riskiert und zum Beispiel bei Mädchen und Frauen nach „typisch männlichen Verhaltensweisen" und bei Jungen und Männern nach „typisch weiblichen Verhaltensweisen" im Umgang mit psychoaktiven Substanzen und mit der Gesundheit sucht. In der Umkehrung der Blickrichtung könnte etliches zum Vorschein kommen, was uns in der Suchtforschung bislang entgangen ist. Die Suchthilfe könnte davon enorm profitieren.

Literatur

Arzneimitteltelegramm (Hg.) (2005): Antidepressiva: Lebensgefährliche Plazebos? Arzneimitteltelegramm, 36, 13. 5. 2005.

Bae, A. (1878): Der Alkoholismus, seine Verbreitung und seine Wirkung auf den individuellen und socialen Organismus. Berlin.

Boos, C, Wulff, P., Kujath, P. & Bruch, H.-P. (1998): Medikamentenmissbrauch beim Freizeitsportler im Fitnessbereich. Universitätsklinik. Deutsches Ärzteblatt, 95, 953-957.

Bradbury, J. (2003): Why do men and women feel and react to pain differently? The Lancet, 361 (9374), 2052-2053.

Clasing, D. (1992): Doping – verbotene Arzneistoffe im Sport. Stuttgart.

Cloninger, C. R. (1987): A systematic method for clinical description and classification of personality variants. Archives of General Psychiatry, 44, 573-588.

Dahlke, B. (2004): Persönlichkeit als Risikofaktor? Zum Einfluss der Persönlichkeit auf das Suchtverhalten bei Personen mit Alkoholabhängigkeit. Dissertation. http://edoc.hu-berlin.de/dissertationen/dahlke-bjoern-2004-12-09/HTML.

Delbrück, A. (1901): Hygiene des Alkoholismus. Jena.

de Ridder, M. (2000): Heroin. Vom Arzneimittel zur Droge. Frankfurt.

Egli, B. et al. (1999): Abgabe oder Verbot von Dopingmitteln? Resultate einer Repräsentativbefragung 1998. In: Schweizerische Zeitschrift für Sportmedizin und Sporttraumatologie 47, 137-140.

Elsesser, K. & Sartory, G. (2001): Medikamentenabhängigkeit. Göttingen.

Elsesser, K. & Sartory, G. (2005): Ratgeber Medikamentenabhängigkeit. Göttingen.

Fainaru-Wada, M. & Williams, L. (2006): Game of shadows. New York.

Faulstich-Wieland, H. (2006): Beratung und Gender. In: Steinebach, C. (Hg.): Handbuch der Psychologischen Beratung. Stuttgart, 117-133.

Faulstich-Wieland, H., Weber, M. & Willems, K. (2004): Doing Gender im heutigen Schulalltag. Empirische Studien zur sozialen Konstruktion von Geschlecht in schulischen Interaktionen. Weinheim.

Ferber, L. von (Hg.) (1994): Häufigkeit und Verteilung von Erkrankungen und ihre ärztliche Behandlung. Köln.

Fillingim, R. B. (Hg.) (2000): Sex, Gender, and Pain. Seattle.

Franke, A. & Winkler, K. (2004): Legale Suchtmittel. Deutsche Hauptstelle gegen die Suchtgefahren (Hg.): Jahrbuch Sucht 05. Geesthacht, 148-159.

Freud, S. (1884): Über Coca. In: Freud, S.: Schriften über Kokain. Frankfurt 1999, 41-83.

Gear, R.W., Gordon, N.C., Miaskowski, C., Paul, S.M., Heller, P.H. & Levine J.D. (2003): Sexual dimorphism in very low dose nalbuphine postoperative analgesia. Neuroscience Letters, 13, 1-4.

Glaeske, G. (1989a): Die Beruhigungs- und Schlafmittel. In: Scheerer, S. & Vogt, I. (Hg.): Drogen und Drogenpolitik. Ein Handbuch. Frankfurt, 217-250.

Glaeske, G. (1989b): Die Stimulantien. In: Scheerer, S. & Vogt, I. (Hg.): Drogen und Drogenpolitik. Ein Handbuch. Frankfurt, 260-273.

Glaeske, G. (2003): Psychotrope und andere Arzneimittel mit Missbrauchs- und Abhängigkeitspotenzial. In: Deutsche Hauptstelle gegen die Suchtgefahren (Hg.): Jahrbuch Sucht 04. Geesthacht, 64-82.

Goffman, E. (1994): Das Arrangement der Geschlechter. In: Goffman, E. (Hg.): Interaktion und Geschlecht. Frankfurt, 105-158.

Goldstein, R. B., Powers, S. I., McCusker, J., Mundt, K. A., Lewis, B. F. & Bigelow, C. (1996): Gender differences in manifestations of antisocial personality disorders among residential drug abuse treatment clients. Drug and Alcohol Dependence, 41, 35-45.

Grant, B. F., Stimson, F. S., Dawson, D. A., Chou, A. P., Ruan, W. J. & Pickering, R. P. (2004): Co-occurrence of 12-month alcohol and drug use disorders and personality disorders in the United States. Archives of General Psychiatry, 61 (4), 361-368.

Grotjahn, A. (1906): Alkohol und Gesundheit. Berlin.

Hausen, K. (1976): Die Polarisierung der „Geschlechtscharaktere" - Eine Spiegelung der Dissoziation von Erwerbs- und Familienleben. In: Conze, W. (Hg.): Sozialgeschichte der Familie in der Neuzeit Europas. Stuttgart, 367-393.

Heim, C. & Nemeroff, C.B. (2002): Neurobiology of early life stress: Clinical studies. Seminar of Clinical Neuropsychiatry, 7, 147-159.

Heim, C., Newport, D.J., Heit, S., Graham, Y. P. et al. (2000): Pituiary-adrenaland autonomic responses to stress in women after sexual and physical abuse in childhood. Journal of the American Medical Association, 284 (5), 592-597.

Hoffmann, F., Glaeske, G. & Schaffeter, W. (2006): Zunehmender Hypnotikaverbrauch auf Privatrezepten in Deutschland. Sucht, 52, 360-366.

Hoppe, H. (1904): Die Tatsachen über den Alkohol. Berlin.

Jacob, J. & Stöver, H. (Hg.) (2004): Von „Trunkenbolden" und anderen Männern im Rausch. Konferenzreader. Bremen.

Jacob, H. & Stöver, H. (Hg.) (2006): Sucht und Männlichkeiten. Wiesbaden.

Jünger, E. (1922): In Stahlgewittern. Berlin.

Kamber, M. et al. (1997): Nachfrage, Verschreibung und Abgabe von hormonalen Dopingmitteln in Arztpraxen und Apotheken der Deutschschweiz. Schweizerische Zeitschrift für Sportmedizin und Sporttraumatologie, 45, 187-191.

Kamber, M, Alampi, G. & Marti, B. (2000): Arzneimittelgebrauch im Breitensport: Vergleich von Ausdauersportlern und beruflich und körperlich Aktiven. Schweizerische Zeitschrift für Sportmedizin und Sporttraumatologie, 48, 76-79.

Keogh, E. (2006): Sex and gender differences in pain: A selective review of biological and psychosocial factors. The Journal of Men's Health & Gender, 3, 236-243.

Klein, M.L. & Deitersen-Wieber, A. (2003): Prozesse der Geschlechterdifferenzierung im Marketing-Management von Fitness-Studios. In: Hartmann-Tews, I., Gieß-Stüber, P., Klein, M.L., Kleindienst-Cachay, C. & Petry, K. (Hg.): Soziale Konstruktion von Geschlecht im Sport. Opladen, 187-222.

Klingemann, H. (2006): Sucht, Männergesundheit und Männlichkeit - ein neu entdecktes Thema. Abhängigkeiten, 12, 19-40.

Knopf, H. & Melchert, H.-U. (1998): Arzneimittelkonsum von Frauen - Ergebnisse der Nationalen Surveys. In: Bundesgesundheitsblatt, 41, 505-508.

Knopf, H. & Melchert, H.-U. (2003): Bundes-Gesundheitssurvey: Arzneimittelgebrauch. Konsumverhalten in Deutschland. Berlin.

Koert, A. W. A. & Kleij, R. v. (2002): The doping trade: An exploratory study into the treade of performance enhancing drugs in the Netherlands. In: Peters, C., Schulz, T. & Michna, H. (Hg.): Biomedical side effects of doping. Köln, 105-108.

Kraepelin, E. (1910): Psychiatrie, II. Band, 1. Teil. Leipzig.

Kraus, L., Heppekausen, K., Barrera, A. & Orth, B. (2004): Europäische Schülerstudie zu Alkohol und anderen Drogen (ESPAD): Befragung von Schülerinnen und Schülern der 9. und 10. Klasse in Bayern, Berlin, Brandenburg, Hessen, Mecklenburg-Vorpommern und Thüringen. Bonn: Bundesministerium für Gesundheit und Soziale Sicherung.

Landtag Nordrhein-Westfalen (Hg.) (2004): Zukunft einer frauengerechten Gesundheitsversorgung in NRW. Bericht der Enquetekommission des Landtags Nordrhein-Westfalen. Wiesbaden.

Laquer, B. (1913): Einfluss der sozialen Lage auf den Alkoholismus. In: Mosse, M. & Tugendreich, G. (Hg.): Krankheit und soziale Lage, München, 473-495.

Lohse, M. J. & Müller-Öhrlinghausen, B. (2004): Hypnotika und Sedativa. In: Schwabe, U. & Paffrath, D. (Hg.): Arzneiverordnungs-Report 2004. Berlin, 585-599.

Maffli, E. & Bahner, U. (1999): Gebrauch von Medikamenten mit Abhängigkeitspotential in der Schweiz. Lausanne.

Maffli, E. (2005): Zahlen und Fakten zum Gebrauch und Missbrauch von Medikamenten in der Schweiz, 1992 - 2003. Abhängigkeiten 37, 5-19.

Manheimer, D. I., Davidson, S. T., Balter, M. B., Mellinger, G. D., Cisin, I. H. & Parry, H. J. (1973): Popular attitudes and beliefs about tranquilizers. American Journal of Psychiatry, 130, 1246-1253.

McKeganey, N., Neale, J. & Robertson, M. (2005): Physical and sexual abuse among drug users contacting drug treatment services in Scotland. Drugs: Education, Prevention and Policy, 12, 223-232.

Melchinger, H., Schnabel, R. & Wys, B. (1992): Verordnungspraxis von Medikamenten mit Abhängigkeitspotential. Baden-Baden.

Merfert-Diete, C. & Soltau, R. (Hg.) (1984): Frauen und Sucht. Reinbek.

Merfert-Diete, C. (Hg.) (1988): Zur Situation von Frauen im Suchtbereich. Freiburg.

Meyer, D. (1994): Analyse des Arzneimittelverbrauchs in Bremen 1984 und 1988. Frankfurt.

Moeller, F. G. & Dougherty, D. M. (2001): Antisocial Personality Disorder, Alcohol and Aggression. Alcohol Research & Health, 2001. National Institute on Alcohol Abuse and Alcoholism.

Mohn, K. (2006): Möglichkeiten und Defizite in der Erreichbarkeit ausgewählter Zielgruppen (sozial benachteiligter Frauen und älterer Menschen) durch Maßnahmen und Materialien zur Reduzierung von Medikamentenmissbrauch und -abhängigkeit: Bewertung anhand aktueller Forschungsergebnisse und Beispielen aus der Praxis. Im Auftrag des Bundesministeriums für Gesundheit. Berlin, unveröffentlicht.

Mougios, V. (2002): Doping abuse in recreational sports. In: Peters, C., Schulz, T. & Michna, H. (Hg.): Biomedical side effects of doping. Köln, 101-104.

Müller, K. R. & Müller-Platz, C. (2002): Aggression and anabolic steroid hormones: Do anabolic androgenic steroids enhance aggressiveness? In: Peters, C., Schulz, T. & Michna, H. (Hg.): Biomedical side effects of doping. Köln, 60-62.

Müller-Platz, C., Boos, C. & Müller, K. R. (2006): Doping beim Freizeit- und Breitensport. Berlin.

Pedersen, W. & Skrondal, A. (1996): Alcohol and sexual victimization: A longitudinal study of Norwegian girls. Addiction, 91, 565-581.

Pernanen, K. (1991): Alcohol and human violence. New York.

Perry, H. M. et al. (1992): Dying to be big: A review of anabolic steroid use. In: British Journal of Sports Medicine, 26, 259-261.

Peters, C. & Müller-Platz, C. (2002): Introduction. In: Peters, C., Schulz, T. & Michna, H. (Hg.): Biomedical side effects of doping. Köln, 5-8.

Peters, C., Schulz, T. & Michna, H. (Hg.) (2002): Biomedical side effects of doping. Köln.

Poser, W., Böning, J., Hozbach, R. & Schmidt, L. G. (2006): Medikamentenabhängigkeit (Sedativa, Hypnotika, Analgetika, Psychostimulantien). In: Schmidt, L.G., Gastpar, M., Falka, P. & Gaebel, W. (Hg): Evidenzbasierte Suchtmedizin. Köln, 271-305.

Riecher-Rössler, A. & Rhode, A. (Hg.) (2001): Psychische Erkrankungen bei Frauen. Zürich.

Riley, J. L. et al. (1998): Sex differences in the perception of noxious experimental stimuli: A meta-analysis. Pain, 74, 181-187.

Schmidt, L. G., Gastpar, M., Falkai, P. & Gaebel, W. (Hg.) (2006): Evidenzbasierte Suchtmedizin. Köln.

Schmidt, S. A. (2000): Prävalenz sexuellen Kindesmissbrauchs bei Opiatabhängigen. Berlin.

Schwabe, U. & Paffrath, D. (2006): Arzneiverordnungs-Report 2005. Berlin.

Sobiech, G. (2004): Körper ohne Geschlecht? In: Buchen, C., Helfferich, C. & Maier, M. S. (Hg.): Gender methodologisch. Wiesbaden,293-314.

Soltau, R. (1984): Die frauenspezifische Abhängigkeit von Suchtmitteln. In: Merfert-Diete, C. & Soltau, R. (Hg.): Frauen und Sucht. Reinbek, 12-22.

Stöver, H. (2004): Mann, Sucht, Männlichkeit - Stand der Diskussion. In: Jacob, J. & Stöver, H. (Hg.): Von „Trunkenbolden“ und anderen Männern im Rausch. Konferenzreader. Bremen, 14-29.

Stöver, H. (2006): Mann, Rausch, Sucht: Konstruktionen und Krisen von Männlichkeit. Verhaltenstherapie und Psychosoziale Praxis, 38, 63-76.

Striegel, H., Simon, P., Frisch, S., Roecker, K., Dietz, K., Dickhuth, H.-H. & Ulrich, R. (2006): Anabolic ergogenic substance users in fitness-sports In: Drug and Alkohol Dependence, 81, 11-19.

Stump, J. & Willenegger, R. (1907): Zur Alkoholfrage. Zürich.

Theweleit, K. (1977): Männerphantasien. Band 1. Frankfurt.

Theweleit, K. (1978): Männerphantasien. Band 2. Frankfurt.

Tretter, F., Lehmann, A., Aurin, O., Merfert-Dietes, C. & Schneider, K. (Hg.): Sucht und Literatur. Freiburg.

Verband Deutscher Rentenversicherungsträger (VDR, Hg.) (2003): VDR Statistik Rehabilitation des Jahres 2002. VDR Statistik Bd. 146. Frankfurt.

Vogt, I. (1985a): Der Vorwurf der Trunksucht als Instrument der Repression: Zur Kontinuität von Vorurteilsstrukturen. Psychologie und Gesellschaft, 9, 7-33.

Vogt, I. (1985b): Für alle Leiden gibt es eine Pille. Über Psychopharmakakonsum und das geschlechtsspezifische Gesundheitskonzept bei Mädchen und Frauen. Wiesbaden.

Vogt, I. (1989a): Zur Geschichte des Alkohols. In: Scheerer, S. & Vogt, I. (Hg.): Drogen und Drogenpolitik. Ein Handbuch. Frankfurt, 54-63.

Vogt, I. & Scheerer, S. (1989b): Drogen und Drogenpolitik. In: Scheerer, S. & Vogt, I. (Hg.): Drogen und Drogenpolitik. Ein Handbuch. Frankfurt, 5-52.

Vogt, I. (1990): Frauen, Sucht und Emanzipation: Selbstbilder und Fremdbilder. In: Der feministische Blick auf die Sucht, Materialienband 9. Frankfurt: Frankfurter Frauenschule, 65-83.

Vogt, I. (2004): Beratung von süchtigen Frauen und Männern. Weinheim.

Vogt, I. (2006): Frauen, Männer und Medikamente. Veränderungs- und Angleichungsprozesse in der Bundesrepublik Deutschland. Abhängigkeiten, 2/06, 41-53.

Wanke, K. (1981): Unterschiedliches Suchtverhalten bei Frau und Mann. In: Deutsche Hauptstelle gegen die Suchtgefahren (Hg.): Frau und Sucht. Hoheneck, 11-27.

Weyerer, S. (2003): Missbrauch und Abhängigkeit von Alkohol und Benzodiazepinen im höheren Alter. SuchtMagazin, 4, 3-8.

Weyerer, S., El-Barrawy, R., König, S. & Zimber, A. (1996): Epidemiologie des Gebrauchs von Psychopharmaka in Altenheimen. Gesundheitswesen, 58, 201-206.

Weyrer, S. & Zimber, A. (1997): Abhängigkeit und Missbrauch von Alkohol und Medikamenten in Alten- und Pflegeheimen. In: Watzl, H. & Rockstroh, B. (Hg.): Abhängigkeit und Missbrauch von Alkohol und Drogen. Göttingen, 159-184.

Weyerer, S., Schäufele, M. & Zimber, A. (1998): Epidemiologie des Psychopharmakagebrauchs im höheren Alter. In: Havemann-Reinecke, U., Weyerer, S. & Fleischmann, H. (Hg.): Alkohol und Medikamente, Missbrauch und Abhängigkeit im Alter. Freiburg, 38-49.

Wittchen, H.-U. & Jacobi, F. (2005). Size and burden of mental disorders in Europe – A critical review and appraisal of 27 studies. European Neuropsychopharmacology, 15 (4), 357-376.

Wurzbacher, G. (1981): Suchtentwicklung und Rolle der Frau aus sozialwissenschaftlicher Sicht. In: Deutsche Hauptstelle gegen die Suchtgefahren (Hg.): Frau und Sucht. Hoheneck, 28-39.

Yonkers, K. A. (2003): Special issues related to the treatment of depression in women. In: Journal of Clinical Psychiatry 64, Supplement 18, 8-13.

Von Morphiumpralinees und Opiumzigaretten: Zur beginnenden Problematisierung des Betäubungsmittelkonsums im Deutschland der 1920er Jahre

Annika Hoffmann

Die Vorstellung verbreiteten Kokainkonsums gehört – ebenso wie Zigarettenspitzen und Bubiköpfe – zum populären Bild der ‚wilden' und ‚goldenen' 1920er Jahre: So jagt etwa Susanne Gogas Kommissar Leo Wechsler einen Mörder in Berliner „Kokainhöhlen und Rotlichtbezirken"[1], in denen sich angeblich „unzählige Kunden" mit Betäubungsmitteln versorgt haben sollen (Goga 2005, 52). Aber nicht nur im Krimi, sondern auch in der wissenschaftlichen Literatur ist regelhaft von einer „Kokainwelle" die Rede (Geiger 1975), die im Übrigen häufig als Grund für die Einführung immer restriktiverer Betäubungsmittelgesetze ab 1920 und die Verschärfung der Rechtsprechung bis zum Verbot der Erhaltungstherapie angeführt wird (Wriedt 2006, 48). In jüngerer Zeit mehren sich allerdings die Indizien, dass diese Interpretation des Betäubungsmittelkonsums einer Überprüfung bedarf (Hoffmann 2005). Von einer weiten Verbreitung des Konsums oder gar einem Drogenproblem zu sprechen, scheint weniger sachlichen Informationen über den damaligen Betäubungsmittelkonsum, denn heutigen Interpretationsmustern geschuldet.

Interessant ist daher, wie es dennoch zu einer Problematisierung des Konsums kam, und warum Betäubungsmittelkonsum seit dem beginnenden 20. Jahrhundert als Problem wahrgenommen wird. Diesen und ähnlichen Fragen geht die folgende Untersuchung aus einer reflexiven, explizit quellenkritischen Perspektive nach: Anhand archivalischer Quellen[2], Protokollen des Reichstags sowie Artikeln aus Tageszeitungen und der medizinischen Fachpresse wird der Problematisierungsprozess in der damaligen Zeit nachvollzogen.

Im Fokus des vorliegenden Artikels steht dabei der Einfluss der zentralen Akteure des Problematisierungsprozesses: Eine herausragende Rolle spielten erstens Politik und Administration, zweitens Mediziner und drittens die Tages-

---

[1] <http://www.susannegoga.de> (26.01.2007). Gogas Krimi Leo Berlin ist trotzdem lesenswert.

[2] Verwendet wurden Akten aus dem Bundesarchiv (BA), dem Politischen Archiv des Auswärtigen Amtes (PA) und dem Bremer Staatsarchiv (StAB).

presse. Abgesehen von ihrer Wirkung auf Fachdiskurse und die öffentliche Meinung hatten Berichte der Tages- und Fachpresse unmittelbaren Einfluss auf das politische Tagesgeschehen – von Debatten im Reichstag bis hin zu Erhebungen des Reichsgesundheitsamtes. Dass in der Tagespresse, aber auch in Fachpublikationen, Äußerungen zur Verbreitung des Betäubungsmittelkonsums sehr häufig ohne nachprüfbare Belege getätigt wurden, schränkte ihre Glaubwürdigkeit scheinbar nicht ein – selbst Politiker stützten sich auf solche Bekundungen. Da die Presse sich wiederum auf politische Aussagen stützte, vollzog man einen Zirkelschluss und etablierte so die problematische Verbreitung des Betäubungsmittelkonsums als Fakt.

Herauszuheben ist dabei, dass die Problematisierung nicht primär davon abhing, wie weit der Konsum verbreitet war. Zentral war vielmehr, wer welche Substanzen konsumierte und welche Gründe dieser Konsum hatte – bzw. wem der Konsum zugeschrieben wurde. Möglich war dies m.E. vor allem deshalb, weil der Betäubungsmittelkonsum eben nur relativ gering verbreitet war.

Jene Entwicklungen spielten sich in der Zeit ab, als die deutsche Betäubungsmittelgesetzgebung ihren Anfang nahm. Diese Gesetzgebung ist wiederum nur vor dem Hintergrund der internationalen Opiumkonferenzen verständlich, die ab 1909 wiederholt zusammentraten. Die dort geschlossenen Opiumabkommen von 1912 (Den Haag), 1925 und 1931 (Genf) stellten die Weichen für die bis heute international verfolgte restriktive Betäubungsmittelpolitik (Scheerer 1993; Wriedt 2006). Deutschland stand im Rahmen der Konferenzen unter großem außenpolitischem Druck. Nach der Weltkriegsniederlage wurde 1919 im Versailler Vertrag die Ratifizierung des Haager Abkommens von 1912 festgeschrieben. Dennoch kann man nicht davon ausgehen, dass Deutschland bezüglich seiner Betäubungsmittelkontrolle nur ohnmächtiges ‚Opfer' der internationalen Entwicklungen gewesen sei (Hoffmann 2005, 149ff).

Waren Betäubungsmittel schon seit 1901 apothekenpflichtig, so nahm die Gesetzgebung mit dem ersten Gesetz von 1920, seiner Änderung 1924 und dem Opiumgesetz von 1929 eine qualitativ neue Entwicklung. Diese zeugt von immer höheren Strafen, steigender Bürokratisierung sowie einer wachsenden Überwachung und Kriminalisierung von Konsumenten und Ärzten. Parallel dazu wurde – so meine Hypothese – der Konsum von Betäubungsmitteln immer stärker als Problem wahrgenommen und in wachsendem Maße marginalisierten Gruppen zugeschrieben.

1 Behördliche Aktivitäten unter Einfluss der Presse

Betäubungsmittelkonsum spielte in Deutschland lange Zeit keine Rolle in Politik und Öffentlichkeit; das Interesse erwachte zu Beginn des 20. Jahrhunderts. Die Einschätzung von Betäubungsmittelkonsum als abzulehnendes, lasterhaftes Verhalten findet sich schon frühzeitig. So lautete 1908 eine der Begründungen zur Unterstützung der Haager Konferenz, Deutschland wolle nicht „das Odium der Begünstigung dieses Lasters" auf sich nehmen.[3] Qualitativ neu war nach dem Weltkrieg, dass der Konsum als konkretes Problem in Deutschland eingestuft wurde, auf das man reagieren müsse. Im Kontext der internationalen Problematisierung zunächst des Opium-, später jeglichen Betäubungsmittelkonsums, nahm auch in Deutschland ab ca. 1910 die Aufmerksamkeit für Betäubungsmittel zu.

a) 1910: Beginnende Sensibilisierung

Der Reichstagsabgeordnete von Treuenfels kritisierte in einer Reichstagsdebatte am 4. März 1910, es gebe Missstände auf dem Gebiet der Verschreibung durch Ärzte, der Abgabe in Apotheken und v.a. im Großhandelsvertrieb.[4] Der Präsident des Reichsgesundheitsamtes Bumm forderte Belege für diese Einschätzung, woraufhin von Treuenfels entgegnete, er könne genug Beispiele für die Ausbreitung des Morphinismus bringen, dürfe „[...] aber nicht intime Familienverhältnisse hier von der Tribüne des Reichstags aus besprechen."[5] Der Abgeordnete bezog sich demnach nicht auf solide Hinweise, sondern auf persönliche Erkenntnisse, die er zudem nicht konkretisieren konnte oder wollte: Hier zeigt sich, wie auf hoher politischer Ebene ohne stichhaltige Belege und in verallgemeinernder Art und Weise argumentiert wurde.

Diese Anfrage löste in Verbindung mit dem Zeitungsartikel „Narkotika" eine Umfrage bei den Länderregierungen aus (o. Autor 1910). Der Artikel wurde der Umfrage beigefügt und ist damit ein Beispiel für den großen Einfluss der Tagespresse auf die Politik.[6] An seiner Argumentation läst sich gut nachvollziehen, mit welch hanebüchenen Äußerungen die Presse teilweise argumentierte: Der unbekannte Autor A. S. beschrieb zahlreiche Punkte, die heute als erfunden eingestuft werden müssen. So behauptet er, in Paris habe es „an allen Ecken und Kanten [...] Opiumspelunken" gegeben. Dass das Bild der „1000 Opiumhöhlen" in Paris nicht haltbar ist, zeigte inzwischen allerdings die französische Forschung

[3] BA R 1001 / 6817.
[4] Stenographische Berichte des Reichstags (StB), 4. März 1910, S. 1702f.
[5] StB, 4. März 1910, S. 1704-1712, Zitat S. 1712.
[6] StAB 3-M.1.l.Nr. 32 - 1/2.

(Retaillaud-Bajac 2002). Des Weiteren werden „Konditoreien" in Berlin und Hamburg beschrieben, „in denen man Einspritzungen verabfolgt" habe, auch „Opium- und Morphium-Pralinees" hätten kursiert. „In neuerer Zeit [mache sich] der Cocainismus bedenklich breit" folgert der Autor. Die Ergebnisse der 1910er-Umfrage hingegen zeigen, dass – auch wenn gewisse Missstände im Umgang mit Betäubungsmitteln beschrieben wurden – nirgendwo von verbreitetem Genusskonsum oder überhaupt von Kokain die Rede war.[7] Schwarzhandel oder Szenelokale wurden für Deutschland nicht beschrieben. Der Autor der Münchener Neuesten Nachrichten hatte demnach zentrale Punkte seines Szenarios frei erfunden. Dessen ungeachtet dürfte der Artikel angesichts seines Verbreitungsweges für die Wahrnehmung des Betäubungsmittelkonsums als Problem sensibilisiert haben.

Als Konsequenz aus dieser Untersuchung wurde der Direktbezug über den Großhandel gesetzlich verboten. In Hinblick auf den Problematisierungsprozess ist Folgendes entscheidend: Eine Differenzierung zwischen der Konstatierung, dass Betäubungsmittelkonsum stattfand, und einer Bewertung dieses Konsums als problematisch wurde nicht mehr vollzogen. Dass das Phänomen Betäubungsmittelkonsum eine gesellschaftliche bzw. gesetzgeberische Reaktion erfordere, wurde unabhängig von seiner Verbreitung Konsens. Dabei reflektierte man weder, dass seit Menschengedenken Konsum bewusstseinsverändernder Substanzen stattfand, noch, ob etwa der Konsum von Kokain qualitativ anders einzuordnen sei als der von Alkohol. Auch über die Zielsetzung der Maßnahmen wurde nicht diskutiert – etwa was unter dem angestrebten Schutz der Volksgesundheit zu verstehen sei. Zu Beginn des Problematisierungsprozesses wurden dabei noch Stimmen laut, die die Wirksamkeit der Maßnahmen kritisch reflektierten – diese verstummten aber schon nach wenigen Jahren.

b) 1919: Wachsende Dramatisierung

In den Folgejahren war es eher ruhig um Betäubungsmittel; im Reichstag und auch bei Regierungsstellen fand keine Auseinandersetzung mit genussorientiertem bzw. missbräuchlichem Konsum statt. Erst 1919 ging es wieder um Betäubungsmittelmissbrauch – das Reichsgesundheitsamt führte erneut eine Umfrage durch, in der es die Verbreitung von Kokainkonsum und Kokainhöhlen erfragte. Ausgelöst wurde die Umfrage von einem Artikel des Pharmakologen Prof. Walter Straub. Allerdings äußerte dieser sich bezüglich der Verbreitung des Konsums relativ zurückhaltend und schränkte seine Aussagen stark ein: „In Berlin

[7] BA R 86 / 5073.

soll gegenwärtig das Kokainschnupfen grassieren, in anderen Großstädten wird es nicht viel anders sein, im […] Schleichhandel soll das Kokain […] leicht zu erhalten sein."[8] Damit gab der Autor lediglich Vermutungen und Gerüchte wieder, ohne diese als Tatsachen hinzustellen. Dennoch konnte der Artikel dazu beitragen, das Bild einer weiten Verbreitung des Kokainkonsums in Deutschland zu etablieren: Er wurde der 1919er-Rundfrage beigelegt, und auch im Anschreiben bezog das Reichsgesundheitsamt sich auf Straub. Hier kam es zu, wenn auch kleinen, so doch zentralen, Umformulierungen. Aus obigen Formulierungen Straubs wurde Folgendes: Es „[...] wird behauptet, daß in letzter Zeit die Kokainsucht […] in Deutschland weitere Verbreitung gefunden habe." Weiter spricht der Autor von der „[...] Befürchtung Professor Straubs, daß der Kokainmißbrauch weiterhin zunehme und sich damit zu einer ernsten Gefährdung der Volksgesundheit auswachse […]." Durch Fehlinterpretationen wurden Straubs Aussagen so dargestellt, als ginge dieser von einer ernsten Gefährdung der Volksgesundheit aus. Nachdem in den Jahren zuvor die Problemwahrnehmung verankert worden war, erhielt diese nun einen bedrohlicheren Charakter: Infolge des Artikels und der dadurch angeregten Umfrage stand das Szenario einer Bedrohung der Volksgesundheit im Raum. Dies war der Fall, ohne dass jemand explizit von einer konkreten Gefährdung gesprochen hätte, ja u.U. selbst ohne dass jemand dies überhaupt angenommen hätte. Ausgesprochen von hoher Regierungsstelle und mit Bezug auf einen Experten mag die Annahme bei den Adressaten das Bild der Bedrohung durch Kokainismus etabliert haben. Dass dieses Szenario sich in aktuelle Debatten um soziale Hygiene, Degenerationstheorien und die Bedeutung der Volksgesundheit einschrieb, dürfte seine Wirkung potenziert haben (Woelk/Vögele 2002).

In Sachsen etwa schlug sich die veränderte Aussage in der Antwort wie folgt nieder: „Die von Herrn Professor Dr. W. Straub behauptete Zunahme der Kokainsucht ist hier in keiner Weise beobachtet worden." Insgesamt waren die Antworten relativierend; selbst der Berliner Polizeipräsident berichtete nur von „ganz vereinzelten Fällen" des Genusskonsums. Es liege „[…] kein Anhalt dafür vor, daß sich Stätten aufgetan haben, in denen dem Kokainlaster gefröhnt wird", ergänzte er. Ein Jahr vor Einführung des ersten deutschen Betäubungsmittelgesetzes lautete das Fazit des Reichsgesundheitsamtspräsidenten Bumm, die Antworten ließen „[…] besondere Maßnahmen gegen den Missbrauch von Kokain zur Zeit nicht als nötig erscheinen [...]. Maßgebend ist für das Gesundheitsamt, daß nirgends Stätten aufgefunden werden konnten, an denen Kokain an eine größere Anzahl von Personen zu missbräuchlicher Benutzung abgegeben wür-

[8] BA R 1501 / 119395 (gilt auch für die folgenden Quellen). Hervorhebungen hier und im Folgenden A.H.

de.“ Von verbreitetem Kokainkonsum konnte demnach eindeutig nicht die Rede sein. Dennoch waren Regierungsstellen, Mediziner und die Öffentlichkeit durch die beiden Umfragen für Drogen- und insbesondere Kokainkonsum weiter sensibilisiert und die grundlegende Vorstellung, dass genussorientierter Konsum das Potential habe, die Volksgesundheit zu bedrohen, war nun in den Köpfen verankert.

c) 1921: Großes Aufsehen für einen Einzelfall

Durch diese Sensibilisierung der Reichs- und Landesregierungen lässt sich erklären, warum zwei Jahre später ein einzelner Fall unerlaubten Kokainkonsums in Berlin extremes Aufsehen erregte: Das Reichsministerium des Inneren schrieb im Mai 1921 an die Landesregierungen, es sei zu „[…] vermuten, daß der Schleichhandel mit Kokain weiter besteht und vielleicht noch zugenommen hat.“[9] Bezugspunkt war erneut ein Presseartikel, diesmal aus der Deutschen Medizinischen Wochenschrift (Glaserfeld 1920). Der Autor Glaserfeld schrieb, die Berliner Kriminalpolizei habe einen Keller entdeckt, in dem Kokain verkauft und konsumiert wurde. Dies sei von der Tagespresse „überall“ verbreitet worden und habe großes Aufsehen erregt. Hier entsteht der Eindruck, die Sensibilisierung für Kokainkonsum sei bereits sehr groß gewesen und Teile der Presse hätten geradezu darauf gewartet, konkret über Betäubungsmittelkriminalität berichten zu können. Deutlich wird, dass hier erst die Presseberichterstattung zur Weitergabe der Informationen an die Länder führte. Es erging die Aufforderung, „[…] das Treiben in gewissen Vergnügungsstätten unausgesetzt zu beobachten und dadurch sowie durch scharfe Überwachung verdächtiger Schankwirtschaften, Drogengeschäfte usw. den Missbrauch und den unerlaubten Schleichhandel mit Kokain mit allen Kräften zu bekämpfen.“ Die Betäubungsmittelkontrolle bekam einen neue Qualität: Beispielsweise wurden in Bremen die polizeilichen Behörden in Betäubungsmittelfragen einbezogen und Berlin richtete eine eigene Betäubungsmittelabteilung bei der Polizei ein.

Zentral ist außerdem, dass sich die Beurteilung der Konsumenten änderte: Nicht mehr die bedauernswerten Morphinsüchtigen standen im Mittelpunkt des Interesses, sondern die weit negativer bewerteten Kokainisten (vgl. Scheerer 1982). Dabei nahm man an, die Kokainsucht entspringe „lediglich dem Verlangen, sich […] die anregenden und betäubenden Wirkungen dieses Stoffes zu verschaffen.“

[9] StAB 3-M.1.l.Nr. 32 - 1/19. Gilt auch im Folgenden.

2 Einfluss auf parlamentarische Debatten

Dass die Presseberichte, abgesehen davon, dass sie bei ihren Lesern das Bild problematischen Betäubungsmittelkonsums etablierten, auch auf politischer Ebene wirksam waren, zeigt neben den o.g. Beispielen eine Analyse der Reichstagsprotokolle. Presseberichte hatten unmittelbaren Einfluss auf Anfragen bzw. die allgemeine Auseinandersetzung zu Betäubungsmitteln im Reichstag.

Schon eine der ersten Thematisierungen von Betäubungsmitteln im Reichstag selbst ging auf Pressemeldungen zurück. Ende 1919 wurde eine Gefährdung der Volksgesundheit durch opiumhaltige Zigaretten aus England angesprochen.[10] Das Reichsgesundheitsamt erwiderte nach eingehender Prüfung, die Angaben der Presse hätten sich „[...] als einer tatsächlichen Unterlage entbehrend“ erwiesen.[11] Dennoch hatten Meldungen über Opiumzigaretten große Aufmerksamkeit nicht nur bei den Regierungsbehörden, sondern auch in wissenschaftlichen Instituten und im Reichstag erlangt.

a) Zirkelschlüsse

Wenn Zeitungsartikel immer wieder Auslöser und auch „Beleg“ für Beiträge im Reichstag waren, so ist umso interessanter, dass sich die Presse wiederum auf Debatten des Reichstags stützte: „Der Konsum und Missbrauch der verschiedenen Rauschgifte hat, wie jüngst im Reichstag dargelegt wurde, auch bei uns in auffälliger Weise zugenommen“ (o. Autor 1910). Reichstagsdebatten stellten aus sich heraus eine sehr glaubwürdige Quelle dar – nähere Belege wurden scheinbar nicht erwartet. So erzeugten die Streitgespräche im Reichstag in Kombination mit den Presseberichten einen Kreislauf der gegenseitigen Bestätigung, der – ohne jeden Beleg – die Konstruktion des Betäubungsmittelkonsums als gefährlich und weit verbreitet ermöglichte. Ein kritisches Hinterfragen fand nicht statt.

b) Argumentation der Fach- und Tagespresse

Auch neben dem unmittelbaren Einfluss auf parlamentarische Debatten oder behördliches Handeln war die Bedeutung der Presse für den Problematisierungsprozess groß: Wie sie argumentierte und welche Reaktionen es darauf gab, wird im Folgenden analysiert, um die Beiträge der Fach- sowie der Tagespresse herauszuarbeiten.

---

[10] StB, Bd. 339, S. 1326.
[11] StB, 21.11.1919, S. 3651.

c) Die Tagespresse argumentierte reißerisch und ohne Belege

Eine noch größere Rolle im Problematisierungsprozess als die Fachpresse, die die (vermeintlich) wissenschaftliche Bestätigung für das Kokainproblem lieferte, spielte m.E. die Tagespresse. Belege wurden in ihren Berichten nur selten angeführt, weshalb eine konkrete Überprüfung der Angaben meist nicht möglich ist. Dabei soll hier keineswegs bestritten werden, dass Kokainkonsum tatsächlich stattfand – dies steht außer Frage. Auffällig ist aber, in welcher Art und Weise über Betäubungsmittel berichtet wurde: Die Artikel waren oft reißerisch und beförderten, ähnlich den Artikeln der Fachpresse, Stereotype und Vorurteile. Die unsachliche Art der Berichterstattung legt die Vermutung nahe, dass nicht alle Artikel seriös waren. Bestätigt wird dies etwa durch die Archivakten, in denen sich immer wieder Hinweise auf Drogenartikel finden, die nicht der Wahrheit entsprachen:

Berichte über „Institute für Morphineinspritzungen" waren z.B. frei erfunden. So stellte das Reichsgesundheitsamt als ein Ergebnis der Umfrage von 1910 heraus, „[…] daß die in einigen Tageszeitungen beschriebenen Cafés [...], in denen besonders Angehörige der besseren Gesellschaftskreise sich Morphineinspritzungen vornehmen lassen können, tatsächlich nicht bestehen."[12]

Im Jahr 1910 wurde auch über eine „Skandalaffäre" berichtet: Bei einer „peinlichen Affäre in Bremen, in die etwa fünfzig Söhne aus angesehenen Familien verwickelt [waren]", hätten sich junge Leute „zu wüsten Orgien zusammengefunden" und Minderjährige verführt. Sie hätten ihre Opfer „durch den Genuß von Opiumzigaretten willenlos gemacht" und ihnen außerdem „Kuchen, Früchte, Zigaretten usw." vorgesetzt, die „mit Opium getränkt waren."[13] In den Akten des Reichsgesundheitsamtes findet sich folgende Korrektur: „Auswärtige Blätter brachten sensationell zugestutzte Meldungen über eine […] Skandalaffäre". Die Angelegenheit sei „gröblich aufgebauscht" worden. Erfunden sei „die Behauptung, daß die Opfer der Homosexuellen durch Opiumzigaretten betäubt worden seien."[14]

Auch der Preußische Minister des Inneren kritisierte 1933, die Presse verfahre bei der Übernahme amtlicher Informationen „[…] oft eigenmächtig und in entstellender Weise, indem sie sensationelle Überschriften und Ausschmückungen bringt, die vielfach den Tatsachen nicht entsprechen." Ferner würden „lügenhafte Nachrichten aller Art auch aus ausländischen Zeitungen übernommen."[15]

---

[12] BA R 86 / 5073.
[13] BA R 86 / 5073.
[14] BA R 86 / 5073.
[15] BA R 1501 / 126496, 289f.

Dass ausländische Berichte über Deutschland teils jeglicher Grundlage entbehrten, zeigt der Artikel Cocaïnomanie aus der Action Française, in dem es hieß, „Gott sei Dank" sei man in Frankreich noch nicht „[...] au point de nos mauvais voisins, chez lesquelles existent des villages entiers de Morphino-Cocaïnomanes" (o. Autor 1913). Dieser Bericht über „ganze Dörfer von Morphino-Kokainisten" zeigt, wie extrem die Berichterstattung teilweise übertrieb. Deutsche Presseorgane standen den Französischen hier freilich in nichts nach: Artikel zu Betäubungsmitteln in Frankreich und Paris waren ebenfalls deutlich übertrieben, stereotyp sowie vorurteilsbehaftet (und entbehrten jeglichen Beleges).

d) Verkürzungen in der medizinischen Fachpresse

Abgesehen davon, dass sich etliche Berichte über Betäubungsmittel auf unzulängliche Quellen stützten, gaben andere differenziertere Untersuchungen verkürzt wieder. So hielt der Charité-Professor Karl Bonhoeffer 1926 einen Vortrag, in dem er einen prozentual großen Anstieg der Krankenhausaufnahmen konstatierte. Dabei betonte er jedoch, dass der Anstieg in absoluten Zahlen sehr gering sei (Bonhoeffer/Ilberg 1926; vgl. Hoffmann 2005, 125-129). Bonhoeffers Fazit lautete: „[...] alles in allem sehen wir eine deutliche Zunahme des Narkotismus, der im Interesse der Volksgesundheit unsere Aufmerksamkeit erfordert, aber die Sachlage gibt noch keineswegs Anlaß, in dem Umfange des Mißbrauchs schon jetzt den Beginn einer Verseuchung unseres Volkes [...] zu erblicken" (Bonhoeffer/Ilberg 1926, 236). Auf diesen Vortrag Bonhoeffers wurde in der Folgezeit häufig verwiesen – eine Berücksichtigung seiner Relativierungen fehlte dabei aber meist (Dansauer/Rieth 1931, 5; Ullmann 2001, 21).

e) Betäubungsmittelkonsumenten als „die Anderen" in der medizinischen Fachpresse

Auch Vorurteile spielten eine große Rolle in der wissenschaftlichen Berichterstattung. Die Einschätzung, Kokainkonsum sei im „Halbweltmilieu" besonders weit verbreitet, findet sich in zahlreichen medizinischen Publikationen (Fraeb/Wolff 1927, 86). Dabei brachte keiner der Autoren Belege für seine Behauptungen an. Glaserfeld schrieb etwa von Portiers, Kellnerinnen und Prostituierten als Konsumenten und Händlern von Kokain (Glaserfeld 1920). Fraeb und Wolff brachten darüber hinaus „Homosexuelle, namentlich der männlichen Prostitution", ins Spiel (Fraeb/Wolff 1927, 87f). Diese Szenarien lesen sich wie eine

Zusammenstellung bürgerlicher Ängste. Durch Homosexuelle, Prostituierte und Müßiggänger sahen die Autoren (alle waren Mediziner) und deren Adressaten (meist Akademiker) ihre bürgerlichen Werte bedroht (vgl. Schulz 2005).

Manchen Migrantengruppen wurde ebenfalls der Konsum gewisser Betäubungsmittel zugeschrieben. Für Hamburg arbeitete Lars Amenda heraus, dass der Verdacht, es gebe zahlreiche Opiumhöhlen, in denen von Chinesen Opiumkonsum und -handel betrieben werde, trotz intensiver polizeilicher Verfolgung nicht erhärtet werden konnte. Dieses Klischee wurde dennoch in der Presse verbreitet und die Zuschreibung blieb bestehen (Amenda 2006).

Experten in Sachen Betäubungsmittel waren Ärzte ohne Zweifel. Vom Kokain bis zum Heroin spielten alle mit Genusskonsum in Verbindung gebrachten Betäubungsmittel in der Medizin eine wichtige Rolle (Hoffmann 2005, 36-42; De Ridder 2000). Allerdings hatten auch die Ärzte kein fundiertes und verallgemeinerbares Wissen über die Verbreitung des Betäubungsmittelkonsums. Ihre unbelegten und in diesem Sinne unwissenschaftlichen Einschätzungen über Konsumentenkreise prägten das Bild vom Betäubungsmittelkonsum als Expertenmeinung dennoch entscheidend mit.

Im folgenden Kapitel werden offizielle Äußerungen zur Verbreitung des Betäubungsmittelkonsums analysiert, die u.a. in den Denkschriften über die gesundheitlichen Verhältnisse des deutschen Volkes veröffentlicht wurden.

3 Wachsende Problematisierung in offiziellen Publikationen

Die wachsende Problematisierung des Betäubungsmittelkonsums in den 1920er Jahren lässt sich an den Denkschriften über die gesundheitlichen Verhältnisse des deutschen Volkes deutlich ablesen. Diese höchstinstanzlichen Beurteilungen der medizinischen Situation in Deutschland wurden in den Reichstagsprotokollen veröffentlicht. In der Denkschrift für die Jahre 1920/1921 wurden Betäubungsmittel noch überhaupt nicht erwähnt.[16] Für die Jahre 1923/1924 findet sich erstmals ein Hinweis auf Betäubungsmittel, die neben den Alkohol treten und „[…] indes bedauerlicherweise auch in ländlichen Bezirken […]“ auftauchen würden.[17]

Zu 1925 hieß es: „Eine Besserung lässt sich ferner vermissen in Bezug auf den Mißbrauch von Rauschgiften (Morphinismus, Kokainismus), der, ursprünglich in der Lebewelt verbreitet, mehr und mehr auch in weniger wohlhabenden Kreisen sich einbürgert und auch nicht mehr als ein – bedauerliches – Vorrecht

[16] BA R 43 / 1976, S. 232ff.
[17] BA R 86 / 4509, S. 41f.

der Großstädte anzusehen ist. Über eine bemerkenswerte Zunahme dieses Lasters wird besonders in Schwaben und in Sachsen Klage geführt."[18] In dieser Beurteilung tauchen zwei Elemente auf, die die Vorstellung vom Konsum in den 1920er Jahren bis heute prägen: Zum einen sei der Kern des „Lasters" die „Lebewelt" gewesen. Zum anderen seien zunächst die Großstädte betroffen gewesen, später dann auch andere Gebiete. Das Szenario erweckt den Eindruck einer zunehmend großen Verbreitung des Betäubungsmittelkonsums. Die Basis bildeten Darstellungen aus den einzelnen Ländern: Der Berliner Bericht z.B. bezog sich lediglich auf zwei Stadtbezirke, führte keine Belege für seine Einschätzung an und erscheint eher als Aneinanderreihung diskriminierend-devianter Zuschreibungen, denn als sachliche Einschätzung.[19] Auch Schwaben berichtete zwar von einem „betrüblichen Bild", das eine eingehende Kontrolle der Apotheken ergeben habe, aber hier (wie auch in Sachsen) war von genussorientiertem Konsum überhaupt nicht die Rede.[20] Sachsen wiederum verweist auf einen Fall, bei dem es sich allem Anschein nach um den Mediziner Dr. Bier aus Dresden handelte, aus dessen Verurteilung 1926 das Verbot der Betäubungsmittelerhaltungstherapie resultierte (Hoffmann 2006, 149-154; Ullmann 2001). Demnach prägte dieses Urteil des Reichsgerichts nicht nur die medizinische Verschreibungspraxis entscheidend, sondern auch die Wahrnehmung des Betäubungsmittelkonsums. Dieser wurde nicht länger nur als Problem der Großstädte, sondern nun als auch in den Provinzen relevant angesehen. Paradox ist dabei, dass Dresden mit weit über einer halben Million Einwohnern um 1925 eine der größten Städte Deutschlands war.

Ab 1926 werden in der Politik und im fachwissenschaftlichen Diskurs erstmals statistische Hinweise angeführt. Diese bezogen sich allerdings auf die Zahl der betäubungsmittelbedingten Krankenhausaufnahmen und sind aufgrund von Mehrfachaufnahmen und in Hinblick auf die Folgen des Opiumgesetzes, das die „Kurwilligkeit" (Jacobs) der Konsumenten erhöhte, ein sehr schlechter Indikator für die Verbreitung des Betäubungsmittelkonsums (Hoffmann 2005, 124ff). Obwohl ihnen die fehlende Aussagekraft bewusst war, bezogen sich viele Mediziner und Politiker auf diese Statistiken. Demnach waren die steigenden Aufnahmen ein Auslöser der wachsenden Besorgnis. Die 1926er Denkschrift postulierte einen Anstieg der Behandlungen von Alkaloidsuchten von jährlich etwa 500 vor dem Krieg auf 1623 im Jahr 1925.[21] Bereits die folgende Denkschrift von 1927 führte allerdings an, dass die Zunahme auch andere Gründe haben könnte: Scheinbar hätten „zunehmende Schwierigkeiten und Kosten der Giftbe-

[18] BA R 86 / 4510.
[19] BA R 86 / 4510.
[20] BA R 86 / 4510.
[21] BA R 86 / 4511.

schaffung“ zu mehr Aufnahmen geführt. Daraus wiederum schloss man, eine „Vermehrung der Süchtigen“ dürfe aus den Zahlen „jedoch nur bedingt zu folgern sein“.[22]

a) Beliebigkeit der Dramatisierung

Ende der 1920er Jahre wurden erstmals Statistiken herangezogen, die betäubungsmittelbedingte Todesfälle aufführten. In der 1927er-Denkschrift wurden Angaben zu Selbstmorden und tödlichen Verunglückungen durch Betäubungsmittel auf Grundlage der preußischen Todesursachenstatistik veröffentlicht: Insgesamt starben von 1919-1927 in Preußen 57 Menschen durch Kokain (6,5 pro Jahr) und durch Opium und seine Abkömmlinge wie z.B. Morphium 1073 (rund 119 im Jahresschnitt). Da die Zahlen Selbstmorde durch diese Substanzen sowie ärztliche Kunstfehler einschlossen, ist ihre Aussagekraft eingeschränkt. Für den Problematisierungsprozess sind sie aber dennoch bedeutend, eben weil sie von den Zeitgenossen als Referenz angeführt wurden. Andernorts finden sich aufgeschlüsselte Zahlen zu Opium ohne seine Abkömmlinge, die einen Vergleich zwischen Kokain und Opium zulassen:

Zahl der tödlichen Vergiftungen 1919-1925 in Preußen[23]

	durch Kokain	durch Opium
Selbstmord	34	40
Mord	0	1
Verunglückungen	15	46
Todesfälle gesamt	**49**	**87**

Der Drogendiskurs in der Weimarer Republik war auf Kokain, Morphium und vereinzelt Heroin beschränkt – Opium spielte keine Rolle (de Ridder 2000).[24] Betrachtet man vor diesem Hintergrund die o.g. Todesfälle, sticht hervor, dass es von 1919 bis 1925 1,7 mal mehr Tote durch Opium als durch Kokain gab. Zunächst ist eindeutig zu konstatieren, dass Opiumgebrauch medizinischer oder genussorientierter Art in Deutschland stattgefunden haben muss. Wichtiger ist

[22] StB, Bd. 435, Anlage 936, S. 15.

[23] PA R 43256. Preußen stellte etwa die Hälfte der Reichsbewohner. Mit „Verunglückungen“ waren „zufällige akute oder chronische Vergiftungen“ gemeint.

[24] Man geht davon aus, dass Rauchopium in Deutschland keine Rolle spielte. Ein Problem mit dem Konsum von Medizinalopium stand ebenfalls nicht zur Debatte. In der angeführten Statistik ist die Rede von Opium allgemein; es wird nicht zwischen Rauchopium und zu medizinischen Zwecken weiterverarbeitetem Opium unterschieden.

hier aber, dass die Wahrnehmung und Problematisierung des Kokain- bzw. Opiumkonsums der Zahl der jeweiligen Todesfälle diametral entgegen stand: Kokain wurde als Problem wahrgenommen, Opium aber nicht. Dabei überstieg die Zahl der Tode durch Opium die der Kokainfälle deutlich.

Die Zahl der Todesfälle durch Kokain schwankte über den gesamten Zeitraum. Steigerungen von bis zu 125% mögen von den Zeitgenossen als extrem wahrgenommen worden sein – in absoluten Zahlen waren sie allerdings gering: 1925 starben in Preußen zwei Menschen (auf das Reich hochgerechnet also um die vier Personen) durch Kokain – eher keine dramatische Zahl.

Auch der Vergleich der morphium- mit den kokainbedingten Todesfällen ist interessant, zeigt er doch, dass beinahe 16 mal mehr Menschen im Zusammenhang mit Morphiumgebrauch starben als nach Kokainkonsum.[25] Medizinisch begründeter Konsum wurde als legitim angesehen und gesellschaftlich zunächst nicht stigmatisiert (Scheerer 1982, 50). So wurden Morphinisten länger als ‚unschuldig' an ihrem Konsum wahrgenommen, selbst wenn dieser den Rahmen ärztlicher Verschreibung verließ. Kokain hingegen wurde dem Genusskonsum der „Lebewelt" zugeschrieben – wer Kokain konsumierte, galt als vergnügungssüchtig. Es wird deutlich, dass die Problematisierung des Konsums einer Substanz weniger von seiner Verbreitung abhing, als davon, wer welche Substanzen mit welcher Motivation konsumierte – bzw. wem dieser Konsum zugeschrieben wurde. Auch in zeitlicher Perspektive zeigt sich, dass die Problematisierung des Betäubungsmittelkonsums relativ unabhängig von der Zahl der Todesfälle war:

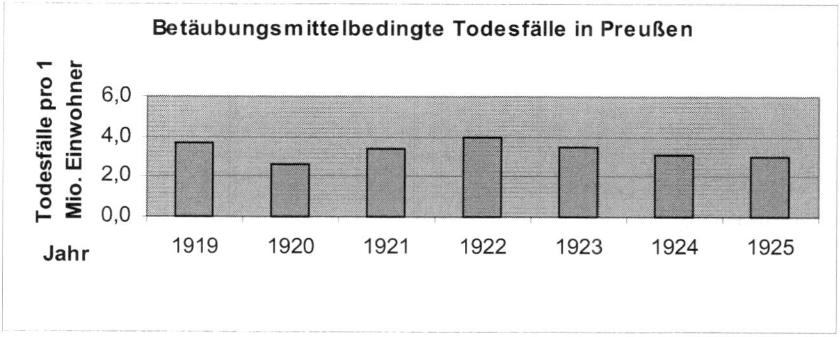

Im Durchschnitt starben in Preußen zwischen 1919 und 1925 jährlich 3,3 Menschen pro 1 Million Einwohner aufgrund von Betäubungsmittelkonsum. Allerdings korreliert die Zahl der Todesfälle weder mit dem angeblichen Höhepunkt

[25] PA R 43256.

der Betäubungsmittelwelle um 1925, noch kann eine bedeutende Entwicklung nach Einführung des ersten deutschen Opiumgesetzes nachgewiesen werden.

b) Relativierende Stimmen konnten das Bild nicht mehr korrigieren

Die nächste Denkschrift wurde 1931 veröffentlicht und beruhte auf Daten von 1928. Hier lag erstmals eine umfassende und zuverlässige Untersuchung zum Betäubungsmittelkonsum vor: Kurt Pohlisch berechnete 1931 die Verbreitung des „chronischen Opiatmißbrauchs" in Deutschland anhand von in Apotheken zurückbehaltenen Rezepten (Pohlisch 1931; vgl. Hoffmann 2005, 136-147). Der Mediziner ermittelte dabei die glaubwürdige Anzahl von einem gewohnheitsmäßigen Konsumenten pro 10.000 der über 20 Jahre alten Einwohner. Er interpretierte dieses Ergebnis mit den Worten „Die Ziffer 1 pro 10000 wird manchen durch ihre Kleinheit überraschen" (Pohlisch 1931, 19). Pohlisch betonte, dass seine Ergebnisse nicht direkt auf Kokain übertragbar seien, ging aber davon aus, dass die Zahl der Kokainisten seine Ergebnisse nicht deutlich verändern würde (Pohlisch 1931, 11).
In Hinblick auf die Problematisierung des Betäubungsmittelkonsums ist hier besonders die Rezeption der Untersuchung interessant: Auf politischer Ebene erhielt die Studie große Aufmerksamkeit, denn neben einer Übersetzung für die Opiumkommission des Völkerbundes bildete sie die Basis für die Denkschrift von 1931. Die Ergebnisse wurde wie folgt resümiert: „Im ganzen hat die Erhebung gezeigt, daß der Opiatmißbrauch in der deutschen Bevölkerung verhältnismäßig wenig verbreitet ist. Überdies zeigt der Verbrauch an Betäubungsmitteln im Deutschen Reiche seit dem Jahre 1926 eine ständig fallende Richtung."[26] Demnach lag 1931 eine Einschätzung von höchster politischer Ebene in Deutschland vor, die eine weite Verbreitung des Betäubungsmittelkonsums eindeutig abstritt. Entscheidenden Einfluss konnte diese korrigierende Neueinschätzung allerdings nicht mehr erlangen: Das Bild eines weit verbreiteten Betäubungsmittelkonsums bzw. -missbrauchs war für die 1920er Jahre bereits etabliert – und wird bis heute tradiert.

4 Schluss

Grundlage und Auslöser der Problematisierung des Betäubungsmittelkonsums in Deutschland war die wachsende internationale Aufmerksamkeit, die Betäu-

[26] StB, Bd. 451, Anlage zu Nr. 1224.

bungsmittel seit Beginn des Jahrhunderts erfuhren: Das Bild, das man etwa vom Opiumkonsum in China und vom Kokainkonsum in den USA zeichnete, wirkte als abzuwendendes Horrorszenario. Auch stand die Legitimität von Amüsement – angesichts des verlorenen Weltkriegs bzw. wirtschaftlich prekärer Zeiten – gerade auch in Bezug auf Betäubungsmittelkonsum in Frage (Rödszus 2000, 27f). So fielen die Aktivitäten der internationalen Anti-Opiumbewegung auf fruchtbaren Boden und entwickelten entscheidenden Einfluss nicht nur auf die Gesetzgebung und Rechtsprechung, sondern auch auf die Problemwahrnehmung.

Als Fazit zur Problematisierung des Betäubungsmittelkonsums in Deutschland ist erstens festzuhalten, dass die Presse eine nicht zu unterschätzende Rolle spielte. In der Fach- ebenso wie in der Tagespresse erschienen reißerische, vorurteilsbehaftete und stereotype Berichte; Belege wurden i.d.R. nicht angebracht. So beförderten Pressepublikationen die Konstruktion des Betäubungsmittelkonsums als weit verbreitetes und problematisches Phänomen. Entscheidend ist zweitens, dass von Politikern die teils unseriösen Meldungen der Presse unkritisch übernommen wurden. Der so entstehende argumentative Zirkelschluss zwischen Presse und Politik wurde nicht hinterfragt und kritische Stimmen wie die von Pohlisch konnten die Wahrnehmung nicht mehr entscheidend beeinflussen: Da drei Autoritäten – Mediziner, Politiker und Journalisten – die Meinung vertraten, in Deutschland gebe es problematischen Betäubungsmittelkonsum, konnte dieses Bild verankert werden. Schließlich wurde die Vorstellung vom wachsenden Betäubungsmittelkonsum in den 1920ern über Jahrzehnte ungeprüft übernommen, zumal neben die drei zeitgenössischen Autoritäten als vierte die spätere Forschung trat.

Die 1920er Jahre markieren mit der Implantation restriktiver Kontrolle und einer wachsenden öffentlichen Aufmerksamkeit den Beginn der Problematisierung des Betäubungsmittelkonsums in Deutschland und die Etablierung seiner Wahrnehmung als Problem. Hier konnte allerdings gezeigt werden, dass es nicht primär eine Zunahme des Konsums selbst gab – die entscheidende Rolle spielte vielmehr die Veränderung in der Wahrnehmung des Konsums und im Diskurs um Betäubungsmittel. Substanzen wir Morphin und v.a. Kokain wurden aus dem ursprünglich medizinischen Verwendungskontext gelöst und ihr Konsum nun insbesondere marginalisierten Gruppen zugeschrieben. Dass wir heute von einem Drogenproblem in der Weimarer Republik sprechen, geht demnach weniger auf zunehmenden Konsum zurück als auf die wachsende Aufmerksamkeit, die Betäubungsmittel erfuhren. So kann für den Beginn des 20. Jahrhunderts zwar die Existenz von Betäubungsmittelkonsum, aber keine weite Konsumverbreitung konstatiert werden: Es gab keine Drogenwelle in der Weimarer Republik, sondern allenfalls eine Welle der Berichterstattung über Drogen.

So gesehen lässt sich die wachsende Präsenz von Betäubungsmittelkonsumenten auch anders als durch verbreiteten Konsum erklären: Durch das Opiumgesetz wurden die Konsumenten nur sichtbarer, denn einerseits wurden die Möglichkeiten, Betäubungsmittel zu erwerben, erheblich eingeschränkt; andererseits wuchs im Zuge der Gesetzgebung auf viele der Druck von Ärzten und Angehörigen, sich einer Entziehungskur zu unterziehen. Der Konsum konnte sich immer weniger im Verborgenen abspielen und wurde damit deutlicher wahrgenommen, eben weil er – in Folge der Gesetze – in die Öffentlichkeit gerückt wurde. So ist es eine direkte Folge der Kriminalisierung, dass Personen, die bislang sozial integriert und medizinisch unauffällig konsumierten, nun neue Probleme im Umgang mit Betäubungsmitteln entwickelten (bzw. dass ihre Probleme sichtbar wurden). In diesem Sinne wäre zu fragen, ob Verelendung, Drogentote und Szenenbildung – also das, was heute als Drogenproblem bezeichnet wird – nicht erst durch die restriktive Betäubungsmittelkontrolle befördert wurden.

Die Problematisierung des Konsums und der Versuch seiner Eindämmung kann direkt mit seiner steigenden Sichtbarkeit identifiziert werden. In diesem Sinne ist die „Drogenwelle“ mit ihrem vermeintlichen Höhepunkt 1925 als Folge der Gesetzgebung zu interpretieren – und nicht als ihr Grund (der sie zeitlich gesehen auch nicht sein konnte).

Literatur

Amenda, L. (2006): Fremde – Hafen – Stadt: Chinesische Migration und ihre Wahrnehmung in Hamburg 1897-1972. Hamburg.

Bonhoeffer, K.; Ilberg, G. (1926): Über Verbreitung und Bekämpfung des Morphinismus und Kokainismus: Referate auf der Jahreshauptversammlung des deutschen Vereins für Psychiatrie in Kassel. In: Allgemeine Zeitschrift für Psychiatrie, Bd. 83, H. 3/4, S. 228-249.

Dansauer, F.; Rieth, A. (1931): Ueber Morphinismus bei Kriegsbeschädigten. Berlin.

Geiger, L. (1975): Die Morphin- und Kokainwelle nach dem ersten Weltkrieg in Deutschland und ihre Vergleichbarkeit mit der heutigen Drogenwelle. München.

Glaserfeld, B. (1920): Ueber das gehäufte Auftreten des Kokainismus in Berlin. In: Deutsche Medizinische Wochenschrift, Nr. 7, 12.02.1920, S. 185-186.

Goga, S. (2005): Leo Berlin. München.

Hoffmann, A. (2005): Drogenrepublik Weimar? Betäubungsmittelgesetz – Konsum und Kontrolle in Bremen – Medizinische Debatten. Hamburg.

O. A. (1910): Narkotika. In: Münchener Neuesten Nachrichten, 10. März 1910.

O. A. (1913): Cocaïnomanie. In: Action Française, 30. Juli 1913.

Pohlisch, K. (1931): Die Verbreitung des chronischen Opiatmißbrauchs in Deutschland. In: Monatsschrift für Psychiatrie und Neurologie, Nr. 79, S. 1-32.

Retaillaud-Bajac, E. (2002): Paradis artificiels: la fin de la tolérance. In: L' Histoire, Nr. 266, S. 40-45.

Ridder, M. de (2000): Heroin: vom Arzneimittel zur Droge. Frankfurt/M.

Rödszus, L. B. (2000): „Das Betäubungselend" – Kokainismus zur Zeit der Weimarer Republik. Unveröffentlichte Dissertation, Heidelberg.

Scheerer, S. (1982): Die Genese der Betäubungsmittelgesetze in der Bundesrepublik und in den Niederlanden. Göttingen.

Scheerer, S. (1993): Einige Anmerkungen zur Geschichte des Drogenproblems. In: Soziale Probleme, Nr. 1, S. 78-98.

Schulz, A. (2005): Lebenswelt und Kultur des Bürgertums im 19. und 20. Jahrhundert. München.

Straub, W. (1926): Über Genußgifte. In: Die Naturwissenschaften, Jg. 14, H. 48/49, S. 1091-1099.

Ullmann, R. (2001): Geschichte der ärztlichen Verordnung von Opioiden an Abhängige. In: Suchttherapie, Sonderheft 2, S. 20-27. Quelle: <http://www.thieme-connect.de/ejournals/pdf/suchttherapie/doi/10.1055/s-2001-18399.pdf> (06.12.2006).

Woelk, W.; Vögele, J. (Hrsg.) (2002): Geschichte der Gesundheitspolitik in Deutschland: von der Weimarer Republik bis in die Frühgeschichte der „doppelten Staatsgründung". Berlin.

Wriedt, J. (2006): Von den Anfängen der Drogengesetzgebung bis zum Betäubungsmittelgesetz vom 1.1.1972. Frankfurt/M. u.a.

Drogenrecht und Drogenpolitik. Internationale Vorgaben und nationale Spielräume

Hans Joachim Jungblut

1. Einleitung

Der Versailler Vertrag brachte für Deutschland wie für viele andere Staaten die Verpflichtung mit sich, ein Opiumgesetz gemäß dem internationalen Opiumabkommen von 1912 zu verabschieden. Dies geschah am 22.12.1920. In seiner ersten Ausfertigung trat es zum 1. Januar 1921 in Kraft, Änderungen am Gesetz wurden 1924 vorgenommen. Der deutsche Reichstag verabschiedete dann am 10.12.1929 ein Opiumgesetz, das vor allem an die Vereinbarungen des internationalen Opiumabkommens vom 19.02.1925 angepasst wurde. Seither fiel auch Cannabis unter den Geltungsbereich des Opiumgesetzes, das am 01.01.1930 in Kraft trat. Dieses Gesetz blieb bis zum 25.12.1971 Rechtsgrundlage für den strafbewährten Umgang mit Konsumenten und Händlern, u.a. von Opium und seinen Derivaten. Ziel dieses Gesetzes war es, den Missbrauch von im Gesetz als illegal bezeichneten Drogen durch einen besonderen strafrechtlichen Schutz postulierter Verfahrensschritte zu steuern (vgl. Jungblut 2004, 23ff)[1].

Gegenwärtig bestimmt vor allem das Betäubungsmittelgesetz (BtMG) als Nebenstrafrecht den Umgang des Staates mit Konsumenten illegaler psychoaktiver Substanzen. Zwar kann z.B. auch das Jugendgerichtsgesetz im Rahmen seiner Möglichkeiten Jugendliche und junge Erwachsene mithilfe formeller Verfahren sanktionieren sowie mithilfe informeller Regelungen den gesellschaftlichen Standpunkt zu dieser Frage verdeutlichen. Und zudem bietet das Kinder- und Jugendhilfegesetz (KJHG) im Rahmen seiner Möglichkeiten sozialpädagogische Hilfestellungen für Jugendliche und junge Erwachsene, die illegale Drogen kon-

---

[1] Allerdings hatte es in Deutschland eine Regelung bezüglich des Verbrauches und des Verkehrs von Opium schon vor 1920 gegeben (Apothekenabgabeverordnung von 1872) und auch eine Sanktionierung bei der Übertretung dieser Verordnung war durchaus möglich, wie ein Urteil des Reichsgerichtes Berlin vom 12.07.1902 zeigt. Es verurteilte zwei Apotheker nach dem StGB zu mehreren Jahren Freiheitsstrafe, weil sie einer Frau über Jahre hinweg eine Opiumtinktur verkauften, die ihre Gesundheit ruinierte. Eine vorsätzliche Selbstbeschädigung der Frau schloss das Gericht in diesem Urteil ausdrücklich aus (Lewin/Goldbaum 1928, 19).

sumieren. Aber maßgeblich bleibt das BtMG, das den Umgang mit Betäubungsmitteln reguliert. Die nachfolgende Diskussion zum Rechtsverhältnis zwischen Staat und Drogenkonsument bezieht sich deshalb im Besonderen auf das BtMG. Um dessen Relevanz zu verdeutlichen, wird einleitend auf seine (mögliche) Abhängigkeit von international verbindlichen Konventionen zum Drogenproblem der Vereinten Nationen (UN) Bezug genommen. Dabei wird ausgeführt, dass diese zwar prohibitive Rahmenbedingungen konstituieren. Sie sind allerdings national spezifisch auszuformulieren. Dies bedeutet – als Hauptreferenz dieses Beitrages –, dass Spielraum zur sinnhaften Ausgestaltung einer schadensreduzierenden Drogenpolitik besteht. Insofern die prohibitive Drogenpolitik und ihre drogenrechtliche Kristallisation Inkonsistenzen und Vermittlungsprobleme u.a. mit grundgesetzlichen Regulierungen beinhalten, besteht Anlass, diesen Raum auszufüllen.

2. Zum Verhältnis internationaler und nationaler drogenbezogener Regelungen

Albrecht (1998) zufolge basiert das System der internationalen Betäubungsmittelkontrolle im Wesentlichen auf den folgenden drei Konventionen:

a) der Einheitskonvention aus dem Jahr 1961 und dem Ergänzungsprotokoll von 1972, in Deutschland in Kraft getreten am 2.1.1974 bzw. am 8.8.1975. Im Zentrum dieser Konvention stehen vor allem die klassischen Drogen wie Opiate, Kokain-Produkte und Cannabis. Ziel der Einheitskonvention war es, den Mitgliedsländern der UN eine international gültige Verpflichtung über Herstellung, Einfuhr, Ausfuhr, Handel, Besitz und Gebrauch von Betäubungsmitteln und psychotropen Substanzen zur Ratifizierung vorzulegen. In Artikel 36 der Einheitskonvention heißt es: „Vorbehaltlich ihrer Verfassung trifft jede Vertragspartei die erforderlichen Maßnahmen, um jedes gegen dieses Übereinkommen verstoßende Anbauen, Gewinnen, Herstellen, Ausziehen, Zubereiten, Besitzen, wenn vorsätzlich begangen, mit Strafe zu bedrohen sowie schwere Verstöße angemessen zu ahnden, insbesondere mit Gefängnis oder sonstigen Arten der Freiheitsentziehung“ (Albrecht 1998, 658).

b) der Konvention über psychotrope Substanzen aus dem Jahre 1971, in Deutschland in Kraft getreten am 2.3.1978. Diese Konvention erweiterte die Kontrolle auf jene psychotropen Stoffe, die in der Einheitskonvention von 1961 noch keine Berücksichtigung gefunden hatten. Es wurden hier vor allem auch Substanzen sanktioniert, die in der 68er Bewegung in Europa und den USA starken Anklang gefunden hatten, z.B. Meskalin, LSD oder Amphetaminderivate. Die Konvention geht jedoch über Sanktionierungsabsichten hinaus auch auf Möglichkeiten zur Prävention und Behandlung sowie auf geeignete Maßnahmen zur Reduzierung des Missbrauchs psychotroper Substanzen ein.

c) der Konvention gegen den unerlaubten Verkehr mit Suchtstoffen und psychotropen Stoffen aus dem Jahre 1988, in Kraft getreten in Deutschland am 22.7.1993. Diese Konvention hat vor allem strafrechtlich wirksame Strategien im Rahmen der internationalen Drogenpolitik zum Inhalt. Es geht hier insbesondere um Geldwäsche und die Sanktionierung Gewinn abschöpfender Maßnahmen sowie um die Ausgestaltung der internationalen strafrechtlichen Zusammenarbeit. Albrecht (1998, 664ff) macht darauf aufmerksam, dass diese Konvention auch die strafrechtliche Repression gegen Drogenkonsumenten thematisiert. Es setze sich hier eine Tendenz durch, die vor allem in Nordamerika wirksam sei, wo abschreckende und sichernde Funktionen der Strafe zu Lasten der Rehabilitation und des Schuldausgleiches gehen. „Diesen Veränderungen steht die simple Überlegung Pate, dass jede Droge natürlich nur dann gefährlich sein und Probleme zur Folge haben kann, wenn es Menschen gibt, die bereit sind, derartige Drogen zu konsumieren“ (Albrecht 1998, 664f)

Zu den weltweit gültigen Konventionen kommen noch Regelungen auf der europäischen Ebene hinzu, die nicht den Charakter von Konventionen haben, sondern als Institutionalisierungen europäischer Drogenpolitik anzusehen sind. Es ist dies die Pompidougruppe und Trevi, deren Aufgaben sich vor allem auf die Koordinierung europäischer Initiativen zur Prävention und Repression des Drogenkonsums richten, die „Europäische Drogenbeobachtungsbehörde“, die den Informationsaustausch über Forschung in Zusammenhang mit Drogen, Drogenhilfe und Drogenkontrolle fördert, sowie das Europäische Kriminalamt, das für die Bekämpfung der organisierten internationalen Drogenkriminalität vorgesehen ist.
Wenn auch internationale Konventionen die jeweilige innerstaatliche Drogenpolitik und -gesetzgebung der Mitgliedsstaaten der UN präformieren, so ist doch zu fragen, ob die Mitgliederstaaten Bewegungs- und Interpretationsspielraum für eine nationale Drogengesetzgebung und Drogenpolitik haben. Albrecht (1998, 651ff), dessen Auffassung ich im Folgenden zusammenfasse, kommt zunächst zu der Auffassung, dass internationale Vereinbarungen selbstverständlich keine national unmittelbar anzuwendenden Strafbestimmungen und damit Völkerstrafrecht im eigentlichen Sinne beinhalten. In jeder der angeführten Konvention steht überdies der Hinweis, dass sich die aus den Konventionen ableitenden

Verpflichtungen im Einklang mit der jeweiligen Verfassung eines Mitgliedsstaates befinden müssen. Dies bedeutet, so Albrecht, dass die Konventionen immer verfassungskonform, im Lichte unseres Grundgesetzes auszulegen seien: Internationale Konventionen können daher wohl das Gerüst vorgeben, Gesetze zu entwickeln, jedoch nicht oder kaum im Detail vorschreiben, was im Einzelnen zu regeln ist.

Abschließend zu der Fragestellung nach der Determiniertheit nationaler Drogenpolitiken und -gesetze durch die Konventionen will ich noch einmal Albrecht zitieren, der in erhellender Klarheit festhält: „Jedoch verbleibt auch auf der akzeptierten Grundlage der Verpflichtung zur Prohibition eine erhebliche Freiheit der nationalen Gesetze in der Auswahl verschiedener die Prohibition umsetzender Maßnahmen einschließlich Sanktionen, die sich insbesondere auch daraus speist, dass im internationalem Vergleich nicht eindeutig definiert ist, was Strafrecht, Straftat und Kriminalstrafe ist. Hier ist deshalb eine Abschichtung anzusprechen, die vor allem im deutschen Recht, nicht aber beispielsweise im Common-Law bekannt ist, nämlich das Ordnungswidrigkeitsrecht und die hieran anschließenden Konzepte des Verwaltungsrechtes und der Geldbuße als Sanktion, die freilich nach der deutschen Doktrin nicht Kriminalstrafe sind. Die dem nationalen Gesetzgeber auch bei vorbehaltloser Ratifizierung der Konventionen von 1961, 1971 und 1988 verbleibenden Gestaltungsspielräume enthalten auch die Auswahlfreiheit zwischen strafrechtlichen und ordnungswidrigen Sanktionen“ (Albrecht 1998, 677).

Tatsächlich scheint sich die Drogenpolitik in Deutschland nach einer langen Zeit absoluter Prohibitionspolitik die Gestaltungsspielräume der internationalen Vereinbarungen zu Nutze zu machen. Etwa die durch das BtMG nach § 10a ermöglichte Einrichtung von Druckräumen ist in diesem Kontext zu betrachten. Bedeutsam ist ferner die Option des Gerichtes bzw. der Staatsanwaltschaft, von Strafe bzw. Strafverfolgung abzusehen, „wenn eine geringe Menge von BtM zum Eigenverbrauch bestimmt ist“ (Albrecht 2000, 539). Diesbezüglich führte das deutsche Max-Planck-Institut für ausländisches und internationales Strafrecht zwischen 2002 und 2005 eine Evaluierung von § 31a BtMG durch, der es erlaubt, bei Vergehen im Zusammenhang mit dem Besitz „geringer Menge(n)“ von Betäubungsmitteln von einer Strafverfolgung abzusehen. Die Evaluierung ergab, dass es in der Praxis bei der Durchführung von Artikel 31a erhebliche Unterschiede zwischen den 16 Bundesländern gibt, was zum Teil auf die unterschiedlichen Auslegungen des Adjektivs „gering“ zurückzuführen ist (vgl. Schäfer/Paoli 2006).

3. Legitimation(-sprobleme) des BtMG

In Deutschland werden Drogenkonsum, Drogenmissbrauch und Drogenabhängigkeit in erster Linie als strafrechtlich relevante Tatbestände oder als medizinisch/therapeutisches Problem gewertet. Beide Auffassungen regulieren den gesellschaftlichen Umgang mit den KonsumentInnen. Die Intention des Gesetzgebers, die Gesellschaft durch eine Totalprohibition vor Betäubungsmitteln zu schützen, besteht seit mehr als 30 Jahren. Prohibition hat zum Ziel, Schäden von Individuen und Allgemeinheit abzuwenden, und deshalb stellt sich die Frage: Erreicht das BtMG als Garant der Prohibition dieses Ziel?

Eine generelle Diskussion von Kosten und Nutzen des BtMG in generalpräventiver Absicht kann an dieser Stelle nicht erfolgen. Lediglich die Frage, ob das BtMG als Nebenstrafrecht sich den allgemeinen Prinzipien des Zweckes des Strafrechts fügt, soll hier in Anlehnung an Ausführungen von Nestler referiert werden.

Nestler attestiert dem BtM-Strafrecht, dass es ein paternalistisch motiviertes Ausnahmerecht sei, da es den Bürgern eine übliche und grundsätzliche Autonomie von Verhaltensweisen nicht zugesteht. Zum Beleg für diese These diskutiert Nestler (1998, 697ff) u.a. die Absicht des BtMG, Rechtsgüter schützen zu wollen, die ansonsten durch den Gebrauch potentieller Konsumenten verletzt würden und dadurch zu einer Gefährdung des sozialen Zusammenlebens führen könnten.

Nestler weist anhand einer Analyse des BtMG und zahlreicher Kommentare zu relevanten Abschnitten des Gesetzes Interessantes zur Problematik der Rechtsgüterverletzung durch BtM-Konsumenten aus. Exemplarisch greife ich aus dieser Argumentation seine Überlegungen zum Rechtsgut der „Volksgesundheit", die Problematik der Verhinderung der Abhängigkeit von Erwachsenen und den Schutz von Kindern und Jugendlichen heraus.

a) Das Rechtsgut der „Volksgesundheit". Volksgesundheit wird als Gesundheit von vielen verstanden, die es zu schützen gilt. Dabei werden Regelungsbereiche abgesteckt, die durch besondere Vorschriften gesundheitliche Gefährdungen vermeiden sollen, z.B. Normen des Lebensmittelrechts, die von den Auswirkungen der Herstellung und Verbreitung gesundheitsgefährdender Lebensmittel schützen sollen. Generell geht es um den Schutz vor solchen Gefahren, die der Konsument nicht erkennen kann und um eine möglichst weitgehende Minimierung von Gesundheitsrisiken der Verbraucher. Der Gesetzgeber gibt nun zur Legitimierung des BtMG den Schutz des Rechtsgutes der Volksgesundheit vor. Er verweist dabei auf die Notwendigkeit, den eigenverantwortlichen Konsum verhindern zu müssen und Auswirkungen des Konsums auf Dritte und gesellschaftliche Institutionen eindämmen zu wollen. Der eigenverantwortliche Konsum kann deshalb nicht erlaubt werden, weil die Gesundheitsrisiken, die er mit sich bringe, von Individuen nicht erkannt werden könnten. Das Individuum müsse vor Gefahren geschützt werden, die es nicht absehen kann. Pate für diesen Gedankengang steht § 6 des Geschlechtskrankheitsgesetzes, der dem Sinne nach beinhaltet, dass der Gefahr vorgebeugt werden muss, dass Menschen gegen ihren Willen einer Infektionsgefahr ausgesetzt werden. Darüber hinaus, so der Gesetzesgeber, gehe vom Gebrauch von Betäubungsmitteln die „Gefahr der sozialen Destruktion" aus. Auch hier steht die Befürchtung Pate, dass sozialepidemische Zustände letztendlich den Bestand der Gesellschaft gefährden könnten. Nestler führt hierzu an, dass gerade Drogenkonsumenten „nicht vor den substanzspezifischen Gefährdungen des BtM geschützt werden (wollen; H.J.J.), sondern sie nehmen diese Stoffe gerade deshalb zu sich, weil sie eine Veränderung ihrer Befindlichkeit erreichen wollen, welche durch biochemische Prozesse und deren subjektive Wahrnehmung herbeigeführt werden, die bei vielen BtM ohne ein näher zu bestimmendes Gesundheitsrisiko und bei dauerhaftem Gebrauch auch ohne das Risiko der Abhängigkeit nicht zu haben sind, Risiken, die den Konsumenten im Prinzip – wenn vielleicht auch nicht in ihrem konkreten Ausmaß – auch bekannt sind" (Nestler 1998, 711). Insofern sei die Intention des Schutzes der Volksgesundheit durch die Drogenprohibition nicht verständlich, schließlich könne sich jeder – im Unterschied zu den vielfältigen gesundheitlichen Gefährdungen etwa durch Luftverschmutzung oder Lärm – selbst vor den potentiellen Gefahren des Drogenkonsums schützen, indem er einfach keine entsprechenden Substanen zu sich nimmt (vgl. Nestler, 1998, 708). In der Tat ist der Konsum selbst nicht strafrechtlich sanktioniert. Das BtM-Strafrecht enthält keinen Straftatbestand des Konsums. Dessen Sanktionierung würde das Prinzip der Straflosigkeit der Selbstschädigung im deutschen Strafrecht verletzen. „So zieht das BtM-Strafrecht zum Schutz von potentiellen Folgen des Konsums einen Ring von Straftatbeständen um eine tatbestandslose Handlung, indem sämtliche der illegale Betäubungsmittelmärkte konstituierenden Verhaltensweisen bis hin zu den notwendig dem Konsum vorausgehenden Tätigkeiten des Konsumenten erfasst werden" (Nestler 1998, 720).

b) Zur Legitimation dieses „Ringes von Straftatbeständen um eine tatbestandslose Handlung" gehört u.a. das Ziel des BtMG, die Abhängigkeit von Betäubungsmitteln zu verhindern. Strafrechtlich verantwortlich sind dabei Personen, die durch die Abgabe von Betäubungsmitteln Abhängigkeit erhalten oder begründen. Damit wird unterstellt, dass der Konsum von Betäubungsmitteln, die Abhängigkeit erzeugen, einen Zustand von Unfreiheit herbeiführt und der Konsument für seinen dann zwanghaften Konsum nicht mehr verantwortlich gemacht werden könne. Die Bestrafung desjenigen, der Betäubungsmittel abgibt, wäre nach dieser Auffassung durch das BtMG legal und legitim. Nestler führt jedoch, indem er die wissenschaftliche Literatur zur Pharmakologie von Betäubungsmitteln und sozialwissenschaftliche Erkenntnisse zur Zurechnungsfähigkeit und Handlungsfähigkeit von Konsumenten diskutiert, aus, dass die als abhängig definierten Verhaltensweisen keinen Zustand begründen, der die Freiheit der Person in ihrer Lebensweise in einer Weise beeinträchtigt, dass darin ein das Abgabeverbot legitimierender Freiheitsverlust gesehen werden könne (vgl. Nestler, 1998,751ff).

c) Ein weiteres Problem liegt bei dem Verbots-Legitmitationsmuster „Schutz von Kindern und Jugendlichen“. Nestler zufolge ist der Schutz des erwachsenen Menschen vor den Gefahren des Betäubungsmittels kein legitimer Zweck des BtMG. Unbestreitbar legitim sei es, die Abgabe von Drogen an Kinder und Jugendliche zu verbieten und zu sanktionieren. Dies ist jedoch schon prinzipiell durch das „Gesetz zum Schutze der Jugend in der Öffentlichkeit“ möglich. In den Vorschriften dieses Gesetzes wird vorrangig versucht, die Gefährdung von Jugendlichen durch strafbewährte Handlungen auszuschließen, aber gleichzeitig wird Erwachsenen nicht untersagt, Waren zu erwerben oder Plätze aufzusuchen, die für Kinder und Jugendliche verboten sind. Das Problem dieses Legitimationsmusters besteht in der offenkundigen Absicht, unter Verweis auf die Gefährdung von Kindern und Jugendlichen auch Erwachsenen die Mündigkeit abzusprechen, sich selbst zu schützen. „Das BtM-Strafrecht kann somit nicht mit dem Schutz der Konsumenten vor sich selbst legitimiert werden. Generell gilt, dass es im Hinblick auf das Recht auf Selbstgefährdung aus Art. 2 Abs. 1 GG kein legitimes Ziel ist, erwachsene Konsumenten vor sich selbst zu schützen. Für Schäden, die diese sich mit dem Konsum von BtM zufügen, sind sie selbst verantwortlich. Und auch der Schutz der Jugendlichen kann ebenfalls nicht das generelle strafrechtliche Verbot des Umgangs mit BtM begründen, sondern nur spezifische, dem Schutz Jugendlicher dienende Verbote“ (Nestler 1998, 790).

In einer abschließenden Bewertung kommt Nestler hinsichtlich der Legitimität des BtMG auf dieser Basis zu folgender Einschätzung:

- das BtM-Strafrecht sei nicht legitim, weil es nach verfassungsrechtlichen Vorgaben und Prinzipien der strafrechtlichen Verantwortlichkeit bei Selbstgefährdungen kein strafrechtliches Unrecht geben kann; das Legitimationsmuster des Schutzes der Konsumenten vor sich selbst sei illegitim.

- Auch der Schutz Dritter, den das BtMG als Legitimationsmuster anführt, sei insofern illegitim, als nach strafrechtlichen Prinzipien nur derjenige, der Betäubungsittel einnimmt, für die Folgen seines Tuns verantwortlich sei.

Auf einen weiteren Problemzusammenhang sei noch kurz hingewiesen. Er betrifft die polizeiliche Tatbeteiligung und Tatprovokation als Ermittlungsprinzip. Die Polizei kann auf dem BtM-Markt – meist über V-Leute geregelt – auch als Käufer und Verkäufer von Betäubungsmitteln auftreten. Begründet wird dies dadurch, dass damit der illegale Markt kontrolliert werden könne und gegebenenfalls die Menge der im Umlauf befindlichen Drogen reduziert sowie die Wahrscheinlichkeit verringert würde, dass Konsumenten mehr als ansonsten konsumieren und neue Konsumenten auftreten. Dieses Vorgehen der Polizei, das unter nicht ermittlungsbedingten Umständen einen Verstoß gegen die §§ 30 und 29a darstellt, wird unter Rückgriff auf den „Erlaubnistatbestand des § 4a Abs. 2 BtMG" legitimiert. Ein Verhalten der Polizei, das die Tatbestände des BtMG erfüllt, gilt daher generell als straflos, wenn es als Maßnahme der Strafverfolgung legitimiert ist (vgl. Nestler 1998, 854). Damit wird jedoch der Zweck des Strafrechtes, die Begehung strafbarer Handlungen zu verhindern, in diesem Falle faktisch außer Kraft gesetzt. „Die Provokation von Straftaten zum Zwecke nachfolgender Bestrafung ist unter allen Eingriffen in die Rechte der Bürger durch strafprozessuale Ermittlungstätigkeit der mit Abstand schwierigste. Der Schutz vor staatlichen Eingriffen, die die Unschuldsvermutung leitet, weicht hier dem Verdacht der Schuld. Bei der Tatprovokation entfällt selbst diese Legitimation. An ihre Stelle tritt die Vermutung der Gefährlichkeit des Bürgers, der gezielt dazu gebracht werden soll, seine Gefährlichkeit zu beweisen" (Nestler 1998, 860).

4. Entwicklungslinien drogenrechtlicher Argumentation

Im Vorwort zur fünften Auflage seines BtMG-Kommentars erhebt Körner die programmatische Forderung, dass Drogenhilfe nicht strafbar sein darf, die Strafverfolgung wirksam und die Drogenpolitik glaubwürdig sein müsse. Im Rückblick auf die bislang vorgestellten Argumente zur Kritik der Legitimationsmuster und der präventiven Wirksamkeit des BtMG muss gefragt werden, wie denn mit dem Konsumenten von Drogen verfahren werden soll, wenn nicht Therapie und/oder Strafe die einzigen Interventionsmöglichkeiten sein sollen, um die restriktive Prohibitionspolitik umzusetzen. Folgt man Nestler, so ist die über das

Strafrecht sich realisierende Prohibitionspolitik illegitim. Sie verletzt in eklatanter Weise ebenso verfassungsrechtliche Vorgaben wie strafrechtliche Prinzipien. Auch die general- wie spezialpräventiven Intentionen des BtMG sind eher dürftig, die Menge der verbotenen Drogen hat seit der Existenz des BtMG ständig an Umfang zugenommen und die Anzahl der Konsumenten hat sich erheblich erhöht. Aus diesen Überlegungen kann nur zwingend der Schluss gezogen werden, dass der Verzicht auf das Strafrecht zur Durchsetzung der Prohibition notwendig ist.

Ein Einwand, der in einer so geführten Debatte formuliert wird, betrifft das oben erwähnte Verhältnis der internationalen Konventionen zur nationalen prohibitiven Drogenpolitik. Die Rolle des Strafrechtes in der Drogenpolitik sei durch internationale Abkommen zwingend vorgeschrieben, und zwar in dem Sinne und mit den Inhalten, die die jeweiligen Konventionen von 1961, 1971 und 1988 vorsehen. Hiergegen steht jedoch zu bedenken, dass jede Nation verpflichtet ist, die internationalen Konventionen im Sinne ihrer geltenden Rechtsdogmatik anzuwenden. Das bedeutet, wie ausgeführt, einen von Land zu Land unterschiedlich großen Gestaltungsspielraum in der praktischen Prohibitionspolitik. Es muss deshalb von einer „Abschichtung" (Albrecht) möglicher sanktionierender Eingriffe aufgrund der jeweiligen Besonderheiten nationaler Strafrechtssysteme ausgegangen werden. Prohibitionspolitik in Deutschland könnte so z.B. statt Strafrecht das Ordnungswidrigkeitenrecht favorisieren. Das Ordnungswidrigkeitenrecht als Schrittmacher einer alternativen Regulationspolitik in Deutschland wäre eine Möglichkeit, aus der „Strafrechtsfalle" im Umgang mit BtM-Nutzern herauszukommen. BtM-Konsum als Ordnungswidrigkeit anzusehen, bedeutet z.B., diesen so zu werten und zu ahnden wie Verstöße gegen das Straßenverkehrsrecht. Eine konkrete Diskussion um die Auswirkungen dieser Umstellung kann ich hier allerdings nicht führen. Eine andere, auch im Rahmen des Prohibitionsvorbehaltes geführtes Diskussionsmodell ließe sich entwickeln, wenn man davon ausgeht, dass Betäubungsmittel überwiegend als Genussmittel gebraucht werden (vgl. hierzu Nestler 1998, 809ff; Schmidt-Semisch 1992, 180ff). Zu diesem Zwecke müsste sich der BtM-Konsum über das Lebensmittel- und Bedarfsgegenständegesetz regulieren. Dieses Gesetz regelt auch jetzt schon den Umgang mit Alkohol, Nikotin und Kaffee. Regulation mit Hilfe dieses Gesetzes kann drei Ziele verfolgen: Begrenzung des Konsumumfanges, Minimierung der gesundheitlichen Gefahren des Gebrauchs und Jugendschutz (vgl. hierzu Nestler 1998, 810). Ob eine solche Regulierung mit den z.Z. verbindlichen internationalen Konventionen in Einklang zu bringen ist, müsste wohl erst geprüft werden.

Die Forderung nach der (partiellen) Rücknahme des Strafrechtes aus der Prohibitionspolitik hat zu Strategievorschlägen geführt, die mit den Begriffen der „Entpönalisierung“, „Entkriminalisierung“ und „Legalisierung“ gekennzeichnet worden sind.

a) *Entpönalisierung* meint eine fortbestehende Strafbarkeit des Umgangs mit Betäubungsmitteln, wobei im Einzelfall jedoch von einer Bestrafung abgesehen werden kann. Das Betäubungsmittelrecht bietet zurzeit verschiedene Möglichkeiten der Entpönalisierung. Zunächst ist durch §29 Abs. 5 dafür die Voraussetzung gegeben, da er vorsieht, bei geringen Mengen des Besitzes von Betäubungsmitteln von Strafe abzusehen. Die Nichtverhängung von Strafe bei solchen Bagatelldelikten bedeutet jedoch nicht, dass von einer Eintragung in das Bundeszentralregister und der Einforderung von Verfahrenskosten abgesehen wird. Letzteres ist allerdings durch die Inanspruchnahme des § 31a Abs. 1 BtMG durch die Staatsanwaltschaft möglich. Auch hier kann das Verfahren bei Besitz geringer Mengen von Betäubungsmitteln eingestellt werden, wobei eine geringe Schuld des Täters und kein öffentliches Interesse an der Strafverfolgung zusätzlich als Grund für Nichtbestrafung angeführt werden. Allerdings sind dies Kann-Vorschriften, die bedeuten, dass jede Strafverfolgungsbehörde in Deutschland Ermessensspielraum bei der Strafverfolgung hat.

b) *Entkriminalisierung* meint, Drogenumgang ist keine Straftat mehr, auch wenn er als Gesetzesverstoß verbleiben kann. Insofern ist unter Entkriminalisierung die Herausnahme sämtlicher, oder bei Teilentkriminalisierung bestimmter Formen des Drogenumgangs aus dem Strafrecht zu verstehen. Z.Z. sind in Deutschland Entkriminalisierungsregelungen nicht vorhanden.

c) *Legalisierung* bedeutet zunächst, dass die Prohibition aufgehoben und der Umgang mit Betäubungsmitteln erlaubt wird. Dies muss nicht bedeuten, dass Angebot und Nachfrage den Konsum regeln. Eine Teil-Prohibition kann durchaus sinnvoll sein, d.h. dass die absolute Verfügbarkeit von Betäubungsmitteln durch ordnungspolitische Maßnahmen (eigene Abgabestellen oder Verkaufsräume für Betäubungsmittel), durch die Untersagung von Werbung und anderer Vermarktungsstrategien, durch Altersvorbehalte etc. für den Verbraucher eingeschränkt wird. Denkbar wäre auch eine Strategie der Medizinalisierung von Betäubungsmitteln, indem ihre Abgabe durch Ärzte und Apotheker im Rahmen deren therapeutischer Freiheit geregelt wird. Dies sah im Übrigen schon das Opiumgesetz in seiner Fassung von 1923 vor. Körner (2001) stellt in seinem Kommentar zum BtMG weitere „Reaktionsmöglichkeiten des Staates bei Delikten von Drogenabhängigen“ vor, etwa die Herabstufung der Strafvorschrift z.B. durch:

- die Einstufung des Umganges mit Cannabis als Ordnungswidrigkeit und die Überführung von BtM-Vorschriften in das Arzneimittelgesetz;
- die Einrichtung von Substitutionsprogrammen;
- die staatlich kontrollierte Vergabe von Opiaten.

Überlegungen zum reflexiven Umgang der Gesellschaft mit Drogenkonsumenten haben zum Ziel, die Verantwortung für den Umgang mit Betäubungsmitteln nicht nur dem Staat und seinen Drogenpolitik ausführenden Institutionen zu überlassen. Die Belange der Drogenkonsumenten sind dabei nicht ausschließlich durch Therapiebedürftigkeit und/oder Strafe zu definieren, sondern bedürfen der Korrektur, indem die Interessen der Konsumenten, Betäubungsmittel zu konsumieren, berücksichtigt werden. Aus deren Sicht ist es wohl in erster Linie der Genuss, der eine entscheidende Rolle beim Konsum spielt. So wie Menschen Zigaretten, Zigarren und Alkohol überwiegend unter dem Aspekt des Genießens zu sich nehmen, scheint es auch mit Betäubungsmitteln zu sein. Insofern ließe sich nach umfassender Kosten- und Nutzenabwägung die Aufgabe des Rechtsstaates als Schaffung von Institutionen festlegen, die die Qualität und die Reinheit der Betäubungsmittel garantieren sowie Risiko mindernde Strategien des Gebrauchs vermitteln.

Die Legitimität einer solchen drogenpolitischen Einstellung kann der Staat gegenüber den Gesellschaftsmitgliedern durch das Argument ausweisen, sich nicht im Sinne eines modernen Paternalismus gerieren zu wollen. Spielräume zur Einlösung dieser Perspektive stehen zur Verfügung, wie die Ausführungen dieses Beitrags verdeutlichen. Sie müssen im Interesse der Konsumenten und Nicht-Konsumenten genutzt werden.

Literatur

Albrecht, H.J., 1998: Internationales Betäubungsmittelrecht und internationale Betäubungsmittelkontrolle. In: Kreuzer, A (Hrsg.) Handbuch des Betäubungsmittelstrafrecht, München 1998, S. 651ff.

Albrecht, H.J., 2000: Rechtliche Bestimmungen und Rechtsprechung. In: Uchtenhagen, A./Ziegelgänsberger, W. (Hg.): Suchtmedizin. Konzepte, Strategien und therapeutisches Management. München. S. 519ff.

Jungblut, H.J., 2004: Drogenhilfe, Weinheim u. München.

Jungblut, H.J., 2005: Drogenpolitik. In: Otto, H.U./Thiersch, H.: Handbuch Sozialarbeit Sozialpädagogik, München, S. 330ff.

Körner, H.H., 2001:Betäubungsmittelgesetz, München.

Kreuzer, A. (Hg.), 1998: Handbuch des Betäubungsmittelstrafrechtes, München.
Lewin, L./Goldbaum, W., 1928: Opiumgesetz, nebst internationaler Opiumabkommen und Ausführungsbestimmungen, Berlin.
Nestler, C., 1998: Grundlagen und Kritik des Betäubungsmittelstrafrechtes, in: A. Kreuzer, (Hg.): Handbuch des Betäubungsmittelstrafrechtes, München, S. 702ff.
Schäfer C./Paoli L., 2006: Drogenkonsum und Strafverfolgungspraxis, Berlin.
Schmidt-Semisch, H., 1992: Drogen als Genussmittel, München.

Du sollst selbständig werden! – aber bitte so, wie es sich gehört.

Prävention als pädagogischer Imperativ und als Dauerstress für Erziehende und Zu-Erziehende

Manfred Kappeler

> *Sorge ist eine auf die Zukunft bezogene Furcht, die in einem Klima entsteht, das ständig Risiken betont; die Sorge verdoppelt sich, wenn die Erfahrung als Führer durch die Gegenwart ausgedient zu haben scheint. (Sennet 1998. 129)*
>
> *Wer vorbeugen will, darf sich niemals zurücklehnen. (Bröckling 2004. 210 f.)*

Niemand möchte ein Mädchen oder einen Jungen bar jeder ungestümen Neugier, ohne die Lust Unbekanntes kennen zu lernen, es auszuprobieren, ohne diese „starken Gefühle", an die wir Erwachsenen uns so gerne erinnern. Niemand möchte Jugendliche ohne „Risikobereitschaft" und mit einem „Sicherheitsdenken", das die Entscheidungen im Alter von Achtzehn an den Pensions- beziehungsweise Rentenaussichten mit Fünfundsechzig (oder bald mit Siebenundsechzig) orientiert. Was bedeutet es aber, dass wir PädagogInnen „risikobereite" oder gar „risikofreudige" Mädchen und Jungen mögen, Jugendliche, die „sich was trauen", die „auch mal was riskieren", aber gleichzeitig Angst haben vor dem, was sie sich trauen, was sie brennend interessiert, was sie ausprobieren und erleben möchten? Zwar behauptet die „moderne", auf der Grundlage sozialisationstheoretischer, entwicklungspsychologischer und erziehungswissenschaftlicher Erkenntnisse mit „professionellen Standards" arbeitende „Suchtprävention", die Dynamik von Pubertät und Adoleszenz als entwicklungsnotwendig anzuerkennen. Gleichzeitig sieht sie aber gerade diese Dynamik als die Quelle von Gefährdungen und Gefahren für ein „erfolgreiches Bestehen dieser, für das Leben als Erwachsener so entscheidenden Entwicklungsphase" und belegt sie mit dem Begriff des Risikos, verbunden mit den Worten „Bereitschaft" oder „Verhalten". Im Zusammenhang von „Jugend und Drogen" wird das „Risiko" konkretisiert als „Suchtgefährdung", als die Gefahr, „süchtig" zu werden. Es wird hier nicht mehr von „Drogengefährdung" geredet, als einer Gefahr, die von außen kommt, von den Drogen eben, sondern von Gefahren, die mit den dem Heranwachsenden inhärenten „Bereitschaften" gegeben seien, die quasi „in der Natur" seines Entwicklungsprozesses vom Kind zum Erwachsenen (zum Voll-Menschen, um mit Immanuel Kant zu reden) lägen.

Prävention, die keine Drogenprävention mehr sein will, hat das Ziel, Kinder und Jugendliche vor ihnen innewohnenden Gefahren zu schützen, die allerdings nur im sozialen Zusammenhang der Gleichaltrigen, der Altersgruppe, der Peers, ihres „jugendkulturellen Zusammenhangs" mobilisiert würden, und, so wird unterstellt, erst hier von der latenten Risikobereitschaft zum manifesten Risiko werden. Immerhin: Der Umgang mit psychoaktiven Substanzen wird als „soziales, als kommunikatives Handeln" wahrgenommen und anerkannt – aber eben als ein gefährdender Umgang, als einer, der durch die Kombination von Bereitschaft und Gruppenerwartung, von Wunsch und Gelegenheit aus Gefährdungen Gefahren macht, denen es präventiv zu begegnen gelte.

Das Dilemma der auf Jugendliche gerichteten Sucht-Prävention ist offensichtlich: Einerseits will man anerkennen und nicht diskriminieren, „was Jugendliche wagen" (so der Titel eines Klassikers der modernen Prävention von Engel und Hurrelmann 1994) – andererseits wird genau dieses „Wagen" als Risiko in ein von Gefährdungen und Gefahren bestimmtes Denken eingeordnet und damit im klassischen Präventionsparadigma fest verortet: Wer Prävention sagt, muss Gefahr denken!

Diesem Dilemma, das sich in der skizzierten Ambivalenz von Wertschätzung und Gefahrenangst manifestiert, versuchen die PräventeurInnen seit den späten Achtzigern mit dem Konstrukt der „funktionalen Äquivalente" zu entkommen. Damit ist gemeint, dass die – angeblich „hinter" dem an der Oberfläche in Erscheinung tretenden Wunsch nach Drogenerfahrung beziehungsweise nach der stimulierenden Wirkung psychoaktiver Substanzen „liegenden" – „eigentlichen Bedürfnisse", die den Kern des pubertären Strebens ausmachen (also Erweiterung des Erfahrungshorizontes, des Lebensraums, Ablösung von der Herkunftsfamilie, Selbstbestimmung und Autonomie etc.), angenommen und ernst genommen und sozialpädagogisch „sinnvollen", das heißt identitätsfördernden Befriedigungsformen zugeführt werden sollen, die dann, so wird angenommen, jegliche sogenannte Pseudo- oder Scheinbefriedigung dieser Bedürfnisse mit Surrogaten überflüssig machen würden.

Dieses Präventionskonzept lässt sich folgendermaßen „auf den Begriff" bringen: Die echten, guten, wichtigen Bedürfnisse der Jugendlichen müssen durch Präventionsangebote vor der Gefahr der Schein-Befriedigung durch „Suchtmittel" geschützt, also in die „richtigen Bahnen" gelenkt werden, und zwar durch sozialpädagogisch vermittelte Erlebnisse/Erfahrungen, die „funktional" im Sinne der identitätsfördernden Bedürfnisbefriedigung sind und in diesem Sinne „Äquivalente" zu Drogen und Ähnlichem sein sollen. Dazu eine Anekdote als Schlaglicht aus meiner (zehnjährigen) Praxis in der Offenen Jugendarbeit: Um 1980 wurden in Berlin die öffentlichen Mittel zur Durchführung von Sommerreisen mit Jugendlichen in der Offenen Jugendarbeit gestrichen. Finanziert wurden dagegen sogenannte Clean-Reisen, die mit Methoden der Abenteuerpädagogik „drogengefährdeten Jugendlichen" einen drogenfreien, aber erlebnisintensiven Sommeraufenthalt, zum Beispiel in Schweden, mit ausgedehnten Kanu-Touren, Zelten und Lagerfeuer ermöglichen sollten. Die Mädchen und Jungen fanden solche „Fahrten" gut. Aber nach einem erlebnisreichen Tag in guter Stimmung am Lagerfeuer kam der Joint oder das Pfeifchen besonders gut und war der „krönende Abschluss des Tages", für den einige Gewiefte, die es „irgendwie" geschafft hatten, Cannabis mitzunehmen oder sich unterwegs zu beschaffen, gesorgt hatten. Kanufahren und Drogenkonsum gehörten im Erleben offensichtlich zusammen. Die Kanus waren kein Äquivalent zum Shit. Angesichts dieser friedlichen Co-Existenz von „funktionalem Äquivalent" und „Scheinbefriedigung" waren die Präventions-Argumente der SozialpädagogInnen lächerlich. Wirkungslos waren sie aber nicht, denn die Jugendlichen konnten sich einfach nicht vorstellen, dass ihre „Betreuer" den Un-Sinn glaubten, den sie ihnen zumuteten. Fazit: Die mit großem sozialpädagogischem Engagement gestaltete Reise war als bedürfnisorientierte Offene Jugendarbeit gelungen, als Präventions-Veranstaltung, wofür sie aus dem Präventions-Topf finanziert wurde, war sie gescheitert.

Und dieses Scheitern liegt wohl auch heute noch darin begründet, dass sich am Paradigma der Drogenprävention nichts Grundsätzliches geändert hat: Alle positiven Veränderungen in der Drogenpolitik und der Drogenhilfe (heute Suchtkrankenhilfe), von der Substitution über den Spritzentausch, die Reduzierung von Repression in stationären Langzeittherapien, die Druck- beziehungsweise Gesundheitsräume, die Entkriminalisierung „geringer Mengen zum Eigengebrauch" (bei starkem Nord-Süd-Gefälle) bis hin zum Modellversuch „Vergabe von Heroin an verelendete therapieresistente Langzeitfixer", beziehen sich auf Erwachsene, die als „Abhängige" beziehungsweise „Süchtige" und mithin als Kranke definiert werden. Meines Erachtens sind diese bedeutenden Verbesserungen weder das Resultat eines drogenpolitischen Paradigmenwechsels noch der praktische Ausdruck einer umfassenden Veränderung der Sichtweisen der Gesamtbevölkerung auf Drogen und Drogenkonsum, sondern primär ordnungspolitisch motiviert. Im gesamten Bereich von Erziehung, vom Elternhaus über den Kindergarten, die Schule, die Berufsausbildung, die Offene Kinder- und Jugendarbeit bis hin zu den „Maßnahmen" und Angeboten der ambulanten und stationären Erziehungshilfen nach dem KJHG/SGB VIII ist das Abstinenzparadigma und mit ihm verbunden das Präventionsparadigma in seinen Grundzügen, trotz allen semantischen Liberalisierungen und Verwissenschaftlichungen, ungebrochen. Dies gilt nicht nur für die Praxis, sondern auch für die Mehrheit der veröffentlichten Theorie und für die Lehre an Fachschulen, Fachhochschulen und Universitäten in den Ausbildungsgängen für ErzieherInnen, SozialarbeiterInnen und DiplompädagogInnen. Die als Liberalisierung gefeierten „Fortschritte" im Bereich der Suchtkrankenhilfe für Erwachsene sind im Erziehungsalltag von Kindern und Jugendlichen nicht angekommen. „Jugendräume müssen drogenfreie Räume sein!" – dieses Dogma mit allen seinen kontraproduktiven Wirkungen für einen offenen sozialpädagogischen Umgang mit dem „Drogenthema" beherrscht nach wie vor die Köpfe der meisten Erziehenden und damit auch die pädagogische Alltagspraxis in Elternhäusern und diversen Orten professionellen pädagogischen Handelns.

Aus diesem Grunde will ich mich im Folgenden einem Aspekt zuwenden, der im Präventionsdiskurs als „heimlicher Lehrplan" eine meines Erachtens entscheidende Rolle spielt: Der Dynamik im Generationenverhältnis zwischen erziehenden Erwachsenen und „heranwachsenden" Jugendlichen während der Pubertät/Adoleszenz.

1 Die Angst vor der „Wildheit der Kinder"

In ihrem Präventions-Besteller haben Engel/Hurrelmann drei „Risikokonstellationen" benannt, die nach ihrer Meinung bei risikobereiten Jugendlichen zu manifestem „Risikoverhalten" (immer wieder „Verhalten" statt „Handeln") führen: das Stressrisiko, das Drogenrisiko und das Delinquenzrisiko. Diese Drei wurden inzwischen ergänzt durch das „Sexualrisiko" (HIV/Aids, ungewollte Schwangerschaft und Nichterfüllung der heterosexuellen Norm) sowie durch das – vor allem für Jugendliche mit Migrationshintergrund - „Terrorismusrisiko".

Angesichts dieser umfassenden und globalen Risikokonstellationen und der den heranwachsenden Mädchen und Jungen unterstellten besonderen Risikobereitschaft scheint die Verstrickung in eines oder mehrere dieser Risiken, also die Umsetzung von Bereitschaften in Handeln, fast unausweichlich. Das Präventions-Versprechen der professionellen Präventeure, diesen mannigfach drohenden Gefahren im Inneren der pubertär-aufgewühlten Jugendlichen aus dem Äußeren einer chaotischen Gesellschaft (meistens nur als „Um-Welt" oder „Milieu" bezeichnet) zuvorzukommen, sie nach Möglichkeit zu verhüten oder doch wenigstens zu minimieren oder, wenn der Primär-Prävention auch das nicht gelingt, den eingetretenen Schaden sekundärpräventiv zu behandeln und einem möglichen Rückfall in Risikohandeln dann tertiärpräventiv wieder vorzubeugen, wird von

Erziehenden jeglicher Couleur, von JugendpolitikerInnen und weiten Teilen der Öffentlichkeit gerne geglaubt.

In diesem Denken ergibt die Legierung von Risikokonstellationen und „jugendlicher Unreife“ eine Bedrohungslage, angesichts derer der angstvolle Stoßseufzer von Müttern und Vätern, aber auch von professionellen PädagogInnen - „Hoffentlich übersteht sie/er das gut“ - nachfühlbar wird. Mit dem „Das“ ist die Pubertät, die Adoleszenz, ja die ganze Jugendzeit gemeint. Und wie lange diese gefährliche Zeit im Leben heute dauert: Immer früher werden die Kinder zu Jugendlichen und immer später die Jugendlichen zu Erwachsenen. Der „junge Volljährige“ gilt als noch nicht erwachsen, weil er in den meisten Fällen keinen „tragfähigen gesellschaftlich anerkannten Grund unter den Füßen hat“ und daher immer noch „bedroht“ ist. Wenn „der junge Mensch“ in diesen fünfzehn Jahren zwischen dem Ende der Kindheit und dem gesellschaftlich zuerkannten Status als „Erwachsener“ sich keine Gedanken um seine „bürgerliche Zukunft“ macht und hartnäckig auf die Erfüllung seiner „hedonistischen Wünsche“ im Hier und Jetzt besteht, bricht bei den Erziehenden Panik aus. Statt Selbst-Beherrschung auf der Basis von willensstarkem Triebverzicht praktizieren diese jungen Menschen eine „permanente Selbst-Gefährdung“ durch „aufreizende intrinsische Lüste und extrinsische Verführungen“ durch Konsumwelten und virtuelle Räume und bewegen sich angeblich lieber in allen möglichen Schein-Realitäten als in der „wirklichen Realität“. Habe ich noch etwas vergessen? Bestimmt: Zum Beispiel den Katalog der jugendgefährdenden Orte, der „Gelegenheitsstrukturen“, die „Milieus“ und „Szenen“, die sich durch eine für erziehende Erwachsene kaum zu überschauende Vielfalt und große Bewegungen auszeichnen. Die jetzt überall im Land propagierten Ganztagsschulen werden von vielen Erziehenden gut geheißen, weil die Kinder und Jugendlichen sich über einen großen Teil des Tages dann in „pädagogisch gestalteten Räumen“ befinden und nicht mehr an unkontrollierten Orten „rumhängen“ können. Dass diese Pädagogisierung des Alltags von Kindern und Jugendlichen ihnen ihre ohnehin eng bemessene freie Zeit nimmt und damit die Grundlage für die Essentials jeder Form von Selbstbestimmung, die eigene Entscheidung über Bewegung, Aufenthalt und soziale Kontakte, wird dabei nicht nur in Kauf genommen, sondern meines Erachtens zielstrebig betrieben. Dass damit dem eingangs erwähnten pädagogischen Imperativ „Werde selbständig! Werde der du bist!“ wesentliche Voraussetzungen entzogen werden, spielt in diesem pädagogischen Sicherheits-Denken offensichtlich keine Rolle. Ich fühle mich an Immanuel Kant erinnert, der in seinen „Pädagogischen Vorlesungen“ im letzten Drittel des achtzehnten Jahrhunderts die Auffassung vertrat, dass es der Erziehung obliege, „zu verhüten, dass der Mensch nicht durch seine tierischen Antriebe von seiner Bestimmung des Menschen abweiche. Sie muss ihn einschränken, dass er sich nicht wild und unbesonnen in Gefahr gebe". Als wild, unbesonnen, sich in Gefahr begebend beschreibt Kant die Jugendlichen, die er „Zöglinge" nennt. Ganz im Sinne präventiver Erziehung schlägt er vor, die Kinder früh in die Schule zu schicken, aber nicht, damit sie früh lesen, schreiben, rechnen lernen, sondern „damit sie sich daran gewöhnen mögen, still zu sitzen und pünktlich das zu beobachten, was ihnen vorgeschrieben wird, damit sie nicht in Zukunft jeden ihrer Einfälle wirklich auch augenblicklich in Ausübung bringen mögen". Vor nichts hat der große Philosoph und Pädagoge so viel Angst wie vor der „Wildheit" der Kinder und Jugendlichen, dem spontanen Ausdruck von Bedürfnissen, Wünschen, Einfällen, Phantasie und Kreativität. Für ihn sind die Heranwachsenden wie die „Wilden", die er als Menschen im „Naturzustand" versteht, die nur dem Augenblickimpuls leben, keinen Zukunftshorizont haben und denen die Fähigkeit zur Selbststeuerung, der vernunftgeleitete Wille, fehlt, da sie nicht erzogen worden sind. Erziehung bzw. die Erziehenden stehen in diesem Denken für die Zukunft der zu Erziehenden, die sich noch im Zustand „der Wildheit" befinden und in der ständigen Gefahr leben, sich die bürgerliche Zukunft durch den wilden Augenblick zu verscherzen. Da sich der „Mensch" von den „Wilden", die Kant als Lebewesen auf der Stufe von intelligenten Tieren sieht, durch die Fähigkeit zum vernunftgeleiteten, willensbestimmten, pflichtmäßigen Handeln unterscheidet, sind die Heranwachsenden, die diese Fähigkeit noch nicht in zureichendem Maße ausgebildet haben, noch keine Voll-Menschen, sie sind unreif, haben das Ziel der Reife noch nicht erreicht, sie sind defizitär und müssen darum von einer sich für die Zukunft der Menschheit verantwortlich fühlenden Erziehung diszipliniert und in ihre Bewegung gelenkt werden, damit sie nicht „aus dem Gleise laufen", wie die Leute sagen, auf das sie durch die Erziehung gesetzt worden sind, um das vorgegebene fremdbestimmte Ziel, die Endstation Bürger/Erwachsener, zu erreichen. Der Weg dahin verläuft über genau vorgeschriebene Etappenbahnhöfe, die sogenannten Entwicklungsaufgaben. Aber immer besteht auf dieser Reise in die versprochene Zukunft des gesellschaftlich integrierten Erwachsenen die Gefahr des „Aussteigens". Aussteiger werden die nonkonformistischen Jugendlichen auch heute noch genannt, und sie sind der Schrecken aller Erziehenden. „Aussteigen" bedeutet in die „Wildnis" gehen, und mit diesem Bild ist alles verbunden, was für Jugendliche die Gewinnung von Freiheit im Sinne von Selbst-Bestimmung bedeutet. Ich wiederhole es: Die Verfügung über freie Zeit, die nicht unter dem Gebot der Erwachsenen steht, in der Räume aufgesucht werden können, in denen selbstbestimmte Bewegungen und Körpererfahrungen möglich und in denen Gleichaltrige zu finden sind, mit denen eine nicht von Erwachsenen dominierte Kommunikation möglich ist. Diese eine Einheit bildende Trias, die Selbstbestimmung über Zeit, Raum und Beziehungen/soziale Kontakte, ist für die Menschen im Jugendalter der Inbegriff von Selbständig-Werden und der Weg, auf dem sie sich aus der das Leben bestimmenden pädagogischen Fürsorge – so es sie denn gibt – der erziehenden Erwachsenen lösen können. Die in der pädagogischen Praxis noch immer dominanten Sichtweisen Immanuel Kants und mit ihm die Pädagogik der Aufklärung wollen den Eigensinn von Kindern und Jugendlichen nicht „als einen edlen Hang zur Freiheit" (Kant) gelten lassen. Der Philosoph interpretiert diesen „Hang" als „eine gewisse Rohigkeit, indem das Tier gewissermaßen die Menschheit noch nicht in sich entwickelt hat". Kant schreibt: „Wenn man ihm in seiner Jugend den Willen gelassen hat (…), so behält er eine gewisse Wildheit durch sein ganzes Leben". Diese „Wildheit" bedeute, dass solch ein Mensch in seinem zukünftigen Leben als Erwachsener seinen Neigungen folgen werde und nicht seinen Pflichten, oder genauer: Sein Handeln resultiere aus seinen subjektiven Bedürfnissen und nicht aus der Anerkennung der objektiven und allgemein verbindlichen moralischen Gesetze, die jedem Einzelnen als Pflicht aufgegeben sind. Hier setzt sich der Kern der ganzen Philosophie – der kategorische Imperativ – unmittelbar in die theoretische und praktische Pädagogik um. Das Subjektive in Form des „Eigensinns" wird hier dem „Objektiven" – den normativen Erwartungen der Gesellschaft an den Einzelnen – entgegengesetzt. Es wird als Störpotential gefürchtet, als eine Kraft, die das Erreichen der vorgegebenen Ziele erschweren, ja sogar verhindern kann. Das gesellschaftlich definierte Ziel ist der Status des Erwachsenen, der „seinen Platz in der Gesellschaft" möglichst krisenresistent eingenommen hat. Er/sie hat sich „endlich im Leben befestigt", heißt es dann, als ob alles Davor kein richtiges Leben gewesen sei, nur vorläufiges und vorbereitendes. Die Erziehungsideale sind normative Setzungen, nicht im Sinne von Normalität als gelebter gesellschaftlicher Durchschnitt, sondern im Sinne von abstrakten Normen, von Imperativen, die nicht danach fragen, welche realen Chancen die lebendigen einzelnen Mädchen und Jungen jeweils haben, diesen Anforderungen gerecht zu werden. Die Möglichkeit ihrer Ablehnung, der bewussten subjektiven Nichtübereinstimmung mit den normativen Setzungen ist im dominanten pädagogischen Denken nicht vorgesehen, weil das die behauptete Allgemeingültigkeit, ihre behauptete „Objektivität", auflösen würde. Aus dieser konstruierten Objektivität werden die Kriterien abgeleitet, die als mehr oder weniger geheime Meßlatte an das Handeln der einzelnen Mädchen und Jungen, aber auch an die Clique, die Peer-Group, die Szene, den jugendkulturellen Zusammenhang angelegt wird, um den Grad der Annäherung beziehungsweise der Abweichung von der Entwicklungsnorm zu messen, das heißt Werturteile über das Gelingen beziehungsweise Scheitern von Menschen im Jugendalter zu fällen. Diese Werturteile haben weitreichende Folgen für das individuelle Leben. Sie bestimmen über ökonomische und kulturelle Teilhabe oder umgekehrt über Marginalisierung und Ausgrenzung.

2 Das polarisierende Denken der Sozialpädagogik

In dem hier skizzierten Kontext hat der Umgang mit verbotenen psychoaktiven Substanzen eine kaum zu überschätzende symbolische Bedeutung. Von beiden Seiten, von Jugendlichen und Erwachsenen, werden „die Drogen" mit den Wünschen nach spontanem, lustbetontem, neugierigem und experimentierendem Handeln in Verbindung gebracht. Bei vielen Jugendlichen sind sie ein Symbol für neue Räume und Erfahrungen und damit im Zusammenhang auch für ihre Auseinandersetzung mit den Steuerungsbedürfnissen der sie erziehenden Erwachsenen. Für die meisten erziehenden Erwachsenen sind diese Bedürfnisse, Wünsche, Bewegungen mit von Angst bestimmter Sorge und mit Misstrauen bezogen auf die Selbststeuerungsfähigkeit der Mädchen und Jungen besetzt. Auf diese Verweigerung von Vertrauen und Zutrauen reagieren viele Jugendliche ihrerseits mit Rückzug, Kommunikationsabbruch, Hütung ihrer Geheimnisse und – im zugespitzten Falle – mit „Aussteigen". Die symbolischen und tatsächlichen Konfliktzonen in diesem auch heute noch trotz aller Liberalisierungen nach „68" schwierigen gegenseitigen Ablösungsprozess, der von den meisten Erwachsenen nur einseitig gesehen wird, sind die Sexualität, der Umgang mit psychoaktiven Substanzen/Drogen, die Wahl der Freundin und Freunde (die Peer-Group als Schrecken der Erziehenden) und, mit dem allen verbunden, das sogenannte Leistungsverhalten beziehungsweise die Leistungsbereitschaft in Schule, Berufsausbildung und Studium. Es sind exakt diese Zonen der Selbsterfahrung, Selbstbestimmung und Selbstbehauptung, diese Knotenpunkte des Lebensgefühls von Jugendlichen, die von ihnen zurecht mit großen Erwartungen und einer Gefühlsmischung von Lust und Angst besetzt werden, die von den Präventeuren als die hauptsächlichen Risiko-Zonen und -Konstellationen definiert werden und auf die sich das vom pädagogischen Defizit-Blick auf Gefahren und Gefährdungen fixierte präventive Handeln als „Gefahrenabwehr-Pädagogik" konzentriert. Diese Dynamik hat eine polarisierende Wirkung, die den Misserfolg programmiert, weil sie eine offene, dialogische, auf prinzipieller Anerkennung/Wertschätzung des Jugendlichen als ganzem Menschen, von dem die erziehenden Erwachsenen auch ihrerseits viel lernen könnten, verhindert. In seinen Ausführungen zum Begriff des Risikoverhaltens gibt Lothar Böhnisch ein Beispiel für sozialpädagogisches polarisierendes Denken:

„Der Begriff des Risikoverhaltens drückt zweierlei aus (…) Zum Einen signalisiert er, dass die Jugendzeit sich von der gesellschaftlich eingerichteten Schonphase Jugend hin zur Risikophase Jugend entwickelt hat. Zum Anderen ist damit gemeint, dass sich Jugendliche ‚riskant' verhalten, das heißt, sich selbst, (aber auch andere) in ihrer leibseelischen Integrität gefährden oder diese gar zerstören, weil sie nicht mehr die Grenzen zwischen kulturellem Experiment und sozialem Bewältigungsdruck regulieren können und somit Opfer einer fortschreitenden gesellschaftlichen Diffusion der Adoleszenz geworden sind. Dieses widerfährt Jungen und Mädchen gleichermaßen, wobei es geschlechtstypische Unterschiede gibt: Männliches Risikoverhalten zeigt sich stärker in der Selbst- und Fremdgefährdung nach außen (Alkohol- und Verkehrsrausch, Körperverletzung, Randale, Einlassen in Gewaltszenen), weibliches Risikoverhalten richtete sich eher nach innen (Medikamentenmissbrauch, Magersucht). Beide treffen sich in der Drogenkultur .

Risikoverhalten ist also jugendsubkulturell enthemmtes und rücksichtsloses Bewältigungsverhalten in einem Lebensgefühl, in dem Wohlsein und Unwohlsein, Omnipotenzerleben und (dennoch nicht zu verscheuchende) psychosoziale Belastung nebeneinander bestehen. Solange sich – in der jugendkulturellen Dynamik – die Grenzen des Selbsterlebens hinausschieben lassen, solange überwiegt der Rauschzustand des jugendkulturellen Kicks. Sind solche Grenzen erreicht, wird es kritisch, droht Depression, Leere oder ‚Zwang zur Gewalt'" (Böhnisch 1999. 135).

Dass Böhnisch den Drogenkonsum von Jugendlichen als prototypisches Beispiel für Risikoverhalten nimmt, an dem er seinen Risiko-Begriff erläutert, ist kein Zufall: Werden die Drogen doch als Symbol für den „Ausstieg" und vor allem als Angriff auf die vernunftgeleitete Selbststeuerung, als „Flucht vor der Realität" in sogenannte Scheinwelten verstanden. Dazu Engel/Hurrelmann:

„Die richtige Einschätzung der Bedeutung von Handlungen für das eigene innere Erleben und Erfahren ist nur möglich, wenn eine realistische, realitätsangepasste Strukturierung möglich ist:

– Ist eine überwiegend selbstgesteuerte Entwicklung von Bedeutungszuschreibungen möglich und hat ein Jugendlicher die Kompetenzen mit eigenen Deutungen und eigenen Bewertungen Umweltinformationen aufzunehmen und sie mit den individuellen Handlungsmöglichkeiten zu konfrontieren, dann sind auch die Voraussetzungen dafür günstig, dass Risikoverhaltensweisen entweder gemieden oder nur vorübergehend, gewissermaßen spielerisch und im Rahmen eines Probierverhaltens, gewählt werden.

Ist die Selbststeuerungsfähigkeit der eigenen Bedeutungsstrukturierung hingegen gering, dann sind die Gefahren groß, gewissermaßen aus Inkompetenz sich stark auf Risikoverhaltensweisen wie etwa Delinquenz und Drogenkonsum einzulassen und dann in die Folgen und Folgesfolgen dieser Verhaltensweisen, die in der Regel nicht mitbedacht wurden, verstrickt zu werden" (Engel/Hurrelmann 1994. 15).

In den Formulierungen von Böhnisch, Hurrelmann und vielen anderen PräventionstheoretikerInnen, die Erziehung als Prävention von Risikoverhalten verstehen, begegnen uns immer noch, freilich im anderen sprachlichen Gewand, die bereits von Kant und seinen Adepten ausgerechnet im Zeichen der „Mündigkeit“ entwickelten pädagogischen Maximen.

In einem der Standardwerke zur Suchtprävention wird einleitend die Funktion der Erziehung als präventives Handeln definiert. In diesem Text wird die rationalitäts- und vernunftfixierte Pädagogik der Aufklärung in moderner Sprache zusammengefasst, ohne dass den Autoren die historische Kontinuität ihres präventiven Denkens bewusst ist:

„Wenn Erziehende ihre Maßstäbe von irgendwelchen gesellschaftlichen Instanzen beziehen, nicht jedoch in der Orientierung an einer ‚unverbrüchlichen sittlichen Ordnung’, die auch für sie selbst unbedingte Geltung hat, bekommt der junge Mensch keinen festen Boden unter die Füße. (...) Wenn feststeht, dass labile und selbstunsichere Menschen besonders suchtanfällig sind, kann die Zunahme der Abhängigkeit im jugendlichen Alter auf dem Hintergrund der pädagogischen Situation in unserer Gesellschaft eigentlich nicht verwundern. Wer keine Wurzeln schlagen konnte, dafür aber in einem Klima allgemeinen Anspruchdenkens aufwuchs, ohne verbindliche Wertmaßstäbe und ohne Einübung in Selbständigkeit und Verantwortlichkeit von klein auf, wer nicht lernt, im Alltag befriedigendes, froh machendes, staunenswertes und sogar aufregendes zu entdecken, weil er sich ohne Conférenciers, Animateure oder Show-Master keinen Spaß vorstellen kann, ... wird kaum gefeit sein gegen die Versuchung, sich lustvolle Empfindungen, unerhörte Erlebnisse und Erfahrungen durch Genussmittel und Drogen zu verschaffen, die auch noch den Status in der Gruppe zu erhöhen versprechen“ (Knapp 1996. 10f.).

3 Erziehung zur (Drogen-)Mündigkeit

Der pädagogische Eros (die von Wohlwollen getragene, den Eigensinn der Kinder und Jugendlichen, ihren Subjektstatus und ihre Würde anerkennende Haltung des Erziehenden), der Nähe herstellt, aber sich vor Grenzüberschreitungen hütet, geht von dem offenen Möglichkeitshorizont der Heranwachsenden aus, der nicht über eine pädagogische Festlegung der Ziele, das heißt der Zukunft, geschlossen werden darf. Er vermeidet es, das Neue Leben auf Forderungen der Alten Welt festzulegen, begleitet es, hält die Beziehung aufrecht, sorgt sich immer wieder um eine offene dialogische, horizontale Kommunikation, versteht das eigene Profil als Angebot, nicht als Pflicht, entzieht sich nicht der Auseinandersetzung, und seine oberste Tugend ist vertrauende und fördernde Geduld. Diese pädagogische Haltung ist die Alternative zu dem von Misstrauen, Angst und oft auch Panik bestimmten Fühlen, Denken und Handeln der Präventionspädagogen. Bezogen auf den Umgang Jugendlicher mit psychoaktiven Substanzen wird eine emanzipatorische Pädagogik nach wie vor von den Drogen-Ängsten der meisten erziehenden Erwachsenen verhindert. Statt Selbständigkeit, die Fähigkeit eigene Entscheidungen zu treffen und zu verantworten, zu fördern, erzeugt die Präventions-Pädagogik Denk- und Handlungsverbote und damit Abhängigkeiten, denen „vorzubeugen" doch das erklärte Ziel aller Theorie und Praxis der Prävention ist.

Theodor W. Adorno schreibt in seinem Essay „Erziehung zur Mündigkeit": „Wer innerhalb der Demokratie Erziehungsziele verficht, die gegen Mündigkeit, also die selbständige bewusste Entscheidung jedes einzelnen Menschen gerichtet sind, der ist antidemokratisch, auch wenn er seine Wunschvorstellungen im formalen Rahmen der Demokratie propagiert" (Adorno 1982. 107).

Für die legalen Drogen Alkohol und Nikotin erwartet die staatliche Gesundheitspolitik in Deutschland mindestens einen „kontrollierten Gebrauch". Zwar ist nirgendwo definiert, was damit gemeint ist, aber es gibt dazu einen unbestimmten Konsens in der Dominanzkultur, der mit „kontrolliertem Gebrauch" Mäßigkeit unterhalb des Rausches, gelegentlichen Konsum außerhalb der Alltagsbezüge und eine Orientierung an der Vermeidung jedes Risikos meint. Kontrollierter Drogengebrauch soll weder das Bewusstsein noch das Handeln der GebraucherInnen tangieren, egal wie alt sie sind, welchen Geschlechts, welcher sozialen Herkunft und Zugehörigkeit sie sind und in welcher aktuellen Lebenslage beziehungsweise Lebenssituation sie sich befinden. Mäßigkeit, die bürgerliche Haupttugend seit der Aufklärung, wird erreicht durch stetige Selbstkontrolle, die letztlich die Grundlage des bürgerlichen Lebensentwurfs ist. Selbstkontrolle ist die im Laufe des Sozialisationsprozesses auf vielfältigen Wegen verinnerlichte gesellschaftliche und staatliche Kontrolle. Es handelt sich um eine weitgehend unbewusste Identifikation mit von außen an das Individuum nachdrücklich herangetragenen normativen Erwartungen. Selbst-Kontrolle ist das Resultat eines lebenslang andauernden Prozesses, in dem immer wieder der äußere Zwang als Antwort auf die unterschiedlichsten „Verfügungen" in Selbst-Zwang verwandelt werden muss. Dieser von den normativen Erwartungen der Dominanzkultur weitgehend gesteuerte Prozess der fraglosen Akzeptanzenübernahme von Normen und Werten ist in allen Lebensbereichen von Bedeutung. Nirgends aber erreicht er gegenwärtig ein solches Ausmaß und entfaltet er solche weitreichenden Wirkungen wie bezogen auf den Umgang mit psychoaktiven Substanzen. Die Bevormundung durch prohibitive staatliche Drogenpolitik und die moralische gesellschaftliche Ächtung bezogen auf den Umgang mit Drogen bleibt über den Vorgang der Selbstkontrolle und der Identifikation mit den Normen und Werten der Dominanzkultur der großen Mehrheit der Bevölkerung weitgehend unbewusst. Die bevormundeten Individuen glauben, aus „freiem Willen" Mäßigkeit und Verzicht zu praktizieren. Der „kontrollierte Drogenkonsum" bleibt ideologisch fremdbestimmt. Er ist das Gegenteil von selbstbestimmtem und eigenverantwortlichem Drogengebrauch, einer Praxis von mündigen DrogengebraucherInnen (Gundula Barsch) im Umgang mit den Stoffen ihrer Wahl.

„Mündig" ist für mich im Sinne Adornos ein politischer Begriff, mit dem ein Fühlen, Denken und Handeln bezeichnet wird, das frei ist von fremdbestimmtem Zwang. Die pädagogische Umkehrung „unmündig" lehne ich ab. Freilich kann man vom mündigen Menschen nur sprechen, wenn man den unmündigen als sein logisches Gegenteil bewusst oder unbewusst mitdenkt. Wer aber wäre ein „unmündiger" Drogengebraucher? Jörg Claus hat einmal vorgeschlagen, zu unterscheiden zwischen DrogengebraucherInnen, die in ihrem Handeln den subjektiven Wunsch nach drogeninduzierter Stimulans ihres Wach-Bewusstseins mit den Gebrauchswerteigenschaften der dafür gewählten psychoaktiven Substanz in Übereinstimmung bringen können, und DrogenkonsumentInnen, die ihren Wunsch unter äußerem Zwang realisieren müssen, der in einem progressiven Verlauf zum inneren Zwang werden müsse (im Sinne von notwendig) und die Funktionen der Substanzen ebenfalls verändere. Ein unbelasteter Gebrauch von Drogen ist unter den vorherrschenden drogenpolitischen Bedingungen, welche die Warenform der Drogen bestimmen, nur wirtschaftlich und sozial privilegierten Menschen möglich und auch denen nur begrenzt, wie es die Reaktion auf geoutete prominente User immer wieder zeigt.

Es sei mir erlaubt, an dieser Stelle aus einem Text von mir aus den achtziger Jahren zu zitieren, der 1991 veröffentlicht wurde:

„Die gesellschaftliche Freisetzung des Drogenkonsums aus (historischen, M.K.) rituellen Bindungen, ermöglicht im Prinzip einen autonomen Umgang mit Drogen – etwa ein individuelles Experimentieren und Entdecken ihrer Wirkungen. Diese Seite des individuellen Drogenkonsums: Neugier und Erkundung neuer Möglichkeiten in Erwartung von sinnlichem Genuss und damit verbundenen Glücksgefühlen ist unter den gegenwärtigen Bedingungen der Illegalisierung und Kriminalisierung kaum zu verwirklichen. Die wichtige Bedeutung des Drogenkonsums als Steigerung subjektiven Erlebens tritt zumeist schnell in den Hintergrund. Sie hat in der öffentlichen Diskussion keinen Platz, ist keine kommunizierbare Erfahrung, wird sofort verdächtigt und diskriminiert.

Andererseits zeigen Beispiele aus Geschichte und Gegenwart, dass es einen privilegierten Drogenkonsum gibt, in dem die kultivierten Angehörigen der herrschenden beziehungsweise ökonomisch besser gestellten Schichten einen verfeinerten und selbstbestimmten Umgang mit Drogen entwickeln können, in dem die Funktion von Drogen als Genussmittel stärker zum Ausdruck kommt.

Horkheimer/Adorno sind auf weitere Aspekte des klassenspezifischen Drogenkonsums gestoßen:

> ‚Die Herrschenden führen den Genuss als rationalen ein. Als Zoll, an die nicht ganz gebändigte Natur; sie suchen ihn für sich selbst zu entgiften und zu erhalten in der höheren Kultur; zugleich den Beherrschten gegenüber zu dosieren, wo er nicht ganz entzogen werden kann. Der Genuss wird zum Gegenstand der Manipulation, solange, bis er endlich ganz in den Veranstaltungen untergeht.' (Horkheimer/Adorno 1969. 113)

Auf eine Kurzformel gebracht, bedeutet das: Erst, wenn keine Illegalisierungs- beziehungsweise Kriminalisierungsdrohung mehr besteht und wenn die wirtschaftlichen Voraussetzungen geschaffen sind, kann ein primär am Genuss orientierter Konsum von Drogen entwickelt werden. Solange die Gesellschaft nichts anderes zulässt, ist für die große Mehrheit ihrer Mitglieder eine Vorstellung von unmittelbar genießendem Umgang mit Drogen vergeblich.

Zugleich gilt aber auch, dass es aufgrund des historisch entwickelten Bedeutungsüberhangs von Drogenkonsum keinen innerlich unbelasteten Drogengebrauch geben kann. Die ihm gesellschaftlich zugeschriebenen Bedeutungen haben sich von den Wurzeln des abendländischen Denkens an in einem langen Entwicklungsprozess zu tief in das Bewusstsein eingegraben, als dass der Einzelne sich ohne weiteres davon frei machen könnte" (Kappeler 1991. 48f.).

„Unmündige" sind nach dieser Analyse, die ich weiterhin in den Grundzügen für zutreffend halte, die zu WarenkonsumentInnen Degradierten, die mit ihrem Konsum die Tauschwertseite der Produkte, in unserem Falle der Drogen, bedienen müssen beziehungsweise ihr ausgeliefert sind. Nur über ihren Konsum kann sich der im Tauschwert konzentrierte Profit realisieren. Was das für den Konsum illegalisierter Waren, die auf dem Schwarzmarkt gekauft werden müssen, bedeutet, ist inzwischen hinlänglich und in allen Wirkungen auf den Einzelnen und die Gesellschaft bekannt.

Der unbelastete genießende Gebrauch psychoaktiver Substanzen als Option für alle BürgerInnen ist von deren politischer Emanzipation nicht zu trennen. Diese ist ohne ein hinreichendes Maß an ökonomischer und kultureller Teilhabe aber nicht möglich. Der Satz von Marx (sinngemäß), dass die Produktionsverhältnisse über die Verwendungsmöglichkeiten der Produkte entscheiden, gilt meines Erachtens nach wie vor: Unter elenden Lebensbedingungen (umfassend gemeint) gibt es einen elenden Drogenkonsum.

Drogenprävention, die diesen Voraussetzungen geschuldet ist und sie fortlaufend bedient und im Bewusstsein der Professionellen und der von ihrem Handeln betroffenen Jugendlichen reproduziert, muss abgelöst werden durch eine emanzipatorische Erziehung, die unter den gegenwärtigen politischen, kulturellen und ökonomischen Bedingungen den Einzelnen ihren Weg zur Mündigkeit zumindest öffnen kann, zumindest vermeiden kann, ihn pädagogisch/sozialpädagogisch zu verschließen.

Was heute nur Einzelnen in privilegierten ökonomischen und sozialen Verhältnissen möglich ist, die kulturelle Aneignung psychoaktiver Substanzen, muss im Sinne der „gemeinen Drogenkultur“ (Christian Marzahn) prinzipiell allen BürgerInnen einer offenen demokratischen und sich multikulturell verstehenden Gesellschaft möglich werden. Allerdings müssen auf dem Weg zu diesem Ziel die bevormundenden und entmündigenden politischen und juristischen Behinderungen beseitigt werden.

4 Emanzipative Pädagogik

Ich bin allerdings nicht der Auffassung, dass ein selbstverantwortlicher Umgang mit Drogen, dass die mündigen DrogengebraucherInnen wie der Phoenix aus der Asche steigen werden, wenn die prohibitive und repressive Drogenpolitik einmal beseitigt sein wird. Damit wären zwar für eine breite kulturelle Aneignung psychoaktiver Substanzen unverzichtbare Voraussetzungen geschaffen, die Entwicklung einer Kultur des Drogengebrauchs, die dem in einer solchen Gesellschaft heranwachsenden Menschen optimale Bedingungen individueller Aneignung im Sozialisationsprozess schaffen würde, kann meines Erachtens nur das Ergebnis eines längeren Prozesses gesellschaftlicher Veränderungen sein, in denen Menschen heranwachsen können, die sich ihres Subjektstatus gewiss sind und sich im vollen Besitz ihrer politischen und sozialen Menschenrechte befindend eine solche Gesellschaft in ihren sozialen Beziehungen auch realisieren können. Mit dieser Perspektive hänge ich nicht dem alten europäischen Traum vom „linearen Fortschritt bis hin zum vollkommenen Menschen“ nach. Ich bin der Auffassung, dass wir heute über die Fähigkeiten und Möglichkeiten emanzipierter Lebensführung verfügen und dass es in der Menschheitsgeschichte viele Beispiele gibt, die zeigen, dass sie in der Vergangenheit hier und da in je spezifischen historischen Formen schon verwirklicht wurde.

Zudem bin ich der Auffassung, dass alle Prozesse kultureller Aneignung in den sozial ausdifferenzierten Gesellschaften der Gegenwart in großem Maße auch erzieherisch und pädagogisch vermittelt sind, dass es eine Erziehungsbedürftigkeit des neu in diese Gesellschaft hineingeborenen Lebens gibt, der eine Pflicht zur Erziehung entspricht. Diese Erziehungsbedürftigkeit besteht für die Entwicklung eines selbstverantwortlichen Umgangs mit psychoaktiven Substanzen ebenso, wie für andere wichtige Bereiche des Lebens: Sexualität und Liebe, Ernährung, Wohnkultur, Körperästhetik, Arbeitsfähigkeit und berufliche Qualifikation etc.

Selbst-Bestimmung, Eigen-Verantwortlichkeit, Mit-Menschlichkeit. Oder anders, moderner ausgedrückt: Respekt vor dem Anderen und Achtung seiner Menschenwürde – das sind allgemeine Ziele einer emanzipatorischen Pädagogik, die aber eben auch bezogen auf den Umgang mit psychoaktiven Substanzen ihre Gültigkeit haben und vor dem Bedürfnis Jugendlicher, mit solchen Substanzen zu experimentieren, und der Tatsache des Drogenkonsums nicht Halt machen dürfen. Emanzipatorische Pädagogik bezieht sich auf den ganzen Menschen, beschränkt sich nicht auf Teilgebiete seines Denkens und Handelns, etwa auf sein politisches Bewusstsein. Sie versteht ihr Gegenüber nicht als Objekt ihrer Bemühungen, sondern als Subjekt seines Wollens und Handelns. Sie will nicht, wie es die Pädagogik der Aufklärung propagierte, durch Erziehung erst zu Menschen machen. Sie setzt vielmehr den Menschen voraus, versteht ihn als ein sich im Laufe seines Lebens wandelndes, immer wieder neu orientierendes Subjekt, lehnt den festen verdinglichten Identitätsbegriff ab, achtet die Würde und Integrität der zu Erziehenden in jeder ihrer Seins-Formen (in der Nachfolge Janusz Korczaks: „Wie man ein Kindl lieben soll“ und „Das Recht des Kindes auf Achtung“) und versteht Erziehung als ein dialogisches Geschehen (Martin Buber), in dem die Entscheidungshoheit des Anderen und damit seine Gleich-Berechtigung grundsätzlich anerkannt wird. Emanzipatorische Pädagogik will den Menschen nicht In-Dienst-Nehmen. Sie will seinen Subjektstatus nicht schmälern für irgendwelche übergeordneten Ziele, denen die Individualität, das subjektive Wollen und Wünschen mit dem moralischen Appell an Verzicht und Opferbereitschaft, etwa für Vaterland, Sozialismus, christliches Abendland oder heiligen Krieg gegen alle Ungläubigen, unterzuordnen seien.

In unserem Falle würde das bedeuten, die individuellen Wünsche nach Stimulierung von Gefühl und Bewusstsein zur Erreichung anderer Stimmungslagen (Gestimmtheiten) nicht der in der kapitalistischen Warengesellschaft geforderten Maxime zweckrationalen Handelns und stetiger Funktionsbereitschaft auf der Grundlage von Nüchternheit unterzuordnen und zu diskriminieren.

Emanzipatorische Erziehung ist die Wegbegleitung der Erziehungsbedürftigen zu einem selbstbestimmten Leben, dem die Würde des anderen Menschen ebenso wichtig ist wie die eigene. Nur aus diesem Verhältnis der einander ihre Unverletzbarkeit achtenden und notfalls verteidigenden Individuen lassen sich Einschränkungen für das individuelle Wünschen, Wollen und Handeln ableiten und rechtfertigen. Für die große Mehrheit aller für den Gebrauch psychoaktiver Substanzen verbundenen Handlungen von Individuen lassen sich solche mit der Würde des Anderen zu begründenden Einschränkungen nicht finden.

5 Schlussbetrachtungen

Wenn ich emanzipatorische Pädagogik als Weg zu einem eigen-verantwortlichen mündigen Umgang mit Drogen sehe, als eine Alternative zur gescheiterten präventiven Abstinenzerziehung, behaupte ich damit nicht, dass dies ein Weg wäre, die Gesellschaft umfassend vom „Drogenproblem" zu befreien. Es ist gegenwärtig kaum denkbar, dass wir einmal gesellschaftliche Verhältnisse haben werden, die mit den Zielen und Wegen einer emanzipatorischen Pädagogik weitgehend übereinstimmen oder gar konform wären, so dass diese Erziehung gleichsam als eine „Funktion" der Gesellschaft selbst ohne Widerstände wirksam werden könnte. Auf der gesellschaftlichen Ebene lassen sich Freiheitsgrade für individuelles Handeln erweitern und Liberalisierungen sind möglich, wie zum Beispiel die Legalisierung von Cannabis – auch wenn gegenwärtig mit „Spiegel", „Focus" und „Zeit" eine mit der Regierungspolitik korrespondierende Anti-Cannabis-Kampagne läuft – oder gar die Aufhebung des Betäubungsmittelgesetzes, zumindest aber die konsequente Ent-Kriminalisierung der KonsumentInnen verbotener Substanzen. Vielleicht gibt es mittelfristig auch Chancen für die Veränderung von tradierten Bewusstseinslagen in einer Mehrheit der Bevölkerung, die ein neues Fließgleichgewicht zwischen den Seins-Formen Nüchternheit und Rausch ermöglichen, zumindest ihre in unserer Gesellschaft heute dominante Polarisierung zum Nachteil des Rauscherlebens mildern. Aber nicht nur gesellschaftlich werden einer emanzipatorischen Pädagogik wie seit eh und je Hemmnisse entgegengestellt sein, die ihre angestrebte Breitenwirkung beeinträchtigen, auch individuell wird sie keine Wunder wirken und problematische Umgangsformen mit Drogen, einen selbstschädigenden Konsum psychoaktiver Substanzen nicht ganz und gar verhindern können. Zu vielfältig sind die Lebenswege der Menschen, zu komplex ihre Belastungen, als dass Drogengebrauch als Entlastungshandeln, als vermeintlicher Ausweg aus Sackgassen des Lebens in jedem Einzelfall vermieden werden könnte. Individuen, die einen problematischen Umgang mit Drogen praktizieren, wird es voraussichtlich immer geben. Aber auch sie verdienen Achtung ihrer Menschenwürde statt Diskriminierung, Unterstützung statt Marginalisierung, professionelle Hilfe statt Kriminalisierung. In einer Gesellschaft, die nicht mehr Milliardensummen für den aussichtslosen und kontraproduktiven „Kampf gegen die Drogen" verschwenden müsste, würde genügend Geld für die professionelle Unterstützung/Hilfe für solche Menschen zur Verfügung stehen, die zu einem selbst-schädigenden Drogenkonsum übergegangen sind. Diese realistischen Einschränkungen mögen genügen. Bleibt noch zu sagen, dass emanzipatorische Erziehung keine Erfindung des Tages ist und ihre Wurzeln nicht primär im pädagogischen Diskurs über „Jugend und Drogen" hat. Es handelt sich um einen pädagogischen Weg mit langer Geschichte, wie die

Namen Korczak und Buber schon andeuten, und viele wären hier noch zu nennen. Die Pädagogen der Aufklärung, Rousseau, Kant, Campe, verbanden auch ihre Ideen von bürgerlicher Emanzipation und Mündigkeit mit Erziehung, aber ihr Menschenbild des vernunftgeleiteten, nüchtern-zweckrational handelnden, alle Risiken berechnenden weißen männlichen Bürgers, richtete sich im Hass auf die „Wildheit" gegen den spontanen Ausdruck von Bedürfnissen, gegen eine genussorientierte Lebenshaltung überhaupt. Die Pädagogik der Aufklärung kämpfte im Zeichen von Emanzipation und Mündigkeit der bürgerlichen Klasse gegen die individuelle Selbstbestimmung, machte die Erziehungsbedürftigen zu Objekten einer körperfeindlichen „schwarzen" Pädagogik, die darauf aus war, den „Willen des Zöglings zu brechen", um ihn den Erfordernissen der Klasse entsprechend zu formen. Die nach politischer und ökonomischer Herrschaft strebende Klasse, die gegen den Herrschaftsanspruch von absolutem Feudalismus und Kirche ihre Forderungen nach Freiheit, Gleichheit, Brüderlichkeit setzte, war unfähig, diese Ideale auf die Ebene der Erziehung, auf der sich die Generationen begegnen, zu transportieren. Sie löste ihre universalen Menschheitsversprechen weder im Inneren, bezogen auf Kinder, Jugendliche, Frauen, Menschen mit Behinderungen noch im Äußeren: gesellschaftliche Unterschichten und die Völker/Länder der sogenannten Dritten Welt ein. Aber sie hat diese Forderungen, die politischen Menschenrechte, die Freiheitsrechte des Individuums auf die welthistorische Tagesordnung gesetzt. Das ist ihr geschichtliches Verdienst. Unsere Aufgabe ist es, an der globalen Einlösung dieser Versprechen und – erweitert um die sozialen Menschenrechte – an Recht auf Arbeit, auf Grundversorgung, Wohnung, Bildung etc. zu arbeiten. Für die Kinder und Jugendlichen gilt es, das in § 1 KJHG verbriefte „Recht auf Förderung seiner Entwicklung und auf Erziehung zu einer eigenverantwortlichen und gemeinschaftsfähigen Persönlichkeit" zu realisieren, in welches das Erlernen eines eigen-verantwortlichen Umgangs mit psychoaktiven Substanzen einbegriffen sein muss. Nicht zufällig gibt es in § 1 KJHG eine Rangfolge: Erst eine eigenständige, eigenverantwortliche Person wird auch sozial verantwortlich fühlen, denken und handeln können. Das Individuelle wird nicht länger der „Gemeinschaft", wie immer auch sie sich selbst verstehen mag, untergeordnet und geopfert werden, wie es seit Jahrhunderten bis in unsere Gegenwart mit verhängnisvollen Konsequenzen der Fall war und vielerorts immer noch ist.

Nach diesen allgemeinen Überlegungen zur emanzipatorischen Erziehung in Verbindung mit Drogengebrauch, müsste dieser pädagogische Weg unter Berücksichtigung des aktuellen erziehungswissenschaftlichen Diskurses genauer entfaltet werden, vor allem deswegen, weil deutlich werden muss, dass es keines Sonderwegs einer spezifischen „Drogenerziehung" bedarf, diese vielmehr ganz selbstverständlich in das alltägliche Erziehungsgeschehen integriert sein muss.

Zentrale Begriffe dieses Ansatzes wie Emanzipation, Selbst-Bestimmung, Eigen-Verantwortung oder Mündigkeit müssen als Alternativen zum Präventionsdenken weiter diskutiert werden. Dabei geht es um eine philosophisch-pädagogische Grundlegung für eine andere, nicht an der Präventionslogik der Abwehr von Gefahren und Gefährdungen orientierte Praxis im Umgang mit drogengebrauchenden Jugendlichen und darüber hinaus im gesellschaftlichen Umgang mit Drogen und ihren GebraucherInnen überhaupt. Den Focus bilden allerdings die heranwachsenden Mädchen und Jungen in den pädagogischen Feldern, in denen sie sich bewegen: Familie, Schule, Berufsausbildung, Jugendarbeit.

Es ist bezeichnend für die Haltung gegenüber drogengebrauchenden Jugendlichen, dass sich Fachorganisationen mit dem Thema „Jugend und Drogen" kaum befassen und dieses wichtige Feld der ideologischen Berichterstattung in den Medien und der Anti-Drogen-Pädagogik von Schule, Jugendarbeit und häuslicher Erziehung überlassen. Meines Erachtens geht es heute darum, einen Beitrag zur Entdämonisierung und Entmystifizierung des „Drogen-Themas" in den genannten pädagogischen Feldern zu leisten, um einem angemessenen sozialpädagogischen Umgang mit drogengebrauchenden Jugendlichen Raum zu schaffen.

Abschließend noch ein Zitat als „ausleitendes Motto" aus Stephan Quensels „Das Elend der Suchtprävention" (2004: 17): „Kurz gefasst geht es also darum, ob man sich auf den verführbaren Jugendlichen konzentriert, der künftig einmal süchtig werden könnte, oder ob man mit einem Jugendlichen zusammen arbeiten will, der – wie wir Erwachsenen auch – unter vielen anderen Dingen auch Drogen konsumieren möchte."

Literatur

Adorno, T.W. (1982). Erziehung zur Mündigkeit. Frankfurt am Main

Arnold, H./Schille, H.-J. (2002). Praxishandbuch Drogen und Drogenprävention. München

Böhnisch, L. (1999). Abweichendes Verhalten – Eine sozialpädagogisch-soziologische Einführung. München

Bröckling, U. (2004). Prävention. In: Ders. et. al.: Glossar der Gegenwart. Frankfurt am Main

Engel, U./Hurrelmann, K. (1994). Was Jugendliche wagen – Eine Längsschnittstudie über Drogenkonsum, Stressreaktionen und Delinquenz im Jugendalter. Weinheim und München

Foucault, M. (1994). Überwachen und Strafen – Die Geburt des Gefängnisses. Frankfurt am Main

Freund, T./Lindner, W. (Hrsg.) (2001). Prävention – Zur kritischen Bewertung von Präventionsansätzen in der Jugendarbeit. Opladen

Graf, M.A. (1996). Mündigkeit und soziale Anerkennung – gesellschafts- und bildungstheoretische Begründungen sozialpädagogischen Handelns. Weinheim und München

Horkheimer, M./Adorno, T.W. (1969). Dialektik der Aufklärung. Frankfurt am Main

Kappeler, M. (1991). Drogen und Kolonialismus – Zur Ideologiegeschichte des Drogenkonsums. Frankfurt am Main

Kappeler, M. (1995). Plädoyer für das umherschweifende Leben – Sozialpädagogische Essays zu Jugend, Drogen und Gewalt. Frankfurt am Main

Kappeler, M. (1996). Widerstände gegen eine neue Drogenpolitik bei professionellen Helferinnen und Helfern. In: Nolte, F./Quensel, S./Schultze, A. (Hrsg.): Wider besseres Wissen – Die Scheinheiligkeit der Drogenpolitik. Bremen

Kappeler, M. (1999). Von den Drogen-Ängsten der Erwachsenen. In: Ders.: Rückblicke auf ein sozialpädagogisches Jahrhundert – Essays zur Dialektik von Herrschaft und Emanzipation im sozialpädagogischen Handeln. Frankfurt am Main

Kappeler, M. (1999). Ein Streifzug durch die Ideologiegeschichte des Drogenkonsums. Ebd.

Kappeler, M. (1999). Zum Verhältnis von Toleranz und Akzeptanz in der professionellen Drogenhilfe. Ebd.

Kappeler, M. (1999). Soziale Integration und Kultivierung, statt Diskriminierung und Ausgrenzung – Für einen sozialpädagogischen Umgang mit drogengebrauchenden Jugendlichen in der Jugendarbeit. Ebd.

Kappeler, M. (1999). Bedeutung und Funktion von Prävention in der Jugendhilfe. In: Forum für Kinder- und Jugendarbeit. 14. Jg. 1999, Hefte 2 und 3. Hamburg

Kappeler, M./Barsch, G. u.a. (1999). Jugendliche und Drogen. Opladen

Knapp, R. (Hrsg.) (1996). Vorbeugung gegenüber Suchtgefahren. Neuwied

Marzahn, C. (1994). Bene Tibi – über Genuss und Geist. Bremen

Pross, H. (1981). Zwänge – Essay über symbolische Gewalt. Berlin

Quensel, S. (2004). Das Elend der Suchtprävention. Wiesbaden

Raithel, J. (Hrsg.) (2001). Risikoverhaltensweisen Jugendlicher – Formen, Erklärungen und Prävention. Opladen

Schiek, G. (1975). Emanzipation in der Erziehung. München

Sennet, R. (1998). Der flexible Mensch. Die Kultur des neuen Kapitalismus. Berlin

Sting, S. (1999). Suchtprävention als Bildungsaufgabe – Perspektiven für die außerschulische Jugendarbeit. In: Neue Praxis 5/99

Sting, S./Bluhm, C. (2003). Soziale Arbeit in der Suchtprävention. München und Basel

Wegehaupt, H./Wieland, N. (Hrsg.) (1996). Kinder – Drogen – Jugendliche – Pädagogen. Münster

Sucht, Disziplin und Flexibilität – Suchtregime der späten Moderne

Aldo Legnaro

„Whose Rules" fragte Howard S. Becker in seinem inzwischen klassischen Buch „Outsiders" von 1961, das am Beginn moderner Drogenforschung steht. Er verwies mit dieser Frage auf das Machtdifferential zwischen denjenigen, die Normen initiieren, popularisieren und politisch setzen, und den anderen, welche die Strafrechtslehre so trefflich als Normunterworfene konzipiert. Die Frage hat über die Jahrzehnte an Bedeutung keineswegs eingebüßt, aber vielleicht hat sich die Struktur der Antwort darauf ein wenig verändert. Wenn damals – mit dem Hinweis auf moral entrepreneurs und die von ihnen inszenierten Kreuzzüge – Normbildung, gerade im Drogenbereich, eine Zurechnung der Normen zu einzelnen Promotoren erlaubte, so hat sich heute – jenseits der immer schon vorhandenen subkulturellen Ausdifferenzierungen – eine Vielzahl von normativen Strukturen entwickelt, die nebeneinander existieren und ganz unterschiedliche Situationsangemessenheiten formulieren. Die Generalisierung von Normen ist einer weitgehenden Individualisierung gewichen, und diese Pluralisierung steht in einem engen Zusammenhang mit der gleichzeitigen Flexibilisierung der normativen Gerüste. Flexibel ist die ökonomische Akkumulation geworden, flexibel die Produktion, und Flexibilität etabliert sich als einer der Imperative an uns alle. Da wäre es verwunderlich, wenn nicht auch die Sucht und der Konsum von Drogen (welcher Art auch immer) flexibel würden. Im Sinne eines ‚Flexibilitäts-Normalismus' (Link 1997) sind dann keine statischen Erwartbarkeiten mehr vorgegeben, sondern Sozialität wird einem permanenten Prozess der Selbststeuerung und Selbstoptimierung unterworfen, der die Selbstherstellung des ‚flexiblen Menschen' (Sennett 1998) anleitet.

Bei dieser Selbstherstellung spielen Drogen im positiven wie im negativen Sinne eine bedeutsame Rolle, und die anschließend präsentierten Suchtregime lassen sich verstehen als unterschiedliche Formen und Strategien, damit umzugehen. ‚Regime' meint dabei das Konglomerat aus Wertvorstellungen, Orientierungen und – mehr oder weniger verbindlichen – Handlungsanleitungen, die zusammen eine nicht notwendig geschlossene, aber doch abgrenzbare Gestalt einer privaten und öffentlichen Drogenpolitik ergeben. Diese Regime belegen eine persönliche Reflexivität der Individuen, die sich einerseits nach wie vor in heteronom vorgegebene Regelgerüste einzupassen haben, andererseits aber innerhalb dieser Regelgerüste autonome Handlungsstrukturen von Selbstregierung aufbauen können, ja sogar angehalten sind, dies zu tun. Das zeugt auf ganz doppelbödige Weise sowohl von der governance spätmoderner Gesellschaften, von den Formen des Regierens als einem Handeln auf Handlungen und einem Führen von Führungen, wie es Michel Foucault herausgearbeitet hat, wie auch von darin eingelassenen Subjektivierungen der Individuen, die sich mithilfe dieser Subjektivierungen einpassen und als Freiheit erleben, was tatsächlich ihre gesteuerte Konformisierung und Modalisierung darstellt.[1] Im Folgenden sind drei unterschiedliche Suchtregime beschrieben, die unsere gegenwärtige Mischung aus traditionellen Elementen, solchen des Übergangs und solchen der neoliberal konzipierten Unternehmergesellschaft zu kennzeichnen suchen.[2] Es versteht sich, dass es sich dabei eher um vorläufige Skizzen handelt denn um eine ausgearbeitete Theorie; das Ziel ist auch eher, neue Entwicklungen, ihre soziale Bedeutung und ihre ideologische Unterfütterung anzudeuten als sie bereits vollständig analytisch auf den Begriff zu bringen.

Suchtregime I: Die Zukunft ist die Vergangenheit

„Da das öffentliche Tabakrauchen auf den Straßen und Promenaden ebenso unanständig als gefährlich und dem Charakter gebildeter, ordnungsvoller Städte entgegen ist, so wird dasselbe nicht nur für Berlin, sondern auch für Charlottenburg und den Thiergarten hierdurch aufs strengste untersagt, und darf an letztgenannten beiden Orten nur vor den Thüren der Häuser ... von dort sitzenden und stehenden statt finden. Wer sich hiergegen eine Übertretung erlaubt, wird angehalten, ihm die Pfeife abgenommen und er mit fünf Reichsthalern Geld oder verhältnismäßigem Gefängnis oder Leibstrafe bestraft werden. Wiederholungsfälle ziehen erhöhte Strafen und Widersetzlichkeiten augenblickliche Arretierung nach sich. Da das gegenwärtige, für die hiesige Residenz schon öfter ergangene Verbot häufig vernachlässigt worden, so wird jetzt mit aller Strenge darauf gehalten werden, und das hochlöbliche Gouvernement ist deshalb um militärische Unterstützung ersucht worden."[3] Duktus und Terminologie verraten wohl

---

[1] Prägnant behandelt Rose (1996) die hier berührte Subjektivierung der Subjekte und die Techniken solcher Subjektivierung. Darüber hinaus sei auf die Sammelbände von Bröckling, Krasmann und Lemke (2000; 2004) verwiesen, die das zugrunde liegende Thema der Gouvernementalität in einer Fülle von Aspekten abhandeln.

[2] Die Darstellung folgt in den Grundzügen früheren Überlegungen (vgl. Legnaro 1999).

[3] Zitiert nach Conte Corti (1930/1986), S. 251.

auf den ersten Blick, dass dieser Text nicht aus der Gegenwart stammt: es handelt sich um eine Proklamation des Berliner Polizeipräsidenten vom 8. Juni 1810. Neunzehntes Jahrhundert, du hattest es besser: welche Klarheit der Anweisung, welch luzide Begründung, welch bewundernswerte Handhabung von zero tolerance! Sogar das Militär – wer könnte das heute wagen, ohne sich lächerlich zu machen, wer überhaupt würde heute noch wagen, eine solch ungeschminkte Sprache zu führen, die sich nicht hinter den gesundheitlichen Gefahren des Rauchens versteckt, sondern es derart eindeutig als Vergehen gegen den zivilisatorischen Anstand charakterisiert, da es doch „dem Charakter gebildeter, ordnungsvoller Städte entgegen ist".

Whose rules, das ist hier eine einfach zu beantwortende Frage: Die Stimme der Macht hat gesprochen und autoritär festgelegt, was der Fall ist. In Sachen Rauchen in der Öffentlichkeit führte sie dennoch einen langen, zähen Kampf gegen die Renitenz der Bürger, die sich am Rauchen nicht hindern lassen wollten und – schrecklich zu sagen – sogar auf das Beispiel der Soldaten verweisen konnten, die sich ebenfalls am Rauchen nicht hindern ließen. Die Abschaffung des öffentlichen Rauchverbots zählt denn auch zu den wenigen Erfolgen, die der Versuch einer bürgerlichen Revolution 1848 vorzuweisen hatte, und – bis jetzt jedenfalls – ist es dabei geblieben. Doch mit einigen Paradoxien, wie sie die Farcen der Wiederholung gerne auszeichnen, erleben wir zusehends eine Rückkehr zu den Praktiken, wie sie vor 1848 herrschten. Zu diesen Paradoxien zählt eine gewisse Umkehrung der Verhältnisse, wie sie sich angesichts jener frierenden Raucherinnen und Raucher beobachten lässt, die vor den Türen der Bürogebäude – und zweifellos demnächst der Restaurants, wie bei den meisten europäischen Nachbarn – hastig einige Züge inhalieren. Derlei hatte der Berliner Polizeipräsident immerhin auch erlaubt, doch war es ihm ganz gleichgültig, ob man drinnen rauchte. Das allerdings hat sich geändert, und das Rauchen in der Öffentlichkeit wird (noch nicht) mit Arretierung geahndet, das Rauchen innerhalb der Gebäude allerdings immerhin als eine Form der Devianz behandelt. Öffentlichkeit ist in diesem Zusammenhang jedoch als ein eingeschränkter Raum zu betrachten: das Rauchen ist eine zonierte Tätigkeit geworden, die lediglich in gesondert gekennzeichneten Raumteilen gestattet ist. Auch darin ließe sich ja bequem dem 19. Jahrhundert folgen, als sich die Herren nach dem Souper in den Rauchsalon zurückzogen – heute von vielen Damen gefolgt.

Betrachtet man solche Entwicklungen unbefangen, könnte man sich darüber wundern, mit welcher Verve das Rauchen zunehmend sozial tabuiert wird, während die Politik die nicht minder gefährlichen Feinstäube, die durch die Luft der Städte wirbeln, mit einer gewissen zurückhaltenden Nachlässigkeit behandelt. Aber da das Autofahren ein Hobby der überwältigenden Mehrheit darstellt, sind Interventionen heikel. Wenn ‚das Böse' ubiquitär ist und sich nicht personalisieren lässt, übersieht man es besser, und das verweist auf einen Mechanismus, der sich am Kreuzzug gegen das Rauchen (und nicht nur dabei) manifestiert. Er dient nicht zuletzt zur Definition klarer Grenzen und übersichtlicher moralischer Wertungen. Die Macht der öffentlichen Diskurse sucht sich ihre Objekte nicht blind, sondern ist immer bedacht auf die schweigende Mehrheit und deren Bedürfnisse, sie ist insoweit höchst rücksichtsvoll und ernennt nur diejenigen zum innergesellschaftlichen Anderen, deren Markt- und Meinungsmacht entweder immer gering war oder die die Diskurshoheit inzwischen eingebüßt haben. Und ebenso wie Rauchen einmal einen unbestrittenen Ausweis der Modernität darstellte,[4] so ist es inzwischen gelungen, diese Stereotypisierung ins Negative zu verkehren

Die Politik gegenüber dem Tabak scheint auf den ersten Blick konträr zu stehen zu allen Bemühungen um Legalisierungen oder zumindest Entkriminalisierungen. Es bilden sich da verblüffende Allianzen. So wird die Legalisierung illegaler Drogen sowohl von neoliberalen Marktradikalen à la Milton Friedman wie der drogenpolitischen Avantgarde favorisiert[5] – sie alle sind sich einig im Bestreben nach Deregulierung. Was für erstere eine logische Folgerung ihrer Glaubenssätze darstellt – nichts, der Staat schon gar nicht, reguliert so effizient wie der Markt –, ist für letztere das Bestreben, eine Drogenpolitik abzuschaffen, die das Drogenproblem in der uns vertrauten Gestalt perpetuiert und eben nicht gelöst hat. Wenn auf der einen Seite vorsichtige Deregulierungen, auf der anderen Seite weniger vorsichtige Regulierungen stattfinden, so verweist das auf Ungleichzeitigkeiten und eine Konvergenz gleichermaßen. Die Rücknahme von Prohibitionsregimes verläuft dabei strukturell ähnlich wie ihre Errichtung, wie sie Nadelmann (1990) beschrieben hat. Nach der Phase des totalen Verbots folgt die Entsanktionierung des Besitzes ‚kleiner Mengen' (samt den politischen und rechtlichen Schwierigkeiten der Definition dessen, was als ‚kleine Menge' geduldet werden soll), schließlich die Duldung des Konsums in eigens dafür eingerichteten Zonen und dann als letzte Phase die (konditionierte) Vergabe der Droge. Denkbarerweise schließt sich als eine weitere Phase daran die völlige, allenfalls noch jugendschutzrechtlich konditionierte Freigabe an.[6] Die reale Politik balanciert dabei mühsam zwischen ihren fiskalischen Interessen, gesundheitspolitischen Lobbygruppen, der Industrie und den moralischen Attitüden der Öffentlichkeit. Sie kämpft auf ihre Weise mit dem Problem der Sichtbarkeit des Nicht-Erwünschten und sucht deswegen bestimmte Verhaltensweisen derart zu zonieren, dass sie entweder gar nicht mehr ins Auge fallen (Fixerräume tun da ihren Dienst) oder zumindest in einen Bannkreis gesperrt werden, der sie schon als

[4] Vgl. etwa als illustratives Einzelfallbeispiel Kosta (2006).
[5] Vgl. als momentan letzten Beitrag zur nie endenden Legalize it-Debatte Earlywine (2007).
[6] Vgl. etwa die Überlegungen von Schmidt-Semisch (1990).

andersartig kennzeichnen soll. Das ist eine Form des Risiko-Managements, wie es die spätmoderne Kontrollpolitik bestimmt, eben des Risikos der ungehinderten Wahrnehmbarkeit, denn „[t]he late modern world celebrates diversity and difference which it readily absorbs and sanitises, what it cannot abide is difficult people“ (Young 1998, S. 5; im Original kursiv). Man muss sich also den Anblick öffentlichen Drogenkonsums nicht bieten lassen, und 'harm reduction' erfüllt nicht zuletzt – wenngleich ganz nebenbei – den Zweck der Kontaktreduktion: die versuchte Isolierung des Fixens in Fixerräumen stellt unter diesem Gesichtspunkt ein effektvolles Situationsmanagement dar. Es ist ein Irrtum, dies für Sozial- oder Gesundheitspolitik im eigentlichen Sinne zu halten; vielmehr handelt es sich um urbane Strukturpolitik, die sich eines gesundheitspolitisch rationalisierbaren Instruments bedient. Eine solche urbane Strukturpolitik konstruiert einen 'marginal space' (oder vielmehr diverse davon): „'border control' and bridge building between the normal and deviant has changed from being centralized and institutionalized separating to being decentralised in local open spaces“ (Elm-Larsen 2006, S. 81).

Wenn das Problem der Sichtbarkeit mithilfe solcher Ordnung des Raumes gelöst ist, dann ist das zugrunde liegende Problem – auf spätmoderne Weise – auch schon gelöst. Was allerdings eine veränderte Behandlung von Sucht und mittelfristig wohl auch eine veränderte Einstellung ihr gegenüber mit sich bringt.[7] Denn ihre Unsichtbarmachung erfordert auch eine Form der Akzeptanz und damit – trotz der angestrebten optischen und sozialen Exklusion – inklusive Verfahrensweisen, zumindest die Bereitstellung von Örtlichkeiten, Personal, Gerätschaften, teilweise auch von Drogen. Das trägt bei zu einer gewissen ‚Normalisierung' der Sucht im Sinne einer Veralltäglichung: ihr Charakter von Abweichung relativiert sich immer mehr. So lassen sich die Fixerräume der (nahen) Zukunft etwa betrachten wie die Bordelle: versteckt und beargwöhnt, aber rege genutzt und letztlich Bedürfnissen dienend, die allen vertraut sind – öffentliche Orte außerhalb der Öffentlichkeit, Heterotopien im Sinne Foucaults,[8] Orte der Andersheit, an denen das Andere ungestört anders sein darf – dort, aber auch nur dort, denn dort und auch nur dort unterliegt es der Kontrolle. Die Sonderposition solcher Orte (im sozialen wie oft auch im geografischen Sinne) garantiert soziale ‚Reinheit' und Übersichtlichkeit, garantiert, dass alles am rechten Platz stattfindet und sich nicht mischt, was sich nicht mischen soll. Viele Gesellschaften, das hat die Ethnologie gezeigt, etablieren Orte, an denen die ‚Unreinen' sich für die Zeit ihrer Unreinheit aufzuhalten haben, ob es sich um menstru-

---

[7] Scheerer (1998) konstatiert aufgrund ähnlicher Überlegungen im Hinblick auf die neuartigen Formen der Kontrolle die beginnende Auflösung der sozialen Kategorien des ‚Kriminellen' und des ‚Geisteskranken'.

[8] Vgl. zum Begriff Foucault (1990); zur Diskussion Krasmann (1997).

ierende Frauen oder pubertierende Knaben handelt; diese Regelungen von Aufenthalt symbolisieren und realisieren die gegebenen Tabus, verkörpern die inneren Grenzen der Gesellschaft und reproduzieren auf der Ebene des Sakralen ihren internen Zusammenhalt (vgl. grundlegend Douglas 1985). Fixerräume bilden hierzu ein strukturelles Äquivalent, und zwar in Form einer profanen Institution, wie dies in einer entsakralisierten Gesellschaft nicht anders zu erwarten ist.

Auf paradoxe Weise wirken sie unter der Prämisse von präsenter Kontrolle aber auch befreiend. Die Organisation von Suchtausübung, die solche Fixerräume erfindet, will nichts ungeschehen machen oder abschaffen, will lediglich Ordnung ins Unvermeidliche bringen und verzichtet auf ideologische Grabenkämpfe. ‚Sucht' ist kein moralisches Gebrechen mehr, sondern eine merkwürdige Verhaltensweise unter vielen anderen, eine Verhaltensweise, die auf Wunsch auch therapeutisch behandelt wird, letztlich aber persönliche Eigenheit und eine Option unter vielen darstellt. Zwar bleibt ein Dunst von Verachtung erhalten: Fixerräume sind sterile Orte für hygienisch arrangierten Drogenkonsum, Verweilen ist weder gewünscht noch möglich, sie sind jeder Ästhetisierung bar, und die Raucher auf Hinterhöfe abzuschieben, erfüllt denselben Zweck. Im Gegensatz zu den Gesundheitsräumen der Alkoholkonsumenten (gemeinhin Wirtschaften genannt) mit ihrer Fülle distinktiver Merkmale, von Lage, Namen, Setting bis zu Preisgestaltung und Angebot, fehlt all dies Fixerräumen – sie sind ‚mono-symbolisch', und ihr einziges distinktives Merkmal besteht darin, dort und nur dort tun zu dürfen, was man anderenorts nicht öffentlich tun darf. Das zeichnet sie positiv und negativ gleichermaßen aus; sie stellen ebenso Normalisierung her wie sie Abweichung bekräftigen.

Suchtregime II: Balance of (Bio) Power

Doch geht eine solche Normalisierung der Sucht auch mit ständigem Misstrauen einher. Dies tut sich im Suchtregime I kund als eine permanente Kontrolle: Methadon nur gegen Urin, neue Spritzen nur gegen alte Spritzen, Heroin nur gegen Ausweis. Immerhin haben wir es hier mit einer vordefinierten Gruppe zu tun, den amtlich anerkannten, den sozial bestallten Süchtigen. Suchtregime II hingegen kontrolliert den Alltag der Unauffälligen, derjenigen, die gar keine Drogen nehmen, nur legale oder die illegalen auf eine Weise, die niemand bemerkt. Was man tut, ist dem Regime letztlich völlig gleichgültig, und auch das Wie ist privatisiert: Unter der Prämisse der weitgehenden Unsichtbarkeit ist erlaubt, was gefällt. Nur über den momentanen Zustand der Individuen wird Buch bzw. eine Datei geführt, und aus diesem Zustand werden Folgerungen gezogen.

Die Dateiverwaltung geht das Selbst wie die Anderen gleichermaßen an. ‚Gesundheit' ist ein Mechanismus der Selbstregulation geworden, die den Individuen nicht nur als eine selbstverständliche Verpflichtung auferlegt ist; aktives Unternehmertum hat sie zur notwendigen Voraussetzung. Psychosomatische und präventivmedizinische Konstrukte machen solche Gesundheit zu einer wählbaren Kategorie; das Selbst manipuliert von sich aus die Bedingungen des Lebens und somit auch die Bedingungen des Erkrankens, was den Status sowohl von Gesundheit wie von Krankheit verändert. In der 'duty to be well' (Greco 1993) konvergieren die Bedürfnisse des Individuums, welches mit seiner 'wellness' sein erfolgreiches Unternehmertum beim Management der eigenen Gesundheit zur Schau stellt, mit den gesellschaftlichen Bedürfnissen nach unproblematisch funktionierenden autonom gesteuerten Selbsten. Die allgegenwärtige Forderung nach Prävention (und gar ihre durch erhöhte Krankenkassenbeiträge abgestützte Durchsetzung) erklärt sich aus eben diesen Zusammenhängen.[9] Eine solche 'duty to be well' impliziert dabei keineswegs die Abstinenz von Drogen und Rausch. Sie impliziert aber die Fähigkeit zur Unterscheidung, aktiven Aneignung und stilisierten Darstellung der distinktiven Symbolik, die sich mit unterschiedlichen Drogen verbindet. Mit dem Konsum von ‚life-style-Drogen' reklamiert man Zugehörigkeit und stellt sich als eine Verkörperung des Typus cooler Modernität dar. Das gilt für Kokain und Ecstasy, das gilt auch für Zigarren, möglichst lang und möglichst teurer Provenienz. Gerade letztere bilden einen aufschlussreichen Beleg für die Kraft der distinktiven Mechanismen: das Rauchen von Zigaretten erscheint zunehmend als ein unangenehm berührendes Verhalten, das einen durchaus negativen Rückschluss auf die Persönlichkeit des Rauchers zulässt.[10] Zigarren hingegen distinguieren ihren Raucher als eine Person von Geschmack und elitärer Genussfähigkeit.

Im Gegensatz zu den life-style-Drogen stehen die Drogen des 'trash', Heroin vor allem. Strahlen die einen positive Distinktion aus, so die anderen negative Distinktion, dies weitgehend unabhängig von ihren Wirkungen. Die Unterscheidungen nach symbolisch-distinktiven Wertigkeiten richten sich nicht notwendig nach den Erfahrungen, die unter Drogen zu machen sind, sie richten sich auch nicht nach ‚Gefährlichkeit', ‚Suchtpotenzial' oder vergleichbaren medizinisch gefärbten Argumentationen. Vielmehr richten sie sich nach der Aura einer Droge, ihrer Applikationsweise, dem Zyklus von Moden und dem Kultstatus von Pionierkonsumenten. Insoweit sind langfristig die zugeschriebenen Distinktionen

[9] Vgl. zur Prävention und ihrer sozialen Bedeutung Bröckling (2002, 2004); Strasser und van den Brink (2005).

[10] Kanadische Zigarettenpackungen trugen vor Jahren den Aufdruck: „Smoking is a weakness, not a strength". Das belegt, dass es unter diesen Prämissen nicht mehr primär um ‚Gesundheit' geht, sondern um die Qualität von Persönlichkeit.

veränderbar, und Heroin muss nicht notwendig auf immer das Image der Schmuddeldroge behalten. Schon das Rauchen dieser Droge wirkt wesentlich eleganter und ist durchaus partyfähig.

Aber die 'duty to be well' ist ein janusköpfiger Auftrag an die Individuen. Manche Drogen sind dazu da, 'wellness' zu befördern, zu unterstreichen und symbolisch vorzuzeigen; sie sind nicht dazu da, in eine Bedrohung der Darstellungsfähigkeit und den zwanghaften Ernst der Abhängigkeit geraten zu lassen. Gerade unter den Bedingungen zugeschriebener Eigenverantwortung für die Herstellung eigener Befindlichkeiten liegt es darum nahe, ‚Sucht' mit ‚Willensschwäche' in Verbindung zu bringen, und man wäre wieder bei altetablierten Interpretationsfolien.[11] Solche Folien sind keineswegs völlig verschwunden, doch schließlich ist jede und jeder der shareholder des eigenen Körpers und bestimmt über die erwünschte Lustdividende. Rauschhaftes Erleben und süchtige Verhaltensmuster können dann auch Ausweis von Differenz und autonomer Andersheit sein; es ist der eigene Kapitalstock, mit dem man umgeht, und die eigene Entscheidung, auf welche Weise man ihn bewirtschaftet. Denn der Körper und die durch ihn vermittelten Erfahrungen sind ein ‚Projekt', vielleicht das Projekt des Selbst (vgl. Bauman 1997, S. 187-194). Für solche Ver-Körperung des Selbst bildet der Rausch ein Medium der Inszenierung und Darstellung; er konstituiert ein Erlebnis-Bewusstsein, mit dessen Verfügbarkeit im persönlichen Repertoire man Teilnahme an den Spielen der Distinktion – sogar an den Spielen der negativen Distinktion – signalisiert und sich seiner eigenen reflexiven coolness im Umgang mit dem zur Schau gestellten Überschreiten der Selbstkontrolle vergewissert.

Allerdings vertraut Suchtregime II nicht ausschließlich auf die Eigenkontrolle der Individuen. Nach wie vor müssen Bedingungen von Funktionalität eingehalten werden, um Marktförmigkeit des Lebens herzustellen und zu garantieren. Deswegen wird die ‚duty to be well' abgestützt durch die freundlich-bestimmte Unauffälligkeit eines Kontrollregimes, das dual selektiv wirkt – ‚in' oder ‚out'. Das lässt sich besonders deutlich im Hinblick auf permanente Drogenkontrollen am Arbeitsplatz zeigen, die die Beschäftigten strukturell unter andauernde Bewährung stellen und ebenso behandeln wie vergleichbare Straftäter (vgl. Legnaro 2007). Was solche Kontrollen angeht, ist die Bundesrepublik allerdings noch ein Entwicklungsland. Seit Mitte der achtziger Jahre sind in den USA jedoch Drogenkontrollen am Arbeitsplatz ('random drug testing'), sowohl im öffentlichen Dienst wie in der Privatwirtschaft, Teil des Alltags, ein gerichtlich als rechtmäßig eingestufter Teil übrigens. Solche 'intrusive surveillance' (Campbell 2006; vgl. auch Smucker et al. 2007) konstituiert somit eine Eigen-

[11] Vgl. für eine ausführliche Darstellung der Entwicklungen in den letzten 150 Jahren Valverde (1998).

verantwortung der Individuen für ihr unternehmerisches Selbst. Was einstmals in Prozessen der Disziplinierung erzwungen oder allenfalls in das Zuckerbrot der Teilnahme am ‚Wohlstand für alle' verpackt wurde – in einem Prozess der Außensteuerung, auf den die Individuen zu reagieren hatten – wird somit nun eine aktiv erbrachte Leistung unternehmerischer Lebensführung. Erheblich verfeinerte Techniken der Disziplinierung stützen diese Eigenverantwortung ab. Nicht ausschließlich am Arbeitsplatz übrigens: Endlich – langersehnt – gibt es auch das praktische und einfach anwendbare Kontrollset für Zuhause, für Eltern und Kind, sei es durch die Schnelluntersuchung von Urin innerhalb weniger Minuten (in den USA für die private Anwendung genehmigt), sei es durch die Untersuchung eines Haares.[12]

Suchtregime III: Die Droge bin ich selbst

Es mischt sich hier verschiedenes, es amalgamieren sich Endorphine und ein Ideologem. Suchtregime III lässt sich als komplementär zu Suchtregime I verstehen; auch hier geht es um Spiele der Distinktion. Die so genannten Extremsportarten sind inzwischen zum verkulteten Vehikel einer körperbetonten Selbstdarstellung geworden, und diese Selbstdarstellung ist ganz komplementär zu derjenigen, die Fixer aufbieten. In beiden Fällen bildet der Körper die ultimative Lustquelle, in beiden Fällen ist das spontane Erleben auf diese Körperlichkeit und ihre Sensationen bezogen, in beiden Fällen wird Sein ausgedrückt als Autismus des Selbst, das sich vor den Augen der anderen seiner Grenzen vergewissert. Marathonläufe seien, schreibt Baudrillard (1995, S. 35) „eine Art demonstrativer und werbewirksamer Selbstmord: man läuft, um zu zeigen, dass man fähig ist, an die eigenen Grenzen zu gehen", und es handele sich, so Berking und Neckel (1993), um eine urbane Aufführung von Individualität. Es geht offenbar um Grenzen des Erfahrbaren, um die Kolonialisierung der Innenwelt angesichts durchmessener Außenwelt, um die Vergewisserung der eigenen Lebendigkeit und Unverwechselbarkeit, um einen neuen Absatzmarkt des Selbst und seiner Darstellung.

Hier ist der Rausch konfektioniert für Tausende Vereinzelte, die mit sich und ihrem Körper um das Durchhalten kämpfen. Das geschieht und soll geschehen als urbanes Ereignis, und auch dies stellt eine Komplementarität zu Suchtregime I her: Die Einsamkeit des Fixers mit der Spritze ist eine hässliche, apathische, nicht hinreichend den Optimismus von Selbstformung, Selbstspiel und Selbstverliebtheit ausstrahlende Darstellung, die deswegen den Sinn nicht erhebt

[12] Zum Stand der Haaranalytik hinsichtlich einer Fülle von Drogen vgl. Kintz (2007).

und somit im Verborgenen stattzufinden hat. Die Einsamkeit des Langstreckenläufers mit sich selbst hingegen ist ein event und dem Publikum ein Ansporn der Individualisierung. Die 'duty to be well' gerät hier zur massenhaften Demonstration, und die dabei zur Schau gestellte Gleichheit korrespondiert mit den sozioökonomischen Ungleichheiten des spätmodernen Alltags. Mit sich selbst und ihrem Körper, als Herrscher an und in ihrem Körper, sind alle Individuen gleich und lediglich unterschieden nach dem Grad an Beherrschung und Wagemut angesichts ihrer eigenen Grenzen, und das ist die letzte Gleichheit, die der neoliberal organisierte Markt anzubieten hat. Aber auch dies ist ein Angebot, das aktiv handelnd selbst gestaltet werden muss, und die öffentlich vorgeführte Rauschhaftigkeit des Laufens dient sowohl der Selbstvergewisserung (wie leistungsfähig bin ich) wie der Selbstdarstellung (seht, so leistungsfähig bin ich) wie auch der Einlösung eines Grundwertes (das tue ich, um leistungsfähig zu bleiben) im Rahmen einer kollektiv-öffentlichen Fremdvergewisserung. Es zählt zu den Ironien der Gegenwart, dass dies sich geradezu suchthaft verselbständigen kann – eine Ironie allerdings nur von außen betrachtet: Von innen betrachtet feiert in solchen Veranstaltungen der flexible Mensch sich selbst.

Whose Rules?

Wenn die Individuen, wie Greco (1993) zeigt, eine Verantwortung für ihre Verhaltensweisen und eben deswegen auch für ihre Krankheiten haben, die aus psychosomatischem Blickwinkel ja ‚selbst gemacht' bzw. ‚gewählt' sind, so gilt das auch für Sucht; Sünde ist sie schon lange nicht mehr, Krankheit ist sie immer noch, aber darüber hinaus ist sie potenziell auch eine Art des moralischen Bankrotts, eine Verweigerung des Selbst zum eigenverantwortlichen Unternehmertum. Freilich nur potenziell, denn sie kann ebenfalls als eine Caprice der Selbst-Gestaltung wahrgenommen werden, deren Entrücktheit als eine Bizarrerie unter anderen gelten mag. Schon die Distinktion der Differenz trägt zur Normalisierung der Sucht bei, deren Betrachtung insoweit entmoralisiert wird; 'wellness' hat viele Facetten, und Rausch und Sucht können eine davon sein. Wenn noch etwas sanktioniert wird, dann nicht Sucht, sondern die mangelnde Fähigkeit, sie zu ästhetisieren und entsprechend darzustellen. Dies ist der Sündenfall der späten Moderne.

Auf den ersten Blick ganz neutral wirkende Kontrollpraktiken verhüllen dabei wirksam das, was tatsächlich geschieht. Es geschehen nämlich Prozesse der sozialen Selektion, die anhand der verfügbaren Risikokalküle auf eine technologisierte Weise die Bevölkerung sortieren – lokal, sozial, ökonomisch. Nicht nur deswegen, weil die Kontrollformen sich neutral geben, lösen sich dabei allerdings traditionelle Stigmazuschreibungen, wie die Sucht eine darstellt, tendenziell auf; ihre Normalisierung geschieht auch vor dem Hintergrund, dass die Konsequenzen dieses Selektionsprozesses nicht mehr mit moralischen Bewertungen verbunden, sondern in zynischer Sachlichkeit lediglich verbucht werden. Gerade der Verzicht auf Normalisierung im Sinne von Korrektur ermöglicht auch eine gewisse Veralltäglichung. Denn nicht die Sucht ist das, was der Kontrolle unterliegt, sondern der Aufenthalt der Drogenkonsumenten im Raum; nicht der Rausch muss kontrolliert werden, sondern seine angemessene Stilisierung an den rechten Orten und seine Darstellung als Medium der Distinktion. Der flexible Mensch hat neue Regeln für den Umgang mit sich und der Welt und nicht zuletzt auch im Umgang mit seiner Selbstkontrolle zu lernen: Er hat sich situationsgerecht zu verkörpern, dabei das Erlebnis-Bewusstsein des Rausches zu generieren und dennoch reflexive Distanz beizubehalten. Misslingt ihm das, hat er sich in die Marginalität der Räume zurückzuziehen, die als Reservate des Misslingens bereitgestellt sind – ohne Stigma, aber auch ohne Chancen sozialer Partizipation.

Whose rules also? Die Antwort variiert zwischen und sogar innerhalb der unterschiedenen Suchtregime. Manchmal scheint sich kaum etwas verändert zu haben: Die Regeln sind die Regeln derjenigen, die die Macht haben, sie zu setzen, wie das vor allem an Suchtregime I deutlich wird. Das gilt teilweise auch für Suchtregime II, doch belegt dieses Regime zudem, dass sich die Regeln manchmal auch als eine Generalisierung jener Gewohnheiten und Verhaltensweisen ergeben, die eine Mehrheit zeigt und vorzeigt. Manchmal schließlich sind die Regeln ganz privat, wenngleich sozial vermittelt, wie dies in Suchtregime III aufscheint. So sind auch die Regeln gewissermaßen dereguliert, die Individuen sowohl ihrer Autonomie überlassend und sie zugleich in flexible Rahmenwerke einspannend, die individuell auszufüllen sind. Der Umgang mit Drogen und Rausch zählt ebenfalls dazu.

Literatur

Baudrillard, J. (1995): Amerika, München.

Bauman, Z. (1997): Flaneure, Spieler und Touristen. Essays zu postmodernen Lebensformen, Hamburg.

Becker, H.S. (1963): Outsiders. Studies in the Sociology of Deviance, New York, London.

Berking, H./Neckel, S. (1993): Urban Marathon: The Staging of Individuality as an Urban Event, in: Theory, Culture & Society 10, S. 63-78.

Bröckling, U./Krasmann, S./Lemke, T. (Hg.) (2000): Gouvernementalität der Gegenwart. Studien zur Ökonomisierung des Sozialen, Frankfurt/M.

Bröckling, U./Krasmann, S./Lemke, T. (Hg.) (2004): Glossar der Gegenwart, Frankfurt/M.
Bröckling, U. (2002): Die Macht der Vorbeugung. 16 Thesen zur Prävention, in: Widersprüche 86, S. 39-52.
Bröckling, U. (2004): Prävention, in: Bröckling, U./Krasmann, S./Lemke, T. (Hg.): Glossar der Gegenwart, Frankfurt/M., S. 210-215.
Campbell, N.D. (2006): Everyday Insecurities: The Microbehavioral Politics of Intrusive Surveillance, in: Monahan, T. (Hg.): Surveillance and Security. Technological Politics and Power in Everyday Life, New York, S. 57-75.
Conte, C.C.E. (1986): Geschichte des Rauchens. »Die trockene Trunkenheit«, Frankfurt/M. (ursprünglich 1930).
Douglas, M. (1985): Reinheit und Gefährdung. Eine Studie zu Vorstellungen von Verunreinigung und Tabu, Berlin.
Earlywine, M. (Hg.) (2007): Pot Politics. Marijuana and the Costs of Prohibition, Oxford, New York.
Elm-Larsen, J. (2006): Governing the spaces on the margin of society, in: Marston, G./McDonald, C. (Hg.): Analysing Social Policy. A Governmental Approach, Cheltenham, S. 67-85.
Finney, G. (Hg.) (2006): Visual Culture in Twentieth-Century Germany. Text as Spectacle, Bloomington, Indianapolis.
Foucault, M. (1990): Andere Räume, in: Journal für Ästhetik und Politik 7, S. 4-15.
Greco, M. (1993): Psychosomatic subjects and the 'duty to be well': personal agency within medical rationality, in: Economy and Society 3, S. 357-372.
Kintz, P. (Hg.) (2007): Analytical and practical aspects of drug testing in hair, Boca Raton.
Kosta, B. (2006): Cigarettes, Advertising, and the Weimar Republic's Modern Woman, in: Finney, G. (Hg.): Visual Culture in Twentieth-Century Germany. Text as Spectacle, Bloomington, Indianapolis, S. 134-153.
Krasmann, S. (1997): Andere Orte der Gewalt, in: Kriminologisches Journal, 6. Beiheft, S. 85-102.
Legnaro, A.: Der flexible Mensch und seine Selbstkontrolle - eine Skizze, in: Legnaro, A./Schmieder, A. (Hg.): Jahrbuch Suchtforschung Bd. I Suchtwirtschaft, Münster, Hamburg, S. 117-132.
Legnaro, A. (2007): Disziplin und Kontrolle als Parameter von Drogenpolitik: Das Beispiel des New Paternalism, in: Kriminologisches Journal 39, S. 6-14.
Legnaro, A./Schmieder, A. (Hg.) (1999): Jahrbuch Suchtforschung Bd. I Suchtwirtschaft, Münster, Hamburg.
Link, J. (1997): Versuch über den Normalismus. Wie Normalität produziert wird, Opladen.
Marston, G./McDonald, C. (Hg.) (2006): Analysing Social Policy. A Governmental Approach, Cheltenham.
Monahan, T. (Hg.) (2006): Surveillance and Security. Technological Politics and Power in Everyday Life, New York.
Nadelmann, E.A. (1990): Global prohibition regimes: the evolutions of norms in international society, in: International Organization 4, S. 479-526.

Rose, N. (1996): Inventing our selves. Psychology, power, and personhood, Cambridge, New York, Melbourne.
Ruggiero, V./South, N./Taylor, I. (Hg.) (1998): The New European Criminology. Crime and Social Order in Europe, London, New York.
Scheerer, S. (1998): The Delinquent as a Fading Category of Knowledge, in: Ruggiero, V./South, N./Taylor, I. (Hg.): The New European Criminology. Crime and Social Order in Europe, London, New York, S. 425-442.
Schmidt-Semisch, H. (1990): Überlegungen zu einem legalen Zugang zu Heroin für alle, in: Kriminologisches Journal 22, S. 122-139.
Sennett, R. (1998): Der flexible Mensch. Die Kultur des neuen Kapitalismus, Berlin.
Smucker, B./Earlywine, S./Earlywine, M. (2007): Is Drug Testing in the Workplace Worthwhile? in: Earlywine, M. (Hg.): Pot Politics. Marijuana and the Costs of Prohibition, Oxford, New York, S. 40-70.
Strasser, H./Brink, H.v.d. (2005): Auf dem Weg in die Präventionsgesellschaft? in: Aus Politik und Zeitgeschichte 46, S. 3-7.
Valverde, M. (1998): Diseases of the Will. Alcohol and the Dilemmas of Freedom, Cambridge, New York, Oakleigh.
Young, J. (1999): The Exclusive Society. Social Exclusion, Crime and Difference in Late Modernity, London.

Professionalisierung in der Drogenhilfe. Ein Plädoyer für reflexive Professionalität

Bernd Dollinger und Henning Schmidt-Semisch

Der professionelle Umgang mit Konsumenten psychoaktiver Substanzen hat sich in der Geschichte immer wieder gewandelt, wobei diese Wandlungen in aller Regel mit veränderten politischen Rahmenbedingungen verbunden waren. Die entsprechenden Entwicklungen waren stets auch Produkt je spezifischer Interessen unterschiedlicher Akteursgruppen. Dies verweist auf unterschiedliche Perspektiven, die sich bei der Konzipierung von Drogengebrauch als problematisches Verhalten ergeben und die ihrerseits geprägt sind durch vielfältige Auseinandersetzungen um Drogenbilder und Suchtverständnisse, um normative Zielrichtungen von Eingriffen in Konsumprozesse usw. Angesichts dieser Gemengelage hat sich mittlerweile ein komplexes und diversifiziertes System der professionellen Sucht- und Drogenhilfe etabliert. Seine Heterogenität führte in den vergangenen Jahren zu Versuchen, klare Zielregelungen, aufeinander abgestimmte Bearbeitungsstrukturen und verbindliche Qualitätsmerkmale zu definieren – ein Prozess, der derzeit noch im Gange ist.

Vor diesem Hintergrund werden nachfolgend zentrale Aspekte der professionellen Drogenhilfe in den Blick genommen, ohne dass beansprucht würde, das Gesamtfeld zu beschreiben. Zunächst wird eine kurze allgemeine Charakterisierung von Professionalität gegeben, auf die eine Darstellung aktueller Entwicklungen der Professionalisierung der Drogenhilfe folgt. Den Abschluss bilden Hinweise auf Möglichkeiten einer reflexiven Professionalität.

1 Professionalität

Wenn von „Professionalität" gesprochen wird, so ist damit etwas anderes gemeint als eine verberuflichte Tätigkeit. Gemäß Webers (1980, 80) klassischer Formulierung stellt ein Beruf „jene Spezifizierung, Spezialisierung und Kombination von Leistungen einer Person" dar, „welche für sie Grundlage einer kontinuierlichen Versorgungs- oder Erwerbschance ist". Über den Beruf werden Personen als erwerbsfähige Subjekte wirtschaftlich integriert und verortet. Berufe erfordern diesbezüglich bestimmte Fähigkeiten und Fertigkeiten, da sie als Teil des Arrangements gesellschaftlicher Differenzierung und daher sehr unterschiedlich organisiert sind.

Die Rede von „Professionalität" setzt diesen Sachverhalt voraus und erweitert ihn zugleich, d.h. Professionen sind in gewissem Sinne voraussetzungsvoller als Berufe. Wählt man zur anschaulichen Verdeutlichung einen kriterienbezogenen Zugang, so lassen sich mit Lamnek (1999, 17ff) folgende Merkmale einer Profession anführen: Eine Profession besitzt zunächst einmal einen eigenen Berufsverband und kontrolliert Fehlverhalten aus den eigenen Reihen durch einen Ethikkodex. Des Weiteren weist sie eine differenzierte und länger dauernde Ausbildungsphase auf und folgt – zumindest gemäß der Außendarstellung – vorrangig altruistischen Handlungsimpulsen und gesellschaftlich als wertvoll erachteten Zielen. Schließlich zeichnet sie sich durch ein relativ hohes Prestige aus, das bei der Abgrenzung professioneller Zuständigkeitsbereiche von Vorteil ist: So betrachtet ist nur die eigene Profession mit ihrem relativ klar umgrenzten Kanon von Handlungsfähigkeiten und -kompetenzen in der Lage, spezifische Problemlagen kompetent zu bearbeiten – zumal über dessen Einhaltung im Wesentlichen nur professionsintern geurteilt wird bzw. geurteilt werden kann. In diesem Sinne sind Professionen durch einen „tendenziell elitären Charakter" (ebd., 26) gekennzeichnet, der die professionellen Handlungsprinzipien nur beschränkt offen legt, wodurch diese für Externe kaum überprüfbar sind: Was eine hochwertige Leistung ist, kann nur von Professionsangehörigen diagnostiziert werden, da nur sie den einschlägigen Sachverstand zu besitzen scheinen.

Gegenüber Laien und der jeweiligen Klientel sind diesem Professionsbegriff eine Defizitperspektive und eine Distanzierungssemantik eingeschrieben, weil zur Erfüllung sozial relevanter Leistungen außergewöhnliche Kompetenzen nötig sind, die in einem komplexen Rekrutierungsprozess zu erwerben sind. In diesem Sinne ist das Wissen einer Profession weitgehend esoterisch organisiert, d.h. es ist nur einem kleinen Kreis ‚Eingeweihter' zugänglich (vgl. Dewe/Otto 2001, 1409), der sich durch besondere Fähigkeiten von anderen Personen distanziert. Dies kann bedeuten, dass aus Sicht der Profession Selbsthilfe als primäre Interventionsform weitgehend ausgeschlossen ist, wenn sie nicht durch Experten angeleitet ist oder deren Maßnahmen lediglich ergänzt.

Bezieht man diese hier nur kurz skizzierten Besonderheiten von Professionen auf das deutsche Sucht- und Drogenhilfesystem, so zeigt sich, dass dieses Feld zum einen keine geschlossene Profession bildet und es zum anderen auch nicht die Profession im Drogenhilfe-Sektor gibt. Vielmehr entstammen die in diesem Bereich Tätigen unterschiedlichen Disziplinen. Insbesondere in größeren Einrichtungen setzt sich der jeweilige Mitarbeiterstab aus Medizinern (bzw. Psychiatern), Psychologen, Sozialpädagogen und einigen weiteren Berufsgruppen (etwa Ergotherapeuten, Verwaltungsangestellten, Handwerkern, usw.) zusammen[1], die sehr heterogenes Bezugswissen und unterschiedliche Selbstverständnisse aufweisen.

Wie die unterschiedlichen Niveaus der Tätigkeitsvergütung und des Sozialprestiges einzelner Berufs- bzw. Professionsgruppen verdeutlichen (vgl. Krauss/Groß 2003; Allensbacher Berufsprestige-Skala 2005), stehen diese bei der Erbringung von Unterstützungsleistungen nicht einfach nebeneinander; vielmehr ist von einer zumindest teilweise hierarchisierten Kooperationsstruktur auszugehen. Sie verweist auf die gesellschaftlich differenzierte Zuweisung von Vertrauen in die jeweilige Kompetenz, die infrage stehenden Problematiken adäquat bearbeiten zu können. Dieses Vertrauen besteht allerdings nicht vorrangig aufgrund einer per se gegebenen faktischen Kompetenz, sondern eher aufgrund der Plausibilität der kulturellen und politischen Vermittlung von Interventionskompetenz: So betrachtet ist Professionalität zu wesentlichen Teilen eine Frage der Selbstdarstellung, zu deren Ausgestaltung und Wirkung z.B. ein elaborierter Fachjargon und ein spezifischer Habitus, aber z.B. auch ‚objektive' naturwissenschaftliche Kausaldeutungen sowie eine artikulationsfähige Interessensvertretung von herausragender Bedeutung sind. Unter diesen Bedingungen haben es dann gegebenenfalls Medizin und Psychologie (z.B. mit ihrer ausgeprägteren Distanzierungssemantik und gut organisierten Interessenvertretungen) leichter, eine dominierende Rolle in der Drogenhilfe einzunehmen (vgl. Michels 1999; Vogt/Schmid 1998), während dies für die Sozialpädagogik (auch wenn sie das Gros der Mitarbeiter stellt) erheblich schwieriger zu sein scheint (vgl. z.B. Bohle/Grunow 1981). Ein Faktor, der hierzu beiträgt, ist möglicherweise die relativ geringe Distanz zu den Adressaten ihrer Leistungen: Zu denken ist etwa an das Postulat einer „lebensweltorientierten Sozialen Arbeit" (vgl. Füssenhäuser 2006; Thiersch 1997), mit dem Sozialpädagogen bewusst von einer ‚expertokratischen' Klienten-Helfer-Beziehung Abstand nehmen[2].

---

[1] In Einrichtungen der ambulanten Sucht- und Drogenhilfe, die meist mit Alkohol- und Medikamentenproblemen befasst sind, waren im Jahr 2004 durchschnittlich 5,1 Stellen besetzt (umgerechnet in Vollzeitstellen). 66,5% der Mitarbeiter waren Sozialarbeiter/Sozialpädagogen, 11,2% Psychologen, 10,8% Diplom-Pädagogen/Sozialwissenschaftler und 3,1% Ärzte (vgl. Sonntag u.a. 2005a, 16). In stationären Einrichtungen waren 2004 im Durchschnitt 28,3 Stellen besetzt (umgerechnet in Vollzeitstellen). Dies verteilt sich, bezogen auf das Fachpersonal, auf Sozialarbeiter und Sozialpädagogen (18%), Psychologen (19,2%), Diplom-Pädagogen/Sozialwissenschaftler (5,8%), Ärzte (11,1%) sowie Krankenschwestern bzw. Krankenpfleger (19%) und ferner Ergo-/Arbeitstherapeuten (12,3%) (vgl. Sonntag u.a. 2005b, 45). In beiden Organisationsformen dominieren als Träger die freien Wohlfahrtsverbände gegenüber öffentlicher Trägerschaft.

[2] Da das Klientel der Sozialpädagogik als besonders problembehaftet gilt und bspw. Drogenabhängige eine kulturell besonders diskreditierte Personengruppe darstellen (vgl. Martin u.a. 2000), ist das relativ geringe Sozialprestige der Sozialpädagogik – neben weiteren Gründen – auch mit der Nähe zu ihrer häufig kulturell wenig wertgeschätzten Klientel in Verbindung zu bringen. Dem steht gegen-

Wir wollen uns an dieser Stelle allerdings nicht dem Verhältnis der einzelnen (in der Drogenhilfe tätigen) Berufsgruppen zueinander zuwenden, sondern grundsätzlicher nach aktuellen Trends in diesem Bereich fragen. Sie bringen, wie wir zeigen möchten, das kooperative Interaktionsgefüge in der professionellen Drogenhilfe durcheinander und führen zu Neujustierungen von Hilfsmöglichkeiten.

2 Professionalisierung der Drogenhilfe – Aktuelle Trends

In der Drogenhilfe existiert eine Vielzahl von Arbeitsansätzen, Organisationsstrukturen, Zielkonzeptionen, Menschen- und Suchtbildern usw., die im Verlauf der Geschichte steten Wandlungen unterworfen waren (vgl. z.B. Schmid 2003; s.a. Nolte in diesem Band). In den vergangenen 35 Jahren war der Umgang mit Konsumierenden illegalisierter Drogen dabei im Wesentlichen von zwei drogenpolitischen Ansätzen gekennzeichnet:

1. wurde bis in die 80er Jahre hinein Drogenkonsum vor allem als Kriminalität und Krankheit gesehen, da Gesetze übertreten wurden und von einer Bestrafung vorrangig dann abzusehen war, wenn die Betreffenden als Kranke zu identifizieren waren. Beides stimmte in einer Normierung von Drogenkonsum als unerwünschtes Verhalten überein, das durch Interventionen gänzlich zu beenden war. Drogenhilfe bedeutete in der Konsequenz, die Verwendung illegalisierter Substanzen durch psychosoziale und/oder medizinisch-psychiatrische Maßnahmen zu beenden (Abstinenzansatz). Im Idealfall existierte diesbezüglich eine so genannte „Therapiekette", in der Drogenberatungsstellen als Scharniere zur Vermittlung einer Entzugsbehandlung und einer folgenden stationären Langzeittherapie fungierten, an die wiederum Nachsorge als resozialisierende Übergangshilfe in berufliche und weitere „Normalintegrationsverhältnisse" anschloss. Die entsprechenden Handlungsweisen wurden und werden durch die Unterstellung eines unkontrollierten Konsums außerhalb sozialer Integrationsbezüge sowie die Forderung nach Drogenabstinenz legitimiert. Bei der drogenpolitischen Etablierung dieser Deutungen und Interventionsimperative entwickelten Psychiater als wissenschaftliche Experten der Politikberatung besondere Relevanz (vgl.

über, dass Mediziner und Psychologen gegenüber dem Alltag ihrer jeweiligen Klientele stärker distanziert bleiben und sie über besondere Mechanismen der Darstellung von Professionalität verfügen, wie sie oben dargestellt wurden. Die Arbeitsbedingungen und -voraussetzungen der in der Drogenhilfe Tätigen unterscheiden sich vor diesem Hintergrund deutlich. Forderungen nach verstärkter interinstitutioneller und interprofessioneller Kooperation, wie sie derzeitige Reformdiskurse prägen (s.u.), sind vor diesem Hintergrund zu reflektieren.

Vogt/Schmid 1998, 147). Der Professionalitätsstatus der Psychiatrie diente folglich der Pathologisierung und z.T. der Kriminalisierung von Drogenproblemen.

2. wurde seit Mitte der 80er Jahre und vor allem in den 90er Jahren zunehmend das Bild von Drogenkonsumenten als zwar behandlungsbedürftigen, aber gleichzeitig eigenrechtlichen Subjekten in den Vordergrund gerückt (Akzeptanzansatz). Dieser bis heute (noch) nicht umfassend vollzogene Wechsel stand in engem Zusammenhang mit der Zurückdrängung des abstinenzorientierten Ansatzes in der Drogenhilfe einerseits und der gleichzeitigen Erstarkung der so genannten akzeptierenden Drogenarbeit andererseits. Das entscheidende Charakteristikum des neuen Ansatzes besteht darin, dass die gewährte Hilfe nicht mehr ausschließlich auf Abstinenz zielt und/oder Abstinenz zur Voraussetzung hat. Vielmehr sollen Drogenkonsum akzeptierende Hilfen niedrigschwelliger ansetzen, also bei Risikominimierung, „safer use", „harm-reduction", Überlebenshilfen u.ä. Dies soll insbesondere der verstärkten Orientierung von Maßnahmen der Drogenhilfe an den Interessen und konkreten Problemlagen der DrogengebraucherInnen dienen und im Sinne von Empowermentansätzen ihre Selbsthilfepotentiale stärken.

   Diese Etablierung akzeptierender Drogenhilfe kann als eine Diversifizierung von Behandlungszielen in der Drogenhilfe verstanden werden[3], die sich auch auf der Organisationsebene wieder finden lässt: Lassen sich die Organisationen der Sucht- und Drogenhilfe prinzipiell in ambulante, teilstationäre und stationäre Einrichtungen differenzieren (als Überblick vgl. Jungblut 2004), so verschiebt sich die Verteilung der unterschiedlichen Einrichtungsarten zur Zeit deutlich. Beispielsweise wurden in der jüngeren Vergangenheit stationäre Angebote reduziert, während es komplementär zu einem nennenswerten Ausbau ambulanter Maßnahmen kam[4]. Berücksich-

---

[3] Dabei kann als Diversifizierung zunächst ganz allgemein die Ablösung der Abstinenzforderung als allein gültige Zielkategorie von Maßnahmen der Sucht- und Drogenhilfe bezeichnet werden. Während noch in den 1990er Jahren Konflikte um Abstinenz- oder Akzeptanzorientierung ausgefochten wurden, scheinen diese nun weitgehend beigelegt. Es wird heute weniger von einer Polarisierung in abstinenz- versus akzeptanzfokussierte Maßnahmen ausgegangen, sondern vielmehr von einer Integration verschiedener Zielhorizonte je nach ihrer Dringlichkeit und Sinnhaftigkeit im Einzelfall. Diese Integration zeigt sich in so genannten *Zielpyramiden*, die als Basisziel z.B. eine Reduzierung oder Kurierung von vitalen Schädigungen besitzen, auf einer höheren Stufe die Minderung riskanter Konsumformen bzw. eine generelle Konsumeinschränkung verfolgen und die zuletzt Abstinenz als erstrebenswertes (Fern-)Ziel definieren (vgl. Tretter 2000, 64). Im Falle des Ziels „kontrollierter Konsum" ist allerdings die Gültigkeit der rechtlichen Inkriminierung jeglichen Drogenkonsums, auch geringer Mengen von Cannabisprodukten, zu bedenken.

[4] So wuchs zwischen 1996 und 2001 die Zahl von Drogenberatungsstellen in Deutschland von 289 auf 360 und die Zahl der Mitarbeiter in diesen Einrichtungen von 1.267 auf 1.457 (vgl. Leune 2003,

> tigt man, dass ambulante Maßnahmen stärker als stationäre an der Lebensführung des Einzelnen ausgerichtet sind, so wird hier u.a. eine Fokussierung konkreter Lebensprobleme mit dem Ziel der Aufrechterhaltung sozialer und beruflicher Integrationsverhältnisse sichtbar. Organisationsstrukturen werden diesen im Idealfall angepasst, nicht umgekehrt. Wie Klingemann und Bergmark (2006, 1234) feststellen, geht ein internationaler Trend dahin, sich an diversifizierten Maßnahmeoptionen zu orientieren, die am Autonomiestatus des Einzelnen orientiert sind, indem sie alltagsnahe und partizipatorisch strukturierte Hilfen anbieten, aus denen der Einzelne wählen kann.

Neben diese Diversifizierung von Interventionen und Zielkonzeptionen tritt nun in jüngerer Zeit eine Reformtendenz, die als Ökonomisierung zu bezeichnen ist. Wie Tretter (2000, 45) feststellt, findet die Gestaltung der Drogenhilfe gegenwärtig im „Spannungsfeld zwischen Kosten und Wirksamkeit“ statt. Führte die Aufweichung klar umrissener Abstinenzforderungen mit ihrer charakteristischen Dominanz pathologisierender Konsumdeutungen zu Unklarheiten hinsichtlich dessen, was in der Drogenhilfe anzustreben sei (vgl. Vogt 1999), so fördern die neueren Forderungen nach effizienten und objektiv qualifizierbaren Leistungen eine zunehmende Re-Normierung von Handlungsformen (vgl. Kemmesies 2001; Schneider 1998): Es sollen nur noch diejenigen Maßnahmen Anerkennung finden, die im Sinne einer ‚best practice'-Logik rational bzw. effizient erscheinen. Vor diesem Hintergrund sind auch die Tendenzen zu sehen, Drogenkonsumenten als ‚Kunden' zu verstehen und die Drogenhilfe als Dienstleistungsunternehmen zu fassen (vgl. Lütkens 2002).

Unabhängig davon, dass solche Umbenennungen zu einer Verschleierung faktischer Machtverhältnisse führen und eine Autonomie suggeriert wird, die im Bereich illegalisierter Drogen angesichts fortbestehender Kriminalisierung und Diskreditierung faktisch nicht gegeben ist (vgl. Lindenberg/Schmidt-Semisch 1994), wird ein professionstheoretisch bedeutsamer Prozess eingeleitet: Die aktuellen Reformen stellen den Klienten in den Mittelpunkt und bringen dabei durch ihre ‚best practice'-Logik (aus Sicht der Profession) extern definierte Qualitätsmaßstäbe in die Sucht- und Drogenhilfe ein. Professionalität kann nun nicht mehr vorrangig als angewandtes Expertenwissen angesehen werden, sondern die professionellen Handlungsroutinen werden einer prozess-, struktur- und vor allem outcomeorientierten Qualitätsmessung unterworfen: „The trustworthiness of experts and societal elites in medicine and other fields becomes consequently contested, ‚trust' has to be increasingly won and maintained in the face of gro-

145). Ambulante drogenbezogene Therapieeinrichtungen expandierten von 36 im Jahr 1996 auf 129 im Jahr 2001. Im gleichen Zeitraum verringerte sich die Zahl vollstationärer Entwöhnungsbetten in der Drogenarbeit von 5.230 auf 3.931 (ebd.).

wing public criticism“ (Klingemann/Bergmark 2006, 1231). Zwar würden, so die Autoren weiter, die manageriellen Qualitätsmodelle in der Praxis mehr Fragen aufwerfen, als sie zu beantworten in der Lage seien, umso bedeutsamer werde allerdings die zumindest rhetorische Ausrichtung an Effizienz als Legitimationsmotor für die Verwendung öffentlicher Ressourcen: Mittel sollen so eingesetzt werden, dass sie der je spezifischen Problematik einzelner Gruppen gerecht werden. In diesem Kontext wird die Diversifizierung von Maßnahmen und Zielhierarchien allein deshalb notwendig, um optimale Zugangszahlen und Erfolgsquoten zu erreichen.

Gegenüber dem vorrangig passiven Patientenbild der klassischen medizinischen „Suchtprofessionen“ wird nun, zumindest teilweise, der von Problemen bedrängte Konsument als Subjekt in den Mittelpunkt der Leistungsproduktion gerückt. Professionelle Leistungen werden einer „Rechenschaftspflicht“ (Flösser/Oechler 2006, 160) unterworfen, die sich auch an der Frage orientiert, in welchem Maße nicht nur professionelle Standards eingehalten, sondern Probleme der Adressaten auch faktisch gelöst werden. Die bislang vergleichsweise geringen Erfolgsquoten der abstinenzorientierten Interventionsmodelle begründen diese Umorientierung in besonderem Maße[5].

Allerdings bleibt die Basis dieser Umorientierung der Sucht- und Drogenhilfe bislang unklar: Wie das aktuelle Beispiel der heroingestützten Behandlung verdeutlicht, folgt die Praxis bzw. die Politik keineswegs (immer) wissenschaftlichen Evidenzen. Aber selbst wenn dies der Fall wäre, müsste man bedenken, dass gleichwohl z.B. Erreichbarkeiten von Zielgruppen meist verbessert und Ziele unterschiedlich gewichtet werden können, ganz abgesehen davon, dass wissenschaftliche Befunde in der Regel umstritten sind usw.[6] ‚Best practice‘ ist in diesem Sinne ein endloser Prozess, der in der Regel keine Antworten liefert, sondern dauerhaften Zweifel institutionalisiert und ständige (drogenpolitische) Entscheidungen über kontingente Bewertungsmöglichkeiten verlangt, denn „every statement of fact is open to revision“ (Klingemann/Bergmark 2006, 1230).

Legt man diese hier nur angedeuteten Reformtendenzen zugrunde, so zeigt sich, dass die professionellen Helfer bei der Leistungserbringung derzeit nachhaltig zu Kooperationen aufgerufen sind und Behandlungsziele klienten- und

---

[5] Nach Schätzungen erreichen stationäre Langzeittherapien lediglich 5% der Heroinabhängigen; von den stationär Behandelten brechen etwa 70% eine Therapie vorzeitig ab (vgl. Uchtenhagen 2000, 427; zur Erfolgsmessung drogentherapeutischer Maßnahmen vgl. ferner Bühringer/Küfner 1997, 563ff).

[6] Zwar ist es in begrenztem Maße möglich, durch wissenschaftliche Studien der Politik Entscheidungshilfen zu gewähren, wenn etwa die Effizienz einzelner Maßnahmen mit Blick auf Konsumquoten, Rückfallhäufigkeiten oder Gesundheitsprobleme analysiert wird. In vielen Fällen ist allerdings von einer komplexen, widersprüchlichen Befundlage auszugehen, die keine eindeutigen Folgerungen zulässt (vgl. grundlegend Weingart 2003, 89ff).

effizienzorientiert redefiniert werden[7]. Der klassische Professionsbegriff verliert dabei an Plausibilität, da die gegenwärtigen Reformen Professionsmerkmale wie etwa eine primäre professionsinterne Qualitätsdefinition und eine hohe Distanz vom Alltag der Leistungsadressaten relativieren.

Man sollte allerdings zurückhaltend sein, diesen Verlust an Professionsautorität unmittelbar als Autonomiezugewinn der von Problemen bedrängten Konsumenten zu deuten, denn Autonomie und Selbstverantwortung können schnell zur bloßen Chiffre werden, durch deren rhetorischen Einsatz Grenzen von Handlungsmöglichkeiten überdeckt oder professionsferne Interventionsziele transportiert werden können[8]. An diesen Punkten hat eine reflexive Professionalität anzusetzen.

3 Reflexive Professionalität

Nach unserem Verständnis ist Autonomie als kontext- und ressourcenabhängige Größe zu verstehen. Eine Orientierung am konkreten Bedarf von Drogenkonsumenten macht nur Sinn, wenn reflektiert wird, wie Restriktionen der Bedarfserfüllung zustande kommen und unter welchen gesellschaftlichen, politischen und individuellen Rahmenbedingungen Drogenkonsum stattfindet. Da dieser zum ‚Fall' verberuflichter Intervention wird, wenn konsumbezogene Probleme auftreten, ist es zu deren angemessener Bearbeitung notwendig, die involvierten Problemursachen und die bei der Fallkonstruktion zum Tragen kommenden Ursachenvermutungen zu reflektieren. In diesem Sinne sprechen wir von reflexiver Professionalität in der Sucht- und Drogenhilfe: Sie setzt nicht an Drogenkonsum als Problem an, sondern an den Problemen von Drogenkonsumenten, um nach den jeweils relevanten Problemhintergründen zu fragen.

Bei der Problemintervention ist es aus unserer Sicht angezeigt herauszuarbeiten, welche problembezogenen Ursachenkonstruktionen von Helfern in den Unterstützungsprozess eingebracht werden. Die systematische Typisierung von Problemlagen durch Angehörige einzelner Professionen bzw. Berufsgruppen (vgl. Kloss/Lisman 2003; Palm 2004; Weiss u.a. 2003) steht einer dem Einzelfall adäquaten Interventionsplanung tendenziell entgegen. Zwar wäre es unrealis-

---

[7] Selbst die medizinischen Professionen, denen in diesem Arbeitsfeld das wohl höchste Image zukommt (vgl. allgemein Allensbacher Berufsprestige-Skala 2005), sehen sich einem Prozess der Refigurierung ihrer Handlungsbewertungen ausgesetzt.

[8] Wie an anderer Stelle gezeigt, wurden selbst kritische Sozialarbeiter und -pädagogen, die in Abkehr von Abstinenzpostulaten eine Akzeptanz von Drogenkonsum forderten, zum Bestandteil drogenbezogener Kontrollpolitik, z.B. indem Konsumenten nur an spezifischen, umgrenzten Orten toleriert werden (vgl. etwa Schmidt-Semisch/Wehrheim 2007; Schmidt-Semisch 2002, 86ff).

tisch, Typisierungen von Problemen in der verberuflichten Unterstützungspraxis unterbinden zu wollen, da sie in den Spezifika einzelner Ausbildungsgänge und Organisationsformen verankert sind und zudem aus wissenssoziologischen Studien bekannt ist, dass kulturelle Problemdeutungen insgesamt typisiert sind (vgl. Groenemeyer 2003 sowie Schetsche in diesem Band). Dennoch ist eine Aufarbeitung institutionalisierter Problemattributionen bedeutsam, da professionelle Probleminterpretationen stets mit den gewählten Handlungsstrategien verbunden sind (vgl. Casswell/McPherson 1983; Royce/Muehlke 1991). Die verwendeten Problemdeutungen prägen Handlungsroutinen und haben Auswirkungen auf die Handlungsfähigkeiten der Klientel – und damit auf den intendierten Interventionserfolg (vgl. Akillas/Efran 1995; Claiborn u.a. 1981; Cook 2000; Piper u.a. 1998; Strong u.a. 1992). Reflexive Professionalität bedeutet deshalb, Problemdeutungen bewusst zu halten und sie mit den Selbst- und Probleminterpretationen der Leistungsadressaten zu relationieren. Gemeint ist mit dem Bezug auf Reflexivität folglich weder ein Verzicht auf professionelle noch auf methodische Standards der Leistungserbringung, sondern eine den konkret gegebenen Problemlagen gegenüber offene Professionalität, die sich ihrer eigenen Perspektivität bewusst ist.

Wir wollen dies an einem grundsätzlichen Beispiel deutlich machen, nämlich an der Diagnose „Sucht", die das Vorgehen der unterschiedlichen Professionen innerhalb der Sucht- und Drogenhilfe gewissermaßen eint. Dabei wollen wir weder auf die vielfältigen und sich z.T. widersprechenden Suchtdefinitionen und Erklärungen der unterschiedlichen Disziplinen eingehen (vgl. hierzu etwa Degkwitz 2002; Lettieri/Welz 1983) noch eine Übersicht über entsprechende diagnostische Kriterien geben. Vielmehr wollen wir die u.E. zentralen, auf den Drogenkonsumenten bezogenen Botschaften des Sucht-Diskurses pointieren, um sodann in einem zweiten Schritt zu erläutern, dass und warum es aus professioneller Sicht sinnvoll sein kann, auf den Begriff der Sucht zu verzichten oder zumindest das den Interventionen zugrunde liegende Suchtverständnis deutlich zu flexibilisieren. Zunächst aber zu den Botschaften des Sucht-Diskurses, die man folgendermaßen zuspitzen kann:

a) Die „süchtige" Person hat in Bezug auf den Konsum ihre Selbständigkeit verloren.
b) Die „süchtige" Person hat keine Fähigkeit mehr zu bewerten, was gut und richtig für sie ist.
c) Die „süchtige" Person wird irgendwie fremdbestimmt und fremdgesteuert.
d) Die „süchtige" Person ist nicht mehr selbst verantwortlich für ihr Handeln und dessen Folgen.

e) Dies ist ein unerwünschter und unnatürlicher Zustand.

f) Die Sucht oder auch nur der Drogenkonsum ist in der Regel die Ursache für weitere gesundheitliche, soziale und psychische Probleme.

Bei Süchtigen, so könnte man zusammenfassen, handelt es sich um defizitäre und/oder beschädigte Persönlichkeiten, weshalb sie oftmals nicht als vollwertige Subjekte gesehen und behandelt werden, sondern eher als Unmündige, denen gegenüber man das Recht und die Pflicht zu haben glaubt, sie zu reifen und vor allem unabhängigen Persönlichkeiten erziehen zu müssen. Gerade Drogengebrauchende selbst können dieses Bild des Süchtigen für sich übernehmen. Auch sie können lernen, sich im Kontext des Erklärungsprinzips Sucht als fremdbestimmt und letztlich hilflos wahrzunehmen (vgl. Luik 1996; Davies 1997, XII). Sie entwickeln eine kognitive Erwartungsstruktur des Scheiterns, die stabilen Selbstwirksamkeits- oder Kompetenzerwartungen hinsichtlich der Steuerungsmöglichkeiten des eigenen Drogenkonsums nur wenig Raum lässt. In diesem Sinne ist Sucht ein fatalistisches Konzept (Kolte/Schmidt-Semisch 2003).

Johannes Herwig-Lempp (1994) – und damit kommen wir zu unserem zweiten Schritt – setzt dieser (keineswegs nur alltagstheoretisch) konsentierten Sicht auf die Sucht und die Süchtigen eine konstruktivistische Perspektive entgegen, die wir – im Sinne eines sensitivierenden Konzepts – für produktiv halten. Wir werden seinen Gedankengang im Folgenden kurz vorstellen:

Herwig-Lempp versteht „Sucht“ nicht als ein prädiskursives Phänomen in der Wirklichkeit, sondern als eine Konstruktion, und das bedeutet für ihn: als ein Erklärungsprinzip für bestimmte Verhaltensweisen. Drogenabhängigkeit – und dies formuliert er ausdrücklich mit Blick auf die Vielfalt der Suchtdefinitionen und -theorien – sei letztlich nichts anderes als das, was jeweils als Drogenabhängigkeit definiert und begriffen werde: „Sucht als ein Verhalten wird erst sichtbar, wenn man eine bestimmte Definition voraussetzt und sie der eigenen Beobachtung zugrundelegt“ (ebd., 182). Auf welches Verhalten sich ein solches Erklärungsprinzip dabei konkret bezieht, „hängt einerseits davon ab, wer wofür eine Erklärung benötigt oder zur Verfügung haben möchte, und andererseits, wer die Macht hat, seine Definition durchzusetzen“ (ebd., 79). Dieser Erkenntnis entsprechend verlieren objektivistische Fragen, wie etwa „Gibt es Drogenabhängigkeit wirklich?“ oder „Wenn ja, wie ist sie korrekt zu beschreiben, zu definieren und zu erklären?“, an Gewicht. Es wird überflüssig, nach wahren Antworten auf diese Fragen zu suchen, weil sie immer nur innerhalb ihres Bezugsrahmens, ihres Kontextes beantwortet werden können[9].

Die Relevanz dieses Ansatzes besteht u.E. darin, dass er nicht zur Rekonstruktion richtiger oder falscher Modelle oder Definitionen auffordert, sondern nach dem relationalen Wert der jeweiligen Konzepte oder Erklärungsmodelle fragen lässt, wobei, nach Herwig-Lempp, über den Wert des jeweiligen Modells allein seine Brauchbarkeit entscheide, d.h. inwieweit dieses Modell Hilfe bieten könne, bestimmte Probleme in den Griff zu bekommen. Allerdings könne dabei nie generell über die Brauchbarkeit eines solchen Modells geurteilt werden, sondern weil es sich bei den so genannten „Süchtigen“ und „Abhängigen“ stets um Individuen bzw. Subjekte handele, sei die Brauchbarkeit der verschiedenen Modelle und Definitionen immer subjektorientiert zu ermitteln.

Betrachtet man Sucht auf diese Weise als ein mehr oder weniger hilfreiches und brauchbares Erklärungsprinzip, dann ist mit dem Konstrukt Sucht flexibel und einzelfallbezogen umzugehen, und es ist gegebenenfalls auch möglich, es durch ein anderes Erklärungsprinzip zu ersetzen. Eines – und wahrscheinlich das radikalste – dieser alternativen Erklärungsprinzipien ist für Herwig-Lempp das der Autonomie. Das Erklärungsprinzip der Sucht durch das der Autonomie zu ersetzen, würde in diesem Kontext bedeuten, DrogenkonsumentInnen nicht mehr per se als Drogenabhängige zu bezeichnen und sie auch nicht mehr als notwendigerweise behandlungsbedürftig anzusehen. Vielmehr wird vorausgesetzt, dass DrogenkonsumentInnen selbstbestimmt handeln können. Erst indem diese Idee oder Überzeugung zu Grunde gelegt wird, wird die Möglichkeit geschaffen – und zwar sowohl auf Seiten der Beobachter als auch auf Seiten der AdressatInnen –, ein bestimmtes Verhalten als selbstbestimmt und autonom erfahren, begreifen und deuten zu können.

Dabei geht es nicht darum, alle Probleme, die man bislang im Kontext von Sucht oder Abhängigkeit thematisierte, wegzudefinieren, sondern lediglich darum, sich der eigenen Perspektivität bewusst zu sein und vor diesem Hintergrund einen Standpunkt einzunehmen, der die Stärke und Autonomiefähigkeit der Individuen (überhaupt erst) erkennen und erleben lässt. Das Verhalten der so genannten 'Abhängigen' wird nicht mehr (von einem Experten) als sinnlos und krank, unnatürlich und behandlungsbedürftig eingestuft, sondern als ein Verhalten, das aufgrund individueller Entscheidungen im Rahmen der zur Verfügung stehenden Möglichkeiten ausgewählt wird und das Sinn hat für diese Personen.

Wenn man sich auf diese Herangehensweise einlässt, dann bedeutet das in der Konsequenz, dem Drogengebrauchenden (und eben auch dem vermeintlich

---

[9] Vgl. hierzu die Unterscheidung von immanenten und nicht-immanenten Interpretationen von Aussagen durch Karl Mannheim (1980).

Abhängigen) als einem autonomen, in eigener Verantwortung und vor allem mit Sinn handelnden Individuum gegenüberzutreten, und ihm nicht nur eine einzige Bewertung seines Verhaltens, nämlich die der Sucht, anzubieten. Vor diesem, hier nur in Ansätzen skizzierten Hintergrund möchten wir die These vertreten, dass es aus der Perspektive einer reflexiven Professionalität sinnvoll sein kann, auf das fatalistische Konzept der Sucht zu verzichten.

Welches wären die Gewinne eines solchen Verzichtes? U.E. sind diese Gewinne oder Vorteile einer professionellen Relativierung des Suchtkonzepts auf zwei Ebenen zu suchen: auf der Ebene der Profession bzw. der Professionellen einerseits und auf der Ebene der AdressatInnen andererseits. Beginnend mit letzteren lassen sich folgende Aspekte benennen:

a) Die skizzierte Relativierung des Suchtkonzepts befreit die Subjekte aus dem „Gedankengefängnis"[10] der Sucht und ermöglicht es ihnen dadurch,

- sich selbst als autonom zu erfahren und neue Handlungsoptionen zu entdecken (nach dem dann tatsächlich treffenden Motto „Keine Macht den Drogen");
- die eigenen Handlungskompetenzen zu entdecken (z.B. durch das Gewahrwerden der bereits bestehenden Konsumregeln; vgl. etwa Kolte/Stöver 2006; Kolte 2005);
- den Konsum diesseits von Abstinenz zu verändern (was vor allem für jene wichtig ist, die nicht abstinent leben wollen; vgl. Kolte/Schmidt-Semisch 2005; Körkel 2005).

b) Diese Erfahrungen können direkt zur Stärkung der Selbstwirksamkeits- und Kompetenzerwartungen beitragen, wodurch die realistische Hoffnung besteht, dass sich die drogengebrauchenden Personen nicht mehr als Opfer einer Droge oder ihrer Sucht erleben, sondern ein neues autonomeres Selbstbild entwickeln.

c) Das neue Selbstbild kann sich wiederum in anderen Bereichen ihrer Lebensführung positiv auswirken und den Professionellen neue Anknüpfungspunkte bieten.

Für die professionelle Arbeit mit drogengebrauchenden Menschen ergibt sich mit dem Verzicht auf das Suchtkonzept insbesondere eine Veränderung jenes

[10] Dieser treffende Begriff des „Gedankengefängnisses" wurde seinerzeit von Stephan Quensel (1980) geprägt.

Verhältnisses, in dem die entsprechende Unterstützungsleistung erbracht wird. Die AdressatInnen werden nicht mehr als von Experten abhängige, defizitäre Persönlichkeiten wahrgenommen, sondern als Personen, die zu selbstverantwortlicher Lebensweise und kontrolliertem Drogengebrauch in der Lage sind bzw. sein können. Die hierarchisch-therapeutische Hilfebeziehung wird durch eine subjektorientierte Interaktion abgelöst, in deren Kontext der sozialberuflich Professionelle zu einem Moderator unterschiedlicher Erklärungsmodelle und Hilfsmöglichkeiten bezüglich des infrage stehenden Verhaltens wird. Das Ziel dieses Prozesse ist die Freilegung und Sicherung der individuellen Ressourcen der Lebensführung, wobei Professionalität auf der Basis einer selbstkritischen Reflexion unterstellter Problemzurechnungen eine Erhöhung von Handlungsoptionen, Chancenvervielfältigung und die Steigerung von Partizipations- und Zugangsmöglichkeiten aufseiten der Klienten intendiert.

Im Vergleich zu dem einleitend beschriebenen Professionsverständnis wird Professionalität damit weniger als Prestigeprojekt repräsentiert, sondern als Aufforderung verstanden, typisierte Problemdeutungen aufzuarbeiten und zu kontrollieren. Reflexive Professionalität zeichnet sich nicht durch eine Distanz gegenüber der Klientel ab, sondern durch ein behutsames Einlassen auf den einzelnen Menschen und seine Probleme. Dies ist möglich, wenn professionelles Handeln in seiner Perspektivität erschlossen und mit den vom Einzelnen gezeigten Problemdeutungsstrukturen bewusst in Beziehung gesetzt wird. Spezifische Formen von Professionalität legen spezifische Problemdeutungen von Verhaltensforderungen nahe, die jeweils kritisch zu prüfen sind, soll es sich nicht um Zumutungen handeln, die Autonomiespielräume von Leistungsadressaten nur simulieren.

Vor diesem hier nur angerissenen Hintergrund der neueren Professionalisierungsdiskussion kann der Verzicht auf das fatalistische Konzept der Sucht oder zumindest seine Relativierung als ein Baustein im Prozess der Professionalisierung der „Sucht- und Drogenhilfe" angesehen werden. Das entbindet natürlich nicht davon, diesen Prozess wissenschaftlich zu begleiten und – gerade in Zeiten verstärkter Neo-Liberalisierung, in denen Effektivität häufig ökonomisch definiert wird – zu fragen, ob sich das entworfene Verhältnis von Professionellen und AdressatInnen tatsächlich gewinnbringend für die AdressatInnen gestaltet.

Angesichts einer komplexen und mitunter diffusen Landschaft professioneller Drogenhilfe auf der einen und ökonomisch und effizienzorientiert motivierter Reformmotive auf der anderen Seite scheint es dringend angezeigt, die bisher bei weitem nicht ausreichenden Anstrengungen einer kritisch-professionstheoretischen Erforschung des Drogenhilfesystems auszubauen.

Literatur

Akillas, E./Efran, J.S., 1995: Symptom prescription and reframing: Should they be combined? In: Cognitive Therapy and Research. 19. Jg. S. 263-279.

Allensbacher Berufsprestige-Skala, 2005: Ärzte vorn. http://www.ifd-allensbach.de/news/prd_0512.html (Feb. 2007).

Bohle, H./Grunow, D., 1981: Verberuflichung der sozialen Arbeit. In: Projektgruppe Soziale Berufe (Hg.): Sozialarbeit. Expertisen, Bd. 3. München. S. 151-176.

Bühringer, G./Küfner, H., 1997: Drogen- und Medikamentenabhängigkeit. In: K. Hahlweg/A. Ehlers (Hg.): Psychische Störungen und ihre Behandlungen (Enzyklopädie der Psychologie. Klinische Psychologie 2). Göttingen u.a. S. 513-585.

Casswell, S./McPherson, M., 1983: Attitudes of New Zealand General Practitioners to Alcohol-related Problems. In: Journal of Studies on Alcohol. 44. Jg. S. 342-351.

Claiborn, C.D./Ward, S.R./Strong, S.R., 1981: Effects of congruence between counselor interpretations and client beliefs. In: Journal of Counseling Psychology. 28. Jg. S. 101-109.

Cook, P.F., 2000: Effects of Counselors' Etiology on College Students' Procrastination. In: Journal of Counseling Psychology. 47. Jg. S. 352-361.

Davies, John B., 1997: The Myth of Addiction. Amsterdam.

Degkwitz, P., 2002: Theorien und Modelle der Entstehung und des Verlaufs von Drogenabhängigkeit. In: L. Böllinger/H. Stöver (Hg.): Drogenpraxis, Drogenrecht, Drogenpolitik. Frankfurt. S. 45-65.

Dewe, B./Otto, H.-U., 2001: Professionalität. In: H.-U. Otto/H. Thiersch (Hg.): Handbuch der Sozialarbeit/Sozialpädagogik. Neuwied/Kriftel. 2. Aufl. S. 1399-1423.

Flösser, G./Oechler, M., 2006: Qualität/Qualitätsmanagement. In: B. Dollinger/J. Raithel (Hg.): Aktivierende Sozialpädagogik. Wiesbaden. S. 155-172.

Füssenhäuser, C., 2006: Lebensweltorientierung. In: B. Dollinger/J. Raithel (Hg.): Aktivierende Sozialpädagogik. Wiesbaden. S. 127-144.

Groenemeyer, A., 2003: Von der Sünde zum Risiko? – Bilder abweichenden Verhaltens und die Politik sozialer Probleme am Ende des Rehabilitationsideals. In: ders. (Hg.): Soziale Probleme und politische Diskurse – Konstruktionen von Kriminalpolitik in sozialen Kontexten. Univ. Bielefeld. http://www.uni-bielefeld.de/sozprob (März 2006). S. 17-49.

Herwig-Lemp, J., 1994: Von der Sucht zur Selbstbestimmung. Drogenkonsumenten als Subjekte. Dortmund.

Jungblut, H.J., 2004: Drogenhilfe. Eine Einführung. Weinheim/München.

Kemmesies, U., 2001: Die McDonaldisierung der Drogenhilfe – Ein Diskussionsbeitrag. In: Sucht. 47. Jg. S. 119-124.

Klingemann, H./Bergmark, A., 2006: The legitimacy of addiction treatment in a world of smart people. In: Addiction. 101. Jg. S. 1230-1237.

Kloss, J.D./Lisman, S.A., 2003: Clinician Attributions and Disease Model Perspectives of Mentally Ill, Chemically Addicted Patients: A Preliminary Investigation. In: Substance Use & Misuse. 38. Jg. S. 2097-2107.

Kolte, B., 2005: In einer Spirale nach oben – Wege zu mehr Selbstkontrolle und reduziertem Drogenkonsum: SCIP, ein Self-Control-Information-Program für Heroin- und

Kokain-Konsumenten. In: B. Dollinger/W. Schneider (Hg.): Sucht als Prozess. Berlin. S. 321-332.

Kolte, B. /Schmidt-Semisch, H., 2003: Vom Tabakgenuss zur Nikotinsucht – und zurück. Ein Plädoyer wider den therapeutisch induzierten Fatalismus. In: A. Legnaro /A. Schmieder (Hg.): Rauchzeichen. Zum modernen Tabakkonsum, Jahrbuch Suchtforschung. Bd. 3. Münster u.a. S. 5-24.

Kolte, B./Schmidt-Semisch, H., 2005: Kontrolliertes Rauchen – Ein Weg zu Autonomie und Risikominderung. In: J.H. Heudtlass/H. Stöver (Hg.): Risiko mindern beim Drogengebrauch. Gesundheitsförderung, Verbrauchertipps, Beratungswissen, Praxishilfen. Frankfurt a.M. S. 189-204.

Kolte, B./Stöver, H. 2006: „In einer Spirale nach oben" – Ein bibliotherapeutisches Programm für mehr Selbstkontrolle und reduzierten Drogengebrauch als Angebot für problematisch gebrauchende CannabiskonsumentInnen. In: B. Kolte/H. Schmidt-Semisch/H. Stöver (Hg.): Was tun, wenn Cannabis zum Problem wird? Leitfaden für KonsumentInnen, Eltern, LehrerInnen und BeraterInnen in der Drogenhilfe. Frankfurt. S. 70-84.

Körkel, Joachim, 2005: Kontrollierter Alkoholkonsum – Risikominimierung bei Alkohol- und Drogenkonsumenten. In: H. Stöver/J. Heudtlass (Hg.): Risiko mindern beim Drogengebrauch. Gesundheitsförderung – Verbrauchertipps – Beratungswissen – Praxishilfen. Frankfurt. S. 164-188.

Krauss, R./Groß, R., 2003: Wer verdient wieviel? Renningen. 10. Aufl.

Lamnek, S., 1999: Ansätze zu einer Soziologie der Professionalisierung. In: Hartmann-Tews, I. (Hg.): Professionalisierung und Sport. Hamburg. S. 13-29.

Lettieri, D.J./Welz, R. (Hg.), 1983: Drogenabhängigkeit – Ursachen und Verlaufsformen. Ein Handbuch. Weinheim/Basel.

Leune, J., 2003: Die Versorgung suchtkranker Menschen. In: Deutsche Hauptstelle gegen die Suchtgefahren (Hg.): Jahrbuch Sucht 2004. Geesthacht. S. 137-150.

Lindenberg, M./Schmidt-Semisch, H., 1994: Gefangene Könige oder: Ordnung als Dienstleistung. In: Widersprüche. 14. Jg. S. 55-64.

Luik, J.C., 1996: „I Can't HELP Myself"; Addiction as Ideology. In: Human Psychopharmacology. 11. Jg. S. 21-32.

Lütkens, B., 2002: Zur Qualitätssicherungsdebatte. In: L. Böllinger/H. Stöver (Hg.): Drogenpraxis, Drogenrecht, Drogenpolitik. Frankfurt a.M. S. 320-328.

Mannheim, K., 1980: Strukturen des Denkens. Frankfurt a.M.

Martin, J.K./Pescosolido, B.A./Tuch, S.A., 2000: Of Fear and Loathing: The Role of „Disturbing Behavior", Labels, and Causal Attributions in Shaping Public Attitudes Toward Persons with Mental Illness. In: Journal of Health and Social Behavior. 41. Jg. S. 208-223.

Michels, I.J., 1999: Medizinalisierung: Die Einbeziehung der Ärzte – und ihre Dominanz? In: Stöver, H. (Hg.): Akzeptierende Drogenarbeit. Freiburg i.Br. S. 301-306.

Palm, J., 2004: The nature of and responsibility for alcohol and drug problems: views among treatment staff. In: Addiction Research and Theory. 12. Jg. S. 413-413.

Piper, W.E./Joyce, A.S./McCallum, M./Azim, H.F., 1998: Interpretive and supportive forms of psychotherapy and patient personality variables. In: Journal of Consulting and Clinical Psychology. 66. Jg. S. 558-567.

Quensel, S., 1980: Unsere Einstellung zur Droge. In: Kriminologisches Journal. 12. Jg. S. 1-16.

Royce, W.S./Muehlke, C.V., 1991: Therapists' causal attributions of clients' problems and selection of intervention strategy. In: Psychological Reports. 68. Jg. S. 379-386.

Schmid, M., 2003: Drogenhilfe in Deutschland. Entstehung und Entwicklung 1970-2000. Frankfurt a.M.

Schmidt-Semisch, H. 2002: Kriminalität als Risiko. Schadenmanagement zwischen Strafrecht und Versicherung. München.

Schmidt-Semisch, H./Wehrheim, J., 2007: Exkludierende Toleranz oder: Der halbierte Erfolg der „akzeptierenden Drogenarbeit". In: Widersprüche, Nr. 103 (1/07).

Schneider, W., 1998: Quo Vadis Drogenhilfe? Zur Qualitätssicherungsdiskussion in der Drogenhilfe. In: Neue Praxis. 28. Jg. S. 163-171.

Sonntag, D./Bauer, C./Welsch, K., 2005a: Deutsche Suchthilfestatistik 2004 für ambulante Einrichtungen. In: Sucht. Sonderheft. S. 6-38.

Sonntag, D./Welsch, K./Bauer, C., 2005b: Deutsche Suchthilfestatistik 2004 für stationäre Einrichtungen. In: Sucht. Sonderheft. S. 39-63.

Strong, S.R./Welsh, J.A./Corcoran, J.L./Hoyt, W.T., 1992: Social psychology and counseling psychology. In: Journal of Counseling Psychology. 39. Jg. S. 139-157.

Thiersch, H., 1997: Lebensweltorientierte Soziale Arbeit. Weinheim/München. 3. Aufl.

Tretter, F., 2000: Suchtmedizin. Stuttgart/New York.

Uchtenhagen, A., 2000: Auswertung und Resultate therapeutischer Interventionen. In: A. Uchtenhagen/W. Zieglgänsberger (Hg.): Suchtmedizin. Konzepte, Strategien und therapeutisches Management. München/Jena. S. 423-433.

Vogt, I., 1999: Sozialarbeit mit Drogenabhängigen in einem „akzeptierenden" Setting. In: Stöver, H. (Hg.): Akzeptierende Drogenarbeit. Freiburg i.Br. S. 25-37.

Vogt, I./Schmid, M., 1998: Illicit Drugs in Germany and the Emergence of the Modern Drug Treatment System. In: H. Klingemann/G. Hunt (Hg.): Drug Treatment Systems in an International Perspective. Thousand Oaks u.a. S. 145-157.

Weber, M., 1980: Wirtschaft und Gesellschaft. Grundriss der verstehenden Soziologie. Tübingen. 5. Aufl.

Weingart, P., 2003: Wissenschaftssoziologie. Bielefeld.

Weiss, I./Gal, J./Dixon, J. (Hg.), 2003: Professional Ideologies and Preferences in Social Work. A Global Study. Westport, Conn./London.

Autoreninformation

Gundula Barsch, Prof. Dr., Fachbereich Soziales, Medien und Kultur; Fachhochschule Merseburg

Andrea Blätter, Dr., Lehrbeauftragte am Institut für Ethnologie; Universität Hamburg

Peter Degkwitz, Dr., Zentrum für interdisziplinäre Suchtforschung (ZIS); Universität Hamburg

Bernd Dollinger, PD Dr., wissenschaftlicher Assistent am Lehrstuhl für Sozialpädagogik; Universität Bamberg

Annika Hoffmann, Historikerin, Doktorandin an der Universität Bremen

Hans Joachim Jungblut, Prof. Dr., Fachbereich Sozialwesen; Fachhochschule Münster

Henrik Jungaberle, Dr., Institut für Medizinische Psychologie; Universitätsklinikum Heidelberg

Manfred Kappeler, Prof. Dr., Institut für Sozialpädagogik; TU Berlin

Harald Klingemann, Prof. Dr., Zentrum für Abhängigkeitserkrankungen; Universität Zürich

Aldo Legnaro, Dr., Institut für Sicherheits- und Präventionsforschung; Hamburg

Frank Nolte, Dr., Bremer Institut für Drogenforschung (BISDRO); Universität Bremen

Craig Reinarman, Prof. für Soziologie; University of California, Santa Cruz

Karl-Heinz Reuband, Prof. Dr., Sozialwissenschaftliches Institut; Universität Düsseldorf

Michael Schetsche, PD Dr., Institut für Grenzgebiete der Psychologie und Psychohygiene e.V.; Freiburg

Henning Schmidt-Semisch, PD Dr., wissenschaftlicher Mitarbeiter am Fachbereich Human- und Gesundheitswissenschaften; Universität Bremen

Marlene Stein-Hilbers, Prof. Dr., Universität Bielefeld, verstorben im Jahre 1999

Irmgard Vogt, Prof. Dr., Fachbereich Soziale Arbeit und Gesundheit; Fachhochschule Frankfurt am Main

Lehrbücher Soziale Arbeit

Bernd Dollinger / Jürgen Raithel (Hrsg.)
Aktivierende Sozialpädagogik
Ein kritisches Glossar.
2006. 233 S. Br. EUR 19,90
ISBN 978-3-531-14973-8

Lutz Finkeldey
Verstehen
Soziologische Grundlagen
zur Jugendberufshilfe
2007. 128 S. Br. EUR 16,90
ISBN 978-3-531-15338-4

Michael Galuske / Werner Thole (Hrsg.)
Vom Fall zum Management
Neue Methoden in der Sozialen Arbeit
2006. 134 S. Br. EUR 14,90
ISBN 978-3-531-14972-1

Katharina Gröning
Pädagogische Beratung
Konzepte und Perspektiven
2006. 166 S. Br. EUR 16,90
ISBN 978-3-531-14874-8

Franz Herrmann
Konfliktarbeit
Theorie und Methodik Sozialer Arbeit
in Konflikten
2006. 211 S. Br. EUR 19,90
ISBN 978-3-531-15067-3

Brigitta Michel-Schartze (Hrsg.)
Methodenbuch Soziale Arbeit
Basiswissen für die Praxis
2007. ca. 300 S. Br. ca. EUR 19,90
ISBN 978-3-531-15122-9

Hans J. Nicolini
Finanzierung für Sozialberufe
Grundlagen – Beispiele – Übungen
2006. 232 S. Br. EUR 21,90
ISBN 978-3-531-15012-3

Hans J. Nicolini
Kostenrechnung für Sozialberufe
Grundlagen – Beispiele – Übungen
2005. 155 S. Br. EUR 19,90
ISBN 978-3-531-14600-3

Herbert Schubert (Hrsg.)
Sozialmanagement
Zwischen Wirtschaftlichkeit
und fachlichen Zielen
2., überarb. und erw. Aufl. 2005.
352 S. Br. EUR 22,90
ISBN 978-3-531-33604-6

Erhältlich im Buchhandel oder beim Verlag.
Änderungen vorbehalten. Stand: Januar 2007.

www.vs-verlag.de

VS VERLAG FÜR SOZIALWISSENSCHAFTEN

Abraham-Lincoln-Straße 46
65189 Wiesbaden
Tel. 0611.7878-722
Fax 0611.7878-400

18863940R00195

Printed in Poland
by Amazon Fulfillment
Poland Sp. z o.o., Wrocław